U0684827

中華古籍保護計劃

ZHONG HUA GU JI BAO HU JI HUA CHENG GUO

·成 果·

山東省濰坊市圖書館等二十二家收藏單位

古籍普查登記目錄

全國古籍普查登記目錄

國家圖書館出版社
National Library of China Publishing House

圖書在版編目（CIP）數據

山東省濰坊市圖書館等二十二家收藏單位古籍普查登記目錄/《山東省濰坊市圖書館等二十二家收藏單位古籍普查登記目錄》編委會編. —北京:國家圖書館出版社,2022.4
（全國古籍普查登記目錄）
ISBN 978 - 7 - 5013 - 7415 - 1

Ⅰ.①山…　Ⅱ.①山…　Ⅲ.①古籍—圖書館目錄—濰坊　Ⅳ.①Z838

中國版本圖書館 CIP 數據核字（2022）第 003646 號

書　　名　山東省濰坊市圖書館等二十二家收藏單位古籍普查登記目錄
著　　者　《山東省濰坊市圖書館等二十二家收藏單位古籍普查登記目錄》編委會　編
責任編輯　趙　嫄

出版發行　國家圖書館出版社（北京市西城區文津街 7 號　100034）
　　　　　　（原書目文獻出版社 北京圖書館出版社）
　　　　　　010 - 66114536　63802249　nlcpress@ nlc. cn（郵購）
網　　址　http://www. nlcpress. com
排　　版　京荷(北京)科技有限公司
印　　裝　河北三河弘翰印務有限公司
版次印次　2022 年 4 月第 1 版　2022 年 4 月第 1 次印刷

開　　本　787×1092　1/16
印　　張　32.25
字　　數　610 千字
書　　號　ISBN 978 - 7 - 5013 - 7415 - 1
定　　價　320.00 圓

版權所有　侵權必究
本書如有印裝質量問題,請與讀者服務部（010 - 66126156）聯繫調換。

《全國古籍普查登記目錄》

工作委員會

主　　任：周和平

副主任：張永新　詹福瑞　劉小琴　李致忠　張志清

委　　員（按姓氏筆畫排序）：

于立仁　王水喬　王　沛　王紅蕾　王筱雯

方自今　尹壽松　包菊香　任　競　全　勤

李西寧　李　彤　李忠昊　李春來　李　培

李曉秋　吳建中　宋志英　努　木　林世田

易向軍　周建文　洪　琰　倪曉建　徐欣禄

徐　蜀　高文華　郭向東　陳荔京　陳紅彥

張　勇　湯旭岩　楊　揚　賈貴榮　趙　嬿

鄭智明　劉洪輝　歷　力　鮑盛華　韓　彬

魏存慶　鍾海珍　謝冬榮　謝　林　應長興

《全國古籍普查登記目録》

序　言

　　全國古籍普查登記工作是"中華古籍保護計劃"的首要任務,是全面開展古籍搶救、保護和利用工作的基礎,也是有史以來第一次由政府組織、參加收藏單位最多的全國性古籍普查登記工作。

　　2007年國務院辦公廳發布《關於進一步加强古籍保護工作的意見》(國辦發[2007]6號),明確了古籍保護工作的首要任務是對全國公共圖書館、博物館和教育、宗教、民族、文物等系統的古籍收藏和保護狀況進行全面普查,建立中華古籍聯合目録和古籍數字資源庫。2011年12月,文化部下發《文化部辦公廳關於加快推進全國古籍普查登記工作的通知》(文辦發[2011]518號),進一步落實了全國古籍普查登記工作。根據文化部2011年518號文件精神,國家古籍保護中心擬訂了《全國古籍普查登記工作方案》,進一步規範了古籍普查登記工作的範圍、內容、原則、步驟、辦法、成果和經費。目前進行的全國古籍普查登記工作的中心任務是通過每部古籍的身份證——"古籍普查登記編號"和相關信息,建立古籍總臺賬,全面瞭解全國古籍存藏情況,開展全國古籍保護的基礎性工作,加强各級政府對古籍的管理、保護和利用。

　　《全國古籍普查登記工作方案》規定了全國古籍普查登記工作的三個主要步驟:一、開展古籍普查登記工作;二、在古籍普查登記基礎上,編纂出版館藏古籍普查登記目録,形成《全國古籍普查登記目録》;三、在古籍普查登記工作基本完成的前提下,由省級古籍保護中心負責編纂出版本省古籍分類聯合目録《中華古籍總目》分省卷,由國家古籍保護中心負責編纂出版《中華古籍總目》統編卷。

　　在黨和政府領導下,在各地區、各有關部門和全社會共同努力下,古籍普查登記工作得以扎實推進。古籍普查已在除臺、港、澳之外的全國各省級行政區域開展,普查內容除漢文古籍外,還包括各少數民族文字古籍,特別是於2010年分別啓動了新疆古籍保護和西藏古籍保護專項,因地制宜,開展古籍普查登記工作;國家古籍保護中心研製的"全國古籍普查登記平臺"已覆蓋到全國各省級古籍保護中心,并進一步研發了"中華古籍索引庫",爲及時展現古籍普查成果提供有力支持;截至目前,已有11375部古籍進入《國家珍貴古籍名録》,浙江、江蘇、山東、河北等省公布了省級《珍貴古籍名録》，古籍分級保護機制初步形成。

《全國古籍普查登記目録》是古籍普查工作的階段性成果，旨在摸清家底，揭示館藏，反映古籍的基本信息。原則上每申報單位獨立成册，館藏量少不能獨立成册者，則在本省範圍内幾個館目合并成册。無論獨立成册還是合并成册，均編製獨立的書名筆畫索引附於書後。著録的必填基本項目有：古籍普查登記編號、索書號、題名卷數、著者（含著作方式）、版本、册數及存缺卷數。其他擴展項目有：分類、批校題跋、版式、裝幀形式、叢書子目、書影、破損狀況等。有條件的收藏單位多著録的一些擴展項目，也反映在《全國古籍普查登記目録》上。目録編排按古籍普查登記編號排序，内在順序給予各古籍收藏單位較大自由度，可按分類排列古籍普查登記編號，也可按排架號、按同書名等排列古籍普查登記編號，以反映各館特色。

此次全國古籍普查登記工作，克服了古籍數量多、普查人員少、普查難度大等各種困難，也得到了全國古籍保護工作者的極大支持。在古籍普查登記過程中，國家古籍保護中心、各省古籍保護中心爲此舉辦了多期古籍普查、古籍鑒定、古籍普查目録審校等培訓班，全國共 1600 餘家單位參加了培訓，爲古籍普查登記工作培養了大量人才。同時在古籍普查登記工作中，也鍛煉了普查員的實踐能力，爲將來古籍保護事業發展奠定了良好的基礎。

《全國古籍普查登記目録》的出版，將摸清我國古籍家底，爲古籍保護和利用工作提供依據，也將是古籍保護長期工作的一個里程碑。

國家古籍保護中心
2013 年 10 月

《全國古籍普查登記目録》

編纂凡例

一、收録範圍爲我國境内各收藏機構或個人所藏,産生於 1912 年以前,具有文物價值、學術價值和藝術價值的文獻典籍,包括漢文古籍和少數民族文字古籍以及甲骨、簡帛、敦煌遺書、碑帖拓本、古地圖等文獻。其中,部分文獻的收録年限適當延伸。

二、以各收藏機構爲分册依據,篇幅較小者,適當合并出版。

三、一部古籍一條款目,複本亦單獨著録。

四、著録基本要求爲客觀登記、規範描述。

五、著録款目包括古籍普查登記編號、索書號、題名卷數、著者、版本、册數、存缺卷等。古籍普查登記編號的組成方式是:省級行政區劃代碼—單位代碼—古籍普查登記順序號。

六、以古籍普查登記編號順序排序。

《山東省古籍普查登記目録》

工作委員會

主　任：王　磊

副主任：付俊海　杜澤遜　劉顯世　馮慶東　李勇慧

委　員（按姓氏筆畫排序）：

于　芹　　王　珂　　王恒柱　　王彭蘭　　王曉兵　　石國祥

史春秋　　史曉丹　　杜保國　　杜雲虹　　李關勇　　辛鏡之

范　軍　　周　晶　　胡培培　　姜艷平　　紀文杰　　馬清源

畢曉樂　　徐月霞　　唐　研　　唐桂艷　　陸　健　　陳清義

黃銀萍　　盛　宴　　崔志飛　　張逸潔　　張曉輝　　程鵬飛

喬　敏　　楊立民　　裴文玲　　魯　鳳　　劉　峰　　劉春華

劉樹偉　　劉麗華　　賴大邃　　穆允軍　　謝明明

《山東省濰坊市圖書館等二十二家收藏單位古籍普查登記目録》

編委會

顧　問：吳　格　杜澤遜　劉顯世　李勇慧　杜雲虹　唐桂艷

主　任：權文松

副主任：苗慶安　鄭曉光

主　編：鄭曉光

副主編：王彭蘭　宮昌利

委　員（按姓氏筆畫排序）：

王金濤　王春娥　王　悦　王瑞霞　王德明　王曉麗

田立新　田永德　付萬剛　朱伯霞　衣可紅　李好强

李　虎　李淑雲　李景法　李艷萍　肖守强　宋文婷

宋瑞慶　邵忠政　林　娟　周麗華　孟慶進　逄金英

馬長江　馬　雯　袁傳申　袁愛祥　袁慶華　徐清華

徐　琴　徐增寶　高升强　陳天文　陳洪花　陳　進

陳曉華　婁　紅　張愛娟　張慶剛　張樹寶　黃　可

黃發國　董琳琳　楊　帥　趙岩峰　趙術達　趙　静

臧柏遠　鄭英祥　鄭海清　鞏慶華　魯秀紅　劉江紅

劉寶昌　薛玉芳

《山東省濰坊市圖書館等二十二家收藏單位古籍普查登記目録》

前　言

　　中華優秀傳統文化是中華民族的"根"和"魂"。習近平總書記指出，要重視傳承和發展中華優秀傳統文化，"讓書寫在古籍裏的文字都活起來"。保護好中華古籍，是保護和維護中華文化的根脉，也是落實黨的十九大精神、推動文化大發展大繁榮的重要内容。

　　濰坊位於山東半島中部，歷史悠久，人杰地靈，歷史文化名人輩出，古籍典藏十分豐富。濰坊市委、市政府高度重視古籍保護工作，一大批古籍得到整理、出版。但由於歷史和現實原因，仍存在古籍保管分散、保管條件簡陋、管理手段落後、底數不清、破損嚴重、保護和修復人才匱乏等問題，難以科學制定全市古籍保護規劃。

　　"中華古籍保護計劃"開展以來，濰坊市圖書館認真貫徹落實市文化主管部門關於古籍普查與保護的精神，積極開展古籍普查工作。2008 年 5 月 13 日，市文化局發布《關於在全市開展古籍普查工作的通知》（濰文字［2008］78 號），制定《濰坊市古籍普查工作方案》，明確濰坊市圖書館爲全市古籍保護中心，負責全市古籍普查登記和培訓工作，全市古籍普查工作正式啓動。市文化主管部門統籌協調，對古籍普查與保護工作給予了鼎力支持，成爲我館做好古籍工作的堅强後盾。鄭曉光館長奔走呼籲，争取財政支持，濰坊市、縣兩級財政相繼加大了對古籍保護的支持力度。各館通過搬遷古籍新館、建設現代化古籍書庫、購買古籍書櫥、製作函套、徵購古籍文獻、修復破損古籍、培訓古籍人才等措施，改善古籍的保管條件，全市古籍保護水平與利用程度得到普遍提高。

　　我館發揮市級古籍保護中心的帶頭作用，緊跟山東省古籍保護中心的安排，帶動全市古籍單位，立足本市實際，將"普查、修復、培訓、展示、研究、利用"六位一體的古籍保護模式做細做實，推動了全市古籍保護工作向縱深發展。縣市區圖書館發揮了地域帶頭作用。諸城市圖書館發動區域内 5 家古籍單位參與古籍普查，是我市參與單位最多的縣級市；昌樂第一中學圖書館在古籍普查中遇到困難，昌樂縣圖書館、昌樂縣博物館派出精幹人員，組成工作專班，克服天氣嚴寒、路面濕滑等困難，協助昌樂第一中学圖書館完成了普查編目與書影采集任務。各博物館充分利用可移動文物普查成果，實現了古籍普查與文物普查成果雙豐收。壽光市圖書館與壽光市博物館共用古籍庫房,互用編目人員,共同做好古籍保護工作。古籍普查與保護,猶如展現在古籍工作者面前的一張答卷,濰坊市的22家古籍單位,在市圖書館的帶動下,用實際行動,填上了協作共贏的答案。300餘名古籍人員發揚不怕苦不怕累精神,圓滿完成了古籍普查任務。

我館組織開展了各級珍貴古籍名錄和古籍重點保護單位的申報工作。經國務院批准,文化部頒布,我市申報青州市博物館藏明萬曆二十六年(1598)稿本《趙秉忠殿試卷》、青州市圖書館藏明萬曆十四年(1586)馮琦、馮珣刻本《馮光祿詩集》兩部古籍相繼入選第一批、第四批《國家珍貴古籍名錄》。經山東省人民政府批准,山東省文化廳頒布,我市378部古籍先後入選第一至四批《山東省珍貴古籍名錄》,濰坊市圖書館、濰坊學院圖書館、青州市圖書館、諸城市圖書館、壽光市博物館、安丘市博物館、青州市博物館等7家單位相繼入選第一至四批"山東省古籍重點保護單位"。我館還組織開展了《濰坊市珍貴古籍名錄》和"濰坊市古籍重點保護單位"的評選工作。2011年5月,濰坊市文化廣電新聞出版局下發《關於申報〈濰坊市珍貴古籍名錄〉和"濰坊市古籍重點保護單位"的通知》,我市第一批《濰坊市珍貴古籍名錄》和"濰坊市古籍重點保護單位"的評選工作正式啓動。經過專家評審、社會公示,2014年7月,經濰坊市人民政府批准,濰坊市文化廣電新聞出版局頒布,514部古籍入選第一批《濰坊市珍貴古籍名錄》,濰坊市圖書館、青州市圖書館、諸城市圖書館、濰坊學院圖書館、壽光市博物館、安丘市博物館、濰坊市博物館、昌邑市圖書館、高密市圖書館、濰坊工程職業學院圖書館全市10家單位入選"濰坊市古籍重點保護單位"。我館還指導相關縣(市)開展了縣級《珍貴古籍名錄》的評選工作。2015年12月,壽光市文廣新局組織壽光市圖書館、壽光市博物館等單位評選66部古籍入選《壽光市珍貴古籍名錄》。全市初步形成國家、省、市、縣四級珍貴古籍保護體系。

爲了培訓隊伍、提高全市古籍保護水平,2014年至2020年,我館先後組織舉辦了7次古籍保護培訓班,邀請全國古籍保護工作專家委員會委員、復旦大學教授、博士生導師吳格先生,山東大學文學院院長、長江學者特聘教授、博士生導師杜澤遜老師,山東大學古代文學教授、博士生導師趙睿才老師,山東省古籍保護中心副主任、山東省圖書館副館長李勇慧研究館員,山東省古籍保護中心辦公室主任、山東省圖書館歷史文獻部主任杜雲虹研究館員,山東省古籍保護中心辦公室副主任、山東省圖書館歷史文獻部副主任唐桂艷研究館員,山東省圖書館古籍修復專家楊林玫、侯妍妍等老師授課,培訓全市古籍工作者323人次。通過培訓,學員成爲古籍工作的行家裏手,對提升全市古籍工作水平、確保《濰坊市古籍普查登記目錄》編輯質量起到了促進作用。

隨着全市古籍普查保護的深入開展，各單位古籍目録、圖録出版蔚然成風。2010年，《青州古籍名録》由青島出版社出版；2014年，《濰坊市珍貴古籍名録圖録》由國家圖書館出版社出版；2015年，《壽光市珍貴古籍名録圖録》由中國文史出版社出版；2017年，《安丘市博物館館藏古籍目録》由中國文史出版社出版。這些圖書的編輯出版，爲《濰坊市古籍普查登記目録》的編纂積纍了豐富的經驗。

我市現有古籍收藏單位22家，按行政區劃隸屬11個縣市區：市直3家、濰城區2家、坊子區1家、安丘市1家、昌樂縣2家、昌邑市1家、高密市1家、青州市3家、壽光市2家、臨朐縣1家、諸城市5家。按所屬系統分爲公共圖書館8家、博物館5家、學院圖書館2家、中學圖書館4家、檔案館2家、民有公助陳列館1家。

爲鞏固古籍普查成果，我館組織編纂了《山東省濰坊市圖書館等二十二家收藏單位古籍普查登記目録》（以下簡稱《濰坊市古籍普查登記目録》），以全面展示濰坊悠久歷史積澱，爲建設文化强市作出貢獻。《濰坊市古籍普查登記目録》共收録濰坊市22家收藏單位古籍普查數據4756部33852冊。包括：濰坊市圖書館204部1845冊、青州市圖書館498部3896冊、諸城市圖書館755部4146冊、濰坊學院圖書館30部851冊、濰坊工程職業學院圖書館88部724冊、青州市博物館576部3720冊、高密市圖書館222部992冊、昌邑市圖書館116部1406冊、昌樂第一中學圖書館53部753冊、諸城第一中學圖書館1部14冊、諸城市實驗中學圖書館24部556冊、諸城市實驗初級中學圖書館16部104冊、濰城區檔案館25部841冊、諸城市檔案館15部51冊、壽光市圖書館103部482冊、坊子區圖書館2部2冊、臨朐縣圖書館34部216冊、濰城區陳介祺故居陳列館10部37冊、濰坊市博物館495部3746冊、昌樂縣博物館506部2945冊、壽光市博物館91部1025冊、安丘市博物館892部5500冊。各單位普查數據自成一體，順序按國家古籍保護中心分配的古籍普查代碼排列。

《濰坊市古籍普查登記目録》收録宋至清古籍，版本涵蓋刻本、抄本、稿本、鈐印本、套印本、石印本、鉛印本等形式，其中不乏版本精良、流傳稀見的珍貴古籍。濰坊市圖書館藏稿本《濰縣金石志濰縣金石遺文録》2021年入選"'中華古籍保護計劃'山東省古籍普查十大新發現"；青州市圖書館地方志藏品豐富，宋刻宋元明遞修本《北齊書》版本較早，明萬曆十四年（1586）馮琦、馮珣刻本《馮光禄詩集》入選第四批《國家珍貴古籍名録》；諸城市圖書館藏有清光緒九年（1883）抄本臧耀初《諸城山海物產志》、清康熙刻本李澄中《臥象山房文集》、清順治刻本丁耀亢《椒丘詩》、清刻本竇光鼐《省吾齋稿》等諸城歷史名人著作；濰坊學院圖書館藏有清康熙五十年（1711）內府刻本《佩文韵府》；濰坊工程職業學院圖書館藏有清康熙二十八年（1689）黃氏黎照樓刻本《黎照樓明二十四家詩定》；青州市博物館藏明萬曆二十六年（1598）稿本

《趙秉忠殿試卷》入選第一批《國家珍貴古籍名録》，并藏有王若之、趙執信等青州歷史名人著作，以及益都文人邱琮玉稿抄校本十餘部；高密市圖書館藏清雍正十一年（1733）寶硯山房刻本《墨池編》、清雍正十一年（1733）就閑堂刻本《印典》，均有劉墉題跋；昌邑市圖書館藏有完整的清古吳書業趙氏刻本《十七史》；昌樂第一中學圖書館藏有清拓本《唐開成石經》；諸城第一中學圖書館藏清光緒十四年（1888）上海文瑞樓刻本《左綉》，保存完好；諸城市實驗中學圖書館藏有完整的五局合刻本《二十四史》；諸城市實驗初級中學圖書館藏清刻本《西河合集》，刻印較好；濰城區檔案館藏有完整的清同治八年（1869）嶺南菋古堂刻本《二十四史》；諸城市檔案館藏有多個版本《諸城縣志》和地方族譜；壽光市圖書館藏有清乾隆至嘉慶陽湖趙氏湛貽堂刻本《甌北全集》；坊子區圖書館藏清乾隆五十六年（1791）刻本《譚青峰稿》，版本精良；臨朐縣圖書館藏有明萬曆刻清初印本《性理大全書》；濰城區陳介祺故居陳列館藏有陳介祺《簠齋手拓古印集》、王石經《集古印雋》《西泉印存》等稿本和鈐印本；濰坊市博物館藏有《北海耆舊傳》《漢官私印泥封考略》《韓理堂文稿》等稿抄校本及《十鐘山房印舉》《續齊魯古印攈》《高慶齡集印》等濰坊篆刻名家的鈐印本，并藏有《［乾隆］濰縣志》雕版一套；昌樂縣博物館藏有明刻本《五經旁注》以及清乾隆三十八年（1773）樹滋堂刻本《西澗草堂詩集》《困勉齋私記》等昌樂名人閻循觀著作；壽光市博物館藏有清康熙刻同治二年（1863）自鋤園修補本《紀城詩稿》《吳江旅嘯》《綺樹閣詩賦》等壽光名人安致遠、安篁父子著作及上述古籍的雕版；安丘市博物館藏量甚富，版本較精，藏有元大德九年（1305）建康路儒學刻明清遞修本《唐書》、元刻明清遞修本《晋書》，以及清康熙刻本張貞《渠亭山人半部稿》、清道光二十八年（1848）安邱王筠徐溝刻本王筠《説文釋例》、清抄本張在辛《隸法瑣言》等安丘名人著作。

　　本書編纂得到各古籍收藏單位的鼎力支持，山東省圖書館劉顯世館長對該書出版給予殷切關注，我館鄭曉光館長主持并始終推進完成本書的編纂出版，吉樹春、宋桂娟、楊中奎、孫在勇、劉冠軍、宮明瑩等我市古籍收藏單位的老館長在編纂初期出力頗多。各收藏單位派出精幹人員參與，廣大古籍工作者不畏嚴寒酷暑，入庫目驗原書，清點册數、存卷數，測量開本、版框，精準如實著録，拍攝清晰書影，爲本書提供了最寶貴的基礎數據。市古籍保護中心根據各館提報書影逐條校改數據、查閲綫上綫下資料、請教古籍專家，通過多次校改，數據質量穩步提升。本書數據審校得到山東省圖書館李勇慧副館長、山東省圖書館歷史文獻部杜雲虹主任、唐桂艷副主任指導，杜雲虹主任校改諸城市圖書館數據，爲編者審校全市數據提供了楷模和智力支持；本書彙編審校得到吳格先生的指導幫助，吳先生悉心指導數據審校，規範數據格式，改正錯用繁體字，解答編者遇到的各種問題；本書版本審校得到杜澤遜先生的指導，杜先生高足、山東大學孫天琪博士對不同版本的辨識提出了中肯的意見；本書印章辨識得到山東省圖書館辛鏡之老師、我館宫昌利副館長的幫助；本書編纂得到文獻學博士、濰坊學院副教授吳有祥老師和濰坊文史研究學者牛鵬志老師的幫助；本書編纂之初得到我館原劉滿奎副館長、原古籍部尹霞和丁麗萍老師的支持和協助；本書編纂過程得到我館信息技術部張立説副主任及年輕同事們的幫助，李小璇、劉瑩、姜雲龍、祝遼原、夏長林、孔德萍、韓燕青、張穩、孫鵬程等對電腦硬件、軟件、電子表格處理等問題提供了技術支持；本書資料打印得到我館文檔室李濤副主任及年輕同事們的幫助；本書審校參考了高校古文獻資源庫、全國古籍普查登記基本數據庫；本書編輯出版得到國家古籍保護中心和國家圖書館出版社的大力支持。一并致以衷心的感謝！

由於編者水平所限，本書不免錯訛遺漏之處，懇請專家學者、廣大讀者批評指正。

濰坊市圖書館

2022 年 3 月

目　　録

山東省濰坊市圖書館
古籍普查登記目錄

全國古籍普查登記目錄

國家圖書館出版社
National Library of China Publishing House

370000 – 1509 – 0000001　1

史記一百三十卷　（漢）司馬遷撰　（南朝宋）
裴駰集解　（唐）司馬貞索隱　（唐）張守節正
義　**考證一卷**　清同治八年(1869)嶺南菊古
堂刻二十四史本　三十冊(四夾)　存一百二
十六卷(一至一百四、一百十至一百三十,考
證一卷)

370000 – 1509 – 0000002　2

前漢書一百卷　（漢）班固撰　（唐）顏師古注
　考證一卷　清同治八年(1869)嶺南菊古堂
刻二十四史本　四十冊(五夾)

370000 – 1509 – 0000003　3 – 1

後漢書一百二十卷　（南朝宋）范曄撰　（唐）
李賢注　**續志**　（晉）司馬彪撰　（南朝梁）劉
昭注補　清同治八年(1869)嶺南菊古堂刻二
十四史本　二十九冊(四夾)

370000 – 1509 – 0000004　3 – 2

三國志六十五卷　（晉）陳壽撰　（南朝宋）裴
松之注　**考證一卷**　清同治八年(1869)嶺南
菊古堂刻二十四史本　四冊　存十四卷(吳
志三至十六)

370000 – 1509 – 0000005　4

晉書一百三十卷　（唐）房玄齡等撰　**晉書音
義三卷**　（唐）何超纂　**考證一卷**　清同治八
年(1869)嶺南菊古堂刻二十四史本　三十五
冊(五夾)　存一百二十六卷(一至七十五、八
十四至一百三十,晉書音義三卷,考證一卷)

370000 – 1509 – 0000006　5

宋書一百卷　（南朝梁）沈約撰　**考證一卷**
清同治八年(1869)嶺南菊古堂刻二十四史本
　二十七冊(四夾)

370000 – 1509 – 0000007　6

南齊書五十九卷　（南朝梁）蕭子顯撰　**考證
一卷**　清同治八年(1869)嶺南菊古堂刻二十
四史本　十一冊(二夾)

370000 – 1509 – 0000008　7

梁書五十六卷　（唐）姚思廉撰　**考證一卷**
清同治八年(1869)嶺南菊古堂刻二十四史本
十冊(二夾)

370000 – 1509 – 0000009　8

陳書三十六卷　（唐）姚思廉撰　**考證一卷**
清同治八年(1869)嶺南菊古堂刻二十四史本
五冊(一夾)

370000 – 1509 – 0000010　9

魏書一百十四卷　（北齊）魏收撰　**考證一卷**
清同治八年(1869)嶺南菊古堂刻二十四史
本　三十四冊(五夾)

370000 – 1509 – 0000011　10

北齊書五十卷　（唐）李百藥撰　**考證一卷**
清同治八年(1869)嶺南菊古堂刻二十四史本
八冊(一夾)

370000 – 1509 – 0000012　11

周書五十卷　（唐）令狐德棻等撰　**考證一卷**
清同治八年(1869)嶺南菊古堂刻二十四史
本　八冊(一夾)

370000 – 1509 – 0000013　12

隋書八十五卷　（唐）魏徵等撰　**考證一卷**
清同治八年(1869)嶺南菊古堂刻二十四史本
二十一冊(三夾)

370000 – 1509 – 0000014　13

南史八十卷　（唐）李延壽撰　**考證一卷**　清
同治八年(1869)嶺南菊古堂刻二十四史本
二十三冊(三夾)

370000 – 1509 – 0000015　14

北史一百卷　（唐）李延壽撰　**考證一卷**　清
同治八年(1869)嶺南菊古堂刻二十四史本
三十五冊(五夾)

370000 – 1509 – 0000016　15

舊唐書二百卷　（後晉）劉昫撰　**考證一卷**
清同治八年(1869)嶺南菊古堂刻二十四史本
六十三冊(九夾)

370000 – 1509 – 0000017　16

唐書二百二十五卷　（宋）歐陽脩　（宋）宋祁
撰　**釋音二十五卷**　（宋）董衝撰　**考證一卷**
清同治八年(1869)嶺南菊古堂刻二十四史

山東省濰坊市圖書館古籍普查登記目録

本　六十三冊（九夾）

370000－1509－0000018　17

舊五代史一百五十卷目錄二卷　（宋）薛居正
等撰　**考證一卷**　清同治八年（1869）嶺南菋
古堂刻二十四史本　二十五冊（三夾）

370000－1509－0000019　18

五代史七十四卷　（宋）歐陽修撰　（宋）徐無
黨注　**考證一卷**　清同治八年（1869）嶺南菋
古堂刻二十四史本　十一冊（二夾）

370000－1509－0000020　19

宋史四百九十六卷目錄三卷　（元）脫脫等修
　考證一卷　清同治八年（1869）嶺南菋古堂
刻二十四史本　一百三十五冊（十九夾）

370000－1509－0000021　20

遼史一百十五卷　（元）脫脫等修　**考證一卷**
　欽定遼史語解十卷　清同治八年（1869）嶺
南菋古堂刻二十四史本　二十冊（三夾）

370000－1509－0000022　21

金史一百三十五卷　（元）脫脫等修　**考證一**
卷　**欽定金國語解十二卷**　清同治八年
（1869）嶺南菋古堂刻二十四史本　三十五冊
（五夾）

370000－1509－0000023　22

元史二百十卷目錄二卷　（明）宋濂等修　**考**
證一卷　（清）王祖庚等考證　**欽定元史語解**
二十四卷　清同治八年（1869）嶺南菋古堂刻
二十四史本　五十六冊（八夾）　存二百十一
卷（一至一百八十四、目錄二卷、考證一卷、欽
定元史語解二十四卷）

370000－1509－0000024　23

明史三百三十二卷目錄四卷　（清）張廷玉等
修　清同治八年（1869）嶺南菋古堂刻二十四
史本　八十四冊（十五夾）　存三百一卷（一
至八十、八十四至九十九、一百二至一百七、
一百十一至二百十五、二百四十三至三百三
十二,目錄四卷）

370000－1509－0000025　24

御批歷代通鑑輯覽一百二十卷　（清）傅恒等

撰　清同治十年（1871）浙江書局刻朱墨套印
本　四十七冊（六夾）

370000－1509－0000026　25

奎璧易經四卷　（宋）朱熹撰　清光緒十七年
（1891）成文信刻本　四冊（一函）

370000－1509－0000027　26

周易象解六卷　（清）楊應俊著　清抄本　六
冊（一函）

370000－1509－0000028　27

周易函書約存十五卷首三卷　（清）胡煦述
清乾隆胡氏葆璞堂刻本　九冊（一函）　存十
六卷（一至十三、首三卷）

370000－1509－0000029　28

周易函書別集十六卷　（清）胡煦著　清乾隆
胡氏葆璞堂刻本　五冊（一函）　存十三卷
（一至十、十四至十六）

370000－1509－0000030　29

經典釋文三十卷攷證三十卷　（唐）陸德明撰
　（清）盧文弨攷證　清刻本　一冊　存一卷
（三十）

370000－1509－0000031　30

翰苑十三經集字一卷　（清）李鴻藻輯　清光
緒十四年（1888）刻本　一冊

370000－1509－0000032　31

禮記易讀二卷　（清）志遠堂主人輯　清同治
七年（1868）森林堂刻本　四冊（一函）

370000－1509－0000033　32

欽定書經傳說彙纂二十一卷首二卷書序一卷
　（清）王頊齡等撰　清刻本　二十冊（二夾）

370000－1509－0000034　33

欽定書經傳說彙纂二十一卷首二卷書序一卷
　（清）王頊齡等撰　清刻本　十冊（一函）
存十三卷（十至二十一、書序一卷）

370000－1509－0000035　34

四書讀註提耳十九卷　（清）耿埰著　清道光
二十六年（1846）經餘堂刻本　六冊（一函）
存十二卷（大學一卷、中庸二卷、上論五卷、下

山東省濰坊市圖書館等二十二家收藏單位古籍普查登記目錄

論四卷)

370000 – 1509 – 0000036　35

四書圖說□卷 （□）□□撰　清刻本　一冊
存二卷(上論一卷、下論一卷)

370000 – 1509 – 0000037　36

四書集註十九卷 （宋）朱熹撰　清光緒三年
(1877)江蘇書局刻本　六冊(一函)

370000 – 1509 – 0000038　38

增補四書精繡圖像人物備考十二卷 （明）薛
應旂彙輯　（明）陳仁錫增定　（明）陳義錫重
校　清乾隆五十一年(1786)金閶書業堂刻本
佚名批校　五冊(一函)

370000 – 1509 – 0000039　39

奎壁書經六卷 （宋）蔡沈撰　清光緒益友堂
刻本　四冊(一函)

370000 – 1509 – 0000040　40

四書五經音韻集字二卷 （清）董斯孚集　清
道光二十七年(1847)桓臺劉西符抄本　二冊

370000 – 1509 – 0000041　41

新訂四書補註備旨十卷 （明）鄧林著　（清）
鄧煜編次　（清）祁文友重校　（清）杜定基增
訂　清光緒二十年(1894)成文信記刻本　六
冊(一函)

370000 – 1509 – 0000042　42

孔氏家語十卷 （三國魏）王肅注　清末民初
上海同文書局石印本　五冊(一函)

370000 – 1509 – 0000043　46

呂氏春秋二十六卷 （秦）呂不韋撰　（漢）高
誘注　（清）畢沅輯校　清乾隆五十四年
(1789)畢氏靈巖山館刻本　二冊　存十三卷
(一至十三)

370000 – 1509 – 0000044　47

諸子彙函二十六卷 （明）歸有光蒐輯　（明）
文震孟參訂　明末刻本　佚名批校　一冊
存一卷(十五)

370000 – 1509 – 0000045　48

朱子古文讀本六卷 （宋）朱熹撰　（清）周大

璋編次　清康熙五十六年(1717)寶旭齋刻本
十二冊(一函)

370000 – 1509 – 0000046　49

日知錄集釋三十二卷 （清）顧炎武著　（清）
黃汝成集釋　**刊誤二卷續刊誤二卷** （清）黃
汝成譔　清光緒三年(1877)刻本　十六冊
(二函)　存三十三卷(日知錄集釋一至十四、
十八至三十二, 刊誤二卷, 續刊誤二卷; 刊誤
二卷、續刊誤二卷)

370000 – 1509 – 0000047　51

教女遺規三卷 （清）陳弘謀編輯　清光緒十
九年(1893)刻本　一冊

370000 – 1509 – 0000048　53

觀世音菩薩救生經一卷 （北魏）孫敬德夢授
（北魏）王高歡布行　清光緒十七年(1891)
刻本　一冊

370000 – 1509 – 0000049　54

天良明鏡一卷 （英國）仲均安輯　清光緒六
年(1880)刻本　一冊

370000 – 1509 – 0000050　55

大六壬尋原四集 （清）張純照輯　清嘉慶二
十三年(1818)張氏樂淳堂刻本　八冊(一函)

370000 – 1509 – 0000051　56

司命竈君消災保安經一卷 （□）□□撰　明
萬曆十二年(1584)叢桂堂刻本　一冊

370000 – 1509 – 0000052　57

新編評註通玄先生張果星宗大全十卷 　題
（唐）張果撰　（明）陸位輯校　明萬曆二十二
年(1594)金陵書林唐謙刻本　五冊(一函)

370000 – 1509 – 0000053　58

通書一卷 （□）□□撰　清抄本　一冊

370000 – 1509 – 0000054　59

山東鄉試硃卷(光緒甲午科)一卷 （清）張志
軒撰　清聚奎堂刻本　一冊

370000 – 1509 – 0000055　60

山東鄉試硃卷(光緒甲午科)一卷 （清）孟廣
居撰　清聚奎堂刻本　一冊

370000－1509－0000056　61

會試硃卷(同治辛未科)一卷　(清)孟椿山撰
清聚奎堂刻本　一冊

370000－1509－0000057　62

**山東鄉試硃卷(道光壬午科)一卷會試硃卷
(道光癸未科)一卷**　(清)孟毓藻撰　清刻本
一冊

370000－1509－0000058　63

國朝貢舉考畧三卷明貢舉考畧二卷　(清)黃
崇蘭輯　清道光十四年(1834)平河青雲齋刻
本　四冊(一函)

370000－1509－0000059　64

大清縉紳全書□卷　(清)□□編　清乾隆三
十七年(1772)刻本　一冊

370000－1509－0000060　66

洗冤錄詳義四卷首一卷　(宋)宋慈撰　(清)
許槤編校　**洗冤錄撮遺二卷**　(清)葛元煦輯
清光緒五年(1879)刻本　五冊(一函)

370000－1509－0000061　68

龍文鞭影二卷　(明)蕭良有著　(明)楊臣諍
增訂　清光緒十一年(1885)彙文堂刻本
二冊

370000－1509－0000062　69

龍文鞭影二集二卷　(清)李暉吉　(清)徐瓚
輯　清光緒十一年(1885)彙文堂刻本　一冊
存一卷(上)

370000－1509－0000063　70

問奇典註六卷　(清)唐英增釋　(清)張昞校
字　清嘉慶二十三年(1818)武昌雄楚樓刻本
六冊(一函)

370000－1509－0000064　71

改併五音類聚四聲篇十五卷　(金)韓道昭撰
明成化十年(1474)刻本　五冊

370000－1509－0000065　72

說文引經攷證八卷　(清)陳瑑編　(清)徐郙
參校　清同治十三年(1874)湖北崇文書局刻
本　二冊(一函)

370000－1509－0000066　73

重訂古文釋義新編八卷　(清)余誠評註
(清)余芝參閱　清光緒二十年(1894)寶書堂
刻本　八冊(一函)

370000－1509－0000067　74

重訂古文釋義新編八卷　(清)余誠評註
(清)余芝參閱　清末民初上海鴻寶齋書局石
印本　七冊(一函)　存七卷(一至五、七至
八)

370000－1509－0000068　75

文心雕龍十卷　(南朝梁)劉勰撰　(清)黃叔
琳輯注　清乾隆六年(1741)姚培謙刻本　四
冊(一函)

370000－1509－0000069　76

漢魏別解十六卷　(明)黃澍　(明)葉紹泰編
明崇禎十一年(1638)香谷山房刻本　佚名
批註　一冊　存一卷(十四)

370000－1509－0000070　77

隨園詩話十六卷補遺十卷　(清)袁枚著　清
刻本　十一冊　存十八卷(隨園詩話三至十
六、補遺一至四)

370000－1509－0000071　78

新刊文選考註前集十五卷　(南朝梁)蕭統選
輯　(唐)李善等考註　(明)張鳳翼註　清康
熙二十七年(1688)贈言堂刻本　十二冊

370000－1509－0000072　79

知本堂讀杜詩二十四卷　(唐)杜甫著　(清)
汪灝讀　清康熙汪氏自刻本　四冊(一函)
存十五卷(一至二、四至十六)

370000－1509－0000073　80

坡仙集十六卷　(宋)蘇軾撰　(明)李贄評輯
明萬曆二十八年(1600)焦竑刻本　八冊
(一函)

370000－1509－0000074　81

東坡先生全集錄九卷　(宋)蘇軾撰　(清)儲
欣錄　清松鱗堂刻本　一冊　存二卷(六至
七)

370000－1509－0000075　84

河東先生全集錄六卷　（唐）柳宗元撰　（清）儲欣錄　（清）吳蔚起參校　清松鱗堂刻本　四冊　存五卷(一至二、四至六)

370000－1509－0000076　85

六一居士全集錄五卷　（宋）歐陽修撰　（清）儲欣錄　（清）吳蔚起參校　清松鱗堂刻本　二冊　存三卷(一至三)

370000－1509－0000077　88

明湖詩一卷　（清）劉大紳等撰　清乾隆六十年(1795)刻本　一冊

370000－1509－0000078　89

簣山堂詩鈔二十一卷　（清）王贗言撰　清道光刻本　四冊　存十卷(三至八、十三至十六)

370000－1509－0000079　90

漪園選勝一卷　（清）王士禎等撰　（清）王熙載輯　清刻本　一冊

370000－1509－0000080　92

百里囊中集一卷　（清）侯功震著　（清）謝友仁評定　清道光十七年(1837)刻本　一冊

370000－1509－0000081　93

國朝律賦茹涵四卷　（清）黎尊三選輯　（清）許廷標編　清乾隆四十四年(1779)刻本　四冊(一函)

370000－1509－0000082　94

李義山詩集十六卷　（唐）李商隱撰　（清）姚培謙箋　清乾隆五年(1740)姚氏松桂讀書堂刻本　四冊(一函)

370000－1509－0000083　96

黃維章先生詩經嬝嬛體註八卷　（明）黃文煥纂輯　（清）范翔重訂　（清）沈三曾　（清）沈涵參定　（清）沈三夏　（清）沈三階　（清）沈愷曾閱　（清）張道升全訂　清乾隆四十七年(1782)武林鴻文堂刻本　四冊(一函)

370000－1509－0000084　97

初刻黃維章先生詩經嬝嬛體註八卷　（明）黃文煥撰　（清）范翔重訂　（清）沈三曾　（清）沈涵參定　（清）沈三階　（清）沈三夏　（清）沈愷曾閱　（清）張道升全訂　清光緒十六年(1890)成文信刻本　四冊(一函)

370000－1509－0000085　98

奎壁詩經八卷　（宋）朱熹撰　清光緒二十五年(1899)成文信記刻本　四冊(一函)

370000－1509－0000086　99

奎壁詩經八卷　（宋）朱熹撰　清光緒周村益友堂刻本　四冊(一函)

370000－1509－0000087　100

唐人萬首絕句選七卷　（宋）洪邁輯　（清）王士禎選　清康熙四十七年(1708)刻本　二冊

370000－1509－0000088　101

唐文粹詩選六卷　（宋）姚鉉輯　（清）王士禎刪纂　清康熙刻本　二冊

370000－1509－0000089　102

才調集選三卷　（五代）韋縠輯　（清）王士禎刪纂　清康熙刻本　一冊

370000－1509－0000090　103

中興間氣集選一卷　（唐）高仲武選　（清）王士禎刪纂　**國秀集選一卷**　（唐）芮挺章選　（清）王士禎刪纂　**篋中集選一卷**　（唐）元結選　（清）王士禎刪纂　**搜玉集選一卷**　（唐）無名氏選　（清）王士禎刪纂　清康熙刻十種唐詩選本　一冊

370000－1509－0000091　104

唐賢三昧集三卷　（清）王士禎編　清康熙刻本　一冊

370000－1509－0000092　105

雍益集一卷　（清）王士禎撰　清康熙三十六年(1697)刻本　一冊

370000－1509－0000093　106

生香詩集二十四卷　（清）俞儼撰　**花蘊詩集四卷**　（清）徐靜安撰　清道光七年(1827)刻本　三冊　存二種二十卷(生香詩集一至十六、花蘊詩集四卷)

山東省濰坊市圖書館古籍普查登記目錄

一冊

370000－1509－0000112　129

歷代史要三卷　（清）蔣蔭椿編輯　（清）直隸學校司鑒定　清光緒山東官印書局鉛印本　三冊（一函）

370000－1509－0000113　130

史記一百三十卷　（漢）司馬遷撰　（南朝宋）裴駰集解　（唐）司馬貞索隱　（唐）張守節正義　（明）徐孚遠　（明）陳子龍測議　明崇禎刻本　八冊（一函）　存四十九卷（四十四至八十六、一百二十二至一百二十七）

370000－1509－0000114　131

史記一百三十卷　（漢）司馬遷撰　（南朝宋）裴駰集解　（唐）司馬貞索隱　（唐）張守節正義　（明）徐孚遠　（明）陳子龍測議　清刻本　三十二冊（四函）

370000－1509－0000115　132

史記菁華錄六卷　（漢）司馬遷撰　（清）姚祖恩摘錄　清道光四年（1824）吳興姚氏扶荔山房刻朱墨套印本　一冊　存一卷（六）

370000－1509－0000116　133－1

重訂王鳳洲先生綱鑑會纂四十六卷續宋元二十三卷　（明）王世貞纂　（明）陳仁錫訂　（明）呂一經校　御撰資治通鑑綱目三編二十卷末一卷　（清）張廷玉等撰　清光緒二十八年（1902）益友堂刻本　三十六冊（六函）　存七十卷（重訂王鳳洲先生綱鑑會纂十三至二十、二十九至四十六,續宋元二十三卷,御撰資治通鑑綱目三編二十卷、末一卷）

370000－1509－0000117　133－2

重訂王鳳洲綱鑑會纂四十六卷　（明）王世貞纂　（明）陳仁錫訂　（明）呂一經校　御撰資治通鑑綱目三編二十卷末一卷　（清）張廷玉等撰　清刻本　一冊　存一卷（重訂王鳳洲綱鑑會纂二十八）

370000－1509－0000118　134

重訂王鳳洲先生綱鑑會纂四十六卷續宋元二十三卷　（明）王世貞纂　（明）陳仁錫訂　（明）呂一經校　御撰資治通鑑綱目三編二十卷末一卷　（清）張廷玉等撰　清濰陽寶書堂刻本　四冊（一函）　存七卷（重訂王鳳洲先生綱鑑會纂一至四、二十一至二十三）

370000－1509－0000119　135

綱鑑會纂三十九卷首一卷　（明）王世貞編　（清）李遜齋重校　御撰資治通鑑綱目三編附福王唐王桂王本末六卷　（清）張廷玉等撰　清光緒二十五年（1899）上海著易堂石印本　十二冊（一函）

370000－1509－0000120　136

御撰資治通鑑綱目三編二十卷　（清）張廷玉等撰　清刻本　四冊（一函）

370000－1509－0000121　137

綱鑑擇言十卷　（清）司徒修選輯　（清）李嘉樹補註　（清）沈士荃　（清）葉道垠參校　清道光二十七年（1847）書業德刻本　六冊（一函）

370000－1509－0000122　138

綱鑑擇言十卷　（清）司徒修選輯　（清）李嘉樹補註　（清）沈士荃　（清）葉道垠參校　清光緒二十八年（1902）周村三益堂刻本　六冊（一函）

370000－1509－0000123　139

御纂春秋直解十二卷　（清）傅恒等撰　清刻本　八冊（一函）

370000－1509－0000124　140

尺木堂綱鑑易知錄九十二卷　（清）吳乘權　（清）周之炯　（清）周之燦輯　尺木堂明鑑易知錄十五卷　（清）朱國標鈔　（清）吳乘權　（清）周之炯　（清）周之燦輯　清光緒二十四年（1898）上海宏文閣鉛印本　八冊（一函）　存五十九卷（尺木堂綱鑑易知錄一至三十二、四十至六十六）

370000－1509－0000125　141

新鐫增定歷代捷錄全編八卷　（明）顧充著　（明）周昌年增補　（明）李騰芳訂　首一卷　（明）陳繼儒訂　清抄本　一冊　存二卷（一、

山東省濰坊市圖書館古籍普查登記目錄

首一卷）

370000 – 1509 – 0000126　142

資治通鑑綱目五十九卷 （宋）朱熹撰　（明）陳仁錫評閱　清刻本　一冊　存一卷（四十一）

370000 – 1509 – 0000127　143

資治通鑑綱目前編二十五卷 （明）南軒撰（明）陳仁錫評閱　清嘉慶八年（1803）敬書堂刻本　十冊（一函）

370000 – 1509 – 0000128　144

資治通鑑綱目五十九卷 （宋）朱熹撰　（明）陳仁錫評閱　清嘉慶八年（1803）敬書堂刻本　九十冊（九函）　存四十七卷（一至十二、二十五至五十九）

370000 – 1509 – 0000129　145

續資治通鑑綱目二十七卷 （明）商輅等撰（明）陳仁錫評閱　清嘉慶八年（1803）敬書堂刻本　四十冊（四函）

370000 – 1509 – 0000130　146

廿二史攷異一百卷 （清）錢大昕撰　清刻本　五冊（一函）　存十八卷（二十三至四十）

370000 – 1509 – 0000131　147

鑑略四字書一卷 （清）王仕雲著　清光緒二十八年（1902）承文信刻本　一冊

370000 – 1509 – 0000132　148

史鑑節要便讀六卷 （清）鮑東里著　（清）吳舜齡校　清石印本　一冊　存三卷（四至六）

370000 – 1509 – 0000133　149

左繡三十卷首一卷 （清）馮李驊（清）陸浩評輯　（清）范允斌等參評　（清）馮張孫等校輯　清文淵堂刻本　十六冊（二函）

370000 – 1509 – 0000134　150

國語九卷 （三國吳）韋昭解　（明）閔齊伋裁注　清康熙四十二年（1703）金谷園刻本　佚名批校　四冊（一函）

370000 – 1509 – 0000135　151

左傳事緯前書十二卷 （清）攬茝齋主人編

左傳事緯十二卷 （清）馬驌著論　（清）馬光（清）馬駉閱　清刻本　十冊（二函）

370000 – 1509 – 0000136　152

前漢書一百卷 （漢）班固撰　（唐）顏師古注　明嘉靖八年至九年（1529 – 1530）南京國子監刻明清遞修本（卷十三至二十、二十四至二十六爲抄配）　二十二冊（五函）

370000 – 1509 – 0000137　153

漢書一百卷 （漢）班固撰　（唐）顏師古注**姚惜抱前漢書評點一卷** （清）姚鼐撰　清桐城方氏刻本　二十二冊（三函）　存七十五卷（二十六至一百）

370000 – 1509 – 0000138　154

西漢文二十卷 （明）張采輯　（明）周鍾（明）張溥鑒定　明崇禎六年（1633）刻本　一冊　存二卷（一至二）

370000 – 1509 – 0000139　155

後漢書九十卷 （南朝宋）范曄撰　（唐）李賢注　**志三十卷** （晉）司馬彪撰　（南朝梁）劉昭注補　明嘉靖七年至九年（1528 – 1530）南京國子監刻萬曆補刻本（配清抄本）　二十冊（五函）　存一百十六卷（五至九十、志三十卷）

370000 – 1509 – 0000140　156

南史八十卷 （唐）李延壽撰　明萬曆三十一年（1603）北京國子監刻本　十五冊（三函）存五十八卷（一至六、十一至三十七、五十二至五十五、六十至八十）

370000 – 1509 – 0000141　157

北史一百卷 （唐）李延壽撰　明萬曆二十六年（1598）北京國子監刻本　三十冊（六函）

370000 – 1509 – 0000142　158

皇明通紀法傳全錄二十八卷 （明）陳建撰（明）高汝栻校訂　（明）吳楨增刪　（明）高鼎熺　（明）高鼎焯校　**皇明法傳錄嘉隆紀六卷皇明續紀三朝法傳全錄十六卷** （明）高汝栻輯　明崇禎九年（1636）刻本　十八冊（三函）

370000－1509－0000143　160

雍正上諭(雍正五年十月、十一月、十二月)一卷　(清)世宗胤禛撰　清刻本　一冊

370000－1509－0000144　161

世宗憲皇帝聖諭一卷(雍正五年八月二十日頒賜八旗)　(清)世宗胤禛撰　清雍正五年(1727)刻本　一冊

370000－1509－0000145　162

胡文忠公遺集十卷首一卷　(清)胡林翼撰　(清)閻敬銘訂　清同治五年(1866)刻本　八冊

370000－1509－0000146　163

濰縣金石志八卷濰縣金石遺文錄一卷　(清)郭麐撰　稿本　八冊(一函)

370000－1509－0000147　164－1

[乾隆]濰縣志六卷首一卷末一卷　(清)張耀璧修　(清)王誦芬纂　清乾隆二十五年(1760)刻本　六冊(一函)

370000－1509－0000148　164－2

[乾隆]濰縣志六卷首一卷末一卷　(清)張耀璧修　(清)王誦芬纂　清乾隆二十五年(1760)刻本　二冊　存三卷(一至二、首一卷)

370000－1509－0000149　166

歷代名臣言行錄二十四卷首一卷　(清)朱桓編輯　(清)潘永季校定　(清)邱與久重校　清光緒二十四年(1898)埽葉山房石印本　八冊(一函)

370000－1509－0000150　171

皇朝輿地略一卷　(清)六承如撰　皇朝輿地韻編一卷　(清)李兆洛編　皇朝內府輿地圖縮摹本一卷　(清)六嚴繪　天文大象賦二卷　(隋)李播撰　(唐)苗爲注　(清)六嚴校　(清)孫之騄補　清道光十一年(1831)辨志書塾刻本(天文大象賦爲清咸豐六年江陰六嚴刻本)　四冊(一函)

370000－1509－0000151　174

續廣博物志十六卷　(清)徐壽基編輯　清光緒十二年(1886)鉛印本　四冊

370000－1509－0000152　175

新編直指算法統宗十二卷首一卷　(明)程大位編　清光緒二十九年(1903)成文信刻本　一冊　存四卷(一至三、首一卷)

370000－1509－0000153　176

歷學八卷續歷學一卷　(清)江永撰　聖祖仁皇帝御製推步法五卷　(清)江永解　清抄本　十二冊(二函)

370000－1509－0000154　179

水經注四十卷　(漢)桑欽撰　(北魏)酈道元注　明吳中珩刻本　三冊　存六卷(三至五、十至十二)

370000－1509－0000155　180

引痘略一卷　(清)邱熺輯　清抄本　一冊

370000－1509－0000156　181

醫貫六卷　(明)趙獻可撰　清刻本　一冊　存二卷(五至六)

370000－1509－0000157　182

御纂醫宗金鑑十六卷首一卷　(清)吳謙等纂　清升記堂刻本　十二冊(二函)

370000－1509－0000158　183

重訂外科正宗十二卷　(明)陳實功撰　(清)張鷟翼重訂　清乾隆五十二年(1787)金閶學耕堂刻本　四冊(一函)

370000－1509－0000159　184

驚風辨證必讀書一卷　(清)莊一夔　(清)陳澍賢　(清)秦霖熙輯　(清)劉德馨輯刻　清光緒二十七年(1901)上元江忠德刻本　一冊

370000－1509－0000160　185

古歙槐塘程松崖眼科一卷　(清)程正通撰　清光緒十一年(1885)龍華齋刻本　一冊

370000－1509－0000161　186

增訂本草備要四卷　(清)汪昂著輯　(清)汪桓參訂　(清)鄭曾慶同訂　(清)汪端(清)汪惟寵　(清)仇澐校　改正內景五臟六腑經絡圖說一卷　經絡歌訣一卷　(清)汪昂

山東省濰坊市圖書館古籍普查登記目錄

輯著 （清）汪端校　**醫方湯頭歌訣一卷**
（清）汪昂編輯　（清）汪端校　**瀕湖二十七脈歌一卷**　（清）李時珍撰　清光緒二十七年（1901）古青怡翰齋刻本　佚名批校　五冊（一函）

370000－1509－0000162　187
種福堂公選良方兼刻古吳名醫精論四卷
（清）葉桂撰　清盛氏貽範堂刻本　一冊　存一卷（一）

370000－1509－0000163　188
重訂增補陶朱公致富全書四卷　（周）范蠡撰　清道光二十年（1840）綠野草堂刻本　一冊　存一卷（一）

370000－1509－0000164　189
畿輔河道水利叢書九種　（清）吳邦慶輯撰　清道光四年（1824）益津吳氏刻本　十冊（一函）　存九種十四卷（直隷河渠志一卷、陳學士文鈔一卷、潞水客談一卷、怡賢親王疏鈔一卷、水利營田圖說一卷、畿輔水利輯覽一卷、澤農要錄六卷、畿輔水道管見一卷、畿輔水利私議一卷）

370000－1509－0000165　190
重訂事類賦三十卷　（宋）吳淑撰註　**重訂廣事類賦四十卷**　（清）華希閎著　（清）鄒升恒參　（清）華希閎重訂　清刻本　七冊（一函）　存三十五卷（重訂事類賦一至十三、重訂廣事類賦十九至四十）

370000－1509－0000166　192
古事比五十二卷　（清）方中德輯著　（清）王梓校　清光緒十三年（1887）上海點石齋石印本　六冊（一函）

370000－1509－0000167　193
策府統宗六十五卷　（清）劉昌齡輯　清光緒八年至二十四年（1882－1898）上海同文書局石印本　十三冊（一函）　存三十五卷（三至九、十七至二十九、三十四至三十七、四十五至四十八、五十六至六十二）

370000－1509－0000168　194

淵鑑類函四百五十卷目錄四卷　（清）張英（清）王士禎等撰　清末石印本　二十二冊（三函）　存一百九十三卷（一百十一至一百六十一、一百七十三至一百八十四、一百九十二至二百三十六、二百六十七至二百七十五、二百九十七至三百五、三百十三至三百三十、三百五十至三百六十六、三百七十四至三百八十一、三百九十一至四百二、四百二十至四百三十一）

370000－1509－0000169　195
類類聯珠初編三十二卷二編十二卷　（清）李堅編　（清）李椿林增補　清同治十年（1871）聚盛堂刻本　五冊（一函）

370000－1509－0000170　196
錦字箋四卷　（清）黃澐纂　（清）黃裕（清）侯文燈參　清康熙金閶書業堂刻本　四冊（一函）

370000－1509－0000171　197
望溪集不分卷　（清）方苞撰　（清）王兆符（清）程崟輯　清乾隆十一年（1746）程崟刻本　八冊（一函）

370000－1509－0000172　198
刪補古今文致十卷　（明）劉士鏻原選　（明）王宇增刪　清刻本　一冊　存二卷（八至九）

370000－1509－0000173　200
[山東新城]于氏前型錄二卷　（清）□□輯　清光緒刻本　一冊　存一卷（上）

370000－1509－0000174　201
[山東新城]于氏前型錄二卷　（清）□□輯　清末鉛印本　一冊　存一卷（下）

370000－1509－0000175　202
渠亭山人半部藁二刻或語集一卷　（清）張貞撰　清康熙安丘張貞刻本　一冊

370000－1509－0000176　203
匏野文集二十卷　（清）張汝瑚著　（清）蕭連芳　（清）王心存校　清視古堂刻本　三冊　存六卷（三至四、十一至十二、十六至十七）

370000 – 1509 – 0000177　204

可之先生全集錄十卷　（唐）孫樵撰　（清）儲欣錄　（清）吳蔚起參校　清松鱗堂刻本　一冊　存二卷（一至二）

370000 – 1509 – 0000178　205

北夢瑣言二十卷　（宋）孫光憲纂集　清乾隆二十一年（1756）德州盧見曾刻雅雨堂叢書本　四冊（一函）

370000 – 1509 – 0000179　206

鶴山文鈔三十二卷　（宋）魏了翁撰　清同治十三年（1874）望三益齋刻本　一冊　存二卷（一至二）

370000 – 1509 – 0000180　207

鑑□□卷　（清）程錫極敬送　清光緒三十四年（1908）文盛堂刻本　一冊　存一卷（下）

370000 – 1509 – 0000181　208

壯悔堂文集十卷　（清）侯方域著　（清）賈開宗等評點　清刻本　一冊　存三卷（六至八）

370000 – 1509 – 0000182　209

愛古堂儷體一卷　（清）徐瑤撰　清康熙刻本　一冊

370000 – 1509 – 0000183　210

習之先生全集錄二卷　（唐）李翱撰　（清）儲欣錄　（清）吳蔚起參校　清松鱗堂刻本　二冊

370000 – 1509 – 0000184　211

古文辭類纂七十五卷　（清）姚鼐纂集　**續古文辭類纂三十四卷**　王先謙纂集　清光緒三十年（1904）濰陽承文信刻本　四冊（一函）存十八卷（古文辭類纂五十九至六十七、續古文辭類纂一至九）

370000 – 1509 – 0000185　212

釣磯立談一卷附錄一卷　（宋）史□撰　清乾隆四十三年（1778）鮑氏刻知不足齋叢書本　一冊

370000 – 1509 – 0000186　213

陳檢討集二十卷　（清）陳維崧撰　（清）程師恭註　清康熙刻本　六冊（一函）

370000 – 1509 – 0000187　214

恭紀志（聖朝謨訓康熙九年十月、雍正二年二月）　（清）□□撰　**海運全圖一卷**　（清）陶澍撰　**孟氏志一卷**　（清）□□撰　清道光六年（1826）抄本　一冊

370000 – 1509 – 0000188　215

南豐先生全集錄二卷　（宋）曾鞏撰　（清）儲欣錄　（清）吳蔚起參校　清松鱗堂刻本　二冊

370000 – 1509 – 0000189　219

[道光]長清縣志十六卷首四卷末二卷　（清）舒化民等修　（清）徐德城等纂　清道光十五年（1835）刻本　七冊（一函）　存十八卷（十六卷、末二卷）

370000 – 1509 – 0000190　220

弇州史料後集七十卷　（明）王世貞纂撰　（明）董復表彙次　明刻本　一冊　存三卷（六十八至七十）

370000 – 1509 – 0000191　221

正藏書六十卷　（明）李贄撰　清刻本　二冊　存九卷（四十四至四十七、五十二至五十六）

370000 – 1509 – 0000192　225

孝經集註一卷　（明）陳選撰　清刻本　一冊　存序

370000 – 1509 – 0000193　226

花鏡六卷　（清）陳淏子輯　清刻本　一冊　存序

370000 – 1509 – 0000194　227

少品賦草□卷　（清）夏思沺撰　清刻本　一冊　存一卷（下）

370000 – 1509 – 0000195　228

時務策一卷　（清）□□撰　清抄本（配刻本）　一冊

370000 – 1509 – 0000196　229

文昌帝君功過格一卷　（清）□□撰　清刻本

山東省濰坊市圖書館古籍普查登記目錄

一冊

370000－1509－0000197　230

[稟本府於夾單等]書信集一卷　（清）□□撰
　　清抄本　一冊

370000－1509－0000198　231

葩經香艷□卷　（清）□□撰　清抄本　一冊
　　存一卷(一)

370000－1509－0000199　232

[大雨時行賦等詩文集]一卷　（清）□□撰
　　清光緒抄本　一冊

370000－1509－0000200　233

御選唐宋文醇五十八卷　（清）高宗弘曆選
（清）允祿校　清乾隆三年(1738)刻三色套印
本　三冊　存六卷(二十二至二十四、五十一

至五十三)

370000－1509－0000201　234

詒晉齋巾箱帖四卷　（清）永瑆書　（清）錢泳
勒石　清嘉慶十二年(1807)錢泳刻石並拓本
四冊

370000－1509－0000202　235

洛神賦一卷　（三國魏）曹植撰　（晉）王獻之
書　舊拓本　一冊

370000－1509－0000203　236

拳石堂草訣百韻歌　（晉）王羲之書　舊拓本
　　一冊

370000－1509－0000204　237

重修玉清宮碑銘　（清）胡天遊撰　（清）曹鴻
勛書并記　清拓本　二冊

山東省濰坊市青州市圖書館

古籍普查登記目録

全國古籍普查登記目録

國家圖書館出版社
National Library of China Publishing House

370000－1531－0000001　1

四書會解二十七卷　（宋）朱熹集註　（清）綦
澧輯　清光緒九年(1883)怡翰齋刻本　三冊
(一函)　存三卷(大學一、中庸一至二)

370000－1531－0000002　2

四書會解二十七卷　（宋）朱熹集註　（清）綦
澧輯　清還醇堂刻本　六冊(一函)　存八卷
(論語五至十一、十二下)

370000－1531－0000003　3

漱芳軒合纂禮記體註四卷　（清）范翔參訂
(清)吳有文　（清）朱光斗　（清）范應兆等
校　清怡翰齋記刻本　四冊(一函)

370000－1531－0000004　4

漱芳軒合纂禮記體註四卷　（清）范翔參訂
(清)吳有文　（清）朱光斗　（清）范應兆等
校　清光緒十年(1884)濰陽成文信刻本　四
冊(一函)

370000－1531－0000005　5

監本禮記十卷　（元）陳澔撰　清乾隆四十四
年(1779)崇道堂刻本　十冊(二函)

370000－1531－0000006　6

禮記疏意二十三卷　（明）袁黃刪定　（明）秦
繼宗集　清道光十九年(1839)蘊輝堂刻本
六冊(一函)

370000－1531－0000007　7

鳳泉易經四卷　（宋）朱熹撰　清光緒十年
(1884)怡翰齋刻本　四冊(一函)

370000－1531－0000008　8

易經精華六卷末一卷　（清）薛嘉穎輯　清同
治五年(1866)三益堂刻本　六冊(一函)

370000－1531－0000009　9

四書五經類典集成三十四卷　（清）戴兆春撰
　清石印本　三冊(一函)　存六卷(十三至
十八)

370000－1531－0000010　10

[正德]武功縣志三卷首一卷　（明）康海纂修
　(清)孫景烈評註　清乾隆二十六年(1761)

刻本　一冊(一夾)　存三卷(一至二、首一
卷)

370000－1531－0000011　11

增補三字經訓蒙析解一卷　（清）安篔著解
清彙文堂刻本　一冊

370000－1531－0000012　12

三字經註解備要二卷　（宋）王應麟著　（清）
賀興思註解　（清）岳郎軒校正　清刻本　一
冊(一夾)

370000－1531－0000013　14

繪圖增註千字文一卷　（清）□□撰　清宣統
元年(1909)上海錦章書局石印本　一冊(一
夾)

370000－1531－0000014　16

正譌圖像三字經一卷　（宋）王應麟著　（清）
怡翰齋校正　清抄本　一冊

370000－1531－0000015　17

韻府提綱二卷　（清）蝸廬主人(王士瑗)輯
清咸豐九年(1859)文聚悅記刻本　二冊

370000－1531－0000016　18

百家姓考略一卷　（清）王相撰　清徐士業刻
本　一冊(一夾)

370000－1531－0000017　19

四書集註十九卷　（宋）朱熹撰　清京都會經
堂、宏道堂刻本　六冊(一函)

370000－1531－0000018　20

古今韻略五卷　（清）邵長蘅纂　（清）宋至校
　清康熙三十五年(1696)刻本　四冊(一函)

370000－1531－0000019　22

繪圖增註歷史三字經一卷　（宋）王應麟著
清末石印本　一冊(一夾)

370000－1531－0000020　24

新編四言雜一卷　（清）曲文炳著　清濰陽富
文堂刻本　一冊(一函)

370000－1531－0000021　26

雜字一卷　（清）馬益著撰　清末石印本　一
冊(一函)

370000 – 1531 – 0000022　27

字彙十二集首一卷末一卷　（明）梅膺祚音釋
　清康熙十八年(1679)刻本　十四冊(二函)

370000 – 1531 – 0000023　28

三字經一卷　（宋）王應麟著　清抄本　一冊
（一函）

370000 – 1531 – 0000024　29

**康熙字典十二集三十六卷總目一卷檢字一卷
辨似一卷等韻一卷備考一卷補遺一卷**　（清）
張玉書　（清）陳廷敬等纂　清光緒三十二年
(1906)上海商務印書館石印本　三冊(一函)
　　存六集十八卷(子集三卷、丑集三卷、酉集
三卷、戌集三卷、酉集三卷、戌集三卷)

370000 – 1531 – 0000025　30

釋字百韻一卷　（清）陳勵著　清光緒二年
(1876)都門石印本　一冊(一夾)

370000 – 1531 – 0000026　31

爾雅三卷　（晉）郭璞注　（唐）陸德明音釋
清同治十一年(1872)山東書局刻本　三冊
(一夾)

370000 – 1531 – 0000027　32

新刊校正增補圓機詩韻活法全書十四卷
（明）王世貞增校　（清）蔣先庚重訂　清刻本
　八冊(一函)

370000 – 1531 – 0000028　33

詩韻集成十卷詞林典腋一卷　（清）余照輯
清光緒十年(1884)成文信刻本　四冊(一夾)

370000 – 1531 – 0000029　34

爾雅注疏十一卷　（晉）郭璞注　（宋）邢昺疏
　爾雅音義二卷　（唐）陸德明撰　清光緒二
十一年(1895)渝城善成堂刻本　八冊(一函)

370000 – 1531 – 0000030　35

字學舉隅一卷　（清）龍啟瑞撰　清同治十年
(1871)刻本　一冊(一夾)

370000 – 1531 – 0000031　36

爾雅註疏十一卷　（晉）郭璞註　（宋）邢昺疏
　清乾隆五十一年(1786)金閶書業堂刻本

六冊(一函)

370000 – 1531 – 0000032　37

隸辨八卷　（清）顧藹吉撰　清光緒江寧甘瑞
祥刻本　八冊(一函)

370000 – 1531 – 0000033　38

評點春秋綱目左傳句解彙雋六卷　（清）韓菼
重訂　清刻本　六冊(一函)

370000 – 1531 – 0000034　39

爾雅註疏參義六卷　（清）姜兆錫撰　清雍正
十年(1732)刻本　二冊(一函)

370000 – 1531 – 0000035　40

周禮註疏刪翼三十卷　（明）王志長輯　（明）
葉培恕定　明崇禎十二年(1639)葉培恕刻本
　二十冊(一夾)

370000 – 1531 – 0000036　41

剔弊廣增分韻五方元音二卷首一卷　（清）樊
騰鳳著　（清）趙培梓改正新編　清光緒二十
五年(1899)上海萃文齋石印本　六冊(一函)

370000 – 1531 – 0000037　42

**康熙字典十二集三十六卷總目一卷檢字一卷
辨似一卷等韻一卷備考一卷補遺一卷**　（清）
張玉書　（清）陳廷敬等纂　清刻本　十八冊
(三函)　存五集十五卷(巳集三卷、午集三
卷、申集三卷、酉集三卷、戌集三卷)

370000 – 1531 – 0000038　43

**康熙字典十二集三十六卷總目一卷檢字一卷
辨似一卷等韻一卷備考一卷補遺一卷**　（清）
張玉書　（清）陳廷敬等纂　（清）奕繪等重修
　清道光七年(1827)刻本　四十冊(六函)

370000 – 1531 – 0000039　44

貸園叢書初集十二種四十九卷　（清）周永年
輯　清乾隆三十六年至四十年(1771－1775)
益都李文藻竹西書屋刻五十四年(1789)歷城
周永年重編印本　五冊(一函)　存七種十一
卷(石刻鋪叙二卷、鳳墅殘帖釋文二卷、廟堂
忠告一卷、風憲忠告一卷、牧民忠告二卷、蒿
庵閒話二卷、談龍錄一卷)

370000－1531－0000040　45

貸園叢書初集十二種四十九卷 （清）周永年輯　清乾隆三十六年至四十年（1771－1775）益都李文藻竹西書屋刻五十四年（1789）歷城周永年重編印本　六冊（一函）　存三種九卷（古韻標準四卷、四聲切韻表舉例一卷、聲韻考四卷）

370000－1531－0000041　46

漢魏二十一家易注三十三卷 （清）孫堂輯　清嘉慶四年（1799）孫氏映雪草堂刻本　八冊（一函）　存十九種二十八卷（子夏易傳一卷、孟喜周易章句一卷、京房周易章句一卷、馬融周易傳一卷、劉表周易章句一卷、宋衷周易章句一卷、陸績周易述一卷、董遇周易註章句一卷、虞翻周易註十卷、王肅周易註一卷、姚信周易註一卷、王廙周易註一卷、張璠周易集解一卷、向秀周易義一卷、干寶周易註一卷、蜀才周易註一卷、翟玄周易義一卷、九家周易集註一卷、劉瓛周易義疏一卷）

370000－1531－0000042　47

說文解字句讀三十卷 （漢）許慎記　（清）王筠撰集　（清）陳山嵋　（清）陳慶鏞訂正（清）蔣其崯書篆　**句讀補正三十卷** （清）王筠撰　（清）王彥侗　（清）孫藍田校　清咸豐四年（1854）安邱王筠與山西曲沃邑人襄陵刻本（句讀補正爲清咸豐九年安邱王彥侗刻本）　十六冊（一夾）

370000－1531－0000043　48

說文解字句讀三十卷 （漢）許慎記　（清）王筠撰集　（清）陳山嵋　（清）陳慶鏞訂正（清）蔣其崯書篆　**句讀補正三十卷** （清）王筠撰　（清）王彥侗　（清）孫藍田校　清咸豐四年（1854）安邱王筠與山西曲沃邑人襄陵刻本（句讀補正爲清咸豐九年安邱王彥侗刻本）　十六冊（一夾）

370000－1531－0000044　49

說文釋例二十卷 （清）王筠撰　**釋例補正二十卷** （清）王筠續纂　清道光二十八年（1848）安邱王筠徐溝刻本（釋例補正爲清咸豐二年安邱王筠鄉寧刻本）　十冊（一夾）存二十卷（說文釋例二十卷）

370000－1531－0000045　50

說文釋例二十卷 （清）王筠撰　**釋例補正二十卷** （清）王筠續纂　清道光二十八年（1848）安邱王筠徐溝刻本（釋例補正爲清咸豐二年安邱王筠鄉寧刻本）　十冊（一夾）存二十卷（說文釋例二十卷）

370000－1531－0000046　51

說文釋例二十卷 （清）王筠撰　**釋例補正二十卷** （清）王筠續纂　清道光二十八年（1848）安邱王筠徐溝刻本（釋例補正爲清咸豐二年安邱王筠鄉寧刻本）　十冊（一夾）存二十卷（說文釋例二十卷）

370000－1531－0000047　52

千字文釋義一卷 （南朝梁）周興嗣次韻（清）汪嘯尹纂輯　（清）孫謙益參注　（清）葉敬書本文　清刻本　一冊（一夾）

370000－1531－0000048　53

三字經註解備要二卷 （宋）王應麟著　（清）賀興思註解　（清）岳郎軒校正　清刻本　二冊（一函）

370000－1531－0000049　54

康熙字典十二集三十六卷總目一卷檢字一卷辨似一卷等韻一卷備考一卷補遺一卷 （清）張玉書　（清）陳廷敬等纂　清刻本　二十一冊（三函）　存七集二十一卷（卯集三卷、辰集三卷、巳集三卷、午集三卷、未集三卷、申集三卷、酉集三卷）

370000－1531－0000050　55

說文解字三十二卷 （漢）許慎記　（清）段玉裁注　清光緒元年（1875）湖北崇文書局刻本　十六冊（一夾）

370000－1531－0000051　56

隸篇十五卷續十五卷再續十五卷 （清）翟云升撰　清道光十七年至十八年（1837－1838）掖縣翟云升、聊城楊以增等刻本　十冊（一夾）

370000－1531－0000052　57

康熙字典十二集三十六卷總目一卷檢字一卷辨似一卷等韻一卷備考一卷補遺一卷 （清）張玉書 （清）陳廷敬等纂 清刻本 三十一冊（五函）

370000－1531－0000053 58

康熙字典十二集三十六卷總目一卷檢字一卷辨似一卷等韻一卷備考一卷補遺一卷 （清）張玉書 （清）陳廷敬等纂 清刻本 三十一冊（三函） 存九集三十三卷（子集三卷、丑集三卷、寅集三卷、卯集三卷、辰集三卷、巳集三卷、酉集三卷、戌集三卷、亥集三卷,總目一卷,檢字一卷,辨似一卷,等韻一卷,備考一卷,補遺一卷）

370000－1531－0000054 59

康熙字典十二集三十六卷總目一卷檢字一卷辨似一卷等韻一卷備考一卷補遺一卷 （清）張玉書 （清）陳廷敬等纂 清刻本 四十冊（六函）

370000－1531－0000055 60

秘書二十一種九十四卷 （清）汪士漢輯 清康熙七年（1668）汪士漢刻本 十冊（一函）存十六種四十九卷（博物志十卷、桂海虞衡志一卷、劍俠傳四卷、續博物志十卷、博異記一卷、高士傳三卷、竹書紀年二卷、中華古今注三卷、古今注三卷、三墳一卷、風俗通義四卷、楚史檮杌一卷、晉史乘一卷、列仙傳三卷、集異記一卷、續齊諧記一卷）

370000－1531－0000056 63

毛詩注疏校勘記八卷 （清）阮元撰 （清）盧宣旬摘錄 清石印本 一冊（一夾）

370000－1531－0000057 64

孝經一卷 （唐）玄宗李隆基注 （唐）陸德明音義 清同治十一年（1872）山東書局刻本 一冊（一函）

370000－1531－0000058 65

秘書二十八種 （清）汪士漢輯 清嘉慶十三年（1808）文盛堂刻本 十三冊（一函） 存八種四十二卷（汲塚周書九卷、白虎通二卷、吳越春秋六卷、竹書紀年二卷、列仙傳二卷、古

今註三卷、大戴禮記一至十三、山海經五卷）

370000－1531－0000059 66

春秋左傳五十卷 （晉）杜預 （宋）林堯叟註釋 （唐）陸德明音義 （明）孫鑛 （明）鍾惺 （明）韓范評點 清聚盛堂刻本 十二冊（二函）

370000－1531－0000060 67

左繡三十卷首一卷 （清）馮李驊 （清）陸浩評輯 （清）范允斌等參評 （清）馮張孫等校輯 清光緒二十五年（1899）濰陽成文信記刻本 十六冊（二函）

370000－1531－0000061 68

左繡三十卷首一卷 （清）馮李驊 （清）陸浩評輯 （清）范允斌等參評 （清）馮張孫等校輯 清光緒二十五年（1899）濰陽成文信記刻本 十六冊（二函）

370000－1531－0000062 69

書經體註大全合參六卷 （清）錢希祥纂輯 （清）范翔鑒定 清同治五年（1866）敬文堂刻本 三冊（一函） 存五卷（一至三、五至六）

370000－1531－0000063 70

欽定春秋傳說彙纂三十八卷首二卷 （清）王掞等撰 清刻本 十七冊（一夾） 存二十卷（一至十七、二十七,首二卷）

370000－1531－0000064 71

隸篇十五卷續十五卷再續十五卷 （清）翟云升撰 清道光十七年至十八年（1837－1838）掖縣翟云升、聊城楊以增等刻本 十冊（一夾）

370000－1531－0000065 73

左繡三十卷首一卷 （清）馮李驊 （清）陸浩評輯 （清）范允斌等參評 （清）馮張孫等校輯 清光緒六年（1880）埽葉山房刻本 十六冊（二函）

370000－1531－0000066 74

御纂春秋直解十二卷 （清）傅恒等撰 清刻本 六冊（一函）

山東省濰坊市圖書館等二十二家收藏單位古籍普查登記目錄

370000－1531－0000067　75

御纂春秋直解十二卷 （清）傅恒等撰　清刻本　六冊（一函）

370000－1531－0000068　76

經餘必讀八卷續編八卷三集四卷 （清）雷琳　（清）錢樹棠　（清）錢樹立輯　清光緒二十六年（1900）濰陽寶書堂刻本　十冊（一函）

370000－1531－0000069　77

狀元書經六卷 （宋）蔡沈撰　清青州怡翰齋刻本　四冊（一函）

370000－1531－0000070　78

書集傳六卷 （宋）蔡沈撰　清青州怡翰齋刻本　四冊（一函）

370000－1531－0000071　79

左繡三十卷首一卷 （清）馮李驊　（清）陸浩評輯　（清）范允斌等參評　（清）馮張孫等校輯　清埽葉山房刻本　十六冊（二函）　存三十卷（一至十四、十六至三十，首一卷）

370000－1531－0000072　80

春秋左傳註疏六十卷 （晉）杜預註　（唐）孔穎達疏　明崇禎十一年（1638）毛氏汲古閣刻十三經註疏本　十冊（一函）　存二十一卷（二十一至四十一）

370000－1531－0000073　81

左傳易讀六卷 （清）司徒修輯　清光緒二十一年（1895）寶書堂刻本　六冊（一函）

370000－1531－0000074　82

曲江書屋新訂批註左傳快讀十八卷首一卷 （晉）杜預原註　（唐）陸德明音義　（宋）林堯叟　（宋）朱申參註　（清）馮李驊　（清）陸浩批評　（清）李紹崧選訂　清乾隆五十二年（1787）刻本　八冊（一函）

370000－1531－0000075　85

字彙四集 （明）梅膺祚音釋　清康熙二十九年（1690）刻本　四冊（一函）

370000－1531－0000076　86

字彙十二集首一卷末一卷 （明）梅膺祚音釋　明刻本　五冊（一函）　存五卷（辰集一卷、巳集一卷、午集一卷、未集一卷、申集一卷）

370000－1531－0000077　000087－1

康熙字典十二集三十六卷總目一卷檢字一卷辨似一卷等韻一卷備考一卷補遺一卷 （清）張玉書　（清）陳廷敬等纂　清刻本　二冊　存二集三卷（丑集下、寅集中，備考一卷）

370000－1531－0000078　000087－2

康熙字典十二集三十六卷總目一卷檢字一卷辨似一卷等韻一卷備考一卷補遺一卷 （清）張玉書　（清）陳廷敬等纂　清刻本　一冊　存一集一卷（巳集上）

370000－1531－0000079　88

陳太史較正易經大全二十卷首一卷 （明）胡廣等撰　（明）陳仁錫校正　明末清白堂刻本　十三冊（一函）　存十六卷（一至四、七至十、十四至二十，首一卷）

370000－1531－0000080　89

初刻黃維章先生詩經嬡嬛體註八卷 （明）黃文煥撰　（清）范翔重訂　（清）沈三曾　（清）沈涵參定　清光緒六年（1880）成文信刻本　四冊（一夾）

370000－1531－0000081　90

奎壁禮記十卷 （元）陳澔撰　清光緒十三年（1887）刻本　十冊（一函）

370000－1531－0000082　93

韻學不分卷 （□）□□撰　清刻本　四冊（一函）

370000－1531－0000083　94

七經精義 （清）黃淦纂　清道光十五年（1835）刻本　八冊（一函）　存二十一卷（周易精義四卷、首一卷，書經精義四卷、末一卷，詩經精義四卷、末一卷，禮記精義六卷）

370000－1531－0000084　95

四書人物類典串珠四十卷首一卷 （清）臧志仁編輯　清嘉慶二十五年（1820）刻本　六冊（一函）　存十七卷（一至十六、首一卷）

山東省濰坊市青州市圖書館古籍普查登記目錄

370000－1531－0000085　100

左繡三十卷首一卷　（清）馮李驊　（清）陸浩評輯　（清）范允斌等參評　（清）馮張孫等校輯　清金閶步月樓刻本　十六冊（二函）

370000－1531－0000086　101

四書人物類典串珠四十卷首一卷　（清）臧志仁編輯　清刻本　二冊（一夾）　存四卷（二十二至二十五）

370000－1531－0000087　102

康熙字典十二集三十六卷總目一卷檢字一卷辨似一卷等韻一卷備考一卷補遺一卷　（清）張玉書　（清）陳廷敬等纂　清光緒十九年（1893）上海點石齋石印本　六冊（一函）

370000－1531－0000088　104

書經體註大全合參六卷　（清）錢希祥纂輯（清）范翔鑒定　清光緒十七年（1891）成文信刻本　一冊　存一卷（一）

370000－1531－0000089　105

四書釋文十九卷四書字辨一卷疑字辨一卷句辨一卷　（清）王賡言撰　清刻本　一冊（一夾）　存三卷（四書字辨一卷、疑字辨一卷、句辨一卷）

370000－1531－0000090　106

三刻黃維章先生詩經娜嬛體註八卷　（明）黃文煥輯著　清刻本　三冊（一夾）　存六卷（三至八）

370000－1531－0000091　108

小學弦歌纂要一卷　（清）潘清蔭輯　清光緒二十八年（1902）刻本　一冊（一函）

370000－1531－0000092　110

增訂小學體註六卷　（清）董湜輯　清刻本　一冊　存三卷（一至三）

370000－1531－0000093　111

六也堂訓蒙草一卷虛字詳解一卷　（清）李岸南撰　（清）路德鑒定　清光緒十年（1884）成文信刻本　一冊（一函）

370000－1531－0000094　114

新刻幼學須知直解二卷　（明）程登吉著（清）王相增訂　（清）唐良瑜集註　清濰陽誠文信書坊刻本　一冊（一函）　存一卷（下）

370000－1531－0000095　115

韻署新抄□卷　（□）□□撰　清刻本　一冊（一夾）　存五卷（一至五）

370000－1531－0000096　116

康熙字典十二集三十六卷總目一卷檢字一卷辨似一卷等韻一卷備考一卷補遺一卷　（清）張玉書　（清）陳廷敬等纂　清光緒十六年（1890）上海鴻文書局石印本　六冊（一夾）

370000－1531－0000097　118

闕里述聞十四卷　（清）鄭曉如述　清同治三年（1864）刻本　八冊（一函）

370000－1531－0000098　119

四書圖考集要五卷　（清）張雲會輯　清乾隆三十七年（1772）愛古堂刻本　五冊（一函）

370000－1531－0000099　120

書集傳六卷　（宋）蔡沈撰　清刻本　一冊　存一卷（四）

370000－1531－0000100　121

［韻書］一卷　（□）□□撰　清抄本　一冊（一夾）

370000－1531－0000101　122

御纂詩義折中二十卷　（清）傅恒等撰　清刻本　六冊（一夾）

370000－1531－0000102　123

孝經經解不分卷　（清）王古初註　（清）李鍾靈正訛　清光緒二十年（1894）刻本　一冊（一夾）

370000－1531－0000103　125

詩經體註大全體要八卷　（清）高朝瓔定（清）沈世楷輯　清光緒三年（1877）三盛堂記刻本　四冊（一函）

370000－1531－0000104　126

詩經融註大全體要八卷　（清）高朝瓔定（清）沈世楷輯　清光緒二十三年（1897）德盛

堂刻本　三冊(一函)　存六卷(一至四、六至七)

370000－1531－0000105　127

御纂周易折中二十二卷首一卷　(清)李光地等撰　清刻本　二冊(一函)　存四卷(一至四)

370000－1531－0000106　128

四書古註十種羣義彙解□□卷　(清)上海煥文書局輯　清光緒二十一年(1895)上海煥文書局石印本　十二冊(一函)　存五種七十一卷(四書改錯一至十五;四書經史摘證七卷;論語集解義疏十卷、首一卷;論語正義七至二十三;孟子正義一至五、十一至十五、二十一至三十,首一卷)

370000－1531－0000107　129

重刻宋本十三經註疏附校勘記四百十六卷
(清)阮元撰　清光緒十三年(1887)上海脈望仙館石印本　二十二冊(三函)　存八種三百三十八卷(毛詩六卷,周禮二十五卷,校勘記四十二卷,儀禮五十卷,禮記三十二卷、校勘記六十三卷,春秋左傳六十卷、校勘記六十卷)

370000－1531－0000108　130

[咸豐]青州府志六十四卷　(清)毛永柏修
(清)李圖　(清)劉耀椿纂　清咸豐九年(1859)刻本　十二冊(三函)　存四十七卷(一至三十、四十八至六十四)

370000－1531－0000109　131

[咸豐]青州府志六十四卷　(清)毛永柏修
(清)李圖　(清)劉耀椿纂　清咸豐九年(1859)刻本　十六冊(四函)

370000－1531－0000110　132

[咸豐]青州府志六十四卷　(清)毛永柏修
(清)李圖　(清)劉耀椿纂　清咸豐九年(1859)刻本　十六冊(四函)

370000－1531－0000111　133

[康熙]青州府志二十二卷　(清)陶錦修
(清)王昌學　(清)王樨纂　清康熙六十年
(1721)刻本　七冊(一函)　存二十一卷(一至二十一)

370000－1531－0000112　134

[康熙]青州府志二十卷　(清)白潢　(清)張連登修　(清)張貞　(清)安箕　(清)黃驥纂　清康熙四十八年(1709)刻本　十(一夾)　存十五卷(一、四至九、十一至十五、十八至二十)

370000－1531－0000113　135

漁洋詩話三卷　(清)王士禎撰　清乾隆二十三年(1758)益都李文藻竹溪書屋刻本　佚名批校　一冊(一夾)　存一卷(上)

370000－1531－0000114　136

[咸豐]青州府志六十四卷　(清)毛永柏修
(清)李圖　(清)劉耀椿纂　清咸豐九年(1859)刻本　十六冊(四函)

370000－1531－0000115　137

[光緒]益都縣圖志五十四卷首一卷　(清)張承燮　(清)李祖年修　(清)法偉堂纂　清光緒三十三年(1907)益都官舍刻本　十六冊(二夾)

370000－1531－0000116　138

[光緒]益都縣圖志五十四卷首一卷　(清)張承燮　(清)李祖年修　(清)法偉堂纂　清光緒三十三年(1907)益都官舍刻本　十六冊(二夾)

370000－1531－0000117　139

[光緒]益都縣圖志五十四卷首一卷　(清)張承燮　(清)李祖年修　(清)法偉堂纂　清光緒三十三年(1907)益都官舍刻本　十六冊(二夾)

370000－1531－0000118　140

[光緒]益都縣圖志五十四卷首一卷　(清)張承燮　(清)李祖年修　(清)法偉堂纂　清光緒三十三年(1907)益都官舍刻本　十六冊(二夾)

370000－1531－0000119　141

[光緒]益都縣圖志五十四卷首一卷　(清)張

山東省濰坊市青州市圖書館古籍普查登記目錄

承爕 （清）李祖年修 （清）法偉堂纂 清光
緒三十三年（1907）益都官舍刻本 十六冊
（二夾）

370000－1531－0000120 142

［光緒］益都縣圖志五十四卷首一卷 （清）張
承爕 （清）李祖年修 （清）法偉堂纂 清光
緒三十三年（1907）益都官舍刻本 四冊 存
二十三卷（五至十、五至十四、十九至二十一、
四十五至四十八）

370000－1531－0000121 143

［光緒］益都縣圖志五十四卷首一卷 （清）張
承爕 （清）李祖年修 （清）法偉堂纂 清光
緒三十三年（1907）益都官舍刻本 十六冊
（二夾）

370000－1531－0000122 145

［光緒］益都縣圖志五十四卷首一卷 （清）張
承爕 （清）李祖年修 （清）法偉堂纂 清光
緒三十三年（1907）益都官舍刻本（卷十五至
十七爲補配） 十五冊（二夾） 存五十卷（五
至五十四）

370000－1531－0000123 146

［光緒］益都縣圖志五十四卷首一卷 （清）張
承爕 （清）李祖年修 （清）法偉堂纂 清光
緒三十三年（1907）益都官舍刻本 十六冊
（二夾）

370000－1531－0000124 147

［康熙］益都縣志十四卷首一卷 （清）陳食花
修 （清）鍾諤等纂 清康熙十一年（1672）刻
本 六冊（一函）

370000－1531－0000125 148

［康熙］益都縣志十四卷首一卷 （清）陳食花
修 （清）鍾諤等纂 清康熙十一年（1672）刻
本 六冊（一函）

370000－1531－0000126 149

［康熙］益都縣志十四卷首一卷 （清）陳食花
修 （清）鍾諤等纂 清康熙十一年（1672）刻
本 六冊（一函）

370000－1531－0000127 150

［康熙］益都縣志十四卷首一卷 （清）陳食花
修 （清）鍾諤等纂 清康熙十一年（1672）刻
本 六冊（一函）

370000－1531－0000128 151

［康熙］益都縣志十四卷首一卷 （清）陳食花
修 （清）鍾諤等纂 清康熙十一年（1672）刻
本 七冊（一函）

370000－1531－0000129 153

［嘉慶］壽光縣志二十卷 （清）劉翰周修纂
清嘉慶五年（1800）刻本 七冊（一函）

370000－1531－0000130 154

［雍正］齊河縣志十卷首一卷 （清）上官有儀
修 （清）許琰纂 清乾隆二年（1737）刻本
五冊（一函）

370000－1531－0000131 155

史外三十二卷 （清）汪有典纂 清乾隆十四
年（1749）淡豔亭刻本 八冊（一夾）

370000－1531－0000132 156

歷代名臣言行錄二十四卷 （清）朱桓編輯
（清）潘永季校定 （清）邱與久重校 清光緒
元年（1875）湖北文源堂刻本 三十六冊（二
夾）

370000－1531－0000133 157

西藝知新十卷 （英國）諾格德撰 （英國）傅
蘭雅口譯 （清）徐壽筆述 清刻本 六冊
（一夾）

370000－1531－0000134 158

列女傳補注八卷敍錄一卷 （清）王照圓撰
校正一卷 （清）臧庸 （清）王念孫 （清）
王引之 （清）馬瑞辰等校正 清嘉慶刻本
五冊（一函）

370000－1531－0000135 159

戰國策三十三卷 （宋）鮑彪校注 （元）吳師
道重校 清姑蘇書業堂刻本 十冊（一函）
存十卷（一至十）

370000－1531－0000136 160

國語二十一卷 （三國吳）韋昭解 （清）孔毓

坼鑒定　（清）孔毓埏參訂　（清）孔傳鐸等校
清孔氏詩禮堂刻本　六冊（一函）

370000－1531－0000137　161
重訂路史全本四十七卷　（宋）羅泌輯　（明）
吳培昌閱　（明）吳弘基　（明）余應旂訂　清
刻本　十一冊（一夾）　存十四卷（國名紀八
卷、發揮六卷）

370000－1531－0000138　162
列國歲計政要十二卷　（英國）麥丁富得力編
纂　（美國）林樂知口譯　（清）鄭昌棪筆述
清光緒刻本　六冊（一夾）

370000－1531－0000139　163
[光緒]益都縣圖志五十四卷首一卷　（清）張
承燮　（清）李祖年修　（清）法偉堂纂　清光
緒三十三年（1907）益都官舍刻本　十二冊
（二夾）　存四十一卷（五至十四、十六至二十
六、二十九至四十三、五十至五十四）

370000－1531－0000140　164
南宋書六十八卷　（明）錢士升增削　（明）許
重熙贊　清嘉慶二年（1797）席氏掃葉山房刻
本　十二冊（一夾）

370000－1531－0000141　165
明季北畧二十四卷　（清）計六奇編輯　清刻
本　八冊（一函）　存十一卷（三至五、十二至
十三、十九至二十四）

370000－1531－0000142　166
元史類編四十二卷　（清）邵遠平編　清乾隆
六十年（1795）席氏掃葉山房刻本　十六冊
（一夾）

370000－1531－0000143　167
明季南畧十八卷　（清）計六奇編輯　清光緒
刻本　六冊（一函）　存九卷（十至十八）

370000－1531－0000144　168
越事備考十三卷　劉名譽編輯　（清）黃維鈞
（清）黃維垣等校　清光緒二十一年（1895）
桂林慕盦氏刻本　一冊（一夾）　存三卷（奏
議三卷）

370000－1531－0000145　169
萬國通史前編十卷　（英國）李思倫白約翰輯
譯　蔡爾康筆述　清光緒二十六年（1900）上
海廣學會鉛印本　十冊（一函）

370000－1531－0000146　170
萬國通史前編十卷　（英國）李思倫白約翰輯
譯　蔡爾康筆述　清光緒二十六年（1900）上
海廣學會鉛印本　十冊（一函）

370000－1531－0000147　171
萬國通史續編十卷　（英國）李思倫白約翰輯
譯　（清）曹曾涵纂述　清光緒三十年（1904）
上海廣學會鉛印本　十冊（一函）

370000－1531－0000148　172
春秋大事表五十卷輿圖一卷附錄一卷　（清）
顧棟高輯　（清）吳光裕參　清同治十二年
（1873）平遠丁寶楨山東尚志堂刻本　二十冊
（一夾）

370000－1531－0000149　173
明朝紀事本末八十卷　（清）谷應泰編輯　清
順治十五年（1658）刻本　十二冊（一函）　存
四十六卷（一至四十六）

370000－1531－0000150　174
萬國通史三編十卷　（英國）李思倫白約翰輯
譯　（清）曹曾涵纂述　清光緒三十一年
（1905）上海廣學會鉛印本　十冊（一函）

370000－1531－0000151　175
萬國通史三編十卷　（英國）李思倫白約翰輯
譯　（清）曹曾涵纂述　清光緒三十一年
（1905）上海廣學會鉛印本　十冊（一函）

370000－1531－0000152　176
[乾隆]惠民縣志十卷首一卷　（清）倭什布修
（清）劉長靈纂　清乾隆四十七年（1782）刻
本　五冊（一函）　存八卷（三至十）

370000－1531－0000153　182
海國圖志一百卷首一卷　（清）魏源撰　清光
緒二年（1876）平慶涇固道署刻本　十三冊
存四十二卷（一至四十一、首一卷）

370000 – 1531 – 0000154　183

[乾隆]惠民縣志十卷首一卷　（清）倭什布修　（清）劉長靈纂　清乾隆四十七年(1782)刻本　六冊(一函)

370000 – 1531 – 0000155　184

青社瑣記五卷　（清）邱琮玉著　清抄本　一冊　存二卷(三至四)

370000 – 1531 – 0000156　185

約章成案匯覽甲編十卷乙編四十二卷　（清）顏世清輯　清光緒石印本　一冊　存一卷(乙編十)

370000 – 1531 – 0000157　186

約章分類輯要三十八卷首一卷　蔡乃煌總纂　清光緒二十六年(1900)刻本　一冊　存一卷(一)

370000 – 1531 – 0000158　187

[乾隆]昌邑縣志八卷　（清）周來邰纂修　清乾隆七年(1742)刻本　四冊(一函)

370000 – 1531 – 0000159　188

環游地球新錄四卷　（清）李圭撰　清光緒四年(1878)刻本　四冊(一夾)

370000 – 1531 – 0000160　190

[康熙]禹城縣志八卷　（清）任宗美編次　（清）王表重輯　清康熙十二年(1673)刻本　三冊(一函)

370000 – 1531 – 0000161　191

太平寰宇記二百卷目錄二卷　（宋）樂史撰　（清）陳蘭森補闕　清刻本　四十六冊(五夾)

370000 – 1531 – 0000162　192

[乾隆]諸城縣志四十六卷　（清）宮懋讓修　（清）李文藻等纂　清乾隆二十九年(1764)刻本　九冊(一函)　存五十一卷(一至四十六、十一至十五)

370000 – 1531 – 0000163　193

[乾隆]陽信縣志八卷首一卷　（清）王允深修　（清）沈佐清　（清）王式軾纂　清乾隆二十四年(1759)刻本　五冊(一函)

370000 – 1531 – 0000164　196

歷代鐘鼎彝器款識法帖二十卷　（宋）薛尚功撰　（清）阮元校　清嘉慶二年(1797)漢口善成堂書局刻本　四冊(一函)

370000 – 1531 – 0000165　197

鐘鼎字源五卷　（清）汪立名撰　清刻本　二冊(一函)

370000 – 1531 – 0000166　200

[同治]江夏縣志八卷首一卷　（清）王庭楨修　（清）彭崧毓纂　清同治八年(1869)刻本　六冊(一函)　存六卷(二至七)

370000 – 1531 – 0000167　203

明史藁三百十卷目錄三卷　（清）王鴻緒編撰　清乾隆敬慎堂刻本　五十六冊(六函)　存二百五卷(列傳一至二百五)

370000 – 1531 – 0000168　204

[乾隆]樂陵縣志八卷首一卷末一卷　（清）王謙益修　（清）莊肇奎　（清）鄭成中等纂　清乾隆二十七年(1762)刻本　八冊(一函)

370000 – 1531 – 0000169　205

[康熙]鄆城縣志八卷　（清）張盛銘修　（清）趙肅纂　清康熙五十五年(1716)刻本　四冊(一函)

370000 – 1531 – 0000170　207

[光緒]臨朐縣志十六卷　（清）姚延福修　（清）鄧嘉緝　（清）蔣師轍纂　清光緒十年(1884)刻本　六冊(一函)

370000 – 1531 – 0000171　209

[康熙]新城縣志十四卷首一卷　（清）崔懋修　（清）嚴濂曾纂　（清）王士禛鑒定　清康熙三十二年(1693)刻本　五冊(一函)　存十四卷(一至八、十至十四,首一卷)

370000 – 1531 – 0000172　210

[康熙]新城縣續志二卷　（清）孫元衡修　（清）王啟涑纂　清康熙刻本　一冊

370000 – 1531 – 0000173　211

[乾隆]濟陽縣志十四卷首一卷　（清）胡德琳

山東省濰坊市圖書館等二十二家收藏單位古籍普查登記目錄

修　（清）何明禮　（清）章承茂纂　清乾隆三十年(1765)刻本　八冊(一函)

370000－1531－0000174　212

[乾隆]諸城縣志四十六卷　（清）宮懋讓修（清）李文藻等纂　清乾隆二十九年(1764)刻本　五冊(一函)　存三十六卷(十一至四十六)

370000－1531－0000175　213

[康熙]新修齊東縣志八卷　（清）余爲霖修（清）郭國琦纂　清康熙二十四年(1685)刻本　六冊(一函)

370000－1531－0000176　214

[乾隆]青城縣志十二卷　（清）方鳳修（清）戴文熾　（清）周珹纂　清乾隆二十四年(1759)刻本　四冊(一函)

370000－1531－0000177　215

山東郡縣圖考一卷　（清）葉圭綬撰　清光緒八年(1882)刻本　一冊(一函)

370000－1531－0000178　217

[至元]齊乘六卷　（元）于欽纂修　釋音一卷（元）于潛撰　考證六卷　（清）周嘉猷撰清乾隆四十六年(1781)胡德琳登州刻本　二冊(一夾)　存二卷(三、六)

370000－1531－0000179　218

[至元]齊乘六卷　（元）于欽纂修　釋音一卷（元）于潛撰　清抄本　一冊　存二卷(一至二)

370000－1531－0000180　219

[至元]齊乘六卷　（元）于欽纂修　釋音一卷（元）于潛撰　清楊峒抄校本　清嘉慶十九年李有經題跋　一冊　存二卷(一至二)

370000－1531－0000181　220

[至元]齊乘六卷　（元）于欽纂修　釋音一卷（元）于潛撰　考證六卷　（清）周嘉猷撰清乾隆四十六年(1781)胡德琳登州刻本　四冊(一函)

370000－1531－0000182　221

舊五代史一百五十卷目錄二卷　（宋）薛居正等撰　清同治十一年(1872)湖北崇文書局刻二十四史本　十六冊

370000－1531－0000183　222

北齊書五十卷　（唐）李百藥撰　宋刻宋元明遞修本　五冊(一夾)　存二十七卷(九至二十四、四十至五十)

370000－1531－0000184　223

五代史七十四卷　（宋）歐陽修撰　（宋）徐無黨注　清光緒元年(1875)成都書局刻本　十冊(一函)

370000－1531－0000185　224

明史藁三百十卷目錄三卷　（清）王鴻緒編撰　清乾隆敬慎堂刻本　六十一冊(四函)　存二百二卷(本紀一至十、十七至十九,志一至七、六十二至七十七,表九卷,列傳一至五十五、八十一至一百四十、一百四十四至一百八十二;目錄三卷)

370000－1531－0000186　225

史記一百三十卷　（漢）司馬遷撰　（南朝宋）裴駰集解　（唐）司馬貞索隱　（唐）張守節正義　考證一卷　清同治十一年(1872)成都書局刻四史本　二十六冊(三夾)　存八十一卷(一至八十一)

370000－1531－0000187　226

御批歷代通鑑輯覽一百二十卷　（清）傅恒等撰　清光緒二十五年(1899)上海美華賓記石印本　二十冊(二函)

370000－1531－0000188　228

御批歷代通鑑輯覽一百二十卷　（清）傅恒等撰　清刻朱墨套印本　十三冊(二函)　存二十三卷(三十三至四十六、五十二至六十)

370000－1531－0000189　229

[乾隆]博山縣志十卷　（清）富申修　（清）田士麟纂　清乾隆十八年(1753)刻本　四冊(一函)

370000－1531－0000190　230

佛母大孔雀明王經三卷　（唐）釋不空譯　明

刻本　一冊　存一卷(中)

370000－1531－0000191　231
[乾隆]福山縣志十二卷　(清)何樂善修
(清)蕭劼　(清)王積熙纂　清乾隆二十八年
(1763)刻本(卷九爲補刻)　七冊(一函)
存十卷(三至十二)

370000－1531－0000192　232
[乾隆]福山縣志十二卷　(清)何樂善修
(清)蕭劼　(清)王積熙纂　清乾隆二十八年
(1763)刻本　三冊(一函)　存六卷(三至六、
八、十一上)

370000－1531－0000193　233
[康熙]青州府志二十二卷　(清)陶錦修
(清)王昌學　(清)王樬纂　清康熙六十年
(1721)刻本　三冊(一夾)　存八卷(三至五、
十一至十二、十五至十七)

370000－1531－0000194　234
[康熙]青州府志四卷　(清)陶錦修　(清)
王昌學　(清)王樬纂　清抄本　四冊(一夾)

370000－1531－0000195　235
[順治]徐州志八卷　(清)余志明修　(清)
李向陽纂　清順治十一年(1654)刻本　十冊
(一函)

370000－1531－0000196　000236－1
[康熙]利津縣新誌十卷　(清)韓文焜纂修
清乾隆二十三年(1758)刻本　二冊(一函)

370000－1531－0000197　000236－2
[乾隆]利津縣志續編十卷　(清)劉文確修
(清)劉永祚　(清)李儼纂　清乾隆二十三年
(1758)刻本　一冊

370000－1531－0000198　000236－3
[乾隆]利津縣志補六卷　(清)程士範纂修
清乾隆三十五年(1770)刻本　一冊

370000－1531－0000199　237
新鎸出像東西晉演義十二卷圖一卷　(明)楊
爾曾撰　明泰和堂主人刻本　九冊(一函)
存十卷(一至六、九至十一,圖一卷)

370000－1531－0000200　238
新纂氏族箋釋八卷　(清)熊峻運著　清刻本
六冊(一函)

370000－1531－0000201　239
鼎鍥趙田了凡袁先生編纂古本歷史大方綱鑑
補□□卷　(宋)司馬光通鑑　(宋)朱熹綱目
(明)袁黃編纂　清刻本　二冊(一夾)　存
二卷(三十二、三十九)

370000－1531－0000202　240
御批歷代通鑑輯覽一百二十卷　(清)傅恒等
撰　清光緒三十年(1904)上海育文書局石印
本　九冊(一夾)　存四十三卷(六至十二、三
十九至四十八、九十一至九十四、九十九至一
百二十)

370000－1531－0000203　241
御撰資治通鑑綱目三編二十卷末一卷　(清)
張廷玉等撰　清光緒二十八年(1902)寶書堂
刻本　五冊(一函)

370000－1531－0000204　242
資治通鑑二百九十四卷　(宋)司馬光編集
(元)胡三省音註　(明)陳仁錫評閲　通鑑釋
文辯誤十二卷　(元)胡三省撰　明天啓五年
(1625)陳仁錫刻本　四冊(一夾)　存十二卷
(二百五十七至二百五十九、二百七十四至二
百七十六、二百八十三至二百八十五、二百八
十九至二百九十一)

370000－1531－0000205　243
明史紀事本末八十卷　(清)谷應泰編輯
(清)朱記榮校正　三藩紀事本末二十二卷
(清)楊陸榮編輯　(清)朱記榮校定　清光緒
十四年(1888)上海書業公所崇德鉛印本　九
冊(一夾)

370000－1531－0000206　244
宋史紀事本末一百九卷　(明)馮琦原編
(明)陳邦瞻編輯　(明)張溥論正　西夏紀事
本末三十六卷　(清)張鑑撰　清光緒十四年
(1888)上海書業公所崇德堂鉛印本　十冊
(一夾)

山東省濰坊市圖書館等二十二家收藏單位古籍普查登記目録

370000－1531－0000207　245

綱鑑會纂三十九卷首一卷　（明）王世貞編　（清）李遜齋重校　**御撰資治通鑑綱目三編附福王唐王桂王本末六卷**　（清）張廷玉等撰　清光緒二十五年（1899）上海著易堂石印本　十冊（一函）

370000－1531－0000208　246

星軺指掌三卷續一卷　（德國）馬斯頓著　（清）聯芳　（清）慶常譯　清光緒二年（1876）鉛印本　四冊（一函）

370000－1531－0000209　247

山海經十三卷圖五卷　（晉）郭璞傳　（清）畢沅校正　清光緒十六年（1890）學庫山房刻本　五冊（一函）

370000－1531－0000210　248

山海經十八卷圖讚一卷　（晉）郭璞傳　（清）郝懿行箋疏　清嘉慶十四年（1809）阮氏琅嬛僊館刻本　四冊（一函）

370000－1531－0000211　251

國語二十一卷　（三國吳）韋昭解　**戰國策三十三卷**　（漢）高誘注　清石印本　八冊（一函）

370000－1531－0000212　252

支那通史七卷　（日本）那珂通世編　清光緒二十五年（1899）上海東文學社石印本　五冊（一函）　存四卷（一至四）

370000－1531－0000213　254

春秋世次一覽□□卷　（□）郇士璧編輯　清抄本　一冊（一夾）

370000－1531－0000214　255

尺木堂綱鑑易知錄九十二卷　（清）吳乘權　（清）周之炯　（清）周之燦輯　清鉛印本　一冊　存六卷（十九至二十四）

370000－1531－0000215　256

史鑑節要便讀六卷　（清）鮑東里著　（清）吳舜齡校　清光緒三十年（1904）山東官印書局石印本　三冊（一夾）

370000－1531－0000216　257

歐陽文忠公五代史抄二十卷　（明）茅坤批評　（明）茅著重訂　清刻本　三冊（一函）　存十五卷（一至五、十一至二十）

370000－1531－0000217　258

大文堂綱鑑易知錄九十二卷　（清）吳乘權　（清）周之炯　（清）周之燦輯　清刻本　八冊（一函）　存十三卷（六十八至八十）

370000－1531－0000218　259

御批歷代通鑑輯覽一百二十卷　（清）傅恒等撰　清光緒十一年（1885）同文書局石印本　二十冊（一夾）

370000－1531－0000219　261

資治新書二集二十卷　（清）李漁蒐輯　（清）沈心友校訂　清翰寶樓刻本　六冊（一函）　存十一卷（十至二十）

370000－1531－0000220　263

隋書八十五卷　（唐）魏徵等撰　明崇禎八年（1635）琴川毛氏汲古閣刻清順治七年（1650）補緝十七史本　十六冊（一函）

370000－1531－0000221　000264－1

[康熙]利津縣新誌十卷　（清）韓文焜纂修　清乾隆二十三年（1758）刻本　二冊（一函）

370000－1531－0000222　000264－2

[乾隆]利津縣志補六卷　（清）程士範纂修　清乾隆三十五年（1770）刻本　一冊

370000－1531－0000223　266

唐詩三百首補註八卷　（清）陳婉俊輯　清咸豐六年（1856）爛花閣刻本　四冊（一函）

370000－1531－0000224　267

批點七家詩合註七卷　（清）張熙宇評　（清）申珠　（清）杜炳南　（清）王植桂補註　清光緒十九年（1893）寶書堂刻本　八冊（一函）

370000－1531－0000225　270

妙法蓮華經七卷　（後秦）釋鳩摩羅什譯　清南京能仁寺禪堂刻本　五冊（一函）　存五卷（二至六）

山東省濰坊市青州市圖書館古籍普查登記目錄

370000 – 1531 – 0000226　271

晉書一百三十卷　（唐）房玄齡等撰　清初刻本　二十七冊（三函）　存八十三卷（載記三十卷、列傳十八至七十）

370000 – 1531 – 0000227　000272 – 1

神農本草經讀四卷　（清）陳念祖著　清善成堂刻南雅堂醫書全集本　二冊（一函）

370000 – 1531 – 0000228　000272 – 2

女科二卷　（清）傅山著　清刻本　二冊

370000 – 1531 – 0000229　273

書法正宗四卷學書雜論一卷　（清）蔣和撰　清道光二十二年（1842）文錦堂刻本　一冊　存一卷（一）

370000 – 1531 – 0000230　274

天道溯原三卷　（美國）丁韙良撰　清刻本　一冊（一夾）

370000 – 1531 – 0000231　276

新刻繡圖療馬集五卷　（明）喻仁　（明）喻傑著　元亨牛經大全二卷駝經一卷　（明）喻仁　（明）喻傑集　清末民國上海中原書局石印本　五冊（一函）

370000 – 1531 – 0000232　277

新輯纂圖元亨療馬集六卷　（明）喻仁　（明）喻傑著　圖像水黃牛經合併大全二卷駝經一卷　（明）喻仁　（明）喻傑傳方　清末民國上海錦章圖書局石印本　四冊（一函）

370000 – 1531 – 0000233　278

御纂醫宗金鑑九十卷首一卷　（清）吳謙等纂　清刻本　八冊（一函）　存八卷（六十九至七十六）

370000 – 1531 – 0000234　281

林和靖詩集四卷　（宋）林逋譔　清宣統二年（1910）上海文瑞樓石印本　二冊（一函）

370000 – 1531 – 0000235　283

蘭言詩鈔四卷　（清）李瑞輯　（清）穆騰額註釋　（清）殷毓校正　清光緒十二年（1886）成文信記刻本　四冊（一函）

370000 – 1531 – 0000236　284

南北朝文選□□卷　（明）錢士馨　（明）陸上瀾選　清刻本　十七冊（三函）　存九種（陳文、北魏文、周文、梁文、西晉文、南齊文、宋文、三國魏文、吳文）

370000 – 1531 – 0000237　285

偕園詩草一卷　（明）房可壯著　清光緒三十三年（1907）房氏家塾刻本　一冊（一夾）

370000 – 1531 – 0000238　286

日下舊聞四十二卷　（清）朱彝尊輯　清康熙二十七年（1688）六峯閣刻本　九冊（二函）　存三十七卷（一至十五、二十一至四十二）

370000 – 1531 – 0000239　287

文公家禮四卷　（清）潘文光輯　清刻應酬彙選二集本　四冊（一函）

370000 – 1531 – 0000240　288

契丹國志二十七卷　（宋）葉隆禮撰　大金國志四十卷　（宋）宇文懋昭撰　清嘉慶二年（1797）掃葉山房刻本　六冊（一函）

370000 – 1531 – 0000241　289

宋詩鈔初集十七集二集二十三卷三集二十四卷四集三十一卷　（清）呂留良　（清）吳之振　（清）吳爾堯編　清康熙十年（1671）吳氏鑑古堂刻本　二十冊（五函）

370000 – 1531 – 0000242　291

潛確居類書一百二十卷　（明）陳仁錫纂輯　明崇禎刻本　三十冊（六函）　存三十八卷（一至五、十八至二十一、二十九至三十四、七十五至七十九、八十三至八十九、九十八至一百八）

370000 – 1531 – 0000243　292

陸放翁全集六種一百五十七卷　（宋）陸游著　明末毛氏汲古閣刻本　十六冊（二函）　存二種五十八卷（渭南文集五十卷、劍南詩藁一至八）

370000 – 1531 – 0000244　293

東坡文選二十卷　（宋）蘇軾撰　（明）鍾惺輯　明刻本　八冊（一函）

山東省濰坊市圖書館等二十二家收藏單位古籍普查登記目錄

370000－1531－0000245　294

國朝山左詩續鈔三十二卷補鈔四卷　（清）張鵬展纂　清嘉慶十八年（1813）四照樓刻本　十六冊（三函）　存三十二卷（國朝山左詩續鈔三十二卷）

370000－1531－0000246　298

飴山詩集二十卷　（清）趙執信撰　清乾隆十七年（1752）趙氏因園刻本　五冊（一函）

370000－1531－0000247　299

類書纂要三十三卷　（清）周魯輯　（清）侯呆參　清康熙三年（1664）無錫天和堂刻本　十二冊（四函）　存二十七卷（一至十三、十五至二十八）

370000－1531－0000248　300

東華錄一百卷　王先謙編　清光緒十三年（1887）上海圖書集成印書局石印本　五十六冊（七夾）

370000－1531－0000249　302

中西匯通醫書五種　唐宗海撰　清光緒三十四年（1908）千頃堂書局石印本　十二冊（一函）　存五種二十四卷（中西匯通醫經精義二卷、金匱要略九卷、傷寒論一至四、血證論八卷、本草問答上）

370000－1531－0000250　306

溫疫論補註三卷　（明）吳有性著　（清）鄭重光補註　清光緒六年（1880）埽葉山房刻本　二冊（一函）

370000－1531－0000251　307

壯悔堂文集十卷　（清）侯方域著　（清）賈開宗等評點　清嘉慶十九年（1814）侯資燦刻本　四冊（一函）

370000－1531－0000252　308

新刊纂圖元亨療馬集六卷　（明）喻仁　（明）喻傑著　圖像水黃牛經合併大全二卷駝經一卷　（明）喻仁　（明）喻傑集　清掃葉山房刻本　八冊（一函）

370000－1531－0000253　309

注解傷寒論十卷傷寒明理論四卷　（漢）張仲景述　（晉）王叔和撰次　（金）成無己注解　清光緒六年（1880）掃葉山房刻本　六冊（一函）

370000－1531－0000254　311

素問靈樞類纂約註三卷　（清）汪昂纂輯　（清）汪桓訂定　（清）汪惟寵　（清）汪端　（清）仇澐校　清嘉慶二十二年（1817）宏德堂刻本　佚名批註　四冊（一函）

370000－1531－0000255　313

小倉山房詩集三十一卷補遺一卷　（清）袁枚撰　清刻本　六冊（一函）

370000－1531－0000256　315

潛虛先生文集十四卷　（清）戴名世著　（清）尤雲鶚編次　清康熙四十四年（1705）刻本　八冊（二函）

370000－1531－0000257　316

居家必用事類全集十卷　（元）□□撰　明刻本　一冊　存一卷（庚集一卷）

370000－1531－0000258　317

太上感應篇註解□卷　（清）□□撰　清刻本　一冊（一夾）　存二卷（一至二）

370000－1531－0000259　318

悟真篇一卷　（宋）張伯端撰　清抄本　一冊（一夾）

370000－1531－0000260　319

吳詩集覽二十卷　（明）吳偉業撰　（清）顧湄編　（清）靳榮藩集覽　清道光七年（1827）凌雲亭刻本　一冊（一夾）　存一卷（一）

370000－1531－0000261　324

廿二史纂略六卷　（清）郭衷恒纂輯　清乾隆十四年（1749）源汾堂刻本　二冊（一夾）

370000－1531－0000262　326

明詩別裁集十二卷　（清）沈德潛　（清）周準輯　清乾隆五十九年（1794）刻本　六冊（一函）

370000－1531－0000263　328

西堂全集十七種六十一卷　（清）尤侗撰　清

山東省濰坊市青州市圖書館古籍普查登記目錄

刻本 十二冊(二函) 存十種三十二卷(西堂剩槀二卷、西堂秋夢錄一卷、西堂小草一卷、論語詩一卷、右北平集一卷、看雲草堂集八卷、述祖詩一卷、于京集五卷、西堂雜組一集八卷、西堂雜組二集一至四)

370000－1531－0000264 329

後漢書一百二十卷 （南朝宋)范曄撰 （唐)李賢注 續志 （晉)司馬彪撰 （南朝梁)劉昭注補 清光緒二十六年(1900)煥文書局石印本 八冊(一函)

370000－1531－0000265 332

天佚草堂刊定廣文選二十五卷詩選六卷 (明)馬維銘編次 明萬曆刻本 六冊(一函)

370000－1531－0000266 333

寄菴詩鈔不分卷 （清)劉大紳撰 清嘉慶八年(1803)刻本 六冊(一函)

370000－1531－0000267 335

梁昭明文選十二卷 （南朝梁)蕭統撰 （明)張鳳翼纂註 明萬曆刻朱墨套印本 十二冊(一函)

370000－1531－0000268 336

劍南詩鈔六卷 （宋)陸游著 （清)楊大鶴選 （清)楊楷校 清刻本 八冊(一函)

370000－1531－0000269 337

重訂古文釋義新編八卷 （清)余誠評註 (清)余芝參閱 清刻本 一冊 存一卷(三)

370000－1531－0000270 339

孔孟圖歌一卷 （清)江鍾秀編 清光緒三十年(1904)濟南同會齋石印本 一冊

370000－1531－0000271 340

張文襄公詩集四卷 （清)張之洞撰 清宣統二年(1910)鉛印本 二冊(一函)

370000－1531－0000272 341

文心雕龍十卷 （南朝梁)劉勰撰 （清)黃叔琳注 （清)紀昀評 清道光十三年(1833)兩廣節署刻朱墨套印本 四冊(一函)

370000－1531－0000273 342

王右丞集二十八卷首一卷末一卷 （唐)王維著 （清)趙殿成箋註 清乾隆趙氏刻本 十冊(一函)

370000－1531－0000274 343

南來志一卷北歸志一卷廣州游覽小志一卷 (清)王士禎撰 清康熙二十三年(1684)刻本 一冊(一夾)

370000－1531－0000275 345

嶺南詩集三種八卷 （清)李文藻撰 清刻本 一冊 存二種三卷(潮陽集二至三、桂林集一)

370000－1531－0000276 349

東萊先生左氏博議二十五卷 （宋)呂祖謙撰 虛字注釋備考六卷 （清)張文炳點定 清光緒二十四年(1898)寶書堂刻本 三冊(一函)

370000－1531－0000277 350

古文辭類纂七十五卷 （清)姚鼐纂集 清同治八年(1869)刻本 八冊(一夾) 存三十三卷(一至三十三)

370000－1531－0000278 352

十種唐詩選十七卷 （清)王士禎刪纂 清康熙刻本 六冊(一函) 存七種七卷(河嶽英靈集一卷、中興間氣集一卷、國秀集一卷、篋中集一卷、搜玉集一卷、御覽詩集一卷、極玄集一卷)

370000－1531－0000279 353

古文七種 （清)儲欣評選 清乾隆四十九年(1784)金閶書業堂刻本 三十二冊(四函)

370000－1531－0000280 354

益都先正詩叢鈔八卷 （清)段松苓纂 補編一卷 （清)朱沅集 附編一卷 （清)段松苓輯 （清)楊紹基補輯 清光緒十年(1884)益都知縣李溱、益都丁文田等刻本 九冊(一夾)

370000－1531－0000281 355

益都先正詩叢鈔八卷 （清)段松苓纂 補編一卷 （清)朱沅集 附編一卷 （清)段松苓輯 （清)楊紹基補輯 清光緒十年(1884)益

山東省濰坊市圖書館等二十二家收藏單位古籍普查登記目錄

都知縣李溁、益都丁文田等刻本　九冊(一夾)

370000－1531－0000282　356

漢魏詩紀二十卷　(明)馮惟訥編　談藝錄一卷　(明)徐禎卿撰　明嘉靖三十八年(1559)徐禎卿刻本　六冊(一函)

370000－1531－0000283　357

陶淵明集八卷首一卷末一卷　(晉)陶潛撰　清光緒五年(1879)廣州翰墨園刻朱墨套印本　二冊(一夾)

370000－1531－0000284　359

蘭言詩鈔四卷　(清)李瑞輯　清刻本　二冊(一夾)

370000－1531－0000285　360

古文精選一卷　(清)□□選　清抄本　一冊

370000－1531－0000286　361

書業德重訂古文釋義新編八卷　(清)余誠評註　(清)余芝參閱　清刻本　四冊(一夾)存四卷(四至七)

370000－1531－0000287　363

曝書亭集八十卷　(清)朱彝尊撰　附錄一卷　清康熙刻本　十冊(一夾)　存五十二卷(三十至八十、附錄一卷)

370000－1531－0000288　364

板橋集六卷　(清)鄭燮著　清三樂堂刻本　四冊

370000－1531－0000289　365

賦學正鵠集釋四卷　(清)李元度撰　清光緒二十三年(1897)上海文寶閣石印本　四冊(一函)

370000－1531－0000290　366

御製文初集三十卷目錄二卷　(清)高宗弘曆撰　(清)于敏中等編　清乾隆二十九年(1764)內府刻本　六冊(一函)

370000－1531－0000291　367

五種遺規　(清)陳弘謀輯　清光緒二十二年(1896)經綸元記刻本　九冊(一函)　存四種

十二卷(養正遺規二卷、補一卷,從政遺規二卷,訓俗遺規二卷、補二卷,教女遺規三卷)

370000－1531－0000292　368

白香山詩長慶集二十卷後集十七卷　(唐)白居易撰　(清)汪立名編訂　舊唐書本傳一卷　(後晉)劉昫撰　年譜舊本一卷　(宋)陳振孫撰　年譜一卷　(清)汪立名編　清末民國上海會文堂石印本　五冊(一函)　存十九卷(白香山詩長慶集四至八、十三至十六,後集三至九,舊唐書本傳一卷,年譜舊本一卷,年譜一卷)

370000－1531－0000293　369

白香山詩後集十七卷別集一卷補遺二卷　(唐)白居易撰　(清)汪立名編訂　清江左書林石印本　六冊(一函)

370000－1531－0000294　370

晚邨先生八家古文精選不分卷　(清)呂留良輯　(清)呂葆中批點　清康熙四十三年(1704)呂氏家塾刻本　八冊(一函)

370000－1531－0000295　371

庚子山集十六卷　(北周)庚信著　(清)倪璠註釋　題辭一卷總釋一卷　(清)倪璠撰　年譜一卷庚氏世系圖一卷　(清)倪璠編　本傳一卷　(清)倪璠註釋　清光緒十六年(1890)廣州經史閣刻本　十二冊(二函)

370000－1531－0000296　372

前漢書一百卷　(漢)班固撰　(唐)顏師古注　清光緒三十四年(1908)上海集成圖書公司鉛印二十四史本　十冊(一函)　存六十九卷(三十二至一百)

370000－1531－0000297　374

國朝山左詩鈔六十卷　(清)盧見曾纂　清乾隆二十三年(1758)德州盧氏雅雨堂刻本　十二冊(一函)

370000－1531－0000298　375

木皮子詞一卷　(清)賈鳧西撰　清刻本　一冊(一夾)

370000－1531－0000299　376

山東省濰坊市青州市圖書館古籍普查登記目錄

增廣試帖玉芙蓉五卷續集二卷　（清）鴻寶齋主人輯　清光緒十七年（1891）上海鴻寶齋石印本　八冊（一夾）

370000－1531－0000300　379
詩古微三卷首一卷　（清）魏源譔　清光緒十三年（1887）梁谿浦氏刻本　十二冊（一函）

370000－1531－0000301　380
諸葛丞相集四卷　（三國蜀）諸葛亮著　（清）朱璘纂輯　清光緒二年（1876）四勿堂刻本　四冊（一函）

370000－1531－0000302　381
佩文韻府一百六卷　（清）張玉書　（清）陳廷敬等撰　（清）蔡升元等纂修　清刻本　九十五冊（二十函）

370000－1531－0000303　382
東華續錄二百三十卷　王先謙編　清光緒五年（1879）上海圖書集成局石印本　四十八冊（七夾）　存一百二十卷（乾隆朝一百二十卷）

370000－1531－0000304　383
崇雅堂集十五卷　（明）鍾羽正撰　清光緒三十三年（1907）益都鍾氏家塾刻本　四冊（一夾）

370000－1531－0000305　384
崇雅堂集十五卷　（明）鍾羽正撰　清光緒三十三年（1907）益都鍾氏家塾刻本　四冊（一夾）

370000－1531－0000306　385
崇雅堂集十五卷　（明）鍾羽正撰　清光緒三十三年（1907）益都鍾氏家塾刻本　四冊（一夾）

370000－1531－0000307　386
崇雅堂集十五卷　（明）鍾羽正撰　清光緒三十三年（1907）益都鍾氏家塾刻本　四冊（一夾）

370000－1531－0000308　388
張雪鴻畫一卷　（清）張敬繪　清乾隆繪本　一冊

370000－1531－0000309　389
二樵樵者壯游圖記四卷　（清）黃璟著　清光緒二十二年（1896）點石齋石印本　四冊（一函）

370000－1531－0000310　391
新增脈學本草醫方全書八種十六卷　（清）太醫院輯　清光緒益友堂刻本　六冊（一函）

370000－1531－0000311　393
馬鏡江人物仕女畫譜不分卷　（清）馬濤撰　清光緒十一年（1885）上海錦文堂石印本　二冊（一函）

370000－1531－0000312　394
漁洋山人詩集二十二卷續集十六卷　（清）王士禛撰　清康熙八年（1669）吳郡沂詠堂刻後印本　八冊（一函）

370000－1531－0000313　395
歐陽文忠公全集一百五十三卷年譜一卷目錄一卷附錄五卷　（宋）歐陽修撰　清刻本　三十六冊（六函）

370000－1531－0000314　398
重訂外科正宗二十卷　（明）陳實功撰　（清）張鸞翼重訂　清嘉慶二十三年（1818）茗園堂刻本　七冊（一函）

370000－1531－0000315　399
應酬彙選□□卷　（□）□□撰　清抄本　一冊（一函）

370000－1531－0000316　400
精選文一卷　（□）□□撰　清抄本　一冊

370000－1531－0000317　401
精選文一卷　（□）□□撰　清抄本　一冊

370000－1531－0000318　402
列子八卷　（周）列禦寇撰　（晉）張湛注　清光緒二年（1876）浙江書局刻本　二冊（一夾）

370000－1531－0000319　404
劍南詩鈔六卷　（宋）陸游著　（清）楊大鶴選　（清）楊楷校　清光緒八年（1882）文苑山房刻本　一冊　存一卷（五言古一卷）

山東省濰坊市圖書館等二十二家收藏單位古籍普查登記目錄

370000 – 1531 – 0000320　406

墨子閒詁十五卷目錄一卷附錄一卷後語二卷
　（清）孫詒讓輯　清石印本　四冊（一夾）
存十一卷（七至九、十一至十三、十五,目錄一
卷,附錄一卷,後語二卷）

370000 – 1531 – 0000321　407

應酬彙選二集八卷　（清）潘文光輯　清文奎
堂刻本　四冊（一函）　存四卷（一至四）

370000 – 1531 – 0000322　408

莊子因六卷　（戰國）莊周撰　（清）林雲銘評
述　清乾隆刻本　六冊（一函）

370000 – 1531 – 0000323　409

東周列國全志二十三卷　（明）馮夢龍撰
（清）蔡奡評點　清刻本　十二冊（一函）　存
十二卷（十二至二十三）

370000 – 1531 – 0000324　410

前漢紀三十卷　（漢）荀悅撰　明嘉靖二十七
年（1548）黃姬水刻兩漢紀本　八冊（一函）
存二十四卷（七至三十）

370000 – 1531 – 0000325　411

十地經論十二卷　（天竺）天親菩薩造　（北
魏）釋菩提留支譯　清刻本　一冊（一夾）
存一卷（十）

370000 – 1531 – 0000326　412

四分律藏六十卷　（天竺）釋耶舍　（後秦）釋
竺佛念譯　清刻本　三冊　存三卷（十二、二
十二、三十）

370000 – 1531 – 0000327　413

新訂四書補註備旨十卷　（明）鄧林著　（清）
鄧煜編次　（清）祁文友重校　（清）杜定基增
訂　清同治四年（1865）敬文堂刻本　四冊
（一函）　存六卷（大學一卷、中庸一卷、論語
一卷、上孟二卷、下孟一卷）

370000 – 1531 – 0000328　414

攝生衆妙方十一卷　（明）張時徹輯　明刻本
　一冊　存三卷（九至十一）

370000 – 1531 – 0000329　415

書法彙鈔八卷　（清）范承宣輯　清道光二十
八年（1848）學海堂刻本　四冊（一函）

370000 – 1531 – 0000330　416

後漢書一百二十卷　（南朝宋）范曄撰　（唐）
李賢注　**續志**　（晉）司馬彪撰　（南朝梁）劉
昭注補　清光緒三十一年（1905）上海久敬齋
石印二十四史本　八冊（一夾）

370000 – 1531 – 0000331　417

萬國通鑑四卷地圖一卷　（美國）謝衛樓撰
（清）趙如光譯　清刻本　三冊（一函）　存三
卷（三至四、地圖一卷）

370000 – 1531 – 0000332　418

明人詩鈔十四卷　（清）朱琰編次　清乾隆二
十五年（1760）樊桐山房刻本　四冊（一函）

370000 – 1531 – 0000333　419

**安雅堂文集二卷書啓一卷重刻文集二卷詩不
分卷**　（清）宋琬著　清刻本　四冊（一函）

370000 – 1531 – 0000334　420

新編張仲景註解傷寒百證歌五卷　（宋）許叔
微撰　清光緒七年（1881）十萬卷樓刻本　一
冊　存一卷（二）

370000 – 1531 – 0000335　421

**蜀道驛程記二卷秦蜀驛程後記二卷浯溪考二
卷**　（清）王士禎撰　清康熙刻本　四冊（一
函）

370000 – 1531 – 0000336　423

分韻試帖青雲集合註四卷　（清）楊逢春輯
（清）蕭應樾　（清）沈景福　（清）徐紹曾參
　（清）沈品金等註　（清）葉祺昌合註
（清）沈錫慶校正　清光緒七年（1881）子雲堂
刻本　四冊（一函）

370000 – 1531 – 0000337　426

彙刻書目二十卷　（清）顧修輯　（清）朱學勤
補　清光緒十二年至十五年（1886 – 1889）上
海福瀛書局刻本　二十冊（二夾）

370000 – 1531 – 0000338　427

易筋經義一卷　（天竺）釋達摩撰　清抄本

一冊

370000－1531－0000339　429

宗鏡錄一百卷　(宋)釋延壽集　清雍正十三年(1735)刻本　八冊　存八卷(六十一、六十八至六十九、七十一、七十四、七十六至七十八)

370000－1531－0000340　431

有正味齋詞集八卷續詞集二卷外集五卷　(清)吳錫麒撰　清嘉慶十三年(1808)刻本　四冊(一函)

370000－1531－0000341　432

大般涅槃經四十二卷　(北涼)釋曇無讖譯　清同治八年(1869)刻本　十冊(一函)

370000－1531－0000342　433

大般涅槃經四十二卷　(北涼)釋曇無讖譯　清同治八年(1869)刻本　十冊(一函)

370000－1531－0000343　435

前漢書一百卷　(漢)班固撰　(唐)顏師古注　清光緒三十一年(1905)上海久敬齋石印二十四史本　十二冊(一夾)

370000－1531－0000344　436

飛鴻堂印譜初集八卷二集八卷三集八卷四集八卷五集八卷　(清)汪啟淑鑒藏　清末民國套色石印本　二十

370000－1531－0000345　437

皇朝經世文四編五十二卷　(清)何良棟輯　清光緒石印本　三冊(一夾)　存十三卷(三十一至四十三)

370000－1531－0000346　438

重訂驗方新編十八卷　(清)鮑相璈編輯　清光緒三十三年(1907)上海鑄記書局石印本　一冊　存三卷(一至三)

370000－1531－0000347　439

喪禮稱呼一卷　(□)□□撰　清抄本　一冊(一夾)

370000－1531－0000348　440

地理正義鉛彈子砂水要訣七卷　(清)張鳳藻

撰　清石印本　二冊(一夾)　存二卷(五、七)

370000－1531－0000349　442

增刪卜易六卷　題(清)野鶴老人著　(清)李坦鑒定　(清)李文輝增刪　清刻本　一冊　存二卷(一至二)

370000－1531－0000350　443

大乘莊嚴經論十三卷　(天竺)無著菩薩造　(唐)釋波羅頗迦羅蜜多羅譯　清雍正十三年(1735)刻本　十冊(一函)　存十卷(一至十)

370000－1531－0000351　444

古唐詩合解十六卷　(清)王堯衢註　(清)李模　(清)李桓校　清光緒十年(1884)順和堂刻本　六冊(一函)

370000－1531－0000352　445

古唐詩合解十六卷　(清)王堯衢註　(清)李模　(清)李桓校　清光緒十年(1884)順和堂刻本　六冊(一函)

370000－1531－0000353　446

朱子集一百四卷目錄二卷　(宋)朱熹撰　清咸豐十年(1860)刻本　十六冊(二夾)　存四十八卷(二十八至三十六、四十三至四十八、五十一至五十六、六十一至六十七、七十至七十一、七十八至八十三、九十三至一百四)

370000－1531－0000354　447

陽宅愛眾篇四卷　(清)張覺正著　(清)張瓚校閱　清嘉慶五年(1800)玉階齋刻本　三冊(一夾)　存三卷(二至四)

370000－1531－0000355　449

六壬神課金口訣四卷　(清)楊守一精閱　(清)熊大木校正　(清)周儆弦重訂　清寶書堂刻本　二冊(一夾)　存二卷(一至二)

370000－1531－0000356　450

聞式堂古文選釋八卷　(清)臧岳編輯　清乾隆刻本　二冊(一函)　存二卷(一、七)

370000－1531－0000357　451

山東省濰坊市圖書館等二十二家收藏單位古籍普查登記目錄

醫貫砭二卷　(清)徐大椿撰　針灸大成十卷
(明)楊繼洲撰　清刻本　二冊(一函)　存
二種三卷(醫貫砭二卷、針灸大成四)

370000－1531－0000358　452
史記一百三十卷　(漢)司馬遷撰　(南朝宋)
裴駰集解　(唐)司馬貞索隱　(唐)張守節正
義　明崇禎十四年(1641)琴川毛氏汲古閣刻
清順治十一年(1654)補緝十七史本　十六冊
(一夾)

370000－1531－0000359　453
稗海四十六種二百八十五卷續稗海二十四種
一百四十一卷　(明)商濬編　明萬曆商氏半
埜堂刻本　六十冊(六夾)　存四十種一百六
十七卷(博物志五至十,西京雜記一,搜神記
八卷,小名錄二,雲溪友議十二卷,獨異志三
卷,杜陽雜編三卷[有抄配],東觀奏記三卷,
大唐新語一至二,因話錄六卷,北夢瑣言七至
十二、十七至二十,樂善錄二卷,過庭錄一卷,
泊宅編三卷,閑窗括異志一卷,搜採異聞錄五
卷,青箱雜記三至四、八至十,侍兒小名錄拾
遺一卷,補侍兒小名錄一卷,續補侍兒小名錄
一卷,嫩真子四至五,歸田錄二卷[有抄配]
,東坡先生志林一至四、九至十二,澠水燕談錄
二至四,冷齋夜話一至四,老學庵筆記十卷,
雲麓漫抄一至二,石林燕語十卷,避暑錄話二
卷,墨客揮犀十卷,異聞總錄四卷,酉陽雜俎
一至十一,鶴林玉露一至二,侯鯖錄八卷,暌
車志六卷,江鄰幾雜志一卷,耕祿藁一卷,厚
德錄一,西溪叢語二,野客叢書一至四)

370000－1531－0000360　000454－1
重訂王鳳洲先生綱鑑會纂四十六卷續宋元二
十三卷　(明)王世貞纂　(明)陳仁錫訂
(明)呂一經校　御撰資治通鑑綱目三編二十
卷末一卷　(清)張廷玉等撰　清濰陽寶書堂
刻本　七冊(一函)　存十四卷(續宋元八至
九、十二至二十三)

370000－1531－0000361　000454－2
重訂王鳳洲先生綱鑑會纂四十六卷續宋元二
十三卷　(明)王世貞纂　(明)陳仁錫訂
(明)呂一經校　御撰資治通鑑綱目三編二十

卷末一卷　(清)張廷玉等撰　清濰陽寶書堂
刻本　六冊(一函)　存十二卷(續宋元十二
至二十三)

370000－1531－0000362　455
重訂王鳳洲先生綱鑑會纂四十六卷續宋元二
十三卷　(明)王世貞纂　(明)陳仁錫訂
(明)呂一經校　御撰資治通鑑綱目三編二十
卷末一卷　(清)張廷玉等撰　清濰陽寶書堂
刻本　二十九冊(五函)　存四十六卷(重訂
王鳳洲先生綱鑑會纂四十六卷)

370000－1531－0000363　456
原本直指算法統宗十二卷　(明)程大位編
明萬曆刻本　四冊　存八卷(五至十二)

370000－1531－0000364　457
兩漢策要十二卷　(宋)陶叔獻輯　(清)張朝
樂校閱　清光緒十三年(1887)上海同文書局
石印本　七冊(一夾)　存十一卷(一至十一)

370000－1531－0000365　460
素問病機氣宜保命集三卷　(金)劉完素述
(明)吳勉學校　清上海千頃堂書局石印本
一冊(一夾)　存二卷(上、中)

370000－1531－0000366　461
天方性理圖傳五卷首一卷　(清)劉智撰　清
京江談氏刻本　一冊　存一卷(首一卷)

370000－1531－0000367　463
博物新編三集　(英國)合信著　清刻本
一冊

370000－1531－0000368　465
試律青雲集四卷　(清)楊逢春輯　(清)蕭應
樾　(清)沈景福　(清)徐紹曾參　(清)沈
品金等註　(清)葉祺昌合註　(清)沈錫慶校
正　清咸豐元年(1851)敬文堂刻本　四冊
(一夾)

370000－1531－0000369　466
瀛海探驪集四卷　(清)朱埏之輯　(清)馮泉
(清)毛寅初　(清)田柟註　清嘉慶十九年
(1814)蕚怡山館刻本　四冊(一夾)

370000－1531－0000370　468

益都金石記四卷　（清）段松苓著錄　清光緒九年(1883)益都丁文田、益都知縣李濚等刻本　四冊(一夾)

370000－1531－0000371　469

欽定西清古鑑四十卷錢錄十六卷　（清）梁詩正　（清）蔣溥等撰　清抄本　二冊(一夾)　存二卷(商父乙鼎、商父乙觶)

370000－1531－0000372　470

紅藕花軒泉品九卷　（清）馬國翰撰　清刻本　一冊(一夾)　存二卷(八至九)

370000－1531－0000373　471

石鼓文音訓集證一卷　（清）尹彭壽纂　清光緒十九年(1893)諸城尹彭壽來山園刻本　一冊(一夾)

370000－1531－0000374　473

性理標題綜要二十二卷　（明）詹淮纂輯　（明）陳仁錫訂正　明崇禎刻本　二十四冊(二函)

370000－1531－0000375　475

捷勝營洋槍步隊陣圖一卷　（清）□□繪　清抄本　一冊

370000－1531－0000376　476

古文淵鑑六十四卷　（清）聖祖玄燁選　（清）徐乾學等編注　清淵鑑齋刻本　二十四冊(二函)　存三十九卷(一至二十四、五十至六十四)

370000－1531－0000377　477

資治通鑑綱目五十九卷　（宋）朱熹撰　明成化九年(1473)內府刻本　一冊　存二卷(五十八至五十九)

370000－1531－0000378　478

史記評林一百三十卷首一卷　（漢）司馬遷撰　（南朝宋）裴駰集解　（唐）司馬貞索隱　（唐）張守節正義　（明）凌稚隆輯校　（明）李光縉增補　明萬曆刻本　十八冊(三函)　存一百卷(五至二十二、二十八至四十、六十三至一百三十,首一卷)

370000－1531－0000379　479

般若燈論十五卷　（唐）釋波羅頗迦羅蜜多羅譯　清刻本　五冊　存五卷(十一至十五)

370000－1531－0000380　480

樂善堂全集定本三十卷序文一卷跋語一卷目錄一卷　（清）高宗弘曆撰　（清）蔣溥等編　清乾隆二十四年(1759)內府刻本　十八冊(二函)

370000－1531－0000381　482

忠烈俠義傳一百二十回　（清）石玉崑說唱　清刻本　四冊(一夾)　存五十一回(二十一至二十五、三十一至三十四、三十六至三十九、四十六至五十五、八十六至一百四、一百六至一百七、一百九至一百十、一百十六至一百二十)

370000－1531－0000382　483

公餘十八種　（清）陳念祖著　清學庫山房味根齋刻本　九冊(一函)　存四種二十四卷(神農本草經讀四卷、醫學實在易八卷、傷寒真方歌括六卷、傷寒醫訣串解六卷)

370000－1531－0000383　484

韓非子二十卷　（周）韓非撰　清光緒二十三年(1897)新化三味書局刻本　六冊(一夾)

370000－1531－0000384　485

神課金口訣六卷別錄一卷　（明）適適子撰　明萬曆金陵三多齋刻本　四冊(一函)

370000－1531－0000385　488

六壬神課金口訣四卷　（清）楊守一精閱　（清）熊大木校正　（清）周儆弦重訂　清刻本　三冊(一夾)　存三卷(二至四)

370000－1531－0000386　489

阿毗達磨集異門足論二十卷　（天竺）尊者舍利子說　（唐）釋玄奘譯　清南京徐一登刻本　一冊　存一卷(十)

370000－1531－0000387　490

瑜伽師地論一百卷　（天竺）彌勒菩薩說　（唐）釋玄奘譯　清南京徐一登刻本　一冊　存一卷(十)

370000－1531－0000388　491

十二門論□□卷　（天竺）龍樹菩薩造　（後秦）釋鳩摩羅什譯　清刻本　一冊　存一卷（守六）

370000－1531－0000389　492

百論二卷　（天竺）提婆菩薩造　（天竺）婆藪開士釋　（後秦）釋鳩摩羅什譯　清刻本二冊

370000－1531－0000390　493

宋黃文節公文集正集三十二卷外集二十四卷別集十九卷首四卷　（宋）黃庭堅撰　伐檀集二卷　（宋）黃庶撰　清乾隆三十年（1765）寧州緝香堂刻本　十六冊（一夾）　存三十六卷（宋黃文節公文集正集三十二卷、首四卷）

370000－1531－0000391　494

遊泉林曲阜紀程一卷　（□）□□撰　清抄本　一冊

370000－1531－0000392　496

子史輯要詩賦題解四卷續編四卷　（清）胡本淵編輯　清丹山堂刻本　四冊（一函）

370000－1531－0000393　497

益智編四十一卷　（明）孫能傳纂輯　明萬曆四十一年（1613）孫能正鄂轚堂刻本　十冊（一夾）

370000－1531－0000394　500

芥子園畫傳五卷　（清）王槩　（清）王蓍（清）王臬繪　（清）沈心友輯　清光緒二十四年（1898）石印本　一冊（一夾）　存一卷（四）

370000－1531－0000395　501

保赤摘錄六卷　（清）崔昌齡著輯　清道光十二年（1832）刻本　六冊（一函）

370000－1531－0000396　502

臨證指南醫案八卷種福堂公選良方四卷　（清）葉桂著　（清）華南田　（清）李大瞻（清）邵銘校　清光緒三十二年（1906）上海書局石印本　八冊（一函）

370000－1531－0000397　503

新刊醫林狀元壽世保元十卷　（明）龔廷賢編　（清）周亮登校　清刻本　三冊（一函）　存六卷（三至六、九至十）

370000－1531－0000398　505

[光緒]南皮縣志十五卷首一卷末一卷　（清）殷樹森修　（清）汪寶樹　（清）傅金鑅纂　清光緒十四年（1888）刻本　一冊（一夾）　存一卷（七）

370000－1531－0000399　506

西湖游覽志二十四卷志餘二十六卷　（明）田汝成輯撰　明萬曆四十七年（1619）會稽商維濬刻本　二冊（一函）　存六卷（七至八、十二至十五）

370000－1531－0000400　507

[順治]招遠縣志十二卷　（清）張作礪修（清）張鳳羽纂　清順治十七年（1660）刻本二冊（一函）　存六卷（一至六）

370000－1531－0000401　508

白香山詩長慶集二十卷後集十七卷別集一卷補遺二卷　（唐）白居易撰　（清）汪立名編訂　年譜一卷　（清）汪立名編　年譜舊本一卷（宋）陳振孫撰　清康熙四十一年至四十二年（1702－1703）汪立名一隅草堂刻本　六冊（一函）　存二十卷（後集十七卷、別集一卷、補遺二卷）

370000－1531－0000402　509

歷代史要三卷　（清）蔣蔭椿編輯　（清）直隸學校司鑒定　清光緒山東官印書局鉛印本三冊（一夾）

370000－1531－0000403　511

韻府拾遺一百六卷　（清）張廷玉等撰　清光緒十二年（1886）上海同文書局石印本　八冊（一函）

370000－1531－0000404　512

大方廣佛華嚴經四十卷　（唐）釋實叉難陀譯　清抄本　一冊　存一卷（八）

370000－1531－0000405　513

山東省濰坊市青州市圖書館古籍普查登記目錄

廣百論本一卷 （天竺）聖天菩薩造 （唐）釋
玄奘譯 清刻本 一冊

370000－1531－0000406 514

宋四名家詩鈔不分卷 （清）周之鱗 （清）柴
升選 清康熙刻本 六冊（一函）

370000－1531－0000407 518

元遺山詩集箋註十四卷首一卷末一卷 （金）
元好問撰 （清）施國祁輯 清道光七年
（1827）莒溪吳氏醉六堂刻 六冊（一函）

370000－1531－0000408 520

瀛環志略十卷續集四卷末一卷續補一卷
（清）徐繼畬輯著 清光緒二十四年（1898）老
掃葉山房石印本 八冊（一函）

370000－1531－0000409 522

新編直指算法統宗十七卷 （明）程大位編集
明刻本 二冊（一夾） 存九卷（四至十二）

370000－1531－0000410 523

馮光禄詩集十卷 （明）馮惟訥著 明萬曆十
四年（1586）馮琦、馮珣刻本 一冊（一夾）
存三卷（五至七）

370000－1531－0000411 524

楊椒山先生集四卷年譜一卷 （明）楊繼盛撰
清刻本 四冊（一函）

370000－1531－0000412 525

六書分類十二卷首一卷 （清）傅鸞祥書
（清）傅世垚輯 清康熙三十八年（1699）刻本
十二冊（二函）

370000－1531－0000413 526

六書通十卷 （明）閔齊伋撰 （清）畢弘述篆
訂 （清）閔章 （清）程昌煒校 清乾隆刻本
五冊（一夾） 存八卷（三至十）

370000－1531－0000414 527

新鐫五福萬壽丹書六卷 （明）龔居中纂著
明天啟金陵書林周如泉刻本 四冊（一函）
存四卷（二至三、五至六）

370000－1531－0000415 528

陳修園醫書五十種 （清）陳念祖著 清光緒

三十一年（1905）上海商務印書館鉛印本 三
冊（一夾） 存六種二十卷（靈素集註節要十
二卷、葉選醫衡二卷、醫經溯洄集一卷、醫效
秘傳三卷、寓意草一卷、洄溪醫案一卷）

370000－1531－0000416 529

幼科鐵鏡六卷 （清）夏鼎著 清光緒二十五
年（1899）洪氏聞鶴堂刻本 一冊

370000－1531－0000417 531

達生保嬰稀痘全編二卷 （清）亟齋居士編
清光緒十七年（1891）愛日堂刻本 一冊（一
夾）

370000－1531－0000418 532

新刊繡像牛馬經六卷 （明）喻仁 （明）喻傑
著 清刻本 三冊（一夾） 存三卷（三至四、
六）

370000－1531－0000419 533

齊民要術十卷 （北魏）賈思勰撰 清刻本
四冊（一函）

370000－1531－0000420 534

重訂外科正宗十二卷 （明）陳實功撰 清嘉
慶十三年（1808）金閶三槐堂刻本 六冊（一
函）

370000－1531－0000421 535

聖跡圖一卷 （□）□□撰 清刻本 一冊

370000－1531－0000422 536

圖註八十一難經辨真四卷 （周）秦越人述
（明）張世賢註 （明）張青萬 （明）汪斗南
校 清刻本 二冊（一夾） 存三卷（一至三）

370000－1531－0000423 537

周禮政要二卷 （清）孫詒讓撰 清末鉛印本
一冊（一夾） 存一卷（下）

370000－1531－0000424 539

李義山文集十卷 （唐）李商隱撰 （清）徐樹
穀箋 （清）徐炯註 清康熙四十七年（1708）
徐氏花谿草堂刻本 四冊（一函）

370000－1531－0000425 541

唐人萬首絕句選七卷 （宋）洪邁輯 （清）王

山東省濰坊市圖書館等二十二家收藏單位古籍普查登記目録

士禛選　清康熙宋廣業刻本　二冊(一夾)

370000－1531－0000426　542

滄溟先生集三十卷　(明)李攀龍撰　**附錄一卷**　清道光二十七年(1847)景福堂刻本　六冊(一函)　存二十三卷(一至十五、二十四至三十,附錄一卷)

370000－1531－0000427　544

阮亭選古詩三十二卷　(清)王士禛選　(清)宋犖校　清康熙天藜閣刻本　六冊(一函)

370000－1531－0000428　545

而菴說唐詩十卷首一卷　(清)徐增著　清刻本　六冊(一函)

370000－1531－0000429　546

綱鑑會纂三十九卷首一卷　(明)王世貞編　**綱鑑會通明紀十五卷**　(清)陳志襄輯錄　清書業德記刻本　四十八冊(八函)

370000－1531－0000430　547

綱鑑會纂三十九卷首一卷　(明)王世貞編　**綱鑑會通明紀十五卷**　(清)陳志襄輯錄　清書業德記刻本　四十八冊(八函)

370000－1531－0000431　549

步雲閣新刻舉筆須知寫帖款式二卷　(清)王相彙選　清光緒二十六年(1900)刻本　一冊(一夾)　存一卷(上)

370000－1531－0000432　550

妙法蓮華經七卷　(後秦)釋鳩摩羅什譯　清抄本　五冊　存五卷(一至四、六)

370000－1531－0000433　551

暗室燈□卷重刻暗室燈□卷　(清)關守鎮增訂　清咸豐九年(1859)刻本　一冊　存二卷(暗室燈四、重刻暗室燈六)

370000－1531－0000434　552

重訂暗室燈二卷　(清)關守鎮增訂　清同治二年(1863)登州文會成書坊刻本　二冊(一夾)

370000－1531－0000435　553

傅氏眼科審視瑤函六卷　(明)傅仁宇纂輯

(明)林長生校補　(清)張秀徵訂正　(清)張文凱參閱　(清)傅維藩編集　清三益堂刻本　四冊(一函)

370000－1531－0000436　554

嬰壽錄一卷　(清)白信天著　(清)張勛編輯　清光緒十年(1884)刻本　一冊

370000－1531－0000437　555

女科良方三卷　(清)傅山著　(清)謝森墀校訂　清光緒十八年(1892)掃葉山房刻本　三冊(一函)

370000－1531－0000438　556

傷寒論十卷　(漢)張機撰　(清)張志聰註釋　(清)高世栻纂集　清光緒三十四年(1908)石印本　一冊(一夾)　存一卷(一)

370000－1531－0000439　557

傅青主女科二卷　(清)傅山著　清末民國石印本　一冊(一函)

370000－1531－0000440　558

摹名人蘭草一卷　(清)張懷璐臨摹　清繪本　一冊

370000－1531－0000441　564

重刊補註洗冤錄集證四卷　(宋)宋慈撰　(清)王又槐增輯　(清)李觀瀾補輯　(清)阮其新補註　**洗冤錄辨證一卷**　(清)瞿中溶撰　**洗冤錄解一卷**　(清)姚德豫撰　清光緒十七年(1891)京都琉璃廠刻五色套印本　六冊(一函)

370000－1531－0000442　565

佛說佛名經十二卷　(北魏)釋菩提留支譯　清雍正十三年(1735)刻本　一冊　存一卷(十一)

370000－1531－0000443　566

白雲村文集四卷臥象山房詩正集七卷　(清)李澄中著　清康熙三十七年(1698)任邱龐塏建寧刻四十四年(1705)建安知縣潘撝庵續刻本　四冊(一函)

370000－1531－0000444　567

山東省濰坊市青州市圖書館古籍普查登記目錄

聖教日課要選二卷　（法國）江類思鑒定　清光緒二十二年（1896）青州府天主堂刻本　一冊

370000－1531－0000445　569

四美園詩話摘抄一卷　（清）恭喜著　清咸豐十年（1860）牛化溥刻本　一冊

370000－1531－0000446　570

御選唐宋詩醇四十七卷目錄二卷　（清）高宗弘曆編　清光緒七年（1881）浙江書局刻本二冊（一夾）　存七卷（十九至二十三、四十四至四十五）

370000－1531－0000447　571

四美園詩話摘抄一卷　（清）恭喜著　清咸豐十年（1860）牛化溥刻本　一冊（一夾）

370000－1531－0000448　572

宅陽選本一卷　（□）□□撰　清抄本　一冊

370000－1531－0000449　573

荀子二十卷　（周）荀況撰　（唐）楊倞注　校勘補遺一卷　（清）盧文弨　（清）謝墉校　清刻本　一冊　存五卷（十三至十七）

370000－1531－0000450　574

石鼓文滙一卷　（清）尹彭壽纂　清光緒十七年（1891）諸城尹彭壽來山園刻本　一冊

370000－1531－0000451　577

古泉滙六十卷首集四卷　（清）李佐賢編輯
續泉滙十四卷首集一卷補遺二卷　（清）鮑康（清）李佐賢編　清同治三年（1864）利津李氏石泉書屋刻本（續泉滙爲清光緒元年利津李氏石泉書屋刻本）　十一冊（一函）　存四十二卷（古泉滙元集一至四、十至十四，亨集六至十四，利集六至十四，貞集十二至十四，首集四卷；續泉滙元集三卷、利集三、貞集三卷，首集一卷）

370000－1531－0000452　578

醫方集解六卷　（清）汪昂著輯　清光緒二十九年（1903）青州怡翰書坊刻本　六冊（一函）

370000－1531－0000453　579

達生編一卷　（清）亟齋居士著　居家必須保生編太醫院新傳簡便奇方一卷　清同治十三年（1874）集順山房刻本（居家必須保生編太醫院新傳簡便奇方爲清光緒十一年夢覺道人李方塾刻本）　一冊

370000－1531－0000454　580

女科二卷產後編二卷　（清）傅山著　清同治七年（1868）吳興丁氏濟南公廨刻本　二冊（一函）

370000－1531－0000455　581

二十二子　（清）浙江書局輯　清光緒元年至三年（1875－1877）浙江書局刻光緒二十七年（1901）浙江書局重校補本　八十三冊（四夾）
　存二十四種三百二十五卷（老子二卷，莊子十卷，管子二十四卷，列子八卷，墨子十六卷，荀子二十卷，尸子二卷，孫子十家註十三卷，孔子集語十七卷，晏子春秋七卷、音義二卷、校勘二卷，呂氏春秋二十六卷，賈誼新書十卷，春秋繁露十七卷，揚子法言十三卷，文子纘義十二卷，黃帝內經素問二十四卷、靈樞十二卷，竹書紀年十二卷，商君書五卷，韓非子二十卷、識誤三卷，淮南子二十卷，文中子中說十卷，山海經十八卷）

370000－1531－0000456　582

歷代名臣言行錄二十四卷　（清）朱桓編輯（清）潘永季校定　（清）邱與久重校　清光緒二十四年（1898）掃葉山房石印本　五冊（一夾）　存十九卷（一至十一、十七至二十四）

370000－1531－0000457　583

佛本行集經六十卷　（天竺）釋闍那崛多譯　清刻本　一冊　存一卷（五十四）

370000－1531－0000458　589

古文辭類纂七十五卷　（清）姚鼐纂集　清光緒三十三年（1907）上海商務印書館鉛印本　三冊（一夾）　存二十七卷（一至十、十七至二十三、三十一至四十）

370000－1531－0000459　590

古詩歸十五卷補編八卷　（明）鍾惺　（明）譚元春選定　清康熙二年（1663）刻本　六冊

山東省濰坊市圖書館等二十二家收藏單位古籍普查登記目錄

（一函）

370000－1531－0000460　591
佩文韻府一百六卷　（清）張玉書　（清）陳廷敬等撰　（清）蔡升元等纂修　清光緒十二年（1886）上海同文書局石印本　五十二冊（六函）　存十六卷（一至十六）

370000－1531－0000461　592
課幼二十藝一卷　（清）邢日玟著　清光緒十七年（1891）成文信記刻本　一冊（一夾）

370000－1531－0000462　593
唐詩別裁集十卷　（清）沈德潛　（清）陳培脉選　清康熙五十六年（1717）碧梧書屋刻本　六冊（一函）

370000－1531－0000463　594
苔岑集初刊二十二卷　（清）蔣榮渭輯　清道光三十年（1850）味清堂刻本　八冊（一函）存八種二十二卷（味清堂詩抄二卷、補鈔一卷，半間雲詩二卷，焦尾編二卷，霏玉軒詩草二卷，萬壑雲樓詩二卷，小紅薇館吟草四卷，思無邪室吟草三卷，小紅薇館拾餘詩鈔四卷）

370000－1531－0000464　595
萬一樓集五十六卷續集六卷外集十卷　（明）駱問禮著　明萬曆三十九年（1611）駱先行、駱中行刻本　十二冊（一夾）　缺三十七卷（萬一樓集一至三十七）

370000－1531－0000465　596
西堂全集十七種六十一卷　（清）尤侗譔　清康熙刻本　二十冊（三函）　存十六種五十九卷（西堂雜組一集八卷、西堂雜組二集八卷、西堂雜組三集八卷、西堂剩稿二卷、西堂秋夢錄一卷、西堂小草一卷、論語詩一卷、右北平集一卷、看雲草堂集八卷、述祖詩一卷、于京集五卷、哀絃集一卷、擬明史樂府一卷、百末詞六卷、性理吟一卷、湘中草六卷）

370000－1531－0000466　597
明史藁三百十卷目錄三卷　（清）王鴻緒編撰　清康熙敬慎堂刻橫雲山人集本　十冊（二函）　存三十二卷（志五十五至七十七、表九卷）

370000－1531－0000467　601
三國志六十五卷　（晉）陳壽撰　（南朝宋）裴松之註　明崇禎十七年（1644）琴川毛氏汲古閣刻清順治十三年（1656）補緝十七史本　五冊（一函）　存二十五卷（魏書一至二十五）

370000－1531－0000468　602
南華真經評注□卷　（周）莊周著　（晉）向秀註　明刻本　五冊（一函）　存四卷（二至五）

370000－1531－0000469　603
醫學心悟六卷　（清）程國彭著　（清）邵斌源校正　清上海鴻文書局石印本　二冊（一夾）　存四卷（二、四至六）

370000－1531－0000470　604
瘍醫大全四十卷　（清）顧世澄纂輯　清鑄記書局石印本　二冊（一夾）　存六卷（十八至十九、三十七至四十）

370000－1531－0000471　606
[康熙]重修德州志十卷　（清）金祖彭修　（清）程先貞纂　清康熙十二年（1673）刻本　三冊（一函）　存九卷（一至七、九至十）

370000－1531－0000472　607
佛母大孔雀明王經三卷　（唐）釋不空譯　明刻本　一冊　存一卷（上）

370000－1531－0000473　608
宋史紀事本末二十八卷　（明）馮琦原編　（明）陳邦瞻纂輯　（明）徐申　（明）劉曰梧校正　明萬曆三十三年（1605）刻本　九冊（一夾）　缺三卷（十五至十七）

370000－1531－0000474　609
食物本草會纂十二卷　（清）沈李龍撰　清乾隆四十八年（1783）金閶書業堂刻本　六冊（一函）　存八卷（四至十一）

370000－1531－0000475　610
泉貨彙徵選一卷　（清）李良千撰　清抄本　一冊

370000－1531－0000476　611

山東省濰坊市青州市圖書館古籍普查登記目錄

洛神賦一卷 （三國魏）曹植撰 （元）趙孟頫書 明清摹寫本 一冊

370000－1531－0000477 612

十子全書□□卷 （清）王子興輯 清光緒浙江書局刻本 二十三冊（三函） 存七種九十五卷（荀子二十卷，鶡冠子三卷，韓非子二十卷、識誤三卷，文中子十卷，淮南子二十一卷，揚子法言十三卷、音義一卷，列子五至八）

370000－1531－0000478 614

周易本義四卷 （宋）朱熹撰 清光緒八年（1882）怡翰齋刻本 三冊（一函） 存三卷（一至三）

370000－1531－0000479 615

四書串珠味根錄合刻□□卷 （清）金澂撰 清光緒七年（1881）姑蘇問竹山房刻本 一冊（一函）

370000－1531－0000480 616

康熙字典十二集三十六卷總目一卷檢字一卷辨似一卷等韻一卷備考一卷補遺一卷 （清）張玉書 （清）陳廷敬等纂 清宣統元年（1909）上海久敬齋石印本 六冊（一函）

370000－1531－0000481 618

篆字彙十二集 （清）佟世男編 （清）胡正宗 （清）方正瑺參 清康熙三十九年（1700）寶旭齋刻本 十二冊（一函）

370000－1531－0000482 619

歷代名人書札二卷 （清）吳曾祺輯 清光緒三十四年（1908）商務印書館鉛印本 二冊（一函）

370000－1531－0000483 620

國朝名人書札二卷 （清）吳曾祺輯 清宣統元年（1909）商務印書館鉛印本 四冊（一函）

370000－1531－0000484 621

御批歷代通鑑輯覽一百二十卷 （清）傅恒等撰 清末鉛印本 二十冊（二函） 存六十二卷（一至六十二）

370000－1531－0000485 622

增刪算法統宗十一卷首一卷 （明）程大位編集 （清）梅轂成增刪 （清）梅玕成校字 清上海錦章圖書局石印本 四冊（一函）

370000－1531－0000486 624

芥子園畫傳五卷 （清）王槩 （清）王蓍 （清）王臬繪 （清）李漁論定 清康熙刻本 五冊（一函）

370000－1531－0000487 625

勸戒近錄六卷勸戒續錄六卷勸戒三錄六卷勸戒四錄六卷 （清）梁恭辰撰述 清光緒二年（1876）黃縣以約堂刻本 八冊（一函）

370000－1531－0000488 626

繡像七俠五義傳六卷 （清）石玉崑編 （清）俞樾刪校 （清）上海簡青齋書局編輯 清上海簡青齋書局石印本 六冊（一函）

370000－1531－0000489 627

增評補像全圖金玉緣一百二十回 （清）曹雪芹 （清）高鶚撰 （清）王希廉等評 清石印本 八冊（一函） 存六十四回（五十七至一百二十）

370000－1531－0000490 629

槐蔭堂第六才子書八卷才子西廂文一卷 （元）王實甫撰 （清）金聖歎（金人瑞）批 清康熙三十四年（1695）槐蔭堂刻本 五冊（一函） 存八卷（槐蔭堂第六才子書一至七、才子西廂文一卷）

370000－1531－0000491 639

狀元易經四卷 （宋）朱熹撰 清蘇州步月樓刻本 四冊（一函）

370000－1531－0000492 640

尚書離句六卷 （清）錢在培輯解 （清）程川訂 清刻本 四冊（一函）

370000－1531－0000493 641

重訂批點春秋左傳詳節句解三十五卷 （宋）朱申注釋 （明）孫鑛批點 （明）顧梧芳校正 （明）余元熹重訂 明映旭齋刻本 佚名題跋 八冊（一函）

山東省濰坊市圖書館等二十二家收藏單位古籍普查登記目錄

370000－1531－0000494　642

東萊博議四卷　（宋）呂祖謙撰　（清）馮泰松點定　清光緒二十八年（1902）濰陽寶書堂刻本　三冊（一函）　存三卷（一至三）

370000－1531－0000495　643

御批歷代通鑑輯覽一百二十卷首一卷　（清）傅恒等撰　清光緒三十年（1904）上海錦章書局石印本　二十八冊（四函）

370000－1531－0000496　644

春秋左傳五十卷　（晉）杜預　（宋）林堯叟註釋　（唐）陸德明音義　（明）孫鑛　（明）鍾惺　（明）韓范評點　清文德堂刻本　十四冊

（二函）　存四十九卷（一至二十五、二十七至五十）

370000－1531－0000497　647

試律青雲集四卷　（清）楊逢春輯　（清）蕭應樌　（清）沈景福　（清）徐紹曾參　（清）沈品金等註　清同治九年（1870）聚錦堂刻本四冊（一函）

370000－1531－0000498　650

字彙十二集首一卷末一卷　（明）梅膺祚音釋　明雲林益昭氏關西刻本　十三冊（一函）缺一卷（末一卷）

山東省濰坊市諸城市圖書館古籍普查登記目錄

全國古籍普查登記目錄

國家圖書館出版社
National Library of China Publishing House

370000－1538－0000001　1

三刻黃維章先生詩經嬭嬛體註八卷　（明）黃文煥輯著　（清）范翔重訂　（清）沈三曾（清）沈涵參定　清刻本　四冊（一函）

370000－1538－0000002　2

太古園詩草一卷　（清）臧振榮著　清康熙二十九年(1690)刻本　一冊（一函）

370000－1538－0000003　3

諸城山海物產志二卷　（清）臧燿初著　（清）臧繼昭訂　清光緒九年(1883)抄本　二冊（一函）

370000－1538－0000004　4

[道光]諸城縣續志二十三卷　（清）劉光斗修（清）朱學海纂　清道光十四年(1834)刻本四冊（一函）

370000－1538－0000005　5

御纂詩義折中二十卷　（清）傅恒等撰　清刻本　六冊（一函）

370000－1538－0000006　6

堵[增]訂本草備要十一卷醫方集解三卷（清）汪昂著輯　（清）汪桓參訂　（清）汪端（清）汪惟寵校　清刻本　六冊（一函）

370000－1538－0000007　7

五代史七十四卷　（宋）歐陽修撰　（宋）徐無黨注　（明）楊慎評　（明）鍾名臣訂　明刻本八冊（一函）

370000－1538－0000008　8

四雪草堂重訂通俗隋唐演義二十卷一百回(清)褚人穫撰　（清）吳鶴樵評　清文奎堂刻本　十八冊（二函）　存十八卷（一至十、十三至二十）

370000－1538－0000009　9

雪東山莊八景圖一卷　（清）臧燿初繪　清光緒二十五年(1899)彩繪本　一冊

370000－1538－0000010　10

尺木堂綱鑑易知錄九十二卷　（清）吳乘權(清)周之炯　（清）周之燦輯　清刻本　二十

四冊（三函）　存五十五卷（一至三十六、五十五至七十三）

370000－1538－0000011　11

御撰資治通鑑綱目三編二十卷　（清）張廷玉等撰　清刻本　八冊（一函）

370000－1538－0000012　12

漱芳軒合纂禮記體註四卷　（清）范翔參訂（清）吳有文　（清）朱光斗　（清）范應兆等校　清繼志堂刻本　四冊（一函）

370000－1538－0000013　13

會試硃卷(光緒丁丑科)一卷　（清）徐堉撰清光緒刻本　一冊（一函）

370000－1538－0000014　14

東坡先生全集七十五卷　（宋）蘇軾撰　明末刻本　三十四冊（二函）

370000－1538－0000015　15

四書圖考集要五卷　（清）張雲會輯　清乾隆三十七年(1772)愛古堂刻本　五冊（一函）

370000－1538－0000016　16

東征集六卷　（清）藍鼎元撰　（清）王者輔評清映壁書屋刻本　一冊（一函）　存一卷（四）

370000－1538－0000017　17

四海棠四卷　題(清)王綠坡撰　清光緒三十一年(1905)楊維樞抄本　清楊維樞題跋　四冊（一函）

370000－1538－0000018　18

陽明先生文錄五卷外集九卷別錄十卷　（明）王守仁撰　明嘉靖三十六年(1557)胡宗憲刻本　二冊（一函）　存三卷（外集四至六）

370000－1538－0000019　19

韓文杜律二卷　（唐）韓愈　（唐）杜甫撰(明)郭正域評選　明萬曆閔齊伋刻套印本一冊（一函）　存一卷（韓文一卷）

370000－1538－0000020　20

分類詳註飲香尺牘四卷　（清）飲香居士輯(清)慵隱子牋釋　清乾隆五十四年(1789)又

山東省濰坊市諸城市圖書館古籍普查登記目錄

賞齋刻本　四冊(一函)

370000－1538－0000021　21
[乾隆]諸城縣志四十六卷　(清)宮懋讓修
(清)李文藻等纂　清乾隆二十九年(1764)刻
本　八冊(一函)

370000－1538－0000022　22
曲江書屋新訂批註左傳快讀十八卷首一卷
(晉)杜預原註　(唐)陸德明音義　(宋)林
堯叟　(宋)朱申參註　(清)馮李驊　(清)
陸浩批評　(清)李紹崧選訂　清三讓堂刻本
十六冊(二函)

370000－1538－0000023　23
素書一卷　題(漢)黃石公著　(宋)張商英註
(明)程天榮校　新語二卷　(漢)陸賈撰
明萬曆刻本　一冊(一函)

370000－1538－0000024　24
[乾隆]諸城縣志四十六卷　(清)宮懋讓修
(清)李文藻等纂　清乾隆二十九年(1764)刻
本　七冊(一函)　存四十卷(一至二十六、三
十三至四十六)

370000－1538－0000025　25
綱鑑正史約三十六卷　(明)顧錫疇撰　(清)
陳弘謀增訂　甲子紀元一卷　(清)陳弘謀撰
清乾隆二年(1737)陳氏培遠堂刻本　三十
一冊(一函)　存三十五卷(一至十一、十四至
三十六,甲子紀元一卷)

370000－1538－0000026　26
箋註繪像第六才子西廂釋解八卷末一卷
(元)王實甫撰　(清)金聖歎(金人瑞)批點
(清)鄧汝寧音義　清致和堂刻本　六冊
(一函)

370000－1538－0000027　27
綱鑑會編九十八卷首一卷歷代統系表略三卷
歷代官制考略二卷歷代郡國考略三卷　(清)
劉德芳訂正　(清)葉澐輯錄　清康熙刻本
十六冊(二函)　存二十四卷(十六至三十九)

370000－1538－0000028　28
[康熙]諸城縣志十二卷　(清)卞穎修

(清)王勘纂　清康熙十二年(1673)刻本　二
冊(一函)　存三卷(二至三、六)

370000－1538－0000029　29
全本春秋遵解三十卷　(清)胡必豪　(清)胡
紹曾輯　清乾隆六十年(1795)三多齋刻本
七冊(一函)　存十八卷(一至十八)

370000－1538－0000030　30
御纂詩義折中二十卷　(清)傅恒等撰　清同
治九年(1870)怡翰齋刻本　六冊(一函)

370000－1538－0000031　31
書經體註大全合參六卷　(清)錢希祥纂輯
(清)范翔鑒定　清刻本　佚名批點　四冊
(一函)

370000－1538－0000032　32
孟子註疏解經十四卷　(漢)趙岐註　(宋)孫
奭疏　明萬曆十八年(1590)北京國子監刻十
三經註疏本　一冊(一函)　存二卷(一至二)

370000－1538－0000033　33
易經體註大全四卷　(清)來爾繩纂輯　清乾
隆二十九年(1764)光霽堂刻本　二冊(一函)
存二卷(一至二)

370000－1538－0000034　34
尚書體註約解合參六卷　(清)洪輔聖　(清)
洪佐聖　(清)洪翼聖著　(清)洪文衡增訂
(清)洪正治　(清)洪肇楸等校編　清乾隆五
十五年(1790)金閶書業堂刻本　四冊(一函)

370000－1538－0000035　35
禮記體註大全合參四卷　(清)徐旦參訂
(清)范翔鑒定　清映秀堂刻本　四冊(一函)

370000－1538－0000036　36
禮記體註大全四卷　(清)徐旦參訂　(清)范
翔鑒定　清刻本　四冊(一函)

370000－1538－0000037　37
古唐詩合解十六卷　(清)王堯衢註　(清)李
模　(清)李桓校　清寶寧堂刻本　六冊(一
函)

370000－1538－0000038　38

山東省濰坊市圖書館等二十二家收藏單位古籍普查登記目錄

唐宋八家文讀本三十卷　（清）沈德潛評點
清光緒二十四年（1898）上海江左書林石印本
六冊（一函）

370000－1538－0000039　39

宸垣識略十六卷　（清）吳長元輯　清乾隆五
十三年（1788）池北草堂刻本　六冊（一函）
存六卷（九至十四）

370000－1538－0000040　40

五蓮山志五卷　（清）釋海霆編集　（清）王咸
�批選　（清）張侗訂正　（清）李煥章刪定
清康熙二十年（1681）刻乾隆二十二年（1757）
萬松禪林增刻本　二冊（一夾）

370000－1538－0000041　41

四書大全三十九卷　（清）陸隴其輯　清康熙
三魚堂刻本　十六冊（一函）　存十九卷（大
學大全章句一卷、大學或問一卷、論語集註大
全一至十六、孟子集註大全二）

370000－1538－0000042　42

增補四書精繡圖像人物備考十二卷　（明）薛
應旂彙輯　（明）陳仁錫增定　（明）陳義錫重
校　清乾隆二十八年（1763）古吳聚秀堂刻本
六冊（一函）

370000－1538－0000043　43

［至元］齊乘六卷　（元）于欽纂修　釋音一卷
（元）于潛撰　考證六卷　（清）周嘉猷撰
清乾隆四十六年（1781）胡德琳登州刻本　三
冊（一函）　存四卷（三至六）

370000－1538－0000044　44

彙纂詩法度鍼十卷　（清）徐文弼編輯　清乾
隆三十六年（1771）謙牧堂刻本　五冊（一函）
存八卷（三至十）

370000－1538－0000045　46

五種秘竅全書十七卷　（明）甘霖纂著　（明）
梁廷棟校　明末刻本　四冊（一函）　存三種
六卷（天星秘竅一卷、地理秘竅一卷、羅經秘
竅一至四）

370000－1538－0000046　47

古文析義十四卷　（清）林雲銘評註　清乾隆

五十年（1785）書業堂刻本　六冊（一函）

370000－1538－0000047　48

戲鷗居詩鈔九卷　（清）毛大瀛撰　清嘉慶七
年（1802）姚令儀刻本　三冊（一函）　存三卷
（一、五、八）

370000－1538－0000048　49

唐宋八大家類選十四卷　（清）儲欣評　（清）
儲芝參述　（清）徐永勳　（清）吳振乾
（清）董南紀　（清）儲掌文校訂　清翰文堂刻
本　清臧著楣題識　六冊（一函）　存四卷
（五至八）

370000－1538－0000049　50

世德堂遺書　（清）王鉞撰　清康熙刻本　六
冊（一函）　存六種八卷（讀書蕞殘一卷、粵遊
日記一卷、星餘筆記一卷、暑窗臆說二卷、朱
子語類纂一至二、水西紀略一卷）

370000－1538－0000050　51

天元曆理全書十二卷首一卷　（清）徐發撰
清康熙刻本　清尹彭壽　清尹錫綸題跋　七
冊（一函）

370000－1538－0000051　52

河南邵氏聞見後錄三十卷　（宋）邵博著
（明）毛晉訂　明崇禎毛氏汲古閣刻津逮祕書
本　八冊（一函）

370000－1538－0000052　53

增訂古文覺斯新編八卷　（清）過珙評選
（清）過奕誥　（清）過奕讚編次　清竹素園刻
本　八冊（一函）

370000－1538－0000053　54

禮記集說十卷　（元）陳澔撰　清嘉慶十年
（1805）刻本　六冊（一函）　存六卷（一至
六）

370000－1538－0000054　55

四書摘訓二十卷　（明）丘橓編次　（明）王朴
校正　明萬曆刻本（卷十九至二十爲抄配）
九冊（一夾）　存十八卷（一至八、十一至二
十）

山東省濰坊市諸城市圖書館古籍普查登記目錄

370000－1538－0000055　56

明詩別裁集十二卷　（清）沈德潛　（清）周準
輯　清務本堂刻本　四冊（一函）

370000－1538－0000056　57

增註四書人物類典串珠四十卷　（清）臧志仁
編輯　清末上洋珍藝書局鉛印本　五冊（一
函）

370000－1538－0000057　58

曲江書屋新訂批註左傳快讀十八卷首一卷
（晉）杜預原註　（唐）陸德明音義　（宋）林
堯叟　（宋）朱申參註　（清）馮李驊　（清）
陸浩批評　（清）李紹崧選訂　清成文信刻本
　八冊（一函）　存十卷（一至九、首一卷）

370000－1538－0000058　59

鄉黨圖考十卷　（清）江永著　清乾隆五十八
年（1793）金閶書業堂刻本　六冊（一函）

370000－1538－0000059　60

古唐詩合解十六卷　（清）王堯衢註　（清）李
模　（清）李桓校　清光緒十一年（1885）成文
信刻本　四冊（一函）　存九卷（唐詩一至六、
十至十二）

370000－1538－0000060　61

鳳泉書經八卷　（宋）蔡沈撰　清嘉慶十四年
（1809）金閶書業堂刻本　四冊（一函）　存六
卷（一至六）

370000－1538－0000061　62

庚辰集五卷　（清）紀昀編　清刻本　五冊
（一函）

370000－1538－0000062　63

詩叶考八卷　（清）陳天道輯著　清嘉慶十二
年（1807）貽穀堂刻本　四冊（一函）

370000－1538－0000063　64

重訂廣事類賦四十卷　（清）華希閔著　（清）
鄒升恒參　（清）華希閔重訂　清刻本　二冊
（一函）　存十二卷（二十九至四十）

370000－1538－0000064　65

御纂詩義折中二十卷　（清）傅恒等撰　清刻

本　六冊（一函）

370000－1538－0000065　66

五經類編二十八卷　（清）周世樟編輯　清刻
本　七冊（一函）　存十四卷（四至十五、二十
四至二十五）

370000－1538－0000066　67

御纂詩義折中二十卷　（清）傅恒等撰　清刻
本　六冊（一函）

370000－1538－0000067　68

香山詩鈔二十卷　（唐）白居易著　（清）楊大
鶴選　清康熙四十年（1701）刻本　四冊（一
函）

370000－1538－0000068　69

硯北偶鈔十二種十七卷　（清）姚培謙　（清）
張景星輯　清乾隆二十七年（1762）姚氏草草
巢刻本　六冊（一函）

370000－1538－0000069　70

春秋紀傳五十一卷　（清）李鳳雛撰　清康熙
六十一年（1722）懷德堂刻本　八冊（一函）

370000－1538－0000070　71

六書通十卷　（明）閔齊伋撰　（清）畢弘述篆
訂　（清）閔章　（清）程昌燁校　清乾隆刻本
　八冊（一函）

370000－1538－0000071　72

[乾隆]諸城縣志四十六卷　（清）宮懋讓修
（清）李文藻等纂　清乾隆二十九年（1764）刻
本　七冊（一函）　存四十卷（一至四十）

370000－1538－0000072　73

重修正文對音捷要真傳琴譜大全十卷　（明）
楊表正撰　明萬曆十三年（1585）富春堂刻本
　一冊（一函）　存一卷（六）

370000－1538－0000073　74

日下舊聞四十二卷　（清）朱彝尊輯　清康熙
二十七年（1688）朱氏六峯閣刻本　十冊（一
函）　存二十卷（一至二十）

370000－1538－0000074　75

監本四書十九卷　（宋）朱熹撰　清嘉慶十七

山東省濰坊市圖書館等二十二家收藏單位古籍普查登記目錄

年(1812)金閶多文堂刻本　六冊(一函)

370000－1538－0000075　76

唐詩肆雅八卷　(清)鞠愷輯　清刻本　一冊
(一函)　存二卷(四至五)

370000－1538－0000076　77

七經精義　(清)黃淦纂　清嘉慶十二年
(1807)刻本　三冊(一函)　存三種七卷(周
易精義一、首一卷,書經精義四、末一卷,詩經
精義三至四、末一卷)

370000－1538－0000077　78

託素齋詩集四卷文集六卷　(清)黎士弘撰
行述一卷　(清)劉元慧撰　清雍正二年
(1724)黎致遠刻本　十冊(一函)

370000－1538－0000078　79

新鐫註釋故事白眉十卷　(明)許以忠纂集
(清)燃藜閣重校　清乾隆十八年(1753)聚錦
堂刻本　六冊(一函)

370000－1538－0000079　80

聖駕南巡賦不分卷　(清)姚鼐　(清)寶光鼐
撰　清乾隆刻本　二冊(一函)

370000－1538－0000080　81

重訂外科正宗十二卷　(明)陳實功撰　清刻
本　四冊(一函)　存八卷(一至二、五至六、
九至十二)

370000－1538－0000081　82

[乾隆]諸城縣志四十六卷　(清)宮懋讓修
(清)李文藻等纂　清乾隆二十九年(1764)刻
本　八冊(一函)

370000－1538－0000082　83

洪武正韻高唐王篆書五卷　(明)樂韶鳳
(明)宋濂等撰　(明)朱厚煐篆書　明萬曆十
二年(1584)沈大忠刻本　三冊(一函)　存三
卷(一至二、五)

370000－1538－0000083　84

琅邪詩畧第一編□□卷　(清)隋平輯選
(清)張侗刪定　清抄本　一冊(一函)　存二
卷(五至六)

370000－1538－0000084　85

古唐詩合解十六卷　(清)王堯衢註　(清)李
模　(清)李桓校　清光緒十一年(1885)成文
信刻本　三冊(一函)　存七卷(唐詩三至六、
七至九)

370000－1538－0000085　86

廣事類賦四十卷　(清)華希閔著　(清)鄒兆
升參　清五瑞堂刻本　一冊(一函)　存三卷
(一至三)

370000－1538－0000086　87

廣事類賦四十卷　(清)華希閔著　(清)鄒兆
升參　清乾隆二十九年(1764)劍光閣刻本
二冊(一函)　存七卷(一至三、八至十一)

370000－1538－0000087　88

御纂詩義折中二十卷　(清)傅恒等撰　清成
文堂刻本　三冊(一函)　存十卷(一至十)

370000－1538－0000088　89

御纂詩義折中二十卷　(清)傅恒等撰　清成
文堂刻本　二冊(一函)　存七卷(一至四、十
八至二十)

370000－1538－0000089　90

晉書一百三十卷　(唐)房玄齡等撰　清初刻
本　四冊(一函)　存二十七卷(列傳六至九、
四十六至六十八)

370000－1538－0000090　91

滇攷二卷　(清)馮甦編　清康熙刻本　二冊
(一函)

370000－1538－0000091　92

御纂詩義折中二十卷　(清)傅恒等撰　清刻
本　六冊(一函)

370000－1538－0000092　93

周易本義四卷　(宋)朱熹撰　清嘉慶十三年
(1808)敬書堂刻本　三冊(一函)

370000－1538－0000093　94

左繡三十卷首一卷　(清)馮李驊　(清)陸浩
評輯　(清)范允斌等參評　(清)馮張孫等校
輯　清同人堂刻本　二冊(一函)　存四卷

山東省濰坊市諸城市圖書館古籍普查登記目錄

（十至十一、十四至十五）

370000－1538－0000094　95

新訂四書補註備旨十卷　（明）鄧林著　（清）鄧煜編次　（清）祁文友重校　（清）杜定基增訂　清嘉慶十八年(1813)寶寧堂刻本　八冊（一函）

370000－1538－0000095　96

御纂詩義折中二十卷　（清）傅恒等撰　清刻本　十六冊（二函）

370000－1538－0000096　97

欽定儀禮義疏四十八卷首二卷　（清）允祿監理　（清）鄂爾泰總裁　（清）朱軾等撰　清刻本　十四冊（一函）　存十四卷（十六、十八、二十二至二十三、二十五、二十八、三十二至三十四、三十六至三十七、四十一至四十二、四十五）

370000－1538－0000097　98

史記菁華錄六卷　（漢）司馬遷撰　（清）姚祖恩摘錄　清刻本　四冊（一函）　存四卷（一、三至五）

370000－1538－0000098　99

廣事類賦四十卷　（清）華希閔著　（清）鄒升恒參　（清）華希閔重訂　清嘉慶四年(1799)劍光閣刻本　十冊（一函）

370000－1538－0000099　100

竹書紀年統箋十二卷　（南朝梁）沈約注　（清）徐文靖箋　清乾隆十五年(1750)刻本　四冊（一函）

370000－1538－0000100　101

資治通鑑二百九十四卷　（宋）司馬光編集　（元）胡三省音註　（明）張一桂校正　**通鑑釋文辯誤十二卷**　（元）胡三省撰　明萬曆二十年(1592)吳勉學刻本　十四冊（一函）　存四十七卷（一至十三、五十八至六十三、一百九至一百十一、一百十八至一百三十三、一百五十三至一百五十五、一百九十六至一百九十八、二百十五至二百十七）

370000－1538－0000101　102

左繡三十卷首一卷　（清）馮李驊評輯　（清）陸浩評輯　（清）范允斌等參評　（清）馮張孫等校輯　清嘉慶十六年(1811)華川書屋刻本　十六冊（一函）

370000－1538－0000102　103

姚端恪公文集十八卷末一卷　（清）姚文然撰　清康熙刻本　二冊（一函）　存五卷（五至八、末一卷）

370000－1538－0000103　104

御纂詩義折中二十卷　（清）傅恒等撰　清成文堂刻本　六冊（一函）

370000－1538－0000104　105

西域聞見錄八卷　（清）七十一(尼瑪查)撰　清蘿軒主人抄本　一冊（一函）　存二卷（新疆記畧二卷）

370000－1538－0000105　106

篆字彙十二集　（清）佟世男編　（清）胡正宗　（清）方正琇參　清錫環堂刻本　六冊（一函）

370000－1538－0000106　107

困學錄集粹八卷　（清）張伯行著　（清）李汝霖校　（清）張師栻　（清）張師載正字　清雍正刻本　一冊（一函）　存四卷（一至四）

370000－1538－0000107　110

唐人試律說一卷　（清）紀昀撰　清刻本　一冊（一函）

370000－1538－0000108　111

文昌化書四卷　（清）趙申喬藏校　清嘉慶十二年(1807)東武王增傑紹德堂刻本　一冊（一函）

370000－1538－0000109　112

春秋左傳杜注三十卷首一卷　（晉）杜預注　（清）姚培謙輯　清乾隆十一年(1746)吳郡陸氏小鬱林刻本　十六冊（二函）

370000－1538－0000110　113

初學行文語類四卷　（清）孫埏編輯　清乾隆十五年(1750)刻本　二冊（一函）　存二卷

（一、三）

370000－1538－0000111　114

御纂周易述義十卷　(清)傅恒等撰　清刻本
　七冊(一函)　存八卷(一至八)

370000－1538－0000112　115

淵鑑類函四百五十卷目錄四卷　(清)張英
(清)王士禎等撰　清康熙四十九年(1710)內
府刻本　一百七冊(十七函)　存三百卷(二
十三至二十六、三十至四十三、四十七至六
十、六十四至八十九、九十六至九十八、一百
二至一百五、一百九至二百二十二、二百二十
六至二百二十九、二百三十二至二百三十七、
二百四十至三百九、三百一十二至三百三十五、
三百三十九至三百五十五)

370000－1538－0000113　117

重訂廣事類賦四十卷　(清)華希閔著　(清)
鄒升恒參　(清)華希閔重訂　清敬文堂刻本
　八冊(一函)

370000－1538－0000114　118

南華真經解內篇一卷外篇一卷　(清)宣穎著
　(清)王暉吉校　清康熙六十年(1721)積秀
堂刻本　二冊(一函)

370000－1538－0000115　119

御纂詩義折中二十卷　(清)傅恒等撰　清刻
本　八冊(一函)　存十一卷(一至十一)

370000－1538－0000116　120

孟東野詩集十卷　(唐)孟郊撰　(宋)國材
(宋)劉辰翁評　明凌濛初刻朱墨套印盛唐四
名家集本　四冊(一函)　存四卷(一、三、六、
九)

370000－1538－0000117　121

詩經融註大全體要八卷　(清)高朝瓔定
(清)沈世楷輯　清刻本　四冊(一函)

370000－1538－0000118　122

酌雅齋四書遵註合講十九卷圖考一卷　(清)
翁復編次　(清)詹文煥參定　清嘉慶二十三
年(1818)吳郡山淵堂刻本　六冊(一函)

370000－1538－0000119　123

衛生易簡方十二卷　(明)胡濙輯　明嘉靖刻
本　二冊(一函)　存六卷(一至三、七至九)

370000－1538－0000120　124

史記一百三十卷　(漢)司馬遷撰　(南朝宋)
裴駰集解　(唐)司馬貞索隱　(唐)張守節正
義　(明)鍾人傑輯評　明刻本　十六冊(三
函)　存八十七卷(本紀五至十二、年表十卷、
八書八卷、世家三十卷、列傳一至三十一)

370000－1538－0000121　125

左繡三十卷首一卷　(清)馮李驊　(清)陸浩
評輯　(清)范允斌等參評　(清)馮張孫等校
輯　清華川書屋刻本　八冊(一函)　存十六
卷(十四至二十九)

370000－1538－0000122　126

太史升菴遺集二十六卷　(明)楊慎著　(明)
楊金吾　(明)楊宗吾輯　(明)王象乾校
(明)湯日昭閱　明萬曆三十四年(1606)湯日
昭刻本　四冊(一夾)

370000－1538－0000123　127

前漢書一百卷　(漢)班固撰　(唐)顏師古注
　明嘉靖八年至九年(1529－1530)南京國子
監刻明清遞修本　一冊(一函)　存六卷(五
至十)

370000－1538－0000124　128

御纂詩義折中二十卷　(清)傅恒等撰　清刻
本　四冊(一函)　存十七卷(一至十七)

370000－1538－0000125　129

左繡三十卷首一卷　(清)馮李驊　(清)陸浩
評輯　(清)范允斌等參評　(清)馮張孫等校
輯　清末李光明莊刻本　一冊(一函)　存二
卷(十五至十六)

370000－1538－0000126　130

五經類編二十八卷　(清)周世樟編輯　清康
熙刻本　十二冊(一函)　存二十卷(一、四至
五、九至十二、十六至二十八)

370000－1538－0000127　131

綿津山人詩集三十一卷　(清)宋犖撰　清康

熙刻本　五冊(一函)

370000－1538－0000128　132
左傳選十四卷　(清)儲欣評　(清)儲芝參述　(清)徐永　(清)董南紀　(清)儲掌文校訂　清乾隆三十八年(1773)同文堂刻本　八冊(一函)

370000－1538－0000129　133
重訂廣事類賦四十卷　(清)華希閔著　(清)鄒升恒參　(清)華希閔重訂　清經國堂刻本　十冊(一函)

370000－1538－0000130　134
[乾隆]諸城縣志四十六卷　(清)宮懋讓修　(清)李文藻等纂　清乾隆二十九年(1764)刻本　八冊(一函)

370000－1538－0000131　135
資治通鑑綱目五十九卷　(宋)朱熹撰　明成化九年(1473)內府刻本　一冊(一函)　存二卷(五十至五十一)

370000－1538－0000132　136
左繡三十卷首一卷　(清)馮李驊　(清)陸浩評輯　(清)范允斌等參評　(清)馮張孫等校輯　清乾隆五十七年(1792)學源堂刻本　八冊(一函)　存十六卷(一至十五、首一卷)

370000－1538－0000133　137
淵鑒齋御纂朱子全書六十六卷　(宋)朱熹撰　(清)李光地　(清)熊賜履等編　清刻本　六冊(一函)　存十三卷(一至二、七至十一、十七至十九、二十一至二十三)

370000－1538－0000134　138
御纂詩義折中二十卷　(清)傅恒等撰　清刻本　十五冊(一函)　存十九卷(一至十九)

370000－1538－0000135　139
三皇五帝徵實錄六卷　(清)王縈緒撰　清刻本　二冊(一函)　存三卷(一至二、六)

370000－1538－0000136　140
春秋左傳註評測義七十卷　(明)凌稚隆輯著　明刻本　十冊(一函)　存三十七卷(三十四至七十)

370000－1538－0000137　141
周易傳義大全二十四卷　(明)胡廣等撰　清刻本　九冊(一函)　存十二卷(一至十一、十四)

370000－1538－0000138　142
蠶尾集十卷續集二卷後集二卷　(清)王士禛撰　清康熙刻本　五冊(一函)　存十二卷(蠶尾集十卷、續集二卷)

370000－1538－0000139　143
臥象山房文集四卷　(清)李澄中著　清康熙刻本　一冊(一函)　存一卷(一)

370000－1538－0000140　145
椒丘詩二卷　(清)丁耀亢著　清順治刻本　一冊(一函)　存一卷(一)

370000－1538－0000141　146
江干草二卷　(清)丁耀亢著　清康熙十二年(1673)家刻本　二冊(一函)

370000－1538－0000142　148
[李澄中詩鈔]一卷　(清)李澄中撰　清抄本　一冊(一函)

370000－1538－0000143　149
陸舫詩草五卷　(清)丁耀亢著　清康熙刻本　三冊(一函)

370000－1538－0000144　150
省吾齋稿一卷　(清)竇光鼐撰　清刻本　一冊(一函)

370000－1538－0000145　151
臥象山房文集四卷　(清)李澄中著　清康熙刻本　一冊(一函)　存一卷(一)

370000－1538－0000146　152
仙舫聯唫一卷　(清)王賡言撰　清刻本　一冊(一函)

370000－1538－0000147　153
池北偶談二十六卷　(清)王士禛著　清三槐堂刻本　六冊(一函)　存二十卷(一至二十)

370000－1538－0000148　154

家政須知一卷　（清）丁耀亢著　清康熙抄本
　　一冊(一函)

370000－1538－0000149　155

省吾齋稿一卷　（清）竇光鼐撰　清刻本　一
冊(一函)

370000－1538－0000150　156

放鶴村文集五卷　（清）張侗著　清刻本　一
冊(一函)　存一卷(一)

370000－1538－0000151　157

省吾齋古文集十二卷　（清）竇光鼐撰　清刻
本　一冊(一函)　存四卷(九至十二)

370000－1538－0000152　159

臥象山志四卷　（清）張侗著　清康熙十八年
(1679)刻本　一冊(一函)

370000－1538－0000153　161

綱鑑易知錄九十二卷　（清）吳乘權　（清）周
之炯　（清）周之燦輯　清刻本　二十冊(一
夾)　存四十五卷(二十一至二十三、三十八
至四十二、四十六至四十九、五十三至六十
六、七十至七十五、七十八至八十三、八十六
至九十二)

370000－1538－0000154　162

艮齋文選一卷　（清）李澄中撰　清刻本　一
冊(一函)

370000－1538－0000155　163

四書釋文十九卷四書字辨一卷疑字辨一卷句
辨一卷　（清）王賡言撰　清道光二年(1822)
諸城王氏家塾刻本　六冊(一函)

370000－1538－0000156　170

類書纂要三十三卷　（清）周魯輯　清刻本
八冊(一函)　存九卷(十七至二十五)

370000－1538－0000157　171

二十四史約編不分卷　（清）鄭元慶撰　清光
緒二十九年(1903)支那書局石印本　四冊
(一函)

370000－1538－0000158　172

驗方新編十六卷　（清）鮑相璈編輯　（清）鮑
相壁校　咽喉秘集二卷　（清）吳□　（清）張
□撰　痧症全書三卷　（清）林森傳授　（清）
王凱編輯　（清）何汾　（清）何湘刪訂
(清)孫鴻　（清）孫鵠參校　清道光二年
(1822)刻同治元年(1862)海山仙館補刻本
八冊(一函)　存十六卷(驗方新編一、五至十
四,咽喉秘集二卷,痧症全書三卷)

370000－1538－0000159　173

紅樓夢傳奇二卷　（清）紅豆邨樵(仲振奎)填
詞　題(清)邗亭居士按拍　清嘉慶四年
(1799)綠雲紅雨山房刻本　五冊(一函)

370000－1538－0000160　174

尺木堂綱鑑易知錄九十二卷　（清）吳乘權
(清)周之炯　（清）周之燦輯　清鉛印本　六
冊(一函)　存四十二卷(七至十五、六十至九
十二)

370000－1538－0000161　175

詩韻集成十卷詞林典腋一卷　（清）余照輯
清光緒元年(1875)修文堂刻本　四冊

370000－1538－0000162　178

增補事類統編九十三卷首一卷　（清）王鳳喈
譔註　（清）王仕偉校錄　清敦好堂刻本　八
冊(一函)　存十四卷(二十六至三十、三十八
至三十九、五十六至五十九、六十三至六十
五)

370000－1538－0000163　179

瀛海探驪集八卷　（清）朱埏之輯　（清）馮泉
　（清）毛寅初　（清）田栴註　清嘉慶十九年
(1814)集錦堂刻本　三冊(一函)　存三卷
(三、五至六)

370000－1538－0000164　180

通鑑紀事本末二百三十九卷　（宋）袁樞編輯
　（明）張溥論正　清光緒石印本　五冊(一
函)　存四十卷(二百至二百三十九)

370000－1538－0000165　181

詩韻集成十卷詞林典腋一卷　（清）余照輯
清刻本　二冊　存五卷(三至七)

370000 - 1538 - 0000166　183

重訂外科正宗十二卷　（明）陳實功撰　清刻本　一冊（一函）　存二卷（五至六）

370000 - 1538 - 0000167　184

詩韻集成十卷詞林典腋一卷　（清）余照輯　清光緒五年（1879）成文堂刻本　四冊

370000 - 1538 - 0000168　185

御撰資治通鑑綱目三編二十卷末一卷　（清）張廷玉等撰　清光緒二十九年（1903）慶文堂刻本　六冊（一函）　存十九卷（一至六、九至二十，末一卷）

370000 - 1538 - 0000169　186

積古齋鐘鼎彝器款識十卷　（清）阮元編錄（清）朱爲弼編　清光緒十九年（1893）上海積山書局石印本　五冊（一函）

370000 - 1538 - 0000170　187

宋史紀事本末一百九卷　（明）馮琦原編（明）陳邦瞻編輯　（明）張溥論正　清光緒二十四年（1898）上海文瀾書局石印本　八冊（一函）

370000 - 1538 - 0000171　188

太平廣記五百卷目錄十卷　（宋）李昉等編纂　清乾隆十八年（1753）黃晟刻本　九冊（一函）　存七十一卷（七十三至八十、一百八十五至一百九十二、二百二十五至二百四十一、三百八十一至三百九十五、四百九至四百二十五、四百五十六至四百六十一）

370000 - 1538 - 0000172　189

今世說八卷　（清）王晫撰　清刻本　三冊（一函）　存三卷（三、五、七）

370000 - 1538 - 0000173　190

御纂性理精義十二卷　（清）李光地等編　清咸豐二年（1852）寶仁堂刻本　六冊（一函）

370000 - 1538 - 0000174　191

詩韻集成十卷詞林典腋一卷　（清）余照輯　清刻本　二冊　存五卷（三至四、八至十）

370000 - 1538 - 0000175　193

370000 - 1538 - 0000176　194

平定粵匪紀略十八卷附記四卷　（清）杜文瀾撰　清末鉛印本　二冊（一函）　存八卷（七至九、十八，附記四卷）

晚香書屋課存不分卷　（清）苑菜池撰　清光緒刻本　二冊（一函）

370000 - 1538 - 0000177　195

景岳全書二十四集六十四卷　（明）張介賓著（清）魯超訂　清光緒六年（1880）天台山房抄本　十冊（一函）　存十三卷（一至九、十一至十二、十四、十九）

370000 - 1538 - 0000178　197

重刊分類補註李詩全集二十五卷　（唐）李白撰　（宋）楊齊賢集註　（元）蕭士贇補註　**重刊分類編次李太白文集五卷**　（唐）李白撰（明）郭雲鵬編次　明刻本　六冊（一函）

370000 - 1538 - 0000179　198

重訂王鳳洲先生綱鑑會纂四十六卷續宋元二十三卷　（明）王世貞纂　（明）陳仁錫訂（明）呂一經校　**御撰資治通鑑綱目三編二十卷末一卷**　（清）張廷玉等撰　清慶文堂刻本　四十二冊（七函）　存六十九卷（重訂王鳳洲先生綱鑑會纂四十六卷、續宋元二十三卷）

370000 - 1538 - 0000180　199

耕餘集□□卷　（□）東門居士錄　清抄本　三冊（一函）　存三卷（四至六）

370000 - 1538 - 0000181　200 - 1

瀛海探驪集八卷　（清）朱埏之輯　（清）馮泉（清）毛寅初　（清）田柟註　清嘉慶十九年（1814）集錦堂刻本　一冊（一函）　存二卷（一至二）

370000 - 1538 - 0000182　200 - 2

瀛海探驪集八卷　（清）朱埏之輯　（清）馮泉（清）毛寅初　（清）田柟註　清刻本　一冊　存一卷（八）

370000 - 1538 - 0000183　201

重訂王鳳洲先生綱鑑會纂四十六卷續宋元二十三卷　（明）王世貞纂　（明）陳仁錫訂

山東省濰坊市圖書館等二十二家收藏單位古籍普查登記目錄

(明)呂一經校　**御撰資治通鑑綱目三編二十卷末一卷**　(清)張廷玉等撰　清濰陽寶書堂刻本　十七冊(三函)　存二十四卷(重訂王鳳洲先生綱鑑會纂十三至二十七、三十八至四十六)

370000－1538－0000184　202

四書題鏡十六卷首一卷　(清)汪鯉翔纂述　清刻本　八冊　存八卷(九至十六)

370000－1538－0000185　203

聯業堂綱鑑易知錄九十二卷　(清)吳乘權　(清)周之炯　(清)周之燦輯　清刻本　五冊(一函)　存十二卷(四十二至四十四、五十至五十二、八十一至八十四、九十一至九十二)

370000－1538－0000186　205

欽定奇門寶鑑六卷　(清)阿桂纂　(清)年羹堯　(清)岳鐘祺校　清抄本　六冊(一函)

370000－1538－0000187　206

尺木堂綱鑑易知錄九十二卷　(清)吳乘權　(清)周之炯　(清)周之燦輯　清鉛印本　八冊(一函)　存五十二卷(六至十二、四十一至四十七、五十五至九十二)

370000－1538－0000188　207

經餘必讀續編八卷　(清)雷琳　(清)錢樹棠　(清)錢樹立輯　清光緒二十六年(1900)濰陽寶書堂刻本　一冊　存二卷(一至二)

370000－1538－0000189　208

增補事類統編九十三卷首一卷　(清)黃葆真增輯　(清)何立中校字　清刻本　十五冊(一函)　存三十卷(二至六、十五至十六、十九、四十二至四十三、六十二至六十三、六十六至六十八、七十二至七十四、八十二至九十三)

370000－1538－0000190　209

羅經精一解三卷　(清)范宜賓著　清末抄本　一冊(一函)

370000－1538－0000191　212

吉金所見錄十六卷首一卷末一卷　(清)初尚齡纂輯　(清)初夏齡參訂　(清)初項齡校字

清宣統元年(1909)馬恒源抄本　四冊(一函)

370000－1538－0000192　213

增註四書人物類典串珠四十卷　(清)臧志仁編輯　清末鉛印本　二冊

370000－1538－0000193　214

康熙字典十二集三十六卷總目一卷檢字一卷辨似一卷等韻一卷備考一卷補遺一卷　(清)張玉書　(清)陳廷敬等纂　清刻本　四十冊(六函)

370000－1538－0000194　215

學耐煩齋詩草二卷　(清)王志浩著　清刻本　二冊(一函)

370000－1538－0000195　216

監本易經四卷　(宋)朱熹撰　清宣統元年(1909)成和堂刻本　四冊

370000－1538－0000196　218

奎壁詩經八卷　(宋)朱熹撰　清光緒十八年(1892)成文堂刻本　一冊　存二卷(一至二)

370000－1538－0000197　220

紅樓夢廣義二卷　(清)青山山農(黃見三)撰　清末抄本　一冊(一函)　存一卷(下)

370000－1538－0000198　221

尚友錄二十二卷補遺一卷　(明)廖用賢編纂　(清)張伯琮補輯　清末鉛印本　五冊(一函)　存二十卷(四至二十二、補遺一卷)

370000－1538－0000199　222

家居錄□卷　(清)□□撰　清抄本　一冊(一函)　存一卷(下)

370000－1538－0000200　223

達生編二卷　(清)亟齋居士著　(清)南方恒人述　清道光二十四年(1844)刻本　一冊(一函)

370000－1538－0000201　224

虹舟制義不分卷　(清)李祖惠撰　清刻本　二冊(一函)

370000－1538－0000202　225

山東省濰坊市諸城市圖書館古籍普查登記目錄

左傳易讀六卷 （清）司徒修輯 清光緒八年（1882）成文堂刻本 六冊

370000－1538－0000203 226
國朝畫徵錄三卷 （清）張庚著 清末石印本 三冊（一函）

370000－1538－0000204 227
分韻試帖青雲集合註四卷 （清）楊逢春輯 （清）蕭應槭 （清）沈景福 （清）徐紹曾參 （清）沈品金等註 （清）葉祺昌合註 （清）沈錫慶校正 清光緒四年（1878）書業德記刻本 三冊（一函） 存三卷（一至二、四）

370000－1538－0000205 228
詩韻集成十卷詞林典腋一卷 （清）余照輯 清光緒元年（1875）潤德堂刻本 四冊

370000－1538－0000206 229
詩韻集成十卷詞林典腋一卷 （清）余照輯 清同治五年（1866）聚盛堂刻本 三冊 存四卷（一至二、五至六）

370000－1538－0000207 230
監本書經六卷 （宋）蔡沈撰 清同治八年（1869）修文堂刻本 四冊

370000－1538－0000208 231－1
板橋詩鈔一卷板橋詞鈔一卷 （清）鄭燮著 清乾隆司徒文膏寫刻本 二冊（一函）

370000－1538－0000209 231－2
板橋詩鈔一卷 （清）鄭燮著 清乾隆刻本 一冊（一函）

370000－1538－0000210 232
奎壁詩經八卷 （宋）朱熹撰 清光緒五年（1879）成文堂記刻本 四冊

370000－1538－0000211 234
山左校士錄四卷經藝詩賦一卷 （清）黃體芳編選 清光緒七年（1881）四明茹古齋刻本 四冊（一函）

370000－1538－0000212 235
尚友錄二十二卷補遺一卷 （明）廖用賢編纂 （清）張伯琮補輯 清末鉛印本 五冊（一函） 存十九卷（一至七、十二至二十二，補遺一卷）

370000－1538－0000213 236
經餘必讀八卷 （清）雷琳 （清）錢樹棠 （清）錢樹立輯 清光緒二年（1876）汲綆齋刻本 六冊

370000－1538－0000214 237
御批歷代通鑑輯覽一百二十卷 （清）傅恒等撰 清光緒三十年（1904）上海經藝書局石印本 六冊（一函）

370000－1538－0000215 239
重訂王鳳洲先生綱鑑會纂四十六卷續宋元二十三卷 （明）王世貞纂 （明）陳仁錫訂 （明）呂一經校 御撰資治通鑑綱目三編二十卷末一卷 （清）張廷玉等撰 清濰陽寶書堂刻本 十冊（一函） 存十七卷（續宋元一至十一、十三至十六、十九至二十）

370000－1538－0000216 240
劉子文心雕龍二卷 （南朝梁）劉勰撰 （明）楊慎 （明）曹學佺等批點 註二卷 （明）梅慶生撰 明閔繩初刻五色套印本 三冊（一函） 存二卷（上、下之上）

370000－1538－0000217 241
東都事略一百三十卷 （宋）王稱撰 清寶華堂刻本 三十二冊（四函）

370000－1538－0000218 242
左傳易讀六卷 （清）司徒修輯 清咸豐十一年（1861）書業德記刻本 六冊

370000－1538－0000219 244
唐類函二百卷 （明）俞安期彙纂 （明）朱文啓校訂 明萬曆刻本 一冊（一函） 存五卷（一百九十一至一百九十五）

370000－1538－0000220 245
太史張天如詳節春秋綱目左傳句解六卷 （清）韓菼重訂 清濰陽成文信刻本 六冊

370000－1538－0000221 246
例案全集四十五卷 （清）張光月編 清思敬

堂刻本　十五冊(一函)　存十五卷(三至五、
九、十八、二十一至二十三、三十五至三十六、
三十八、四十一至四十三、四十五)

370000－1538－0000222　247

針灸大成十卷　(明)楊繼洲撰　清刻本　一
冊(一函)　存一卷(八)

370000－1538－0000223　248

御纂詩義折中二十卷　(清)傅恒等撰　清同
治九年(1870)怡翰齋刻本　五冊　存十七卷
(一至十七)

370000－1538－0000224　249

詩集傳八卷　(宋)朱熹撰　清刻本　二冊
存三卷(三至五)

370000－1538－0000225　250

唐詩選七卷　(明)李攀龍撰　(明)蔣一葵箋
釋　明末古吳陳長卿刻本　一冊(一函)　存
二卷(一至二)

370000－1538－0000226　251

漱芳軒合纂禮記體註四卷　(清)范翔參訂
(清)吳有文　(清)朱光斗　(清)范應兆等
校　清光緒二十二年(1896)寶書堂書坊刻本
四冊

370000－1538－0000227　252

高貞碑一卷　(北魏)□□撰　清拓本　一冊
(一函)

370000－1538－0000228　253

[萃芬堂即事等詩鈔]一卷　(清)□□撰　清
抄本　一冊(一函)

370000－1538－0000229　254

增訂本草備要四卷醫方集解二卷本草醫方合
編圖像首一卷　(清)汪昂著輯　(清)汪桓參
訂　(清)汪端　(清)汪惟寵校　清刻本　一
冊(一函)　存三卷(增訂本草備要一、醫方集
解上、本草醫方合編圖像首一卷)

370000－1538－0000230　255

邵康節先生孝弟詩一卷　(宋)邵雍撰　清光
緒三十四年(1908)同文堂刻本　一冊(一函)

370000－1538－0000231　256

禮記集說十卷　(元)陳澔撰　清刻本　六冊
存六卷(二至七)

370000－1538－0000232　257

唐詩三百首不分卷　(清)蘅塘退士(孫洙)編
清光緒十一年(1885)膠州劉成文堂書坊刻
本　二冊(一函)

370000－1538－0000233　260

七家詩合註七卷　(清)張熙宇評　(清)申珠
(清)杜炳南　(清)王植桂補註　清刻本
七冊(一函)　存六卷(二至七)

370000－1538－0000234　261

重訂古文釋義新編八卷　(清)余誠評註
(清)余芝參閱　清光緒二十九年(1903)成文
堂刻本　八冊(一函)

370000－1538－0000235　264

四書味根錄三十七卷　(清)金澄撰　清刻本
四冊　存七卷(孟子七卷)

370000－1538－0000236　265

嘯亭雜錄八卷　(清)汲修主人(昭槤)著　清
光緒二十七年(1901)埽葉山房石印掌故叢編
本　三冊(一函)

370000－1538－0000237　267

御纂周易述義十卷　(清)傅恒等撰　清道光
十八年(1838)刻本　六冊

370000－1538－0000238　268

七家詩選箋註七卷　(清)張熙宇輯訂　清咸
豐元年(1851)寶善堂刻本　四冊(一函)

370000－1538－0000239　269

寄傲山房塾課新增幼學故事瓊林四卷首一卷
(明)程登吉撰　(清)鄒聖脈增補　(清)
謝梅林　(清)鄒可庭參訂　清光緒二十一年
(1895)成文堂刻本　四冊

370000－1538－0000240　271

增補字類統編九十三卷　(清)黃葆真增輯
清刻本　二十八冊(五函)　存七十二卷(六
至三十、四十五至五十七、六十至九十三)

山東省濰坊市諸城市圖書館古籍普查登記目錄

370000－1538－0000241　272

新輯校正纂圖元亨療馬集六卷　（明）喻仁
（明）喻傑著　圖像水黃牛經合併大全二卷駝
經一卷　（明）喻仁　（明）喻傑傳方　清末上
海校經山房石印本　三冊（一函）　存七卷
（新輯校正纂圖元亨療馬集三至六、圖像水黃
牛經合併大全二卷、駝經一卷）

370000－1538－0000242　273

歷代史論十二卷宋史論三卷元史論□卷
（明）張溥論正　清光緒二十四年（1898）煥文
書局石印本　六冊（一函）

370000－1538－0000243　275

太古園詩集一卷　（明）王偁著　（清）張謙宜
評選　（清）宋雲會校定　清康熙刻本　一冊
（一函）

370000－1538－0000244　276

［驗方選編］一卷　（□）□□編　清抄本
一冊

370000－1538－0000245　280

［嘉慶］東流縣志三十卷　（清）吳篪修
（清）李兆洛等纂　清嘉慶二十三年（1818）刻
本　一冊　存一卷（十）

370000－1538－0000246　282

國朝諡法考一卷　（清）王士禎編輯　清康熙
刻本　一冊（一函）

370000－1538－0000247　283

詩集傳八卷　（宋）朱熹撰　清刻本　一冊
存二卷（三至四）

370000－1538－0000248　285

得月樓賦四卷　（清）張元灝選評　清刻本
佚名題跋　三冊（一函）　存三卷（甲、乙、丙）

370000－1538－0000249　286

綱鑑會纂三十九卷首一卷　（明）王世貞編
御撰資治通鑑綱目三編六卷　（清）張廷玉等
撰　清光緒二十八年（1902）煥文書局石印本
（御撰資治通鑑綱目三編爲清光緒二十三年
煥文書局石印本）　十二冊（一函）

370000－1538－0000250　287

上諭條奏□□卷　（清）□□撰　清嘉慶刻本
八冊（一函）

370000－1538－0000251　288

得月樓賦四卷　（清）張元灝選評　清同治十
年（1871）漱芳書屋刻本　三冊（一函）　存三
卷（乙、丙、丁）

370000－1538－0000252　289

尺木堂綱鑑易知錄九十二卷　（清）吳乘權
（清）周之炯　（清）周之燦輯　清刻本　一冊
（一函）　存二卷（八十六至八十七）

370000－1538－0000253　292

春秋左傳五十卷　（晉）杜預　（宋）林堯曳註
釋　（唐）陸德明音義　（明）孫鑛　（明）鍾
惺　（明）韓范評點　清刻本　六冊　存二十
六卷（二十五至五十）

370000－1538－0000254　295

周易本義四卷　（宋）朱熹撰　清刻本　三冊
存三卷（一至三）

370000－1538－0000255　296

新輯纂圖類方元亨療馬集六卷　（明）喻仁
（明）喻傑著　清末石印本　一冊（一函）　存
二卷（三至四）

370000－1538－0000256　297

四書題鏡□□卷總論一卷　（清）汪鯉翔纂述
清刻本　三冊　存六卷（上孟五至六、下孟
一至四）

370000－1538－0000257　298

監本詩經八卷　（宋）朱熹撰　清文錦堂刻本
八冊

370000－1538－0000258　299

批點七家詩合註七卷　（清）張熙宇評　（清）
申珠　（清）杜炳南　（清）王植桂補註　清光
緒二十一年（1895）成文堂記刻本　八冊（一
函）

370000－1538－0000259　300

狀元易經四卷　（宋）朱熹撰　清怡翰齋刻本

山東省濰坊市圖書館等二十二家收藏單位古籍普查登記目錄

三冊

370000－1538－0000260　301

文獻通考詳節二十四卷　（元）馬端臨著
（清）嚴虞惇錄　清光緒二十四年（1898）浙紹
墨潤堂書莊石印本　六冊（一函）

370000－1538－0000261　302

康熙字典十二集三十六卷總目一卷檢字一卷
辨似一卷等韻一卷備考一卷補遺一卷　（清）
張玉書　（清）陳廷敬等纂　清刻本　十五冊
　存六集十一卷（子集下，丑集中、下，卯集
下，辰集上、下，戌集上、中，亥集三卷）

370000－1538－0000262　303

欽定吏部處分則例五十二卷　（清）吏部編
清刻本　六冊（一函）　存十六卷（二十五至
四十）

370000－1538－0000263　304

兩閒書屋醉吟草一卷　（清）管啟招著　清光
緒刻本　一冊（一函）

370000－1538－0000264　305

傷寒論三註十六卷　（漢）張機撰　（清）周揚
俊註　清刻本　二冊（一函）　存六卷（一至
三、八至十）

370000－1538－0000265　306

增補左繡［摘錄］四卷　（清）□□摘錄　清抄
本　四冊

370000－1538－0000266　307

西坪詩鈔二卷　（清）王文驤著　清同治九年
（1870）諸城王氏九仙山館刻本　二冊（一函）

370000－1538－0000267　308

詩韻集成十卷詞林典腋一卷　（清）余照輯
清光緒七年（1881）成文堂刻本　三冊　存八
卷（一至二、五至十）

370000－1538－0000268　310

周禮註疏刪翼三十卷　（明）王志長輯　（明）
葉培恕定　明末天德堂刻本　六冊　存十七
卷（一至六、十三至十六、二十一至二十三、二
十七至三十）

370000－1538－0000269　311

經餘必讀八卷　（清）雷琳　（清）錢樹棠
（清）錢樹立輯　清嘉慶十四年（1809）大中堂
刻本　一冊　存二卷（一至二）

370000－1538－0000270　312

瀛經堂詳校醫宗必讀十卷　（明）李中梓著
（明）包時化　（明）李廷芳參訂　清刻本　一
冊（一函）　存一卷（七）

370000－1538－0000271　313

經餘必讀續編八卷三集四卷　（清）雷琳
（清）錢樹棠　（清）錢樹立輯　清光緒二年
（1876）汲綆齋刻本　六冊

370000－1538－0000272　314

分體利試詩法入門十九卷　（清）鄭錫瀛輯
（清）葉錫麟訂　清同治元年（1862）書業德記
刻本　六冊（一函）

370000－1538－0000273　316

丹溪心法五卷　（元）朱震亨撰　（明）吳勉學
校　明刻本　一冊（一函）　存一卷（四）

370000－1538－0000274　317

薛文清公讀書錄講義十二卷　（明）薛瑄撰
（清）張伯行選定　（清）黃霆　（清）雷絃編
　（清）鄒昌焰講義　（清）馬德懋輯訂　清刻
本　四冊（一函）　存九卷（二至十）

370000－1538－0000275　318

錦字箋四卷　（清）黃濬纂　（清）侯文耀
（清）侯文燈編輯　清刻本　二冊（一函）　存
二卷（三至四）

370000－1538－0000276　319

詩韻合璧五卷詩腋一卷詞林典腋一卷　（清）
湯文潞輯　清刻本　三冊　存三卷（三至五）

370000－1538－0000277　320

山海經十八卷圖讚一卷　（晉）郭璞傳　（清）
郝懿行箋疏　清光緒二十三年（1897）上海梧
崗精舍石印本　六冊（一函）

370000－1538－0000278　321

盛世危言三編六卷　鄭觀應輯著　清光緒二

十四年(1898)圖書集成局鉛印本　四冊(一函)

370000－1538－0000279　323

禮記疏意二十三卷　(明)袁黃則定　(明)秦繼宗集　清光緒八年(1882)蘊輝堂刻本　二冊　存七卷(一至三、十一至十四)

370000－1538－0000280　325

廿四史約編八卷首一卷　(清)鄭元慶述　清光緒二十二年(1896)煥文書局石印本　八冊(一函)

370000－1538－0000281　326

註釋水竹居賦不分卷　(清)盛觀潮輯　清修文堂刻本　二冊(一函)

370000－1538－0000282　327

御纂醫宗金鑑九十卷首一卷　(清)吳謙等纂　清刻本　佚名批註　一冊(一函)　存一卷(六十一)

370000－1538－0000283　328

左傳選十四卷　(清)儲欣評　(清)儲芝參述　(清)徐永　(清)董南紀　(清)儲掌文校訂　清道光二十五年(1845)錦雲閣刻本　佚名批校　八冊

370000－1538－0000284　329

詩韻集成十卷詞林典腋一卷　(清)余照輯　清刻本　二冊　存六卷(五至十)

370000－1538－0000285　330

蘭言詩鈔四卷　(清)李瑞輯　(清)穆騰額註釋　(清)殷毓校正　清光緒十五年(1889)四寶堂刻本　四冊(一函)

370000－1538－0000286　331

中西兵略指掌二十四卷　(清)陳龍昌輯　清光緒二十三年(1897)東山草堂石印本　八冊(一函)

370000－1538－0000287　332

南華真經解內篇一卷外篇一卷雜篇一卷　(清)宣穎著　(清)王暉吉校　清刻本　三冊(一函)

370000－1538－0000288　333

重訂事類賦三十卷　(宋)吳淑撰註　清刻本　一冊(一函)　存四卷(六至九)

370000－1538－0000289　334

分韻試帖青雲集合註四卷　(清)楊逢春輯　(清)蕭應槭　(清)沈景福　(清)徐紹曾參　(清)沈品金等註　(清)葉祺昌合註　(清)沈錫慶校正　清刻本　三冊(一函)　存三卷(二至四)

370000－1538－0000290　337

尚書離句六卷　(清)錢在培輯解　(清)劉元燮鑒定　清敬藝堂刻本　三冊　存五卷(一至二、四至六)

370000－1538－0000291　338

李卓吾先生批評幽閨記二卷　(元)施惠撰　(明)李贄評　明末刻本　小螺隱主人題跋　一冊(一函)

370000－1538－0000292　339

廣事類賦四十卷　(清)華希閔著　(清)華紘校　清刻本　三冊(一函)　存十三卷(十一至十四、二十七至三十、三十六至四十)

370000－1538－0000293　340

皇朝經世文編一百二十卷　(清)賀長齡輯　清石印本　八冊(一函)　存三十卷(八十八至九十八、一百至一百八、一百十一至一百二十)

370000－1538－0000294　341

書集傳六卷　(宋)蔡沈撰　清刻本　二冊　存三卷(四至六)

370000－1538－0000295　342

塾課小題正鵠二集二卷三集三卷　(清)李元度編輯　(清)李傳敏鑒定　清刻本　五冊(一函)

370000－1538－0000296　343

大清律例新修統纂集成四十卷　(清)陶東皋　(清)陶曉簣增修　清光緒十七年(1891)邵州學庫山房刻本　六冊(一函)　存六卷(一至六)

山東省濰坊市圖書館等二十二家收藏單位古籍普查登記目錄

370000－1538－0000297　344

書集傳六卷　(宋)蔡沈撰　清刻本　二冊　存三卷(二至四)

370000－1538－0000298　345

廣增四書典腴二十卷　(清)松軒主人編　清道光二十三年(1843)綺雲書屋刻本　六冊　存六卷(一至六)

370000－1538－0000299　346

周易本義四卷　(宋)朱熹撰　清嘉慶十三年(1808)敬書堂刻本　三冊

370000－1538－0000300　347

左傳易讀六卷　(清)司徒修輯　清光緒十九年(1893)成文堂記刻本　五冊　存五卷(一至四、六)

370000－1538－0000301　348

孟子集註本義滙參十四卷首一卷　(清)王步青輯　(清)王士鼇編　(清)王維甸　(清)王乃昀校　清敦復堂刻本　十四冊　存十二卷(二至十、十二至十四)

370000－1538－0000302　349

林於草堂和龔學士莘野梅詩一百首一卷　(清)宮去矜撰　(清)徐本僊輯　清刻本　一冊(一函)

370000－1538－0000303　351

四書人物類典串珠四十卷　(清)臧志仁編輯　清光緒九年(1883)德盛堂刻本　五冊　存十六卷(一至十六)

370000－1538－0000304　352

詳批律賦標準二集四卷　(清)葉祺昌編次　(清)傅祝山鑒定　清同治十三年(1874)書業德刻本　四冊(一函)

370000－1538－0000305　354

監本易經四卷　(宋)朱熹撰　清光緒三年(1877)德盛堂刻本　二冊

370000－1538－0000306　355

寄傲山房塾課纂輯易經備旨七卷周易精義一卷　(清)鄒聖脈纂輯　(清)鄒廷猷編次

(清)鄒景揚　(清)鄒景鴻　(清)鄒景章訂　清光緒十二年(1886)上海點石齋石印本　十二冊

370000－1538－0000307　356

古文淵鑒六十四卷　(清)聖祖玄燁選　(清)徐乾學等編注　清刻本　二冊(一函)　存四卷(二十九至三十、四十四至四十五)

370000－1538－0000308　357

[道光]諸城縣續志二十三卷　(清)劉光斗修　(清)朱學海纂　清道光十四年(1834)刻本　四冊(一函)

370000－1538－0000309　358

懷人堂繪像第六才子書八卷　(元)王實甫撰　(清)金聖歎(金人瑞)批　清光緒十三年(1887)汲修山館刻本　六冊(一函)

370000－1538－0000310　359

狀元書經六卷　(宋)蔡沈撰　清光緒三十一年(1905)成文堂刻本　四冊

370000－1538－0000311　360

綱鑑易知錄九十二卷　(清)吳乘權　(清)周之炯　(清)周之燦輯　清刻本　五冊(一函)　存十二卷(六十九至八十)

370000－1538－0000312　361

周禮註疏刪翼三十卷　(明)王志長輯　(明)葉培恕定　清刻本　二冊　存八卷(四至十一)

370000－1538－0000313　362

施註蘇詩四十二卷補遺一卷　(宋)蘇軾撰　(宋)施元之註　(清)邵長蘅　(清)顧嗣立　(清)宋至刪補　清康熙三十八年(1699)商丘宋犖刻本　四冊(一函)　存十六卷(一至五、十二至二十一,補遺一卷)

370000－1538－0000314　363

醫書滙參輯成二十四卷　(清)蔡宗玉輯　清道光十九年(1839)崇讓堂刻本　三冊(一函)　存六卷(一至二、九至十、十五至十六)

370000－1538－0000315　364

山東省濰坊市諸城市圖書館古籍普查登記目錄

資治通鑑二百九十四卷　（宋）司馬光編集
清刻本　二冊（一函）　存六卷（一百二十九至一百三十一、一百三十五至一百三十七）

370000－1538－0000316　366
明詩綜一百卷　（清）朱彝尊錄　（清）汪森等緝評　清康熙刻本　五冊（一函）　存二十七卷（六十八至八十、八十七至一百）

370000－1538－0000317　367
子書二十二種□□卷　（清）浙江書局輯　清光緒二十三年（1897）上海圖書集成局鉛印本　九冊（一函）　存六種八十三卷（揚子法言十三卷、鶡冠子三卷、墨子十六卷、淮南子二十一卷、韓非子二十卷、文中子十卷）

370000－1538－0000318　368
四書會解二十七卷　（宋）朱熹集註　（清）綦澧輯　清刻本　佚名批註　五冊　存八卷（中庸會解一卷，論語會解三至五、七至十）

370000－1538－0000319　369
類類聯珠初編三十二卷二編十二卷　（清）李堃編　（清）李椿林增補　清同治九年（1870）琉璃廠刻本　十冊（一函）

370000－1538－0000320　370
重定齊家寶要二卷　（清）張文嘉編輯　（清）張廷瑞校閱　清青藜閣刻本　四冊

370000－1538－0000321　372
聯業堂明鑑易知錄十五卷　（清）朱國標鈔　（清）吳乘權　（清）周之炯　（清）周之燦輯　清光緒四年（1878）羊城芸居樓刻本　六冊（一函）

370000－1538－0000322　373
清河書畫舫十二卷鑒古百一詩一卷　（明）張丑撰　清刻本　清同治八年芸谷題跋　六冊（一函）

370000－1538－0000323　374
詩韻集成十卷詞林典腋一卷　（清）余照輯　清光緒四年（1878）敬文堂刻本　四冊　存八卷（一至八）

370000－1538－0000324　375
春秋左傳五十卷　（晉）杜預　（宋）林堯叟註釋　（唐）杜德明音義　（明）孫鑛　（明）鍾惺　（明）韓范評點　清學源堂刻本　五冊　存二十卷（一至二十）

370000－1538－0000325　376
雙潭龍王靈應簽一卷　（□）□□撰　清抄本　一冊（一函）

370000－1538－0000326　377
詩韻集成十卷詞林典腋一卷　（清）余照輯　清宣統元年（1909）成文堂刻本　四冊

370000－1538－0000327　378
書業堂重訂古文釋義新編八卷　（清）余誠評註　（清）余芝參閱　清嘉慶十三年（1808）書業堂刻本　八冊（一函）

370000－1538－0000328　379
左傳選十四卷　（清）儲欣評　（清）儲芝參述　（清）徐永　（清）董南紀　（清）儲掌文校訂　清道光二十六年（1846）姑蘇同德堂刻本　六冊

370000－1538－0000329　380
大六壬課經集四卷　（明）郭載騋輯　清刻本　四冊（一函）

370000－1538－0000330　381
水經注四十卷　（北魏）酈道元撰　清刻本　八冊（一函）

370000－1538－0000331　382
奎壁禮記十卷　（元）陳澔撰　清光緒十三年（1887）子雲堂記刻本　八冊　存八卷（一至二、四至六、八至十）

370000－1538－0000332　383
四書人物類典串珠四十卷　（清）臧志仁編輯　清刻本　三冊　存八卷（十二至十三、二十五至三十）

370000－1538－0000333　384
詩韻集成十卷詞林典腋一卷　（清）余照輯　清光緒二十五年（1899）德盛堂刻本　四冊

370000－1538－0000334　385

四書人物類典串珠四十卷　（清）臧志仁編輯
清刻本　三冊　存八卷(十八至二十、二十
三至二十四、二十六至二十八)

370000－1538－0000335　386

詩韻集成十卷詞林典腋一卷　（清）余照輯
清同治五年(1866)書業德記刻本　四冊

370000－1538－0000336　387

尺木堂綱鑑易知錄九十二卷　（清）吳乘權
（清）周之炯　（清）周之燦輯　清刻本　三十
四冊(一函)　存五十五卷(一至三、五至八、
十一至十六、二十二、二十五至二十六、二十
九至三十一、三十四至三十五、三十九至四十
二、四十五至四十六、四十八至五十、五十三、
五十六至五十八、六十二至六十三、七十一至
七十六、七十九至八十三、八十五至九十二)

370000－1538－0000337　389

尺木堂明鑑易知錄十五卷　（清）朱國標鈔
（清）吳乘權　（清）周之炯　（清）周之燦輯
清鉛印本　二冊(一函)

370000－1538－0000338　390

**關中書院詩課□卷關中書院賦□卷時藝核□
卷**　（清）路德編　清道光二十八年(1848)玉
檢山房刻本　七冊(一函)　存七卷(關中書
院詩課一至三、關中書院賦一至三、時藝核
三)

370000－1538－0000339　393

文獻通考詳節二十四卷　（元）馬端臨著
（清）嚴虞惇錄　清光緒二十七年(1901)煥文
書局石印本　六冊(一函)

370000－1538－0000340　394

重訂廣事類賦四十卷　（清）華希閔著　（清）
鄒升恒參　（清）華希閔重訂　清成文信刻本
六冊(一函)　存二十八卷(一至七、十四至
二十八、三十五至四十)

370000－1538－0000341　395

御批歷代通鑑輯覽一百二十卷　（清）傅恒等
撰　清光緒三十年(1904)上海美華書館鉛印

本　二十四冊(四夾)

370000－1538－0000342　396

御纂醫宗金鑑九十卷首一卷　（清）吳謙等纂
清抄本　一冊　存一卷(五)

370000－1538－0000343　397

眼科集驗方一卷　（□）□□撰　清抄本
一冊

370000－1538－0000344　398

程墨華國集□卷　（清）盛弘邃評定　（清）郎
士佩　（清）孫文錫　（清）薛國秀全校　清刻
本　二冊(一函)　存五卷(上論、下論、中庸、
上孟、下孟)

370000－1538－0000345　399

九經　（明）秦鑨訂正　清觀成堂刻本　十
二冊

370000－1538－0000346　401

本草從新十八卷　（清）吳儀洛撰　清光緒十
二年(1886)掃葉山房刻本　六冊(一函)

370000－1538－0000347　402

普天忠憤全集十四卷　（清）魯陽生撰　清光
緒二十一年(1895)石印本　七冊(一函)

370000－1538－0000348　403

廣事類賦四十卷　（清）華希閔著　（清）鄒兆
升參　清刻本　二冊(一函)　存八卷(三至
六、十八至二十一)

370000－1538－0000349　404

左傳易讀六卷　（清）司徒修輯　清文選樓刻
本　五冊　存五卷(二至六)

370000－1538－0000350　405

分韻試帖青雲集合註四卷　（清）楊逢春輯
（清）蕭應槐　（清）沈景福　（清）徐紹曾參
（清）沈品金等註　（清）葉祺昌合註
（清）沈錫慶校正　清光緒十一年(1885)濰陽
成文信刻本　四冊(一函)

370000－1538－0000351　406

詳校醫宗必讀十卷　（明）李中梓著　（明）吳
肇廣參　（明）李廷芳訂　清咸豐元年(1851)

山東省濰坊市諸城市圖書館古籍普查登記目錄

會文堂刻本　六冊(一函)

370000 – 1538 – 0000370　426

南宋襍事詩七卷 （清）沈嘉轍等撰　清刻本
四冊(一函)

370000 – 1538 – 0000371　427

禮記易讀二卷 （清）志遠堂主人輯　清光緒
十八年(1892)成文堂刻本　二冊

370000 – 1538 – 0000372　428

禮記易讀二卷 （清）志遠堂主人輯　清光緒
十八年(1892)成文堂刻本　二冊

370000 – 1538 – 0000373　429

重訂增補陶朱公致富全書四卷 （清）石巖逸
叟增訂　清刻本　一冊(一函)　存二卷(三
至四)

370000 – 1538 – 0000374　430

古唐詩合解十六卷 （清）王堯衢註　（清）李
模　（清）李桓校　清同治四年(1865)經餘厚
刻本　一冊(一函)　存五卷(唐詩一至五)

370000 – 1538 – 0000375　431

分體利試詩法入門十九卷 （清）鄭錫瀛輯
（清）葉錫麟訂　清光緒十九年(1893)成文堂
記刻本　五冊(一函)

370000 – 1538 – 0000376　432

春秋左傳五十卷 （晉）杜預　（宋）林堯叟註
釋　（唐）陸德明音義　（明）孫鑛　（明）鍾
惺　（明）韓范評點　（清）楊儀吉校訂　清武
進縣楊氏經濟堂刻本　十六冊

370000 – 1538 – 0000377　433

兼濟堂文集選二十卷 （清）魏裔介著　（清）
魏荔彤編輯　清龍江書院刻本　七冊(一函)
存十卷(十至十三、十五至二十)

370000 – 1538 – 0000378　435

小題正鵠全集□卷訓蒙草一卷養正草一卷
（清）李元度編輯　清光緒二十三年(1897)上
海圖書集成局鉛印本　六冊

370000 – 1538 – 0000379　437

禮記易讀二卷 （清）志遠堂主人輯　清光緒
十八年(1892)成文堂刻本　二冊

370000 – 1538 – 0000380　438

新訂四書補註備旨十卷 （明）鄧林著　（清）
祁文友重校　（清）杜定基增訂　清刻本　三
冊　存三卷(孟子一至三)

370000 – 1538 – 0000381　439

雲林醫聖普渡慈航八卷 （明）龔廷賢著
（明）龔定續編　（明）王肯堂參　清抄本　一
冊(一函)　存一卷(三)

370000 – 1538 – 0000382　440

國朝貢舉考畧三卷明貢舉考畧二卷 （清）黃
崇蘭輯　清道光十四年(1834)平河青雲齋刻
本　四冊(一函)

370000 – 1538 – 0000383　441

天元五歌闡義一卷玄空秘旨一卷 （明）蔣平
階撰　（清）無心道人(章甫)注　清抄本　一
冊(一函)

370000 – 1538 – 0000384　442

左繡三十卷首一卷 （清）馮李驊　（清）陸浩
評輯　（清）范允斌等參評　（清）馮張孫等校
輯　清光緒二十二年(1896)成文堂刻本　八
冊　存十五卷(一至十四、首一卷)

370000 – 1538 – 0000385　443

御批歷代通鑑輯覽一百二十卷 （清）傅恒等
撰　清光緒二十七年(1901)上海經香閣石印
本　十六冊(二函)

370000 – 1538 – 0000386　445

塾課小題分編八集 （清）王步青評　（清）王
士鼇編　（清）王維甸　（清）王乃昀校　清敦
復堂刻本　六冊(一函)　存六卷(初集啟蒙
一卷、三集行機一卷、四集參變一卷、五集精
詣一卷、六集大觀一卷、七集老境一卷)

370000 – 1538 – 0000387　446

監本易經四卷 （宋）朱熹撰　清光緒三年
(1877)成文堂刻本　三冊

370000 – 1538 – 0000388　447

全本禮記體註十卷 （清）范翔原定　（清）徐
旦參訂　（清）徐瑄補輯　清刻本　四冊　存
五卷(六至十)

山東省濰坊市諸城市圖書館古籍普查登記目錄

370000－1538－0000389　448

嚴陵張九儀增釋地理琢玉斧巒頭歌括四卷
(明)徐之鏌撰　(清)張鳳藻釋　(清)陳綵
　(清)趙斌　(清)趙溥　(清)張廷楨等同
課　(清)袁士麟參訂　清刻本　四冊(一函)

370000－1538－0000390　449

書畫鑑影二十四卷　(清)李佐賢編輯　清同
治十年(1871)利津李氏刻本　七冊(一函)
存二十一卷(一至二、六至二十四)

370000－1538－0000391　450

重訂古文釋義新編八卷　(清)余誠評註
(清)余芝參閱　清成文堂刻本　七冊(一函)
　存七卷(二至八)

370000－1538－0000392　451

醫門棒喝初集四卷二集九卷　(清)章楠著
(清)王孟英評點　清宣統元年(1909)蠡城三
友益齋石印本　十冊(一函)

370000－1538－0000393　452

詩經融註大全體要八卷　(清)高朝瓔定
(清)沈世楷輯　清光緒二十六年(1900)成文
堂刻本　四冊

370000－1538－0000394　453

分韻試帖青雲集合註四卷　(清)楊逢春輯
(清)蕭應橖　(清)沈景福　(清)徐紹曾參
　(清)沈品金等註　(清)葉祺昌合註
(清)沈錫慶校正　(清)高辛元重校　清刻本
　二冊(一函)　存二卷(三至四)

370000－1538－0000395　454

左傳易讀六卷　(清)司徒修輯　清成文堂刻
本　六冊

370000－1538－0000396　455

新訂四書補註備旨十卷　(明)鄧林著　(清)
鄧煜編次　(清)祁文友重校　(清)杜定基增
訂　清光緒二十九年(1903)翰文堂記刻本
二冊　存三卷(大學一卷、中庸一卷、下孟三)

370000－1538－0000397　456

紅蘭新體四卷　(清)宗績辰編注　清道光三
年(1823)謙益堂刻本　四冊(一函)

370000－1538－0000398　457

古文辭類纂七十五卷　(清)姚鼐纂集　**續古
文辭類纂三十四卷**　王先謙纂集　清光緒十
六年(1890)上海文瑞樓石印本　七冊(一函)
　存十三卷(古文辭類纂一至五,續古文辭類
纂一、五至十一)

370000－1538－0000399　458

詩經融註大全體要八卷　(清)高朝瓔定
(清)沈世楷輯　清刻本　四冊

370000－1538－0000400　459

通鑑釋文辯誤十二卷　(元)胡三省攷訂
(明)吳勉學校正　清刻本　一冊(一函)　存
四卷(一至四)

370000－1538－0000401　460

五經類編二十八卷　(清)周世樟編輯　清刻
本　五冊　存七卷(十六至十八、二十一、二
十六至二十八)

370000－1538－0000402　461

龍文鞭影二卷　(明)蕭良有著　(明)楊臣諍
增訂　**龍文鞭影二集二卷**　(清)李暉吉
(清)徐瓚輯　**續龍文鞭影三集二卷**　(清)賀
鳴鸞撰　(清)賀緒蕃注　清光緒二十七年
(1901)順和恒刻本　六冊(一函)

370000－1538－0000403　462

齊魯講學編四卷　(清)尹銘綬編　清光緒二
十九年(1903)印書局鉛印本　三冊　存三卷
(一至三)

370000－1538－0000404　463

熙朝紀政四卷　(清)王慶雲述　清光緒二十
八年(1902)寶興堂刻本　三冊(一函)

370000－1538－0000405　464

分韻試帖青雲集合註四卷　(清)楊逢春輯
(清)蕭應橖　(清)沈景福　(清)徐紹曾參
　(清)沈品金等註　(清)葉祺昌合註
(清)沈錫慶校正　(清)高辛元重校　清光緒
二十五年(1899)高密成和堂刻本　四冊(一
函)

370000－1538－0000406　465

山東省濰坊市圖書館等二十二家收藏單位古籍普查登記目錄

論語集註本義匯參二十卷首一卷 （清）王步青輯　清敦復堂刻本　十四冊　存十八卷（二至十七、十九至二十）

370000－1538－0000407　466

字彙十二集首一卷末一卷　（明）梅膺祚音釋　清刻本　九冊　存十卷（子集一卷、丑集一卷、寅集一卷、卯集一卷、辰集一卷、午集一卷、酉集一卷、戌集一卷、亥集一卷,首一卷）

370000－1538－0000408　467－1

龍文鞭影二集二卷　（清）李暉吉　（清）徐瓚輯　清光緒二十二年（1896）德盛堂刻本　二冊

370000－1538－0000409　467－2

龍文鞭影二集二卷　（清）李暉吉　（清）徐瓚輯　清光緒二十二年（1896）德盛堂刻本　二冊

370000－1538－0000410　469

重訂西青散記八卷　（清）史震林撰　清同治十三年（1874）鉛印本　三冊（一函）　存六卷（一至四、七至八）

370000－1538－0000411　470

廣事類賦四十卷　（清）華希閔著　（清）尤紳參　清刻本　二冊（一函）　存十卷（十八至二十二、三十一至三十五）

370000－1538－0000412　471

分韻試帖青雲集合註四卷　（清）楊逢春輯（清）蕭應槐　（清）沈景福　（清）徐紹曾參　（清）沈品金等註　　（清）葉祺昌合註（清）沈錫慶校正　（清）高辛元重校　清光緒四年（1878）刻本　三冊（一函）　存三卷（二至四）

370000－1538－0000413　473

禮記集說十卷　（元）陳澔撰　清刻本　六冊　存六卷（二至七）

370000－1538－0000414　474

說文長箋一百卷首二卷解題一卷六書長箋七卷　（漢）許慎說文　（唐）徐鉉韻譜　（明）趙宧光長箋　（明）趙均書篆字　明崇禎四年

（1631）趙均小宛堂刻本　二冊　存五卷（六十七至六十九、九十三至九十四）

370000－1538－0000415　475

綱鑑擇言十卷　（清）司徒修選輯　（清）李嘉樹補註　（清）沈士荃　（清）葉道垠參校　清光緒二十九年（1903）濰陽承文信刻本　六冊（一函）

370000－1538－0000416　476

欽定錢錄十六卷　（清）梁詩正等撰　清抄本　清同治元年佚名題跋　二冊（一函）

370000－1538－0000417　477

史記菁華錄六卷　（漢）司馬遷撰　（清）姚祖恩摘錄　清刻本　六冊（一函）

370000－1538－0000418　479

詩言志一卷　（清）□□撰　清抄本　一冊（一函）

370000－1538－0000419　480

匋雅二卷　（清）寂園叟（陳瀏）撰　清宣統二年（1910）書貴山房鉛印寂園叢書本　三冊（一函）

370000－1538－0000420　483

前漢書菁華錄四卷後漢書菁華錄二卷　（清）高壖撰　清光緒二十七年（1901）上海廣益書局石印本　六冊（一函）

370000－1538－0000421　484

左繡三十卷首一卷　（清）馮李驊　（清）陸浩評輯　（清）范允斌等參評　（清）馮張孫等校輯　清末李光明莊刻本　八冊（一函）　存十六卷（十五至三十）

370000－1538－0000422　485

左繡三十卷首一卷　（清）馮李驊　（清）陸浩評輯　（清）范允斌等參評　（清）馮張孫等校輯　清光緒十年（1884）華川書屋刻本　六冊　存十二卷（一至七、十二至十五,首一卷）

370000－1538－0000423　486－1

書經精華六卷　（清）薛嘉穎輯　清光韙堂刻本　三冊　存三卷（四至六）

山東省濰坊市諸城市圖書館古籍普查登記目錄

370000－1538－0000424　486－2

書經精華六卷　(清)薛嘉穎輯　清光霽堂刻本　三冊　存三卷(四至六)

370000－1538－0000425　487

火龍經二集三卷　(明)劉基補著　(明)毛希秉彙輯　清刻本　一冊(一函)

370000－1538－0000426　488

奎璧書經六卷　(宋)蔡沈撰　清文錦堂刻本　四冊

370000－1538－0000427　490

策學淵萃四十六卷目錄二卷　(清)□□輯　清刻本　九冊(一函)　存十六卷(一至五、十五至二十、三十、四十至四十二,目錄下)

370000－1538－0000428　491

古唐詩合解十六卷　(清)王堯衢註　(清)李模　(清)李桓校　清刻本　三冊(一函)　存十一卷(唐詩六至十二、古詩四卷)

370000－1538－0000429　492

古唐詩合解十六卷　(清)王堯衢註　(清)李模　(清)李桓校　清光緒七年(1881)寶書堂記刻本　四冊(一函)　存九卷(唐詩一至四、八至十二)

370000－1538－0000430　501

奎璧詩經八卷　(宋)朱熹撰　清光緒成文堂刻本　四冊

370000－1538－0000431　502－2

左傳易讀六卷　(清)司徒修輯　清光緒八年(1882)德盛堂記刻本　三冊　存三卷(一、三至四)

370000－1538－0000432　503

禮記集說十卷　(元)陳澔撰　清刻本　九冊　存九卷(二至十)

370000－1538－0000433　505

春秋左傳五十卷　(晉)杜預　(宋)林堯叟註釋　(唐)陸德明音義　(明)孫鑛　(明)鍾惺　(明)韓范評點　清咸豐元年(1851)寶善堂刻本　八冊　存二十五卷(一至五、十至十六、二十六至二十八、四十一至五十)

370000－1538－0000434　506

左傳易讀六卷　(清)司徒修輯　清光緒十九年(1893)成文堂記刻本　佚名批校　六冊

370000－1538－0000435　507

爾雅註疏十一卷　(晉)郭璞註　(宋)邢昺疏　清刻本　六冊　存十卷(二至十一)

370000－1538－0000436　508

康熙字典十二集三十六卷總目一卷檢字一卷辨似一卷等韻一卷備考一卷補遺一卷　(清)張玉書　(清)陳廷敬等纂　(清)奕繪等重修　清道光七年(1827)刻本　四十冊

370000－1538－0000437　509

國朝賦選同聲集四卷　(清)胡浚評選　清刻本　四冊(一函)　存三卷(二至四)

370000－1538－0000438　510

綱鑑會纂三十九卷首一卷　(明)王世貞編　**御撰資治通鑑綱目三編六卷**　(清)張廷玉等撰　清光緒二十五年(1899)上海美華書局石印本　十二冊(一函)

370000－1538－0000439　511

批點四書十九卷　(宋)朱熹集註　清宣統三年(1911)成文堂刻本　六冊

370000－1538－0000440　512

御批歷代通鑑輯覽一百二十卷　(清)傅恒等撰　清光緒三十年(1904)育文書局石印本　二十四冊(四函)

370000－1538－0000441　513

佩文韻府四百四十四卷　(清)張玉書　(清)陳廷敬等撰　清刻本　二冊(一函)　存二卷(十三至十四)

370000－1538－0000442　514

字彙十二集首一卷末一卷　(明)梅膺祚音釋　(明)劉永懋重訂　清刻本　三冊　存三卷(午集一卷、戌集一卷、亥集一卷)

370000－1538－0000443　515

左繡三十卷首一卷　(清)馮李驊　(清)陸浩

評輯 （清）范允斌等參評 （清）馮張孫等校
輯 清華川書屋刻本 三冊 存十一卷（十
六至十八、二十三至三十）

370000－1538－0000444 516

龍文鞭影二卷 （明）蕭良有著 （明）楊臣諍
增訂 清刻本 一冊（一函） 存一卷（下）

370000－1538－0000445 517

宋史紀事本末一百九卷 （明）馮琦原編
（明）陳邦瞻編輯 （明）張溥論正 清光緒十
四年（1888）上海書業公所崇德堂鉛印本 八
冊（一函）

370000－1538－0000446 518

字彙十二集首一卷末一卷 （明）梅膺祚音釋
清刻本 五冊 存六卷（子集一卷、丑集一
卷、寅集一卷、卯集一卷、酉集一卷,首一卷）

370000－1538－0000447 519

左傳易讀六卷 （清）司徒修輯 清光緒八年
（1882）成文堂刻本 六冊

370000－1538－0000448 520

學源堂四書體註合講十九卷 （清）翁復編次
（清）詹文煥參定 清酌雅齋刻本 佚名批
點 三冊 存六卷（大學一卷、中庸一卷、孟
子四至七）

370000－1538－0000449 521

痘症精言四卷 （清）袁句撰 清抄本 一冊
（一函）

370000－1538－0000450 522

重訂李義山詩集箋注三卷 （唐）李商隱著
（明）朱鶴齡元本 （清）程夢星刪補 清乾隆
刻本 佚名批點 一冊（一函） 存一卷（上）

370000－1538－0000451 523

三字經註解備要二卷 （宋）王應麟著 （清）
賀興思註解 （清）岳郎軒校正 清刻本
一冊

370000－1538－0000452 524

古唐詩合解十六卷 （清）王堯衢註 （清）李
模 （清）李桓校 清光緒九年（1883）文盛堂

刻本 四冊（一函）

370000－1538－0000453 525

欽定吏部處分則例五十二卷 （清）吏部編
清刻本 六冊（一函） 存十二卷（四十一至
五十二）

370000－1538－0000454 526

全本禮記體註十卷 （清）范翔原定 （清）徐
旦參訂 （清）徐瑄補輯 清刻本 八冊 存
七卷（二至四、六至八、十）

370000－1538－0000455 527

易經備旨七卷 （清）鄒聖脈纂輯 清刻本
六冊 存五卷（一、三至六）

370000－1538－0000456 528

乩仙夏子詩一卷 （清）□□撰 （清）尹彭壽
輯 清同治五年（1866）諸城尹彭壽抄本 清
同治五年尹彭壽題跋 一冊（一函）

370000－1538－0000457 529

禮記集說十卷 （元）陳澔撰 清刻本 七冊
存七卷（三至六、八至十）

370000－1538－0000458 530

古唐詩合解十六卷 （清）王堯衢註 （清）李
模 （清）李桓校 清刻本 四冊（一函） 存
八卷（唐詩七至十、古詩四卷）

370000－1538－0000459 532

孟子集註大義匯參十四卷首一卷 （清）王步
青輯 （清）王士鼇編 （清）王維甸 （清）
王乃畇校 清敦復堂刻本 八冊 存七卷
（八至十四）

370000－1538－0000460 533

寄傲山房塾課新增幼學故事瓊林四卷首一卷
（明）程登吉撰 （清）鄒聖脈增補 （清）
謝梅林 （清）鄒可庭參訂 清光緒二十一年
（1895）成文堂刻本 四冊

370000－1538－0000461 534

薛氏醫按二十四種 （明）薛己等撰 （明）吳
琯輯 明刻本 二冊（一函） 存二種三卷
（平治會萃二至三、女科撮要下）

山東省濰坊市諸城市圖書館古籍普查登記目録

370000－1538－0000462　535

御纂醫宗金鑑九十卷首一卷　（清）吳謙等纂
清刻本　七冊（一函）　存八卷（十八至二十五）

370000－1538－0000463　536

芸生堂四書體註合講十九卷　（清）翁復編次
清刻本　四冊　存十四卷（論語十卷、孟子四至七）

370000－1538－0000464　537

曲江書屋新訂批註左傳快讀十八卷首一卷
（晉）杜預原註　（唐）陸德明音義　（宋）林堯叟　（宋）朱申參註　（清）馮李驊　（清）陸浩批評　（清）李紹崧選訂　清刻本　四冊
存九卷（二至十）

370000－1538－0000465　538

禮記易讀二卷　（清）志遠堂主人輯　清光緒三年（1877）成文堂刻本　二冊

370000－1538－0000466　539

四書味根錄三十七卷　（清）金澂撰　清刻本
四冊　存十一卷（論語六至十、孟子七至十二）

370000－1538－0000467　542

試律青雲集四卷　（清）楊逢春輯　（清）蕭應槌　（清）沈景福　（清）徐紹曾參　（清）沈品金等註　清咸豐六年（1856）敬文堂刻本
四冊（一函）

370000－1538－0000468　543

欽定禮記義疏八十二卷首一卷　（清）鄂爾泰等撰　清刻本　十冊　存十卷（五十七至六十六）

370000－1538－0000469　544

古唐詩合解十六卷　（清）王堯衢註　（清）李模　（清）李桓校　清乾隆五十五年（1790）金閶書業堂刻本　三冊（一函）　存八卷（唐詩一至五、十至十二）

370000－1538－0000470　546

重訂事類賦三十卷　（宋）吳淑撰註　清刻本
四冊（一函）　存二十一卷（一至五、十至十

三、十九至三十）

370000－1538－0000471　547

鴻雪因緣圖記三集六卷　（清）完顏麟慶撰
（清）汪英福等繪　清末石印本　一冊（一函）
存一卷（三集上）

370000－1538－0000472　548

夢華廬賦海三十卷　（清）夢華廬主人選　清光緒十七年（1891）上海鴻寶齋石印本　八冊
（一函）　存八卷（一至八）

370000－1538－0000473　549

明史三百三十二卷目錄四卷　（清）張廷玉等修　清刻本　六十六冊（七函）　存二百十卷
（四十七至七十六、一百至二百七十九）

370000－1538－0000474　550

玉山樓綱鑑易知錄九十二卷　（清）吳乘權
（清）周之炯　（清）周之燦輯　清刻本　五冊
（一函）　存十三卷（五十五至五十六、五十八至六十八）

370000－1538－0000475　551

左繡三十卷首一卷　（清）馮李驊　（清）陸浩評輯　（清）范允斌等參評　（清）馮張孫等校輯　清華川書屋刻本　三冊　存六卷（二至五、八至九）

370000－1538－0000476　552

重訂事類賦三十卷　（宋）吳淑撰註　清刻本
一冊（一函）　存五卷（十四至十八）

370000－1538－0000477　553

廣事類賦四十卷　（清）華希閔著　（清）鄒兆升參　清刻本　二冊（一函）　存六卷（四至九）

370000－1538－0000478　554

銅板四書體註合講十九卷　（清）翁復編次
（清）詹文煥參定　清光緒八年（1882）上洋江左書林刻本　五冊　存十七卷（大學一卷，中庸一卷，論語十卷，孟子一至三、六至七）

370000－1538－0000479　555

醫通十六卷　（清）張璐撰　清刻本　四冊

山東省濰坊市圖書館等二十二家收藏單位古籍普查登記目錄

（一函）　存四卷（四至五、八、十六）

370000－1538－0000480　556

金石索十二卷首一卷　（清）馮雲鵬　（清）馮雲鵷輯　清光緒三十二年（1906）上海文新局石印本　二十四冊（一匣）　存十三卷（金索六卷、石索六卷，首一卷）

370000－1538－0000481　557

御製詩二集九十卷目錄十卷　（清）高宗弘曆撰　（清）蔣溥等編　清刻本　八冊（一函）存三十四卷（五十七至九十）

370000－1538－0000482　558

字彙十二集首一卷末一卷　（明）梅膺祚音釋　清刻本　十三冊　缺一卷（末一卷）

370000－1538－0000483　559

春秋左傳五十卷　（晉）杜預　（宋）林堯叟註釋　（唐）陸德明音義　清刻本　秋亭晉垣書舍題跋　六冊　存十三卷（一至二、六至十四、四十九至五十）

370000－1538－0000484　560

詩韻合璧五卷詩腋一卷詞林典腋一卷　（清）湯文潞輯　清刻本　四冊

370000－1538－0000485　561

四書味根錄三十七卷首二卷　（清）金澂撰　清光緒二十九年（1903）上海鴻寶齋石印本五冊　存三十三卷（大學一卷，中庸二卷，論語二十卷、首一卷，孟子六至十四）

370000－1538－0000486　562

示我周行後集不分卷　題（清）鶴和堂輯定　清刻本　一冊（一函）

370000－1538－0000487　563

重訂廣事類賦四十卷　（清）華希閔著　（清）邵之驚參　（清）華希閔重訂　清刻本　六冊（一函）　存三十二卷（五至十四、十九至四十）

370000－1538－0000488　564

御批歷代通鑑輯覽一百二十卷　（清）傅恒等撰　清末石印本　十八冊　存八十六卷（三十四至一百十九）

370000－1538－0000489　565

春秋左傳五十卷　（晉）杜預　（宋）林堯叟註釋　（唐）陸德明音義　（明）孫鑛　（明）鍾惺　（明）韓范評點　清刻本　六冊　存十九卷（十四至三十二）

370000－1538－0000490　566

新訂四書補註備旨十卷　（明）鄧林著　（清）鄧煜編次　（清）祁文友重校　（清）杜定基增訂　清光緒十一年（1885）成文信記刻本八冊

370000－1538－0000491　567

王鳳洲先生綱鑑正史全編三十二卷　（明）王世貞撰　（明）顧錫疇摘　（明）陳仁錫評（明）湯賓尹纂　（明）張睿卿輯　清刻本　三十二冊（一函）

370000－1538－0000492　568

愛日堂四書體註合講十九卷　（清）翁復編次（清）詹文煥參定　**四書集註十九卷**　（宋）朱熹撰　清愛日堂刻本　六冊

370000－1538－0000493　569

批點七家詩合註七卷　（清）張熙宇評　（清）申珠　（清）杜炳南　（清）王植桂補註　清光緒六年（1880）成文信記刻本　六冊（一函）存五卷（一至二、五至七）

370000－1538－0000494　570

四書味根錄三十七卷　（清）金澂撰　清刻本七冊　存十七卷（論語五至七、十四至二十，孟子一至二、五至六、十一至十二、十四）

370000－1538－0000495　571

明鑑易知錄十五卷　（清）朱國標鈔　（清）吳乘權　（清）周之炯　（清）周之燦輯　清浙省經香樓刻本　四冊（一函）　存八卷（一至六、十至十一）

370000－1538－0000496　572

針灸大成十卷　（明）楊繼洲撰　清刻本　四冊（一函）　存四卷（三至六）

山東省濰坊市諸城市圖書館古籍普查登記目錄

370000－1538－0000497　573

御纂醫宗金鑑九十卷首一卷　（清）吳謙等纂
　清刻本　四冊（一函）　存五卷（外科心法
四、九、十二至十三、十六）

370000－1538－0000498　575

類書纂要三十三卷　（清）周魯輯　（清）侯杲
參　清刻本　四冊（一函）　存五卷（十至十
二、十五至十六）

370000－1538－0000499　577

寄傲山房塾課新增幼學故事瓊林四卷首一卷
　（明）程登吉撰　（清）鄒聖脈增補　（清）
謝梅林　（清）鄒可庭參訂　清光緒二十七年
（1901）德盛堂刻本　佚名批註　四冊

370000－1538－0000500　578

批點七家詩合註七卷　（清）張熙宇評　（清）
申珠　（清）杜炳南　（清）王植桂補註　清光
緒十二年（1886）成文堂記刻本　八冊（一函）

370000－1538－0000501　579

韻蘭集賦鈔六卷　（清）陸雲槎輯選　（清）宋
淮三考典　清道光七年（1827）四友堂刻本
六冊（一函）

370000－1538－0000502　580

孟子集註七卷　（宋）朱熹撰　清刻本　四冊

370000－1538－0000503　581

四書會解二十七卷　（宋）朱熹集註　（清）綦
澧輯　清道光九年（1829）姑蘇琴川閣刻本
四冊

370000－1538－0000504　582

詩集傳八卷　（宋）朱熹撰　清刻本　一冊
存三卷（六至八）

370000－1538－0000505　583

古文辭類纂七十四卷　（清）姚鼐纂集　清末
鉛印本　一冊（一函）　存四卷（六至九）

370000－1538－0000506　584

春秋左傳五十卷　（晉）杜預　（宋）林堯叟註
釋　（唐）陸德明音義　（明）孫鑛　（明）鍾
惺　（明）韓范評點　清崇義書院刻本　二冊

（一函）　存四卷（一、十三至十五）

370000－1538－0000507　585

古文觀止十二卷　（清）吳乘權　（清）吳大職
錄　（清）吳興祚鑒定　清光緒二十四年
（1898）膠州成文堂刻本　六冊（一函）

370000－1538－0000508　586

古文辭類纂七十四卷　（清）姚鼐纂集　**續古
文辭類纂三十四卷**　王先謙纂集　清光緒三
十四年（1908）上海文瑞樓石印本　四冊（一
函）　存八卷（古文辭類纂一至三、六，續古文
辭類纂七至十）

370000－1538－0000509　587

古唐詩合解十六卷　（清）王堯衢註　（清）李
模　（清）李桓校　清光緒十一年（1885）膠州
成文堂刻本　六冊（一函）

370000－1538－0000510　588

廣事類賦四十卷　（清）華希閔著　（清）華纘
校　清刻本　七冊（一函）　存二十七卷（九
至三十五）

370000－1538－0000511　589

禮記集說十卷　（元）陳澔撰　清崇道堂刻本
八冊（一函）　存八卷（二至八、十）

370000－1538－0000512　590

古唐詩合解十六卷　（清）王堯衢註　（清）李
模　（清）李桓校　清光緒十一年（1885）膠州
成文堂刻本　六冊（一函）

370000－1538－0000513　591

新訂四書補註備旨十卷　（明）鄧林著　（清）
鄧煜編次　（清）祁文友重校　（清）杜定基增
訂　清翰文堂刻本　四冊　存五卷（論語四
卷、孟子四）

370000－1538－0000514　592

前漢書一百卷　（漢）班固撰　（唐）顏師古注
　清光緒二十八年（1902）竢實齋石印二十四
史本　十二冊（一函）

370000－1538－0000515　593

奎壁詩經八卷　（宋）朱熹撰　清光緒成文堂

山東省濰坊市圖書館等二十二家收藏單位古籍普查登記目録

刻本　四册

370000 - 1538 - 0000516　594

大清律例全纂集成四十卷　(清)姚润辑　清
刻本　三册(一函)　存八卷(九至十五、二十
三)

370000 - 1538 - 0000517　595

古文辞类纂七十四卷　(清)姚鼐纂集　**续古
文辞类纂三十四卷**　王先谦纂集　清光绪三
十四年(1908)上海文瑞楼石印本　六册(一
函)　存十七卷(古文辞类纂四至十五、续古
文辞类纂一至五)

370000 - 1538 - 0000518　596

续弘简录元史类编四十二卷　(清)邵远平辑
　清古吴书业赵氏刻十七史本　五册(一函)
　存十三卷(九至二十一)

370000 - 1538 - 0000519　597

幼科秘书推拿广意三卷　(清)熊应雄纂辑
(清)陈世凯重订　清刻本　一册　存二卷
(中、下)

370000 - 1538 - 0000520　598

古文辞类纂七十四卷　(清)姚鼐纂集　**续古
文辞类纂三十四卷**　王先谦纂集　清光绪十
八年(1892)席氏扫叶山房刻本　十一册(一
函)　存十一卷(古文辞类纂一、五至九,续古
文辞类纂二、四至七)

370000 - 1538 - 0000521　599

金匮悬解二十二卷　(清)黄元御著　清燮䅮
精舍刻本　一册(一函)　存七卷(一至七)

370000 - 1538 - 0000522　600

古唐诗合解十六卷　(清)王尧衢注　(清)李
模　(清)李桓校　清光绪十一年(1885)成文
信刻本　五册(一函)　存十四卷(唐诗一至
二、五至十二,古诗四卷)

370000 - 1538 - 0000523　601

东莱先生左氏博议二十五卷　(宋)吕祖谦撰
虚字注释备考六卷　(清)张文炳点定　清
光绪二十四年(1898)宝书堂刻本　佚名批校
五册(一函)　存二十七卷(东莱先生左氏

博议一至十二、十七至二十五,虚字注释备考
六卷)

370000 - 1538 - 0000524　602

近思录集注十四卷　(宋)朱熹辑选　(清)江
永集注　**考订朱子世家一卷**　(清)江永著
清咸丰三年(1853)刻本　三册(一函)　存十
三卷(一、四至十四,考订朱子世家一卷)

370000 - 1538 - 0000525　603

小题二集式法二卷小题三集行机二卷　(清)
王步青评　(清)王士鼇编　(清)王维甸
(清)王乃昀校　清敦复堂刻本　三册　存二
卷(小题二集式法上、小题三集行机上)

370000 - 1538 - 0000526　604

丹溪心法附余二十四卷首一卷　(明)方广撰
　清刻本　一册(一函)　存五卷(六至十)

370000 - 1538 - 0000527　605

诗经精华十卷　(清)薛嘉颖辑　清刻本　三
册(一函)　存五卷(六至十)

370000 - 1538 - 0000528　606

铜板四书体注合讲十九卷　(清)翁復编次
(清)詹文焕参定　清刻本　四册　存十五卷
(论语十卷、孟子一至五)

370000 - 1538 - 0000529　607

漱芳轩合纂礼记体注四卷　(清)范翔参订
(清)吴有文　(清)朱光斗　(清)范应兆等
校　清光绪十年(1884)成文堂书坊刻本　三
册(一函)　存三卷(一至三)

370000 - 1538 - 0000530　608

近思录集注十四卷　(宋)朱熹辑选　(清)江
永集注　**考订朱子世家一卷校勘记一卷**
(清)江永著　清光绪十五年(1889)扫叶山房
刻本　四册(一函)

370000 - 1538 - 0000531　609

中庸章句本义汇参六卷首一卷　(清)王步青
辑　(清)王士鼇编　(清)王维甸　(清)王
乃昀校　清敦复堂刻本　三册(一函)　存五
卷(一至二、四至五,首一卷)

山东省潍坊市诸城市图书馆古籍普查登记目录

370000－1538－0000532　611

桐石山房四書體註合講十九卷　（清）翁復編次　（清）詹文煥參定　清刻本　二冊（一函）存十卷（論語十卷）

370000－1538－0000533　612

史記論文一百三十卷　（漢）司馬遷撰　（清）吳見思評點　（清）吳興祚參訂　清刻本　六冊（一函）存三十四卷（三十二至六十五）

370000－1538－0000534　613

古今醫案按十卷　（清）俞震纂輯　（清）李齡壽重校輯　清宣統元年（1909）上海會文堂書局石印本　十冊（一函）

370000－1538－0000535　614

新訂四書補註備旨十卷　（明）鄧林著　（清）鄧煜編次　（清）祁文友重校　（清）杜定基增訂　清刻本　一冊　存二卷（論語一至二）

370000－1538－0000536　615

康熙字典十二集三十六卷總目一卷檢字一卷辨似一卷等韻一卷備考一卷補遺一卷　（清）張玉書　（清）陳廷敬等纂　（清）奕繪等重修　清道光七年（1827）刻本　三十四冊（五函）存十集三十六卷（子集三卷、丑集三卷、寅集三卷、卯集三卷、辰集三卷、巳集三卷、申集三卷、酉集三卷、戌集三卷、亥集三卷、總目一卷，檢字一卷，辨似一卷，等韻一卷，備考一卷，補遺一卷）

370000－1538－0000537　616

新訂四書補註備旨十卷　（明）鄧林著　（清）鄧煜編次　（清）祁文友重校　（清）杜定基增訂　清光緒五年（1879）成文堂刻本　四冊　存五卷（大學一卷、中庸一卷、上孟一、下孟三至四）

370000－1538－0000538　617

史記論文一百三十卷　（漢）司馬遷撰　（清）吳見思評點　（清）吳興祚參訂　清刻本　三冊（一函）存十四卷（一百七至一百十六、一百二十七至一百三十）

370000－1538－0000539　618

新訂四書補註備旨十卷　（明）鄧林著　（清）鄧煜編次　（清）祁文友重校　（清）杜定基增訂　清刻本　三冊　存三卷（孟子二至四）

370000－1538－0000540　619

分韻試帖青雲集合註四卷　（清）楊逢春輯　（清）蕭應樾　（清）沈景福　（清）徐紹曾參　（清）沈品金等註　（清）葉祺昌合註　（清）沈錫慶校正　（清）高辛元重校　清光緒二十五年（1899）高密德盛堂刻本　四冊（一函）

370000－1538－0000541　620

左繡三十卷首一卷　（清）馮李驊　（清）陸浩評輯　（清）范允斌等參評　（清）馮張孫等校輯　清華川書屋刻本　八冊　存二十六卷（六至七、十六至三十九）

370000－1538－0000542　622

監本易經四卷　（宋）朱熹撰　清敬文堂刻本　佚名批校　二冊　存二卷（一至二）

370000－1538－0000543　623

名家制義四十八卷　（清）俞長城輯　清刻本　二十四冊（三函）存二十四卷（九至十六、二十五至三十二、四十一至四十八）

370000－1538－0000544　624

御選唐宋文醇五十八卷　（清）高宗弘曆選　（清）允祿校　清刻本　二冊（一函）存五卷（二十至二十四）

370000－1538－0000545　625

禮記摘要四卷　（□）□□撰　清抄本　四冊

370000－1538－0000546　626

成文堂四書體註合講十九卷　（清）翁復編次　（清）詹文煥參定　清刻本　二冊　存五卷（孟子一至三、六至七）

370000－1538－0000547　627

詩集傳八卷　（宋）朱熹撰　清刻本　一冊　存三卷（六至八）

370000－1538－0000548　628

國朝先正事略六十卷　（清）李元度纂　清刻

山東省濰坊市圖書館等二十二家收藏單位古籍普查登記目錄

本　五冊(一函)　存十四卷(二十三至三十六)

370000－1538－0000549　630

重訂古文釋義新編八卷　(清)余誠評註
(清)余芝參閱　清成文堂刻本　五冊(一函)
　存五卷(四至八)

370000－1538－0000550　631

寄傲山房塾課新增幼學故事瓊林四卷首一卷
　(明)程登吉撰　(清)鄒聖脈增補　(清)
謝梅林　(清)鄒可庭參訂　清光緒二十二年
(1896)寶書堂刻本　三冊　存四卷(一至二、
四,首一卷)

370000－1538－0000551　632

[驗方選編]一卷　(□)□□編　清抄本　一
冊(一函)

370000－1538－0000552　633

東周列國全志二十三卷　(明)馮夢龍撰
(清)蔡奡評點　清光緒十二年(1886)文英堂
刻本　十九冊(一函)　存二十二卷(一至十
三、十五至二十三)

370000－1538－0000553　634

十國春秋一百一十六卷　(清)吳任臣譔　(清)
牛奐閱　清乾隆五十三年至嘉慶四年(1788－
1799)昭文周昂刻咸豐元年(1851)常熟珍藝堂
印本　十二冊(一函)

370000－1538－0000554　635

四書大成三十八卷　(清)張鵬翩鑒定　(清)
沈磊　(清)陸埩纂訂　清刻本　八冊　存十
九卷(論語十六至二十、孟子十四卷)

370000－1538－0000555　636－1

增補事類統編九十三卷首一卷　(清)黃葆真
增輯　(清)何立中校字　清敦好堂刻本　二
十一冊　存五十一卷(五至十一、四十四至七
十九、八十六至九十三)

370000－1538－0000556　636－2

增補事類統編九十三卷首一卷　(清)王鳳喈
譔註　(清)王仕偉校錄　清文選樓刻本　七
冊　存十五卷(二十九至四十三)

370000－1538－0000557　637

**康熙字典十二集三十六卷總目一卷檢字一卷
辨似一卷等韻一卷備考一卷補遺一卷**　(清)
張玉書　(清)陳廷敬等纂　清刻本　十二冊
　存四集十二卷(寅集三卷、卯集三卷、辰集
三卷、巳集三卷)

370000－1538－0000558　650

佩文韻府提綱二卷　(清)蝸廬主人(王士瑗)
輯　清嘉慶二十年(1815)文友堂刻本　一冊
(一函)

370000－1538－0000559　651

**康熙字典十二集三十六卷總目一卷檢字一卷
辨似一卷等韻一卷備考一卷補遺一卷**　(清)
張玉書　(清)陳廷敬等纂　(清)奕繪等重修
　清道光七年(1827)刻本　四十冊(三函)

370000－1538－0000560　652

五經鴻裁二十二卷　(清)□□編　(清)薛時
雨鑒定　清同治刻本　十八冊(二函)　缺四
卷(易一至三、書四)

370000－1538－0000561　653

文昌帝君聖訓寶箴不分卷　(清)□□撰　清
同治九年(1870)袁翼夔抄本　一冊(一函)

370000－1538－0000562　655

關中書院詩課□卷　(清)路德編　清同治八
年(1869)聚□堂刻本　一冊(一函)　存一卷
(一)

370000－1538－0000563　656

小題五集精詣二卷　(清)王步青評　(清)王
士鼇編　(清)王維甸　(清)王乃昀校　清敦
復堂刻本　一冊(一函)　存一卷(下)

370000－1538－0000564　657

[高密宮爾勸墓志銘]一卷　(清)□□撰　清
拓本　一冊

370000－1538－0000565　658

小學集註六卷　(明)陳選撰　清文在堂刻本
　四冊(一函)

370000－1538－0000566　659

山東省濰坊市諸城市圖書館古籍普查登記目錄

新刻法筆驚天雷四卷 （□）□□撰 清刻本
　一冊(一函)

370000－1538－0000567　661

小試花樣度鍼一卷 題(清)宜亭氏選 清光
緒二十五年(1899)成文堂刻本 一冊(一函)

370000－1538－0000568　662

新齊諧二十四卷續新齊諧三卷 （清）袁枚撰
　清末上海雲章書局石印本 六冊(一函)
存六卷(新齊諧三至五、續新齊諧三卷)

370000－1538－0000569　663

康熙字典十二集三十六卷總目一卷檢字一卷
辨似一卷等韻一卷備考一卷補遺一卷 （清）
張玉書 （清）陳廷敬等纂 清刻本 四十冊
(六函)

370000－1538－0000570　664

分韻試帖青雲集合註四卷 （清）楊逢春輯
（清）蕭應樾 （清）沈景福 （清）徐紹曾參
（清）沈品金等註 （清）葉祺昌合註
（清）沈錫慶校正 （清）高辛元重校 清光緒
十四年(1888)膠西成文堂刻本 四冊(一函)

370000－1538－0000571　666

康熙字典十二集三十六卷總目一卷檢字一卷
辨似一卷等韻一卷備考一卷補遺一卷 （清）
張玉書 （清）陳廷敬等纂 清刻本 六冊
(一函)

370000－1538－0000572　667

小題新鍘一卷 （清）路德等撰 清抄本 一
冊(一函)

370000－1538－0000573　668

韻字鑑四卷 （清）翟云升撰 清光緒十九年
(1893)成文堂刻本 二冊(一函)

370000－1538－0000574　669

[道光]沂水縣志十卷 （清）張爕修 （清）
劉承謙纂 清道光七年(1827)刻本 一冊
(一函) 存二卷(九至十)

370000－1538－0000575　670

康熙字典十二集三十六卷總目一卷檢字一卷

辨似一卷等韻一卷備考一卷補遺一卷 （清）
張玉書 （清）陳廷敬等纂 清光緒十九年
(1893)寶文書局石印本 六冊(一函)

370000－1538－0000576　671

重訂外科正宗十二卷 （明）陳實功撰 清嘉
慶十三年(1808)越城問奇齋刻本 六冊(一
函)

370000－1538－0000577　672

蘭言詩鈔四卷 （清）李瑞輯 清刻本 一冊
(一函) 存一卷(四)

370000－1538－0000578　673

家寶二集八卷 （清）石成金訂集 清刻本
一冊(一函) 存二卷(五至六)

370000－1538－0000579　674

監本詩經八卷 （宋）朱熹撰 清宣統元年
(1909)成和堂刻本 四冊(一函)

370000－1538－0000580　675

新增加批綱鑑補註二十四卷首一卷 （明）袁
黃編纂 清光緒二十七年(1901)上海文盛書
局石印本 十冊(一函) 存二十一卷(一至
十、十五至二十四,首一卷)

370000－1538－0000581　676

豫東事例不分卷 （清）吳璥等撰 （清）曹振
鏞等擬 清嘉慶十八年(1813)刻本 一冊
(一函)

370000－1538－0000582　677

醒世要言一卷 （清）宮南莊編撰 清光緒二
十七年(1901)刻本 一冊(一函)

370000－1538－0000583　678

監本禮記十卷 （元）陳澔撰 清成文信刻本
十冊(一函)

370000－1538－0000584　679

草字彙十二集 （清）石梁集 清末民國存古
齋石印本 六冊(一函)

370000－1538－0000585　680

御註孝經一卷 （清）世祖福臨撰 清末石印
本 一冊(一函)

山東省濰坊市圖書館等二十二家收藏單位古籍普查登記目錄

370000－1538－0000586　681

詳註聊齋志異圖詠十六卷　（清）蒲松齡著
（清）呂湛恩註　清末石印本　二冊（一函）
存四卷（五至八）

370000－1538－0000587　682

時文輯要四卷　（清）孫伯龍輯　清光緒十三
年（1887）濰縣成文信刻本　二冊（一函）

370000－1538－0000588　683

**康熙字典十二集三十六卷總目一卷檢字一卷
辨似一卷等韻一卷備考一卷補遺一卷**　（清）
張玉書　（清）陳廷敬等纂　清光緒十六年
（1890）上洋鴻寶齋石印本　六冊（一函）

370000－1538－0000589　684

陰騭果報圖註一卷　（清）吳嘉猷繪　清光緒
十七年（1891）宏大善書局石印本　一冊（一
函）

370000－1538－0000590　685

蕩平髮逆圖記二十二卷首一卷　（清）杜文瀾
撰　清光緒十四年（1888）上海漱六山莊石印
本　四冊（一函）

370000－1538－0000591　686

秘傳水龍經五卷　（明）蔣平階輯訂　清刻本
二冊（一函）　存二卷（一、四）

370000－1538－0000592　687

龍光詩經八卷　（宋）朱熹撰　清成文堂刻本
四冊（一函）

370000－1538－0000593　688

廣增四書典腋二十卷　（清）松軒主人編　清
光緒三年（1877）京都琉璃廠刻本　八冊（一
函）

370000－1538－0000594　689

金籙延禧十轉玄靈早朝科儀□□卷　（□）
□□撰　清抄本　一冊（一函）

370000－1538－0000595　690

重刊補註洗冤錄集證五卷　（宋）宋慈撰
（清）王又槐增輯　（清）李觀瀾補輯　（清）
阮其新補註　**續增洗冤錄辨正一卷**　（清）瞿

中溶撰　清末民國上海錦章圖書局石印本
五冊（一函）

370000－1538－0000596　691

新訂四書補註備旨十卷　（明）鄧林著　（清）
鄧煜編次　（清）祁文友重校　（清）杜定基增
訂　清光緒五年（1879）成文堂刻本　七冊
（一函）

370000－1538－0000597　692

孟子章句七卷　（宋）朱熹撰　清刻本　一冊
（一函）　存二卷（六至七）

370000－1538－0000598　693

玉蟪書屋詩文序一卷　（清）臧夢元著　清道
光八年（1828）抄本　一冊（一函）

370000－1538－0000599　694

[山東諸城臧氏詩鈔]一卷　（清）臧夢元
（清）臧仲陽輯　清抄本　一冊（一函）

370000－1538－0000600　695

臨本皇甫府君之碑一卷　黃自元書　清光緒
泉州王氏刻本　一冊（一函）

370000－1538－0000601　696

批點七家詩合註七卷　（清）張熙宇評　（清）
申珠　（清）杜炳南　（清）王植桂補註　清光
緒十二年（1886）成文堂記刻本　四冊（一函）
存四卷（一、三至四、六）

370000－1538－0000602　697

[懷素千字文]一卷　（南朝梁）周興嗣撰
（唐）釋懷素書　清拓本　一冊（一函）

370000－1538－0000603　698

皇甫君碑一卷　（唐）于志寧撰　（唐）歐陽詢
書　清拓本　一冊（一函）

370000－1538－0000604　699

[道德經]一卷　（春秋）李耳撰　舊拓本　二
冊（一函）

370000－1538－0000605　700

歸厚錄一卷　（明）蔣平階撰　（清）于楷輯
清嘉慶刻本　一冊（一函）

370000－1538－0000606　701

山東省濰坊市諸城市圖書館古籍普查登記目錄

家寶四集八卷　（清）石成金訂集　清刻本
六冊（一函）　存六卷（二至三、五至八）

370000－1538－0000607　702

寄傲山房塾課新增幼學故事瓊林四卷首一卷
　（明）程登吉撰　（清）鄒聖脈增補　（清）
謝梅林　（清）鄒可庭參訂　清光緒二十一年
（1895）成文堂刻本　四冊（一函）

370000－1538－0000608　703

孔氏家語十卷　（三國魏）王肅注　清光緒十
四年（1888）埽葉山房刻本　四冊（一函）

370000－1538－0000609　704

三畏格言一卷　（清）計彬撰　清光緒二十三
年（1897）京都琉璃廠刻本　一冊（一函）

370000－1538－0000610　705

寄傲山房塾課新增幼學故事瓊林四卷首一卷
　（明）程登吉撰　（清）鄒聖脈增補　（清）
謝梅林　（清）鄒可庭參訂　清光緒六年
（1880）濰陽成文信刻本　四冊（一函）

370000－1538－0000611　707

小題七集老境二卷　（清）王步青評　（清）王
士竉編　（清）王維甸　（清）王乃昀校　清敦
復堂刻本　一冊（一函）

370000－1538－0000612　708

小題五集精詣二卷　（清）王步青評　（清）王
士竉編　（清）王維甸　（清）王乃昀校　清敦
復堂刻本　一冊（一函）　存一卷（下）

370000－1538－0000613　712

左繡三十卷首一卷　（清）馮李驊　（清）陸浩
評輯　（清）范允斌等參評　（清）馮張孫等校
輯　清會文堂刻本　十五冊（二函）

370000－1538－0000614　713

寄傲山房塾課新增幼學故事瓊林四卷首一卷
　（明）程登吉撰　（清）鄒聖脈增補　（清）
謝梅林　（清）鄒可庭參訂　清光緒李光明莊
刻本　一冊（一函）　存一卷（二）

370000－1538－0000615　714

濟陰綱目十四卷　（明）金德生輯著　（清）汪

淇箋釋　（清）查學淳訂正　（清）查望參閱
清刻本　二冊（一函）　存五卷（五至七、十二
至十三）

370000－1538－0000616　720

大唐西京千福寺多寶佛塔感應碑文　（唐）岑
勛撰　（唐）顏真卿書　（唐）徐浩題額　清拓
本　一冊（一函）

370000－1538－0000617　721

監本書經六卷　（宋）蔡沈撰　清光緒五年
（1879）子雲堂刻本　四冊（一函）

370000－1538－0000618　722

書集傳六卷　（宋）蔡沈撰　清刻本　三冊
（一函）　存五卷（二至六）

370000－1538－0000619　723

新著儒門靜坐法淵源□卷　（清）張知睿編解
　清末刻本　一冊（一函）

370000－1538－0000620　724

天元五歌五卷　（明）蔣平階著　清嘉慶七年
（1802）刻本　一冊（一函）

370000－1538－0000621　725

金剛經三十二章　（後秦）釋鳩摩羅什譯
（唐）圓通文尼自在光佛直解　清光緒九年
（1883）青州同善堂刻本　一冊（一函）

370000－1538－0000622　726

地理辨正五卷　（明）蔣平階注　（清）無心道
人（章甫）直解　清刻本　一冊（一函）　存二
卷（四至五）

370000－1538－0000623　727

金蘭詩刻三卷　（清）臧盛粉著　（清）臧燿初
錄　清光緒十一年（1885）諸城臧燿初抄本
一冊（一函）

370000－1538－0000624　728

話真詩草一卷　（清）臧燿初著　清抄本　一
冊（一函）

370000－1538－0000625　729

話真詩草一卷　（清）臧燿初著　清光緒八年
（1882）諸城臧燿初抄本　一冊（一函）

山東省濰坊市圖書館等二十二家收藏單位古籍普查登記目錄

370000－1538－0000626　730

韻對精工一卷　（清）臧燿初撰　清抄本　一冊（一函）

370000－1538－0000627　731

秋蓬子詩草一卷秋蓬集三卷　（清）臧盛枌撰　清抄本　四冊（一函）

370000－1538－0000628　732

十年草一卷　（清）臧潤撰　清臧盛柯抄本　一冊（一函）

370000－1538－0000629　733

奎璧書經六卷　（宋）蔡沈撰　清宣統元年（1909）成和堂刻本　四冊（一函）

370000－1538－0000630　734

龍文鞭影二卷　（明）蕭良有著　（明）楊臣諍增訂　清光緒十一年（1885）成文堂刻本　二冊（一函）

370000－1538－0000631　735

龍文鞭影二集二卷　（清）李暉吉　（清）徐瓚輯　清光緒十一年（1885）成文堂刻本　一冊（一函）　存一卷（下）

370000－1538－0000632　736

重訂古文釋義新編八卷　（清）余誠評註（清）余芝參閱　清光緒十七年（1891）成文堂刻本　八冊（一函）

370000－1538－0000633　737

六也堂訓蒙草一卷虛字詳解一卷　（清）李岸南撰　（清）路德鑒定　清光緒十七年（1891）成文堂刻本　一冊（一函）

370000－1538－0000634　739

曠視山房課兒草二卷　（清）丁守存撰　清光緒十六年（1890）成文信刻本　一冊（一函）

370000－1538－0000635　740

曠視山房課幼編二卷　（清）丁守存撰　清光緒七年（1881）刻本　一冊（一函）

370000－1538－0000636　741

小試分類文準一卷小試花樣度鍼一卷　題（清）宜亭氏選　清光緒二十五年（1899）成文堂刻本　一冊（一函）

370000－1538－0000637　742

看破世界不分卷　題（清）香花道人編　清末諸城恒心石印局石印本　一冊（一函）

370000－1538－0000638　743

增訂錦字箋四卷　（清）黃澐纂　清刻本　五冊（一函）

370000－1538－0000639　744

禮記擇讀二卷　（□）□□撰　清抄本　二冊（一函）

370000－1538－0000640　746

尺牘句解初集四卷增廣尺牘句解二集四卷　（清）桃花館主編　清光緒二十二年（1896）上海才記書棧石印本　二冊（一函）

370000－1538－0000641　749

東萊博議□卷　（宋）呂祖謙撰　清抄本　一冊（一函）

370000－1538－0000642　750

天書序一卷　（清）臧燿初撰　清抄本　一冊（一函）

370000－1538－0000643　751

監本易經四卷　（宋）朱熹撰　清滙源堂刻本　四冊（一函）

370000－1538－0000644　752

傳家寶吉徵三集八卷　（清）石成金訂補　清刻本　二冊（一函）　存七卷（一至五、七至八）

370000－1538－0000645　754

狀元易經四卷　（宋）朱熹撰　清金閶會友堂刻本　四冊（一函）

370000－1538－0000646　755

四書味根錄三十七卷首二卷四書宗旨一卷　（清）金澂撰　清光緒十六年（1890）上海鴻文書局石印本　八冊（一函）　存三十九卷（大學一卷，中庸二卷，論語二十卷、首一卷,孟子十四卷、首一卷）

370000－1538－0000647　757

山東省濰坊市諸城市圖書館古籍普查登記目錄

地理五集三卷蕉窗問答一卷　（唐）楊益著
清刻本　二冊（一函）

370000－1538－0000648　759
太上感應篇圖說八卷　（宋）李昌齡撰　（清）
黃正元輯　清刻本　一冊（一函）　存一卷
（三）

370000－1538－0000649　760
分韻試帖青雲集合註四卷　（清）楊逢春輯
（清）蕭應槐　（清）沈景福　（清）徐紹曾參
　（清）沈品金等註　（清）葉祺昌合註
（清）沈錫慶校正　（清）高辛元重校　清光緒
二十五年（1899）高密德盛堂刻本　四冊（一
函）

370000－1538－0000650　761
小題二集式法二卷　（清）王步青評　（清）王
士黿編　（清）王維甸　（清）王乃昀校　清敦
復堂刻本　一冊（一函）　存一卷（下）

370000－1538－0000651　762
廣野歸原寶筏不分卷　題（清）廣野老人撰
清光緒十六年（1890）繩一子刻本　一冊（一
函）

370000－1538－0000652　764
大司空鄉會硃卷一卷　（明）臧惟一撰　清抄
本　一冊（一函）

370000－1538－0000653　766
元始天尊說三官消災滅罪懺三卷　（□）□□
撰　清抄本　二冊（一函）　存一卷（中）

370000－1538－0000654　767
字典考證十二集三十六卷　（清）奕繪等輯
清光緒二年（1876）崇文書局刻本　四冊（一
函）　存二十四卷（子集三卷、丑集三卷、寅集
三卷、卯集三卷、辰集三卷、巳集三卷、申集三
卷、酉集三卷）

370000－1538－0000655　769
地理體用合編四卷　（清）林士恭著　（清）吳
頤慶參訂　清同治元年（1862）兩儀堂刻本
二冊（一函）

370000－1538－0000656　770
施食無量大天尊一卷　（□）□□撰　清抄本
一冊（一函）

370000－1538－0000657　772
艮齋文選一卷　（清）李澄中撰　清刻本　一
冊（一函）

370000－1538－0000658　773
分韻試帖青雲集摘錄不分卷　（清）臧燿初輯
清光緒十一年（1885）抄本　一冊（一函）

370000－1538－0000659　776
諸城王錫榮暨配王淑人合祔墓誌銘一卷
（清）徐會灃撰　（清）尚其亨書　（清）宋書
升篆　清拓本　一張

370000－1538－0000660　778
正誼堂詩集二十卷　（清）董以寧撰　（清）湯
斌　（清）陸圻選　（清）鄒祗謨評　清抄本
一冊（一函）　存八卷（古樂府二卷、五古二
卷、七古二卷、五律二卷）

370000－1538－0000661　779
寄傲山房塾課新增幼學故事瓊林四卷首一卷
　（明）程登吉撰　（清）鄒聖脈增補　（清）
謝梅林　（清）鄒可庭參訂　清光緒二十一年
（1895）成文堂刻本　佚名批註　一冊（一函）
　存二卷（一、首一卷）

370000－1538－0000662　780
小匡廬集不分卷　（清）王樞著　清刻本　一
冊（一函）

370000－1538－0000663　781
新訂四書補註備旨十卷　（明）鄧林著　（清）
鄧煜編次　（清）祁文友重校　（清）杜定基增
訂　清刻本　一冊（一函）　存一卷（孟子三）

370000－1538－0000664　782
周禮節訓六卷　（清）黃叔琳原本　（清）姚培
謙重訂　（清）王永祺參閱　清咸豐元年
（1851）姑蘇寶善堂刻本　佚名批校　二冊
（一函）

370000－1538－0000665　783

山東省濰坊市圖書館等二十二家收藏單位古籍普查登記目錄

四書釋文十九卷四書字辨一卷疑字辨一卷句
辨一卷　（清）王贛言撰　清道光二年（1822）
諸城王氏家塾刻本　六冊（一函）

370000－1538－0000666　784

集虛齋存續全稿□□卷　（清）方榘如等撰
清刻本　一冊（一函）

370000－1538－0000667　785

來瞿唐先生易註十五卷首一卷末一卷　（明）
來知德撰　清嘉慶十四年（1809）寧遠堂刻本
九冊（一函）

370000－1538－0000668　786

欽定正嘉四書文一卷欽定隆萬四書文一卷
（清）方苞編　清刻本　一冊（一函）

370000－1538－0000669　787

詩韻集成十卷詞林典腋一卷　（清）余照輯
清宣統元年（1909）成文堂刻本　四冊（一函）

370000－1538－0000670　788

三字經註解備要二卷　（宋）王應麟著　（清）
賀興思註解　（清）岳朗軒校正　清光緒二十
三年（1897）成文堂刻本　一冊（一函）

370000－1538－0000671　789

靈飛經帖一卷　（唐）釋玉真長公主書　明萬
曆拓本　一冊（一函）

370000－1538－0000672　790

圖像三國志演義第一才子書六十卷首一卷
（明）羅貫中撰　（清）金聖歎（金人瑞）批
（清）毛宗崗評　清光緒十五年（1889）上海廣
百宋齋鉛印本　十二冊（一函）

370000－1538－0000673　791

奎壁禮記十卷　（元）陳澔撰　清光緒十三年
（1887）子雲堂記刻本　七冊（一函）　存七卷
（一至六、九）

370000－1538－0000674　792

東武詩存十卷　（清）王贛言纂　清嘉慶二十
五年（1820）化香閣刻本　十冊（一函）

370000－1538－0000675　793

金剛般若波羅密經直解二卷　（後秦）釋鳩摩

羅什譯　（清）純陽子解　（清）王貽桂添註
清咸豐十年（1860）濟南文德堂刻本　一冊
（一函）

370000－1538－0000676　794

覺生賦鈔不分卷　（清）鮑桂星撰　清刻本
一冊（一函）

370000－1538－0000677　797

書經精華六卷　（清）薛嘉穎輯　清光緒二年
（1876）光韪堂刻本　三冊（一函）　存四卷
（一至四）

370000－1538－0000678　798

有正味齋賦稿一卷　（清）吳錫麒撰　清光緒
十一年（1885）濟南同會齋刻四家賦抄本　一
冊（一函）

370000－1538－0000679　799

刻鵠齋詩鈔一卷　（清）臧應鈞撰　清鄭杲抄
本　一冊（一函）

370000－1538－0000680　800

分類賦學三十卷　（清）張維城校輯　清刻本
三冊（一函）　存十一卷（十四至二十四）

370000－1538－0000681　801

增補事類統編九十三卷首一卷　（清）黃葆真
增輯　（清）何立中校字　清道光二十六年
（1846）丹陽黃氏敦好堂刻本　四十冊（五函）
存七十八卷（一至二十七、四十四至九十
三,首一卷）

370000－1538－0000682　802

雪樵經解三十三卷　（清）馮世瀛撰　清光緒
十二年（1886）上海點石齋石印本　八冊（一
函）

370000－1538－0000683　803

欽定四庫全書簡明目錄二十卷首一卷　（清）
紀昀等編　清刻本　十四冊（一函）

370000－1538－0000684　804

駁案續編七卷　（清）全士潮纂輯　清嘉慶刻
本　二冊（一函）

370000－1538－0000685　805

山東省濰坊市諸城市圖書館古籍普查登記目錄

左繡三十卷首一卷 （清）馮李驊 （清）陸浩評輯 （清）范允斌等參評 （清）馮張孫等校輯 清書業堂刻本 十六冊（二函）

370000－1538－0000686 806

御定歷代賦彙一百四十卷外集二十卷逸句二卷補遺二十二卷 （清）陳元龍編輯 清刻本 十七冊（二函） 存四十七卷（御定歷代賦彙二十二至二十三、一百三十八至一百四十，外集二十卷,逸句二卷,補遺一至二十）

370000－1538－0000687 807

文料大成四十卷補編二卷 （清）冷香子撰 清末鉛印本 一冊（一函） 存一卷（四）

370000－1538－0000688 808

狀元書經六卷 （宋）蔡沈撰 清光緒三十一年（1905）成文堂刻本 四冊（一函）

370000－1538－0000689 809

[唐詩抄]一卷 （□）□□輯 清抄本 一冊（一函）

370000－1538－0000690 810

書經體註大全合參六卷 （清）錢希祥纂輯 （清）范翔參訂 清光緒十四年（1888）成文堂刻本 四冊（一函）

370000－1538－0000691 811

御批歷代通鑑輯覽一百二十卷 （清）傅恒等撰 清光緒二十八年（1902）上海埽葉山房石印本 一冊（一函） 存六卷（一至六）

370000－1538－0000692 812

孔氏家語十卷 （三國魏）王肅注 清光緒六年（1880）埽葉山房刻本 一冊（一函） 存五卷（一至五）

370000－1538－0000693 813

五經揭要二十五卷 （清）周蕙田輯 （清）許寶善定 清刻本 二冊（一函） 存二種四卷（詩經揭要二至四、禮記揭要一）

370000－1538－0000694 814

耐寒樓試帖註釋□卷 （清）盧孝曾課 （清）邱德懷等註 （清）盧孝望等輯 清刻本 二

冊（一函） 存二卷（四至五）

370000－1538－0000695 815

芥子園畫傳四集四卷 （清）丁皋著并繪 圖章會纂一卷 （清）李漁纂輯 清綠蔭堂刻本 三冊（一函）

370000－1538－0000696 818

四書人物類典串珠四十卷 （清）臧志仁編輯 清刻本 五冊（一函） 存二十卷（五至十二、十五至二十一、三十六至四十）

370000－1538－0000697 819

初刻黃維章先生詩經娜嬛體註八卷 （明）黃文煥撰 （清）范翔重訂 （清）沈三曾 （清）沈涵參定 （清）沈三階 （清）沈三夏 （清）沈愷曾閱 （清）張道升全訂 清道光十四年（1834）琴川書屋刻本 四冊（一函）

370000－1538－0000698 820

批點四書十九卷 （宋）朱熹集註 清光緒九年（1883）成文堂刻本 四冊（一函）

370000－1538－0000699 821

東坡題跋不分卷 （宋）蘇軾著 山谷題跋二卷 （宋）黃庭堅撰 清溫良抄本 一冊（一函）

370000－1538－0000700 823

蘇文忠詩合註五十卷首一卷 （宋）蘇軾著 （清）馮應榴輯訂 清踵息齋刻本 十五冊（一函）

370000－1538－0000701 825

四書人物類典串珠四十卷 （清）臧志仁編輯 清嘉慶七年（1802）文淵堂刻本 十二冊（二函）

370000－1538－0000702 826

批點四書十九卷 （宋）朱熹集註 清宣統三年（1911）成和堂刻本 六冊（一函）

370000－1538－0000703 827

如酉所刻諸名家評點春秋綱目左傳句解六卷 （清）韓菼重訂 清刻本 佚名批校 六冊（一函）

山東省濰坊市圖書館等二十二家收藏單位古籍普查登記目錄

370000－1538－0000704　829

河間試律矩三卷　（清）紀昀著　（清）林昌評
註　清抄本　一冊(一函)

370000－1538－0000705　830

周禮撮要三卷　（清）潘相著　清抄本　一冊
(一函)

370000－1538－0000706　831

慎詒堂詩經八卷　（宋）朱熹撰　難字辨考一
卷　清慎詒堂刻本　四冊(一函)

370000－1538－0000707　832

欒城應詔集十二卷後集二十卷三集十卷
（宋）蘇轍撰　斜川集六卷　（宋）蘇過撰　清
道光十二年(1832)眉州三蘇祠刻本　十二冊
(一函)

370000－1538－0000708　833

御批歷代通鑑輯覽一百二十卷　（清）傅恒等
撰　清光緒三十年(1904)上海通元書局石印
本　二十四冊(一函)

370000－1538－0000709　835

[高王觀世音經印]一卷　（□）□□撰　清杜
庚祥刻本　一冊(一函)

370000－1538－0000710　836

餘墨偶談三集八卷　（清）饒玉成續錄　清光
緒九年(1883)雙峯書屋刻本　六冊(一函)

370000－1538－0000711　838

監本詩經八卷　（宋）朱熹撰　清咸豐十一年
(1861)成文堂刻本　四冊(一函)

370000－1538－0000712　839

分韻試帖青雲集合註四卷　（清）楊逢春輯
(清)蕭應樾　（清）沈景福　（清）徐紹曾參
　（清）沈品金等註　（清）葉祺昌合註
(清)沈錫慶校正　清光緒四年(1878)書業德
記刻本　四冊(一函)

370000－1538－0000713　840

批點七家詩合註七卷　（清）張熙宇評　（清）
申珠　（清）杜炳南　（清）王植桂補註　清光
緒十年(1884)德盛堂記刻本　八冊(一函)

370000－1538－0000714　843

文瀾風起海濤生[詩文集]一卷　（清）□□撰
　清抄本　一冊(一函)

370000－1538－0000715　844

詩經體註大全體要八卷　（清）高朝瓔定
(清)沈世楷輯　清光緒三年(1877)三盛堂記
刻本　四冊(一函)

370000－1538－0000716　845

監本書經六卷　（宋）蔡沈撰　清道光二十三
年(1843)崇茂堂刻本　四冊(一函)

370000－1538－0000717　846

塾課[文集]□卷　（□）□□撰　清抄本　二
冊(一函)

370000－1538－0000718　847

雜集詩本[詩文集]一卷　（清）□□輯　清抄
本　一冊(一函)

370000－1538－0000719　848

奎璧詩經八卷　（宋）朱熹撰　清光緒五年
(1879)成文堂記刻本　四冊(一函)

370000－1538－0000720　849

[道符]一卷　（□）□□撰　清抄本　一冊
(一函)

370000－1538－0000721　850

漱芳軒合纂禮記體註四卷　（清）范翔參訂
(清)吳有文　（清）朱光斗　（清）范應兆等
校　清光緒十年(1884)成文堂書坊刻本　二
冊(一函)　存二卷(一至二)

370000－1538－0000722　851

[詩抄]一卷　（□）□□撰　清抄本　二冊
(一函)

370000－1538－0000723　852

顧視清高氣深穩[詩文雜鈔]一卷　（清）□□
輯　清抄本　一冊(一函)

370000－1538－0000724　854

[課藝]不分卷　（清）□□輯　清抄本　四冊
(一函)

370000－1538－0000725　855

山東省濰坊市諸城市圖書館古籍普查登記目錄

讀文如練兵［文集］一卷　（□）□□撰　清抄本　十三冊（一函）

370000－1538－0000726　856
［康誥曰惟命等文集］一卷　（明）項煜（清）李濤等撰　清抄本　一冊（一函）

370000－1538－0000727　857
劇本一卷　（□）□□撰　清抄本　一冊（一函）

370000－1538－0000728　858
［八股文作法］一卷　（清）□□輯　清抄本　一冊（一函）

370000－1538－0000729　859
寄嶽雲齋選讀一卷　（清）聶銑敏著　清光緒十年（1884）抄本　一冊（一函）

370000－1538－0000730　860
水法指明一卷　（□）□□撰　清抄本　一冊（一函）

370000－1538－0000731　862
詩清都爲飲茶多［詩集］一卷　（□）□□撰　清光緒十六年（1890）抄本　一冊（一函）

370000－1538－0000732　863
［選明文小題］一卷　（□）□□撰　清抄本　一冊（一函）

370000－1538－0000733　864
監本易經四卷　（宋）朱熹撰　清嘉慶二十二年（1817）蕭山裕文堂刻本　二冊（一函）

370000－1538－0000734　866
春秋左傳五十卷　（晉）杜預（宋）林堯叟註釋　（唐）陸德明音義　（明）孫鑛　（明）鍾惺　（明）韓范評點　清書業堂刻本　十冊（二函）

370000－1538－0000735　867
字彙十二集首一卷末一卷　（明）梅膺祚音釋　清書林簡菴氏關西刻本　七冊（一函）　存七卷（午集一卷、未集一卷、申集一卷、酉集一卷、戌集一卷、亥集一卷，末一卷）

370000－1538－0000736　868

欒城集四十八卷目錄二卷欒城後集二十四卷　（宋）蘇轍撰　清道光十二年（1832）眉州三蘇祠刻本　十八冊（一函）

370000－1538－0000737　869
字彙十二集首一卷末一卷　（明）梅膺祚音釋　（明）劉永懋重訂　清金閶步月樓刻本　七冊（一函）　存七卷（子集一卷、丑集一卷、寅集一卷、卯集一卷、辰集一卷、巳集一卷，首一卷）

370000－1538－0000738　870
書經精華六卷　（清）薛嘉穎輯　清光緒二年（1876）光霽堂刻本　四冊（一函）

370000－1538－0000739　871
增廣新訂四書補註備旨十卷　（明）鄧林著（清）鄧煜編次　（清）祁文友重校　（清）杜定基增訂　清光緒十六年（1890）德盛堂記刻本　六冊（一函）

370000－1538－0000740　873
［紙鳶賦等文鈔］一卷　（□）□□撰　清抄本　一冊（一函）

370000－1538－0000741　874
［戰國策等文鈔］一卷　（清）□□抄　清抄本　一冊（一函）

370000－1538－0000742　876
書經精華六卷　（清）薛嘉穎輯　清光緒二十三年（1897）德盛堂刻本　佚名批校　四冊（一函）

370000－1538－0000743　877
水經注四十卷首一卷末一卷　（北魏）酈道元撰　清光緒十八年（1892）思賢講舍刻本　十六冊（二函）

370000－1538－0000744　969
藝苑名言八卷首一卷　（清）蔣瀾纂輯　清乾隆四十一年（1776）粵東三元堂刻本　四冊（一函）

370000－1538－0000745　990
讀書後八卷　（明）王世貞撰　（清）顧朝泰校

清乾隆刻本　二冊(一函)

370000－1538－0000746　991
庚辰集五卷唐人試律說一卷　(清)紀昀編
清積秀堂刻本　五冊(一函)

370000－1538－0000747　992
國朝歷科發蒙小品初集不分卷　(清)唐惟懋
選　(清)吳鳳儀注　清刻本　一冊

370000－1538－0000748　993
奎璧書經六卷　(宋)蔡沈撰　清宣統元年
(1909)成和堂刻本　四冊

370000－1538－0000749　994
國朝歷科發蒙小品二集不分卷　(清)唐惟懋
選　(清)沈湖　(清)唐惟愙增訂　清刻本
一冊

370000－1538－0000750　995
監本易經四卷　(宋)朱熹撰　清宣統元年
(1909)成和堂刻本　四冊

370000－1538－0000751　996
康熙字典十二集三十六卷總目一卷檢字一卷
辨似一卷等韻一卷備考一卷補遺一卷　(清)

張玉書　(清)陳廷敬等纂　清刻本　十九冊
　存七集十六卷(辰集三卷,巳集三卷,午集
上,申集三卷,酉集三卷,酉集下,戌集上、中)

370000－1538－0000752　997
記事珠六卷　(□)□□撰　清抄本　三冊
(一函)　存三卷(一至二、六)

370000－1538－0000753　999
龍文鞭影二卷　(明)蕭良有著　(明)楊臣諍
增訂　龍文鞭影二集二卷　(清)李暉吉
(清)徐瓚輯　清光緒十一年(1885)彙文堂刻
本　四冊

370000－1538－0000754　1000
龍文鞭影二卷　(明)蕭良有著　(明)楊臣諍
增訂　龍文鞭影二集二卷　(清)李暉吉
(清)徐瓚輯　清光緒十一年(1885)彙文堂刻
本　四冊

370000－1538－0000755　1004
策學淵海統纂大成四十六卷目錄二卷　(清)
□□輯　清刻本　十二冊(一函)　存二十八
卷(二十一至四十六、目錄二卷)

山東省濰坊學院圖書館古籍普查登記目録

全國古籍普查登記目録

國家圖書館出版社
National Library of China Publishing House

370000 – 1547 – 0000001　57

資治通鑑二百九十四卷　（宋）司馬光編集
（元）胡三省音註　清同治八年(1869)刻本
一百冊（十函）

370000 – 1547 – 0000002　58

續資治通鑑二百二十卷　（清）畢沅編集　清
同治八年(1869)刻本　六十冊（六函）

370000 – 1547 – 0000003　59

通鑑紀事本末二百三十九卷　（宋）袁樞編輯
（明）張溥論正　清同治十二年(1873)江西
書局刻本　八十冊（十函）

370000 – 1547 – 0000004　60

漁洋山人精華錄訓纂十卷　（清）惠棟撰　清
乾隆惠氏紅豆齋刻本　十二冊（二函）

370000 – 1547 – 0000005　61

駢體文鈔三十一卷　（清）李兆洛編選　清嘉
慶合河康氏家塾刻本　十二冊（二函）

370000 – 1547 – 0000006　240

宋本十三經注疏附校勘記四百十六卷　（清）
阮元輯　清光緒十三年(1887)脈望仙館石印
本　三十二冊（四夾）

370000 – 1547 – 0000007　244

歷代統系四卷　（明）夏洪基原編　（明）傅去
爭刪訂　（清）初尚齡參閱　（清）初鶚齡重輯
（清）初旭齡校正　清嘉慶九年(1804)聿修
堂刻本　四冊（一函）

370000 – 1547 – 0000008　246

歷代帝王世系圖不分卷　（清）陸軍部編　清
宣統二年(1910)陸軍部刷印處石印本　一冊

370000 – 1547 – 0000009　249

晉書一百三十卷　（唐）房玄齡等撰　清同治
十年(1871)金陵書局刻二十四史本　二十冊

370000 – 1547 – 0000010　251

文選六十卷　（南朝梁）蕭統撰　（唐）李善等
注　清同治八年(1869)湖北崇文書局刻本
二十冊

370000 – 1547 – 0000011　252

文選考異十卷　（清）胡克家撰　清同治八年
(1869)湖北崇文書局刻本　四冊（一函）

370000 – 1547 – 0000012　253

佩文韻府一百六卷韻府拾遺一百六卷　（清）
張玉書　（清）陳廷敬　（清）李光地撰　清光
緒十三年(1887)上海點石齋石印本　六十冊

370000 – 1547 – 0000013　254

佩文韻府一百六卷　（清）張玉書　（清）陳廷
敬　（清）李光地撰　清康熙五十年(1711)內
府刻本　九十四冊　存一百四卷（一至七十
九、八十二至一百六）

370000 – 1547 – 0000014　255

左繡三十卷首一卷　（清）馮李驊　（清）陸浩
評輯　（清）范允斌等參評　（清）馮張孫等校
輯　清光緒十年(1884)華川書屋刻本　八冊
（二函）

370000 – 1547 – 0000015　256

監本書經六卷　（宋）蔡沈撰　清光緒十年
(1884)掃葉山房刻本　四冊（一函）

370000 – 1547 – 0000016　257

周禮精華六卷　（清）陳龍標編輯　清光緒二
十二年(1896)寶書堂刻本　六冊（一函）

370000 – 1547 – 0000017　258

周禮精華六卷　（清）陳龍標編輯　清道光十
二年(1832)姑蘇步月樓刻本　六冊

370000 – 1547 – 0000018　261

隨園三十六種五十卷　（清）袁枚著　清光緒
十八年(1892)上海圖書集成印書局鉛印本
五十冊

370000 – 1547 – 0000019　263

左傳紀事本末五十三卷　（清）高士奇撰　清
同治十二年(1873)江西書局刻本　十二冊
（二夾）

370000 – 1547 – 0000020　264

資治通鑑目錄三十卷　（宋）司馬光編集　清
同治八年(1869)江蘇書局刻本　十冊（一夾）

370000 – 1547 – 0000021　265

山東省濰坊學院圖書館古籍普查登記目錄

資治通鑑外紀十卷資治通鑑外紀目錄五卷
（宋）劉恕編集　（清）胡克家注補　清同治十年(1871)江蘇書局刻本　十冊(一夾)

370000－1547－0000022　266
資治通鑑綱目前編十八卷舉要三卷外紀一卷
（宋）金履祥撰　清光緒七年(1881)山東書局刻本　十六冊(二夾)

370000－1547－0000023　267
資治通鑑綱目五十九卷首一卷　（宋）朱熹撰　清光緒五年(1879)山東書局刻本　七十八冊(十夾)

370000－1547－0000024　268
續資治通鑑綱目二十七卷　（明）商輅等撰（明）陳仁錫評閱　清光緒七年(1881)山東書局刻本　二十八冊(四夾)

370000－1547－0000025　269
御批歷代通鑑輯覽一百二十卷　（清）傅恒等撰　清同治十年(1871)浙江書局刻朱墨套印本　四十八冊(八夾)

370000－1547－0000026　270
御撰資治通鑑綱目三編四十卷　（清）張廷玉等撰　清光緒六年(1880)山東書局刻本　十二冊(二函)

370000－1547－0000027　271
宋史紀事本末一百九卷　（明）馮琦原編（明）陳邦瞻增訂　（明）張溥論正　清同治十三年(1874)江西書局刻本　二十冊(四函)

370000－1547－0000028　272
元史紀事本末二十七卷　（明）陳邦瞻編輯（明）張溥論正　清同治十三年(1874)江西書局刻本　四冊(一函)

370000－1547－0000029　273
明史紀事本末八十卷　（清）谷應泰編輯　清同治十三年(1874)江西書局刻本　二十冊(四函)

370000－1547－0000030　274
明紀六十卷　（清）陳鶴纂　（清）陳克家參訂　清同治十年(1871)江蘇書局刻本　二十冊(二函)

山東省濰坊工程職業學院圖書館

古籍普查登記目録

全國古籍普查登記目録

國家圖書館出版社
National Library of China Publishing House

370000－1553－0000001　經0002

御纂詩義折中二十卷　（清）傅恒等撰　清刻本　六冊(一函)

370000－1553－0000002　經0003

南阜山人詩集類稿七卷　（清）高鳳翰撰（清）宋弼選　清乾隆二十八年(1763)高元質刻本　清道光八年李之雍題跋　二冊

370000－1553－0000003　經0004

御纂周易折中二十二卷首一卷　（清）李光地等撰　清刻本　七冊　存十四卷(一、六至十一、十七至二十二,首一卷)

370000－1553－0000004　經0005

藜照樓明二十四家詩定二十四卷　（清）黃昌衢撰　清康熙二十八年(1689)黃氏藜照樓刻本　七冊　存十四卷(一至二、八至十二、十七至二十三)

370000－1553－0000005　經0006

樂府詩集一百卷目錄二卷　（宋）郭茂倩編次　明末毛氏汲古閣刻本　六冊　存四十一卷(一至三十九、目錄二卷)

370000－1553－0000006　經0007

杜律通解四卷　（清）李文煒箋釋　（清）趙世錫攷訂　（清）趙弘訓分校　清康熙六十年(1721)李文煒刻本　四冊

370000－1553－0000007　經0008

六書通十卷　（明）閔齊伋撰　（清）畢弘述篆訂　（清）閔章　（清）程昌煒校　清康熙五十九年(1720)刻本　四冊　存八卷(一至八)

370000－1553－0000008　經0009

劍南詩鈔六卷　（宋）陸游著　（清）楊大鶴選　（清）楊玉校　清刻本　八冊

370000－1553－0000009　經0010

監本禮記十卷　（元）陳澔撰　清乾隆七年(1742)刻本　十冊(一函)

370000－1553－0000010　經0011

欽定禮記義疏八十二卷首一卷　（清）鄂爾泰等撰　清刻本　七十二冊　存五十七卷(一至四、六至二十、三十至三十一、三十五至四十、四十六、五十至六十二、六十四至六十五、六十八至七十二、七十四至七十七、七十九至八十二,首一卷)

370000－1553－0000011　經0012

禮記音訓□卷　（清）楊國楨撰　清道光十年(1830)刻本　一冊　存一卷(一)

370000－1553－0000012　經0013

康熙字典十二集三十六卷總目一卷檢字一卷辨似一卷等韻一卷備考一卷補遺一卷　（清）張玉書　（清）陳廷敬等纂　清刻本　二十四冊　存六集十九卷(子集三卷,丑集三卷,寅集三卷,卯集上、下,辰集三卷,巳集三卷;等韻一卷;等韻一卷)

370000－1553－0000013　經0014

康熙字典十二集三十六卷總目一卷檢字一卷辨似一卷等韻一卷備考一卷補遺一卷　（清）張玉書　（清）陳廷敬等纂　清末上海商務印書館石印本　七冊　存十二集三十九卷(康熙字典十二集三十六卷、總目一卷、備考一卷、補遺一卷)

370000－1553－0000014　經0015

周禮音訓二卷　（清）楊國楨撰　清道光十年(1830)刻本　二冊

370000－1553－0000015　經0016

周禮會通六卷　（漢）鄭玄註　（清）胡翹纂輯　清刻本　一冊　存一卷(一)

370000－1553－0000016　經0017

左繡三十卷首一卷　（清）馮李驊　（清）陸浩評輯　（清）范允斌等參評　（清）馮張孫等校輯　清金閶步月樓刻本　七冊　存十六卷(一至十五、首一卷)

370000－1553－0000017　經0018

附釋音春秋左傳注疏六十卷　（晉）杜預注（唐）孔穎達疏　**校勘記六十卷**　（清）阮元撰（清）盧宣旬摘錄　清嘉慶二十年(1815)江西南昌府學刻本　一冊　存四卷(三十三至

山東省濰坊工程職業學院圖書館古籍普查登記目錄

三十六）

370000－1553－0000018　經0019
欽定儀禮義疏四十八卷首二卷　（清）允祿監
理　（清）鄂爾泰總裁　（清）朱軾等撰　清刻
本　二十一冊　存二十二卷（四至十、十三至
十四、三十四至三十六、三十八至三十九、四
十一至四十八）

370000－1553－0000019　經0020
儀禮註疏十七卷　（漢）鄭玄註　（唐）賈公彥
疏　明末毛氏汲古閣刻十三經註疏本　七冊
存八卷（二至四、九至十二、十五）

370000－1553－0000020　經0021
欽定周官義疏四十八卷首一卷　（清）允祿監
理　（清）鄂爾泰總裁　清刻本　十七冊　存
二十二卷（十一至二十一、二十三至二十四、
三十八至四十三、四十六至四十八）

370000－1553－0000021　經0023
毛詩註疏二十卷　（漢）鄭玄箋　（唐）孔穎達
疏　明末毛氏汲古閣刻十三經註疏本　一冊
存二卷（十五至十六）

370000－1553－0000022　經0024
欽定詩經傳說彙纂二十一卷首二卷詩序二卷
（清）王鴻緒等撰　清刻本　四冊　存四卷
（十七、二十至二十一,詩序下）

370000－1553－0000023　經0028
毛詩註疏二十卷　（漢）鄭玄箋　（唐）孔穎達
疏　明末毛氏汲古閣刻十三經註疏本　五冊
存九卷（六至十一、十三至十五）

370000－1553－0000024　經0029
書經注十二卷　（宋）金履祥撰　清光緒五年
（1879）吳興陸氏十萬卷樓刻本　四冊　存八
卷（一至六、十一至十二）

370000－1553－0000025　經0031
四書釋文十九卷四書字辨一卷疑字辨一卷句
辨一卷　（清）王廙言撰　清道光二年（1822）
諸城王氏家塾刻本　六冊（一函）

370000－1553－0000026　經0032

新訂四書補註備旨十卷　（明）鄧林著　（清）
鄧煜編次　（清）祁文友重校　（清）杜定基增
訂　清刻本　一冊　存一卷（下孟四）

370000－1553－0000027　經0034
論語註疏解經二十卷　（三國魏）何晏集解
（宋）邢昺疏　明末毛氏汲古閣刻十三經註疏
本　二冊　存七卷（九至十五）

370000－1553－0000028　經0038
韻府拾遺一百六卷　（清）張廷玉等撰　清刻
本　五冊（一函）　存三十卷（七十七至一百
六）

370000－1553－0000029　經0039
孟子註疏解經十四卷　（漢）趙岐註　（宋）孫
奭疏　明末毛氏汲古閣刻十三經註疏本　一
冊　存二卷（五、六上）

370000－1553－0000030　史0001
史記一百三十卷　（漢）司馬遷撰　（南朝宋）
裴駰集解　（唐）司馬貞索隱　（唐）張守節正
義　清光緒三十四年（1908）上海集成圖書公
司鉛印二十四史本　十三冊　存九十六卷
（一至三十二、五十三至九十六、一百十一至
一百三十）

370000－1553－0000031　史0002
前漢書一百卷　（漢）班固撰　（唐）顏師古注
清光緒三十四年（1908）上海集成圖書公司
鉛印二十四史本　八冊　存五十二卷（四十
一至五十、五十九至一百）

370000－1553－0000032　史0003
後漢書一百二十卷　（南朝宋）范曄撰　（唐）
李賢注　續志　（晉）司馬彪撰　（南朝梁）劉
昭注補　清光緒三十四年（1908）上海集成圖
書公司鉛印二十四史本　九冊　存五十四卷
（五至十、二十一至三十二、八十五至一百二
十）

370000－1553－0000033　史0004
三國志六十五卷　（晉）陳壽撰　（南朝宋）裴
松之注　清光緒三十四年（1908）上海集成圖
書公司鉛印二十四史本　六冊

370000－1553－0000034　史0005

晉書一百三十卷　（唐）房玄齡等撰　清光緒三十四年(1908)上海集成圖書公司鉛印二十四史本　十五冊　存一百二十三卷(八至一百三十)

370000－1553－0000035　史0006

舊唐書二百卷　（後晉）劉昫撰　清光緒三十四年(1908)上海集成圖書公司鉛印二十四史本　十冊　存四十卷(十二至四十六、一百九十六至一百九十九、二百下)

370000－1553－0000036　史0007

唐書二百二十五卷　（宋）歐陽修　（宋）宋祁撰　清光緒三十四年(1908)上海集成圖書公司鉛印二十四史本　十六冊　存一百十一卷(一至六十、一百七十六至二百二十六)

370000－1553－0000037　史0008

隋書八十五卷　（唐）魏徵等撰　清光緒三十四年(1908)上海集成圖書公司鉛印二十四史本　十二冊

370000－1553－0000038　史0009

梁書五十六卷　（唐）姚思廉撰　清光緒三十四年(1908)上海集成圖書公司鉛印二十四史本　四冊

370000－1553－0000039　史0010

南齊書五十九卷　（南朝梁）蕭子顯撰　清光緒三十四年(1908)上海集成圖書公司鉛印二十四史本　六冊

370000－1553－0000040　史0011

陳書三十六卷　（唐）姚思廉撰　清光緒三十四年(1908)上海集成圖書公司鉛印二十四史本　四冊

370000－1553－0000041　史0012

魏書一百十四卷　（北齊）魏收撰　清光緒三十四年(1908)上海集成圖書公司鉛印二十四史本　十六冊

370000－1553－0000042　史0013

金史一百三十五卷　（元）脫脫等修　清光緒三十四年(1908)上海集成圖書公司鉛印二十

四史本　十六冊

370000－1553－0000043　史0014

周書五十卷　（唐）令狐德棻等撰　清光緒三十四年(1908)上海集成圖書公司鉛印二十四史本　四冊

370000－1553－0000044　史0015

舊五代史一百五十卷目錄二卷　（宋）薛居正等撰　清光緒三十四年(1908)上海集成圖書公司鉛印二十四史本　七冊　存八十四卷(一至七、七十六至一百五十,目錄二卷)

370000－1553－0000045　史0016

五代史七十四卷　（宋）歐陽修撰　（宋）徐無黨注　清光緒三十四年(1908)上海集成圖書公司鉛印二十四史本　六冊

370000－1553－0000046　史0017

南史八十卷　（唐）李延壽撰　清光緒三十四年(1908)上海集成圖書公司鉛印二十四史本　三冊　存十六卷(一至四、十一至二十二)

370000－1553－0000047　史0018

遼史一百十六卷　（元）脫脫等修　清光緒三十四年(1908)上海集成圖書公司鉛印二十四史本　八冊

370000－1553－0000048　史0019

宋史四百九十六卷　（元）脫脫等修　清光緒三十四年(1908)上海集成圖書公司鉛印二十四史本　四十冊　存三百三十七卷(八十九至一百四十六、一百六十四至二百二十八、二百八十二至三百二十、三百二十二至四百九十六)

370000－1553－0000049　史0020

宋書一百卷　（南朝梁）沈約撰　清光緒三十四年(1908)上海集成圖書公司鉛印二十四史本　十二冊

370000－1553－0000050　史0021

北齊書五十卷　（唐）李百藥撰　清光緒三十四年(1908)上海集成圖書公司鉛印二十四史本　六冊

山東省濰坊工程職業學院圖書館古籍普查登記目錄

370000－1553－0000051　史0022

元史二百十卷目錄二卷　（明）宋濂等修　清光緒三十四年(1908)上海集成圖書公司鉛印二十四史本　十四冊　存一百四十五卷（五十四至一百三十、一百四十三至二百十）

370000－1553－0000052　史0023

明史三百三十二卷目錄四卷　（清）張廷玉等修　清光緒三十四年(1908)上海集成圖書公司鉛印二十四史本　三十一冊　存三百三十卷（一至九十九、一百三至一百九、一百十三至三百三十二，目錄四卷）

370000－1553－0000053　史0048

漢書一百卷　（漢）班固撰　（唐）顏師古注　明崇禎十五年(1642)琴川毛氏汲古閣刻清順治十二年(1655)補緝十七史本　二十四冊（三函）

370000－1553－0000054　史0051

後漢書九十卷　（南朝宋）范曄撰　（唐）李賢注　志三十卷　（晉）司馬彪撰　（南朝梁）劉昭注補　明崇禎十六年(1643)琴川毛氏汲古閣刻清順治十二年(1655)補緝十七史本　佚名批校　八冊（一函）

370000－1553－0000055　史0052

南齊書五十九卷　（南朝梁）蕭子顯撰　明崇禎十年(1637)琴川毛氏汲古閣刻清順治九年(1652)補緝十七史本　一冊　存八卷（十九至二十六）

370000－1553－0000056　史0053

陳書三十六卷　（唐）姚思廉撰　明崇禎四年(1631)琴川毛氏汲古閣刻清順治六年(1649)補緝十七史本　一冊　存八卷（九至十六）

370000－1553－0000057　史0054

唐書二百二十五卷　（宋）歐陽修　（宋）宋祁撰　明崇禎二年(1629)琴川毛氏汲古閣刻清順治五年(1648)補緝十七史本　二冊　存六卷（二百十九至二百二十四）

370000－1553－0000058　史0055

370000－1553－0000058　史0055

南史八十卷　（唐）李延壽撰　明崇禎十三年(1640)琴川毛氏汲古閣刻清順治十一年(1654)補緝十七史本　一冊　存四卷（十至十三）

370000－1553－0000059　史0056

魏書一百十四卷　（北齊）魏收撰　明崇禎九年(1636)琴川毛氏汲古閣刻清順治九年(1652)補緝十七史本　二冊　存十一卷（四十三至四十七、六十二至六十七）

370000－1553－0000060　史0063

重訂王鳳洲先生綱鑑會纂四十六卷續宋元二十三卷　（明）王世貞纂　（明）陳仁錫訂　（明）呂一經校　御撰資治通鑑綱目三編二十卷末一卷　（清）張廷玉等撰　清濰陽寶書堂刻本　四十八冊（八函）

370000－1553－0000061　史0067

新刊全相秦併六國平話三卷　（□）□□撰　清影印本　一冊

370000－1553－0000062　史0068

新刊全相平話前漢書續集三卷　（□）□□撰　清影印本　一冊

370000－1553－0000063　史0069

新刊全相平話武王伐紂書三卷　（□）□□撰　清影印本　一冊

370000－1553－0000064　史0071

重刻朱子[熹]年譜四卷　（宋）李方子原輯　（清）李默增修　（清）黃中重訂　清康熙刻本　一冊　存二卷（一至二）

370000－1553－0000065　史0078

日本國志四十卷　（清）黃遵憲編纂　清光緒二十七年(1901)上海書局石印本　十冊

370000－1553－0000066　史0097

節本原富五卷　（英國）亞當斯密撰　嚴復譯　張鵬一纂　清光緒三十三年(1907)奉天學務公所圖書課印刷部鉛印本　一冊　存二卷（丁、戊）

370000－1553－0000067　史0107

山東省濰坊市圖書館等二十二家收藏單位古籍普查登記目錄

評鑑闡要十二卷　（清）劉統勳撰　清乾隆三十六年(1771)武英殿刻本　六冊

370000－1553－0000068　史0108

廿二史劄記三十六卷　（清）趙翼撰　清光緒二十五年(1899)湖南書局刻本　二冊

370000－1553－0000069　史0112

東萊先生音註唐鑑二十四卷　（宋）范祖禹譔　（宋）呂祖謙註　清康熙天蓋樓刻本　一冊　存四卷(一至四)

370000－1553－0000070　史0113

薛文清公讀書錄鈔四卷　（明）薛瑄撰　（清）陸緯輯　（清）陸晟等校　清雍正三年(1725)青浦陸晟尋樂山房刻本　一冊

370000－1553－0000071　史0114

[光緒]益都縣圖志五十四卷首一卷　（清）張承燮　（清）李祖年修　（清）法偉堂纂　清光緒三十三年(1907)益都官舍刻本　十六冊

370000－1553－0000072　史0115

日知錄三十二卷　（清）顧炎武著　清刻本　七冊　存十九卷(一至十九)

370000－1553－0000073　子0003

女兒書輯八卷　（清）張承燮輯　清光緒二十六年(1900)膠州聽雨堂刻本　二冊

370000－1553－0000074　子0008

乙巳占十卷　（唐）李淳風撰　（清）陸心源校　清光緒二年(1876)吳興陸氏十萬卷樓刻本　一冊　存四卷(六至九)

370000－1553－0000075　子0009

天文須知一卷　（英國）傅蘭雅著　清光緒十三年(1887)刻本　一冊

370000－1553－0000076　子0028

讐林冗筆四卷　（清）李調元撰　粵風四卷（清）李調元輯解　清刻本　一冊

370000－1553－0000077　子0029

困學紀聞集證二十卷　（宋）王應麟撰　（清）萬希槐輯　清嘉慶刻本　五冊　存九卷(二

至四、八、十四至十六、十九至二十)

370000－1553－0000078　子0033

故事俗說百課二卷　（清）潘清蔭撰　清光緒二十八年(1902)濟南刻本　二冊

370000－1553－0000079　子0037

第一奇書金瓶梅一百回　（明）蘭陵笑笑生撰　（清）張竹坡評點　清刻本　二十四冊

370000－1553－0000080　集0005

昌黎先生集四十卷外集十卷遺文一卷　（唐）韓愈撰　（唐）李漢編　朱子校昌黎先生集傳一卷　（宋）朱熹校　韓集點勘四卷　（清）陳景雲撰　清宣統三年(1911)石印本　十冊(一函)

370000－1553－0000081　集0012

施註蘇詩四十二卷　（宋）蘇軾撰　（宋）施元之註　（清）邵長蘅　（清）顧嗣立　（清）宋至刪補　（清）宋犖　（清）張榕端閱定　東坡先生年譜一卷　（清）王宗稷編　（清）邵長蘅重訂　清康熙刻本　十六冊(二函)

370000－1553－0000082　集0016

啖蔗軒詩存三卷　（清）方士淦撰　清同治十一年(1872)兩淮運署刻本　一冊　存二卷(上、中)

370000－1553－0000083　集0017

靡他吟一卷　（清）李胡氏撰　（清）紀寶鼎（清）金衍慶錄　閨秀詩一卷　清光緒二十九年(1903)徐宗勉淳裕堂刻本　一冊

370000－1553－0000084　集0030

讀書作文譜十二卷父師善誘法二卷　（清）唐彪輯著　（清）唐正心　（清）唐正志　（清）唐正紀校　清嘉慶十九年(1814)刻本　四冊(一函)　存十二卷(讀書作文譜十二卷)

370000－1553－0000085　集0039

琴臺正續合刻　（清）汪守正輯　清刻本　一冊　存三種四卷(古芬書屋律賦下、醲藉堂試體詩一卷、書畫舫試體詩二卷)

370000－1553－0000086　集 0041

八義記二卷　（明）徐元撰　明末清初刻本
二冊

370000－1553－0000087　集 0042

玉合記二卷　（明）梅鼎祚著　明末清初刻本

二冊

370000－1553－0000088　集 0060

古文釋義新編八卷　（清）余誠評註　（清）余
芝參閱　清嘉慶十七年（1812）金谷園刻本
七冊　存七卷（一至六、八）

山東省濰坊市青州市博物館古籍普查登記目録

全國古籍普查登記目録

國家圖書館出版社
National Library of China Publishing House

370000－1584－0000001　002136

趙秉忠殿試卷　（明）趙秉忠撰　明萬曆二十六年(1598)稿本　一冊(一函)

370000－1584－0000002　B8

博物新編三集　（英國）合信著　清咸豐五年(1855)上海墨海書館刻本　一冊

370000－1584－0000003　B10.1

增訂本草備要四卷　（清）汪昂著輯　（清）汪桓參訂　（清）鄭曾慶同訂　（清）汪端（清）汪惟寵　（清）仇澐校　**經絡歌訣一卷**（清）汪昂輯著　（清）汪端校　**醫方湯頭歌訣一卷**　（清）汪昂編輯　（清）汪端校　清刻本　佚名批校　三冊　存三卷(增訂本草備要一至三)

370000－1584－0000004　B10.2

增訂本草備要四卷　（清）汪昂著輯　（清）汪桓參訂　（清）鄭曾慶同訂　（清）汪端（清）汪惟寵　（清）仇澐校　**經絡歌訣一卷**（清）汪昂輯著　（清）汪端校　**醫方湯頭歌訣一卷**　（清）汪昂編輯　（清）汪端校　清刻本　佚名批校　一冊　存二卷(經絡歌訣一卷、醫方湯頭歌訣一卷)

370000－1584－0000005　B11

與舍弟書十六通一卷　（清）鄭燮著　清乾隆十四年(1749)興化鄭燮刻同治五年(1866)濰縣郭藩之補刻本　清光緒三十年柳泉居士星嚴題跋　一冊

370000－1584－0000006　B12

班馬瓣香錄一卷　（清）邱琮玉輯　清光緒十三年(1887)益都邱琮玉修竹草堂稿本　一冊

370000－1584－0000007　B13

鮑上傳行述一卷陳淑人行述一卷鮑之鏞事略一卷　（清）鮑□□撰　**蛻齋遺稿二種**　（清）鮑之鏞撰　清末京師京華印書局鉛印本　一冊

370000－1584－0000008　B14

備荒錄一卷　（清）孫宅揆撰　清刻本　一冊

370000－1584－0000009　B16

卜筮正宗十四卷　（清）王洪緒輯　清嘉慶五年(1800)刻本　六冊

370000－1584－0000010　B19

□訂本草備要□卷　（清）汪昂著輯　（清）汪桓參訂　（清）鄭曾慶同訂　（清）汪端（清）汪惟寵　（清）仇澐校　清刻本　一冊　存一卷(四)

370000－1584－0000011　B20

比目魚傳奇二卷　（清）李漁撰　清刻本　一冊　存一卷(上)

370000－1584－0000012　C20

吉金所見錄十六卷首一卷　（清）初尚齡纂輯　（清）初夏齡參訂　（清）初頊齡校字　清道光七年(1827)古香書舍刻本　四冊

370000－1584－0000013　C22

陳書三十六卷　（唐）姚思廉撰　明萬曆十六年(1588)南京國子監刻本　七冊　存三十一卷(本紀六卷、列傳六至三十)

370000－1584－0000014　C23.1

崇雅堂集十五卷　（明）鍾羽正撰　清光緒三十三年(1907)益都鍾氏家塾刻本　四冊

370000－1584－0000015　C24

春秋公羊傳十二卷　（周）公羊高撰　（漢）何休注　（晉）范甯集解　（明）閔齊伋裁注并撰考　明末文林閣唐錦池刻本　四冊

370000－1584－0000016　C26

春秋左傳五十卷　（晉）杜預　（宋）林堯叟註釋　（唐）陸德明音義　清刻本　十五冊

370000－1584－0000017　C27.1

策學淵萃四十六卷目錄二卷　（清）□□輯清光緒七年(1881)巴蜀善成堂刻本　清光緒八年邱琮玉題跋　三十五冊

370000－1584－0000018　C27.2

歷科試策摘抄□卷　（清）邱琮玉抄　清抄本　一冊

370000－1584－0000019　C28

策府統宗六十五卷　（清）劉昌齡輯　清上海

蜚英館石印本　十冊　存四十五卷(二十一至六十五)

370000 – 1584 – 0000020　C29

註釋類類串珠初編三十二卷註釋類類聯珠二編十八卷　(清)李埜編　(清)李椿林增補　清光緒元年(1875)粵東粲花吟館刻本　八冊

370000 – 1584 – 0000021　C30

春秋體註大全四卷　(清)徐寅賓纂　(清)解志元訂　清乾隆五十年(1785)金閶書業堂刻本　四冊

370000 – 1584 – 0000022　C31

吹影編四卷　(清)垣赤道人撰　清嘉慶二年(1797)西山堂刻本　四冊

370000 – 1584 – 0000023　C32

左繡三十卷首一卷　(清)馮李驊　(清)陸浩評輯　(清)范允斌等參評　(清)馮張孫等校輯　清光緒九年(1883)華川書屋刻本　十六冊

370000 – 1584 – 0000024　C34

重校十三經輯字十七卷　(清)羅增著　(清)雲龍編　清光緒九年(1883)書業德記刻本　四冊

370000 – 1584 – 0000025　C36

古文不分卷　(清)□□編　清抄本　十六冊

370000 – 1584 – 0000026　C38

左繡三十卷首一卷　(清)馮李驊　(清)陸浩評輯　(清)范允斌等參評　(清)馮張孫等校輯　清道光五年(1825)刻本　十六冊

370000 – 1584 – 0000027　C39.1

長沙藥解四卷　(清)黃元御著　清刻本　一冊

370000 – 1584 – 0000028　C39.2

金匱懸解二十二卷　(清)黃元御著　清刻本　三冊

370000 – 1584 – 0000029　C41

[乾隆]昌邑縣志八卷　(清)周來邰纂修　清刻本　四冊

370000 – 1584 – 0000030　C42

春秋三傳揭要六卷首一卷　(清)周蕙田輯錄　清刻本　一冊　存四卷(春秋左傳揭要三卷、首一卷)

370000 – 1584 – 0000031　C43

重訂文選集評十五卷首一卷末一卷　(南朝梁)蕭統撰　(清)于光華編次　清同治十年(1871)維經堂刻本　十六冊

370000 – 1584 – 0000032　C44

新雕徂徠石先生文集二十卷　(宋)石介撰　清光緒九年(1883)刻本　四冊

370000 – 1584 – 0000033　C45

春秋三十卷　(宋)胡安國傳　清乾隆五十一年(1786)金閶寶翰樓刻本　四冊

370000 – 1584 – 0000034　C46

籌算一卷　(□)□□撰　清抄本　一冊

370000 – 1584 – 0000035　C47.1

崇雅堂集十五卷　(明)鍾羽正撰　清光緒三十三年(1907)益都鍾氏家塾刻本　四冊

370000 – 1584 – 0000036　C57

分韻試帖青雲集合註四卷　(清)楊逢春輯　(清)蕭應樾　(清)沈景福　(清)徐紹曾參　(清)沈品金等註　(清)葉祺昌合註　(清)沈錫慶校正　清光緒十一年(1885)濰陽成文信刻本　二冊　存二卷(一、三)

370000 – 1584 – 0000037　C58

救偏瑣言十卷　(清)費啟泰撰　清嘉慶元年(1796)惠通堂刻本　二冊　存四卷(一至四)

370000 – 1584 – 0000038　D8

東巡金石錄八卷　(清)高宗弘曆撰　(清)崔應階　(清)梁翥鴻輯　清刻本　二冊

370000 – 1584 – 0000039　D9

東萊先生左氏博議二十五卷　(宋)呂祖謙撰　虛字注釋備考六卷　(清)張文炳點定　清成文信刻本　六冊

370000 – 1584 – 0000040　D10

東都事略一百三十卷　(宋)王稱撰　清眉山

山東省濰坊市圖書館等二十二家收藏單位古籍普查登記目錄

程舍人宅刻本　八冊

370000－1584－0000041　D12
道光光緒山東鄉試中試錄□卷　（清）邱琮玉輯　清宣統三年(1911)益都邱志彬抄本　一冊　存四卷(道光十五年乙未恩科山東省武鄉試中式一卷、光緒六年一卷、光緒八年壬午科山東省鄉試中式一卷、光緒二十九年一卷)

370000－1584－0000042　D13
地理青囊粹編近見錄□卷　（清）高雲龍輯　清道光四年(1824)刻本　四冊

370000－1584－0000043　D14
地理大成五種　（清）葉泰輯　清康熙大成齋刻本　三十冊　存四十四卷(一集山法全書一至十七、首二卷，二集平陽全書一至十、十三至十四，三集地理六經注六卷，四集羅經指南撥霧集三卷，五集理氣三訣四卷)

370000－1584－0000044　D15
大清律雜集□卷　（清）□□編　清刻本八冊

370000－1584－0000045　D16
登瀛社稿合編不分卷　（清）曾之撰著　清光緒二年(1876)京都尚友堂刻本　六冊

370000－1584－0000046　D17
四書典制類聯音註三十三卷　（清）閻其淵編輯　（清）方春池鑒定　清刻本　十六冊

370000－1584－0000047　D18
讀書作文譜十二卷父師善誘法二卷　（清）唐彪輯著　（清）唐正心　（清）唐正志　（清）唐正紀校　清嘉慶八年(1803)敦化堂刻本四冊

370000－1584－0000048　D19
大清律例新修統纂集成四十二卷　（清）姚潤纂　（清）胡仰山增輯　清咸豐元年(1851)刻本　二十四冊

370000－1584－0000049　D20
痘科入門□卷　（清）唐威源著　清抄本一冊

370000－1584－0000050　D21
對聯一卷　（清）□□撰　清抄本　一冊

370000－1584－0000051　D22.1
弟子職正音一卷　（清）王筠撰　清咸豐二年(1852)刻鄂宰四種本　一冊

370000－1584－0000052　D22.2
鄂宰四稿四卷　（清）王筠撰　清咸豐二年(1852)刻本　一冊　存二種二卷(夏小正一卷、弟子職正音一卷)

370000－1584－0000053　D23
讀史兵略四十六卷　（清）胡林翼撰　清咸豐十一年(1861)武昌節署刻本　二十四冊　存四十卷(一至二十二、二十五、二十八至四十三、四十六)

370000－1584－0000054　D24
大清光緒二年歲次丙子時憲書一卷　（清）欽天監編印　清光緒二年(1876)刻本　一冊

370000－1584－0000055　D28
東萊博議讀本一卷　（宋）呂祖謙撰　清光緒二十四年(1898)半讀山房刻本　一冊

370000－1584－0000056　D29
四書辨解□□卷　（清）田實編輯　清積秀堂刻本(有抄配)　一冊　存一卷(大學一卷)

370000－1584－0000057　D30
敦善堂集四卷　（清）覺羅桂葆撰　清刻本一冊

370000－1584－0000058　D31
地理全志不分卷　（英國）慕維廉撰　清光緒九年(1883)益智書會鉛印本　一冊

370000－1584－0000059　D32
地理志略不分卷　（美國）戴德江撰　（清）謝子榮　（清）丁輯五校　清光緒二十七年(1901)鉛印本　一冊

370000－1584－0000060　D33
帝鑒圖說□卷　（明）張居正撰　清刻本五冊

370000－1584－0000061　D35

[道光]東阿縣志二十五卷　(清)李賢書修
(清)吳怡纂　清刻本　九冊　存十八卷(七至二十四)

370000－1584－0000062　D36

讀杜心解六卷首二卷　(唐)杜甫撰　(清)浦起龍解　清雍正二年至三年(1724－1725)浦氏寧我齋刻本　十冊(一函)　存七卷(一至三、五至六,首二卷)

370000－1584－0000063　D37

[對聯]一卷　(清)□□撰　清抄本　一冊

370000－1584－0000064　D52

澹香齋試帖一卷　(清)王廷紹撰　修竹齋試帖一卷　(清)那清安撰　檉花館試帖一卷
(清)路德撰　簡學齋試帖一卷　(清)陳沆撰　西漚試帖一卷　(清)李惺撰　清益都邱琮玉抄本　一冊

370000－1584－0000065　D72

新刻精選對聯二卷　(□)□□輯　清刻本　一冊

370000－1584－0000066　E1

廿二史劄記三十六卷補遺一卷　(清)趙翼撰　清光緒二十六年(1900)上海書局石印本　八冊

370000－1584－0000067　E3

二十五子彙函　(清)鴻文書局輯　清光緒十九年(1893)上海鴻文書局石印本　十六冊

370000－1584－0000068　E5

論語最豁集四卷　(清)劉珍輯　清上海錦章圖書局石印本　四冊

370000－1584－0000069　F4

范文正公忠宣公全集七十三卷　(宋)范仲淹
(宋)范純仁撰　清歲寒堂刻本　十六冊

370000－1584－0000070　F5

封泥攷略十卷　(清)吳式芬　(清)陳介祺輯
清光緒三十年(1904)上海石印本　十冊

370000－1584－0000071　F6

鳳泉易經四卷　(宋)朱熹撰　清光緒八年

(1882)怡翰齋刻本　四冊

370000－1584－0000072　F8

綱鑑會纂三十九卷首一卷　(明)王世貞編
(清)李遜齋重校　御撰資治通鑑綱目三編附福王唐王桂王本末六卷　(清)張廷玉等撰
清光緒二十五年(1899)上海著易堂石印本
十二冊

370000－1584－0000073　F9

分類賦學雞跖集三十卷　(清)張維城校輯
清道光十二年(1832)燦花吟館刻本　十二冊

370000－1584－0000074　F10

分類尺牘備覽三十卷　(清)王虎榜輯　清末上海申報館石印本　十三冊

370000－1584－0000075　F12

[光緒]費縣志十六卷首一卷　(清)李敬修總纂　清光緒二十一年至二十二年(1895－1896)費縣學署刻本　八冊　存十二卷(一至五、十一至十六,首一卷)

370000－1584－0000076　F14

修竹齋試帖一卷　(清)那清安撰　清光緒六年(1880)益都邱琮玉修竹草堂抄本　一冊

370000－1584－0000077　F28

鳳求鳳傳奇二卷　(清)李漁編次　(清)泠西梅客批評　清刻本　二冊

370000－1584－0000078　F35

重訂王鳳洲先生綱鑑會纂四十六卷續宋元二十三卷　(明)王世貞纂　(明)陳仁錫訂
(明)呂一經校　御撰資治通鑑綱目三編二十卷末一卷　(清)張廷玉等撰　清光緒二十九年(1903)慶文堂刻本　三冊　存八卷(重訂王鳳洲先生綱鑑會纂二十一至二十二、二十六至二十七,御撰資治通鑑綱目三編一至四)

370000－1584－0000079　G20

尺木堂綱鑑易知錄九十二卷　(清)吳乘權
(清)周之炯　(清)周之燦輯　御撰資治通鑑綱目三編二十卷末一卷　(清)張廷玉撰　清尺木堂刻本(御撰資治通鑑綱目三編爲清光緒八年古吳席氏掃葉山房刻本)　四十冊

山東省濰坊市圖書館等二十二家收藏單位古籍普查登記目錄

370000－1584－0000080　G22

新刻增補古今醫鑑八卷　（明）龔信編　（明）龔廷賢續編　清文盛堂刻本　佚名批校　一冊　存一卷(一)

370000－1584－0000081　G23

古跡志不分卷　（清）□□輯　清抄本　一冊

370000－1584－0000082　G31

古文辭類纂七十五卷　（清）姚鼐纂輯　清同治八年(1869)問竹軒刻本　十六冊

370000－1584－0000083　G32

近科全題新策法程不分卷　（清）劉坦之評點　清乾隆五十一年(1786)友益齋刻本　六冊

370000－1584－0000084　G33

廣治平略正集三十六卷廣治平略續集八卷　(清)蔡方炳撰　清光緒十六年(1890)鉛印本　五冊

370000－1584－0000085　G34

尺木堂綱鑑易知錄九十二卷　（清）吳乘權　（清）周之炯　（清）周之燦輯　清道光二十一年(1841)聚德堂刻本　三十二冊　存七十三卷(一至三十四、五十四至九十二)

370000－1584－0000086　G35

佛說高王觀世音經一卷　（北魏）孫敬德誦　清刻本　一冊

370000－1584－0000087　G36

事類賦三十卷　（宋）吳淑撰註　清乾隆五十四年(1789)劍光閣刻本　六冊

370000－1584－0000088　G37

古文發蒙集六卷　（清）王相纂　（清）殷承爵訂　清教化堂刻本　六冊

370000－1584－0000089　G39.1

畹香村會稿八卷　（清）郭綏之著　清咸豐十一年(1861)刻本　二冊

370000－1584－0000090　G39.2

餐霞集四卷　（清）郭綏之著　（清）柯蘅選　清同治四年(1865)刻本　一冊

370000－1584－0000091　G39.3

聊復集三卷　（清）郭綏之著　（清）柯蘅選　清同治七年(1868)刻本　一冊

370000－1584－0000092　G40

重訂古文釋義新編八卷　（清）余誠評註　(清)余芝參閱　清光緒二十年(1894)寶書堂刻本　八冊

370000－1584－0000093　G41

重訂古文釋義新編八卷　（清）余誠評註　(清)余芝參閱　清光緒十九年(1893)怡翰齋刻本　八冊

370000－1584－0000094　G42

國朝畫徵錄三卷　（清）張庚著　國朝畫徵續錄二卷　（清）張庚著　（清）胡振組校　清乾隆四年(1739)蔣泰、湯之昱刻本　四冊

370000－1584－0000095　G43

古唐詩合解十六卷　（清）王堯衢註　（清）李模　（清）李桓校　清刻本　一冊　存四卷(古詩四卷)

370000－1584－0000096　G44

春秋公羊傳十一卷　（周）公羊高撰　（漢）何休注　（唐）陸德明音義　清同治十一年(1872)山東書局刻本　四冊

370000－1584－0000097　G45

古佛應驗明聖經一卷　（□）□□撰　清光緒十七年(1891)青州趙夢齡、王森刻本　一冊

370000－1584－0000098　G46

藜照樓古文觀止八卷　（清）吳乘權　（清）吳大職輯　（清）吳興祚鑒定　清乾隆二十八年(1763)藜照樓刻本　四冊

370000－1584－0000099　G47

觀物博異八卷　（法國）普謝撰　（英國）季理斐成章譯詞　（清）李鼎星述稿　清鉛印本　一冊

370000－1584－0000100　G48.1

廣博物志五十卷　（明）董斯張撰　（明）楊鶴訂　明萬曆三十五年(1607)吳興蔣氏高暉堂刻本　四十冊(三函)

山東省濰坊市青州市博物館古籍普查登記目錄

370000－1584－0000101　G48.2

續博物志十卷　（宋）李石撰　明刻本　一冊
　存六卷（三至八）

370000－1584－0000102　G49

增訂格物入門七卷　（美國）丁韙良撰　清光
緒十五年（1889）同文館鉛印本　七冊

370000－1584－0000103　G50

春秋穀梁傳十二卷　（周）穀梁赤撰　（晉）范
甯集解　（唐）陸德明音義　清同治十一年
（1872）山東書局刻本　四冊

370000－1584－0000104　G52.1

廣輿記二十四卷　（明）陸應陽原纂　（清）蔡
方炳增輯　清康熙五十六年（1717）聚錦堂刻
本　十一冊　存二十二卷（一至十七、二十至
二十四）

370000－1584－0000105　G52.2

廣輿記二十四卷　（明）陸應陽原纂　（清）蔡
方炳增輯　清抄本　一冊　存二卷（十八至
十九）

370000－1584－0000106　G54

新鐫繡像旁批詳註總斷廣百將傳二十卷
（明）黃道周註斷　（明）陳元素原本　（明）
周亮輔增補　明崇禎刻本　十二冊

370000－1584－0000107　G56

古玉圖攷不分卷　（清）吳大澂著　清光緒十
五年（1889）上海同文書局石印本　四冊

370000－1584－0000108　G57

國朝畫徵錄三卷　（清）張庚著　國朝畫徵續
錄二卷　（清）張庚著　（清）胡振組校　清蔣
泰、湯之昱刻本　二冊　存三卷（國朝畫徵錄
三卷）

370000－1584－0000109　G60

監本易經四卷圖說一卷　（宋）朱熹撰　清同
治元年（1862）裕文堂刻本　四冊

370000－1584－0000110　G75

庚辰集五卷　（清）紀昀編　清刻本　二冊
存二卷（二、五）

370000－1584－0000111　G78

公報摘抄一卷　（英國）仲均安輯　清光緒七
年（1881）刻本　一冊

370000－1584－0000112　G79

尺木堂明鑑易知錄十五卷　（清）朱國標鈔
（清）吳乘權　（清）周之炯　（清）周之燦輯
清光緒二十六年（1900）上海圖書集成印書
局鉛印本　二冊

370000－1584－0000113　H13

繪圖永慶昇平前傳二十四卷九十七回　（清）
姜振名演說　（清）郭廣瑞輯　繪圖永慶昇平
後傳二十五卷一百回　（清）貪夢道人撰　清
光緒二十年（1894）上海書局石印本　六冊
存八卷（繪圖永慶昇平前傳十八至二十，繪圖
永慶昇平後傳一至三、五至六）

370000－1584－0000114　H15

花月偶聯一卷　（清）李敷榮隨筆　（清）黃永
寧審定　清同治四年（1865）濟南聚古齋刻本
清邱琼玉題跋　一冊

370000－1584－0000115　H19

皇朝事略一卷　（清）直隸學校司編譯處輯
清光緒二十九年（1903）石印本　一冊

370000－1584－0000116　H20

漢儒易義針度四卷近科文式一卷　（清）朱昌
壽撰　清咸豐二年（1852）刻本　一冊

370000－1584－0000117　H21

鴻雪因緣圖記一集二卷二集二卷三集二卷
（清）完顏麟慶撰　（清）汪英福等繪　清光緒
十二年（1886）上海點石齋石印　清光緒三
十一年邱琼玉修竹山房題跋　六冊

370000－1584－0000118　H23

海岱會集十二卷抄古夫于亭雜錄一則　（明）
馮琦輯　（清）李文藻錄　清光緒九年（1883）
昌樂閻湘蕙抄本　四冊

370000－1584－0000119　H24

黃帝內經素問九卷　（清）張志聰集註　（清）
莫承藝參訂　（清）朱景韓校正　黃帝內經靈
樞註證發微十卷　（清）馬蒔註　清刻本　二

山東省濰坊市圖書館等二十二家收藏單位古籍普查登記目錄

十四冊

370000－1584－0000120　H25
[同治]黃縣志十四卷首一卷末一卷　（清）尹
繼美纂修　清同治十年(1871)黃縣縣署刻本
四冊

370000－1584－0000121　H26
鍼灸甲乙經十二卷　（晉）皇甫謐撰　清光緒
十三年(1887)行素草堂刻本　六冊

370000－1584－0000122　H27
秘傳花鏡六卷圖一卷鳥獸魚蟲考一卷　（清）
陳淏子輯　清文德堂刻本　四冊

370000－1584－0000123　H29
國朝畫徵錄三卷　（清）張庚著　國朝畫徵續
錄二卷　（清）張庚著　（清）胡振組校　清蔣
泰、湯之昱刻本　四冊

370000－1584－0000124　H32
明初何大年手錄所作詩冊原本不分卷　（明）
何大年撰　舊抄本　一冊(一函)

370000－1584－0000125　H33
後漢書一百二十卷　（南朝宋）范曄撰　（唐）
李賢注　續志　（晉）司馬彪撰　（南朝梁）劉
昭注補　清光緒十四年(1888)上海圖書集成
印書局鉛印本　十六冊

370000－1584－0000126　H34
前漢書一百卷　（漢）班固撰　（唐）顏師古注
清光緒十四年(1888)上海圖書集成印書局
鉛印本　二十冊

370000－1584－0000127　J18
劍南詩槀八十五卷　（宋）陸游著　明汲古閣
刻本　十冊　存三十卷(一、五至六、十至十
八、六十八至八十五)

370000－1584－0000128　J19
監本詩經八卷　（宋）朱熹撰　清光緒五年
(1879)裕文堂刻本　四冊

370000－1584－0000129　J20
宋李忠定公靖康傳信錄三卷建炎進退志四卷
建炎時政記三卷　（宋）李綱著　清光緒十年

(1884)邵武徐氏刻本　二冊

370000－1584－0000130　J23
司馬溫公稽古錄二十卷　（宋）司馬光撰　清
刻本　二冊

370000－1584－0000131　J28
洋務經濟通考十六卷　應祖錫纂定　（清）徐
毓洙　（清）沈維堉校正　清光緒二十七年
(1901)上海鴻寶齋三次石印本　九冊　存十
三卷(一至二、六至十六)

370000－1584－0000132　J31
拙軒集六卷　（金）王寂撰　清刻武英殿聚珍
版叢書本　二冊

370000－1584－0000133　J32
澹香齋試帖一卷　（清）王廷紹撰　（清）張熙
宇輯訂　清光緒二年(1876)益都邱琮玉綠楊
書屋抄本　清邱琮玉題跋　二冊

370000－1584－0000134　J33
畸人十篇二卷　（意大利）利瑪竇撰　清光緒
十六年(1890)山東青州府聖教會刻本　一冊
存一卷(官話下)

370000－1584－0000135　J34
九數通考十一卷首一卷末一卷　（清）屈曾發
輯　清光緒十四年(1888)上海點石齋石印本
十冊

370000－1584－0000136　J35
寄嶽雲齋試帖詳註四卷　（清）聶銑敏著
(清)王茂松　（清）宋延芳校　（清）張學蘇
箋註　清嘉慶十六年(1811)集錦堂刻本
四冊

370000－1584－0000137　J36
經餘必讀八卷續編八卷三集四卷　（清）雷琳
（清）錢樹棠　（清）錢樹立輯　清成文堂刻
本　清光緒十一年、二十二年邱琮玉批校題
跋　八冊

370000－1584－0000138　J37
寄園寄所寄十二卷　（清）趙吉士輯　清刻本
六冊　存六卷(七至十二)

山東省濰坊市青州市博物館古籍普查登記目錄

370000－1584－0000139　J38

景岳全書二十四集六十四卷　（明）張介賓著　清光緒二十年(1894)上海圖書集成印書局鉛印本　十六冊

370000－1584－0000140　J39

景岳全書二十四集六十四卷　（明）張介賓著　（清）俞士琳訂　清刻本　八冊　存十二卷（五十至六十一）

370000－1584－0000141　J43

[同治]即墨縣志十二卷　（清）林浦修　（清）周翕鏓　（清）黃念昀纂　清同治十二年(1873)即墨縣署刻本　八冊

370000－1584－0000142　J45

濟陰綱目十四卷　（明）武之望輯著　（清）汪淇箋釋　（清）張志聰訂正　（清）查望參閱　**保生碎事一卷**　（清）汪淇撰　清金閶書業堂刻本　十冊

370000－1584－0000143　J47

金石圖不分卷　（清）褚峻摹　（清）牛運震說　清乾隆滋陽牛運震甘肅秦安刻本(圖爲拓印粘貼)　二冊

370000－1584－0000144　J48.1

金石識別十二卷　（美國）代那撰　（美國）瑪高溫口譯　（清）華蘅芳筆述　清江南製造局刻本　六冊

370000－1584－0000145　J48.2

電學十一卷首一卷　（英國）瑙挨德著　（英國）傅蘭雅口譯　（清）徐建寅筆述　清江南製造局刻本　六冊

370000－1584－0000146　J48.3

光學二卷　（英國）田大里輯　（美國）金楷理口譯　（清）趙元益筆述　**視學諸器圖說一卷**　（美國）金楷理口譯　（清）趙元益筆述　清同治九年(1870)江南製造局刻本　二冊

370000－1584－0000147　J48.4

開煤要法十二卷　（英國）士密德輯　（英國）傅蘭雅口譯　（清）王德均筆述　清江南製造局刻本　二冊

370000－1584－0000148　J48.5

井礦工程三卷　（英國）白爾捺輯　（英國）傅蘭雅口譯　（清）趙元益筆述　清江南製造局刻本　二冊

370000－1584－0000149　J48.6

冶金錄三卷　（美國）阿發滿譔　（英國）傅蘭雅口譯　（清）趙元益筆述　清江南製造局刻本　二冊

370000－1584－0000150　J48.7

聲學八卷　（英國）田大里著　（英國）傅蘭雅口譯　（清）徐建寅筆述　清江南製造局刻本　二冊

370000－1584－0000151　J48.8

地學淺釋三十八卷　（英國）雷俠兒撰　（美國）瑪高溫口譯　（清）華蘅芳筆述　清同治十二年(1873)江南製造局刻本　八冊

370000－1584－0000152　J49

大清搢紳全書□卷　（清）□□編　清宣統二年(1910)榮錄堂刻本　四冊　存四卷（一至三、五）

370000－1584－0000153　J57

寄園寄所寄十二卷　（清）趙吉士輯　清漁古山房刻本　六冊　存六卷（一至六）

370000－1584－0000154　J61

廿四史約編八卷首一卷　（清）鄭元慶述　清光緒二十二年(1896)煥文書局石印本　六冊　存七卷（一、三至六、八,首一卷）

370000－1584－0000155　J62

精忠傳□卷　（□）□□撰　清刻本　一冊　存一卷（二）

370000－1584－0000156　K4

康熙字典十二集三十六卷總目一卷檢字一卷辨似一卷等韻一卷備考一卷補遺一卷　（清）張玉書　（清）陳廷敬等纂　（清）奕繪等重修　清道光七年(1827)刻本　四十冊

370000－1584－0000157　K5

奎壁禮記十卷　（元）陳澔撰　清光緒四年

山東省濰坊市圖書館等二十二家收藏單位古籍普查登記目錄

(1878)成文信記刻本　十冊

370000－1584－0000158　K6
省軒考古類編十二卷　（清）柴紹炳纂　（清）
姚廷謙評　清刻本　六冊

370000－1584－0000159　K7
困學紀聞注二十卷首一卷　（宋）王應麟撰
（清）翁元圻輯注　清光緒十三年(1887)上海
同文書局石印本　六冊

370000－1584－0000160　K8
康熙字典十二集三十六卷總目一卷檢字一卷
辨似一卷等韻一卷備考一卷補遺一卷　（清）
張玉書　（清）陳廷敬等纂　清光緒三十年
(1904)上海錦章書局石印本　六冊　存十一
集三十九卷(子集三卷、丑集三卷、寅集三卷、
卯集三卷、辰集三卷、巳集三卷、午集三卷、未
集三卷、申集三卷、酉集三卷、亥集三卷，總目
一卷,檢字一卷,辨似一卷,等韻一卷,備考一
卷,補遺一卷）

370000－1584－0000161　K10
康熙字典十二集三十六卷總目一卷檢字一卷
辨似一卷等韻一卷備考一卷補遺一卷　（清）
張玉書　（清）陳廷敬等纂　清刻本　清同治
四年、光緒三年邱琮玉修竹山房題跋　四
十冊

370000－1584－0000162　K11
康熙字典十二集三十六卷總目一卷檢字一卷
辨似一卷等韻一卷備考一卷補遺一卷　（清）
張玉書　（清）陳廷敬等纂　清刻本　三十九
冊　存十二集四十一卷(子集三卷、丑集上、
中,寅集三卷,卯集三卷,辰集三卷,巳集三
卷,午集三卷,未集三卷,申集三卷,酉集三
卷,戌集三卷,亥集三卷,總目一卷,檢字一
卷,辨似一卷,等韻一卷,備考一卷,補遺一
卷）

370000－1584－0000163　K12
康熙字典十二集三十六卷總目一卷檢字一卷
辨似一卷等韻一卷備考一卷補遺一卷　（清）
張玉書　（清）陳廷敬等纂　清宣統二年
(1910)石印本　六冊

370000－1584－0000164　K14
康熙字典十二集三十六卷總目一卷檢字一卷
辨似一卷等韻一卷備考一卷補遺一卷　（清）
張玉書　（清）陳廷敬等纂　清刻本　一冊
存一集一卷(午集下)

370000－1584－0000165　K15
康熙字典十二集三十六卷總目一卷檢字一卷
辨似一卷等韻一卷備考一卷補遺一卷　（清）
張玉書　（清）陳廷敬等纂　清光緒十六年
(1890)上海鴻寶齋書局石印本　六冊

370000－1584－0000166　K18
[聖跡圖]一卷　（□）□□繪撰　清刻本
一冊

370000－1584－0000167　K19
康熙字典十二集三十六卷總目一卷檢字一卷
辨似一卷等韻一卷備考一卷補遺一卷　（清）
張玉書　（清）陳廷敬等纂　清光緒十一年
(1885)上海點石齋鉛印本　清光緒十二年星
嵒題識　四冊

370000－1584－0000168　K20
康熙字典十二集三十六卷總目一卷檢字一卷
辨似一卷等韻一卷備考一卷補遺一卷　（清）
張玉書　（清）陳廷敬等纂　清刻本　八冊
存三集八卷(未集上、中,戌集三卷,亥集三
卷)

370000－1584－0000169　K22
康熙字典十二集三十六卷總目一卷檢字一卷
辨似一卷等韻一卷備考一卷補遺一卷　（清）
張玉書　（清）陳廷敬等纂　清光緒十九年
(1893)上海寶文書局石印本　六冊

370000－1584－0000170　K23
奎壁詩經八卷　（宋）朱熹撰　清光緒周村益
友堂刻本　四冊

370000－1584－0000171　K34
康熙字典十二集三十六卷總目一卷檢字一卷
辨似一卷等韻一卷備考一卷補遺一卷　（清）
張玉書　（清）陳廷敬等纂　清刻本　二十一
冊　存九集二十四卷(子集上、中,丑集中、

山東省濰坊市青州市博物館古籍普查登記目錄

下,寅集三卷,卯集三卷,辰集中,巳集三卷,午集三卷,未集上,申集上、中,總目一卷,檢字一卷,辨似一卷,等韻一卷)

370000－1584－0000172　L20

歷代鐘鼎彝器款識二十卷　（宋）薛尚功撰　（清）阮元校　清末古書流通處石印本　四冊

370000－1584－0000173　L21.1

綱鑑會纂三十九卷首一卷　（明）王世貞編　清濰陽承文信記刻本　四十二冊

370000－1584－0000174　L21.2

綱鑑會通明紀十五卷　（清）陳志襄輯錄　清承文信刻本　六冊

370000－1584－0000175　L23

後樂堂纂集歷朝綱鑑□卷　（清）裘陳珮纂　清刻本　八冊　存十卷(十二至二十一)

370000－1584－0000176　L24

嶺南詩集三種八卷　（清）李文藻撰　清刻本　二冊

370000－1584－0000177　L27

歷代名臣言行錄二十四卷首一卷　（清）朱桓編輯　清光緒三十年(1904)上海商務印書館鉛印本　八冊

370000－1584－0000178　L28

六一堂文集三卷　（清）李煥然撰　清刻本　一冊　存一卷(三)

370000－1584－0000179　L29

兩漢博聞十二卷　（宋）楊侃輯　明嘉靖三十七年(1558)黃魯曾刻本　三冊　存六卷(一至六)

370000－1584－0000180　L30

遼史紀事本末四十卷首一卷　（清）李有棠編纂　清光緒二十五年(1899)慎記書莊石印本　一冊

370000－1584－0000181　L31

列女傳二卷　（明）仇英繡圖　清光緒十二年(1886)上海同文書局石印本　二冊

370000－1584－0000182　L33.1

論語集註本義匯參二十卷首一卷　（清）王步青輯　清敦復堂刻本　六冊　存十卷(一至十)

370000－1584－0000183　L33.2

孟子集註本義匯參十四卷首一卷　（清）王步青輯　（清）王士韍編　（清）王維甸　（清）王乃昀校　清敦復堂刻本　七冊　存七卷(八至十四)

370000－1584－0000184　L34

歷朝賦楷八卷首一卷　（清）王修玉選輯　（清）顧豹文鑒定　清康熙文盛堂、致和堂刻本　八冊

370000－1584－0000185　L35.1

漱芳軒合纂禮記體註四卷　（清）范翔參訂　（清）吳有文　（清）朱光斗　（清）范應兆等校　清怡翰齋記刻本　四冊

370000－1584－0000186　L35.2

漱芳軒合纂禮記體註四卷　（清）范翔參訂　（清）吳有文　（清）朱光斗　（清）范應兆等校　清敬文堂記刻本　四冊

370000－1584－0000187　L36.1

歷代地理志韻編今釋二十卷　（清）李兆洛輯　（清）六嚴等編集　歷代地理志韻編今釋校勘記一卷　（清）馬貞榆撰　清光緒二十四年(1898)上海掃葉山房石印李氏五種合栞本　五冊

370000－1584－0000188　L36.2

皇朝一統輿圖一卷歷代紀元編三卷　（清）李兆洛輯　清光緒二十四年(1898)石印李氏五種合栞本　二冊

370000－1584－0000189　L36.3

皇朝輿地韻編二卷　（清）李兆洛輯　（清）六嚴等編集　清光緒二十四年(1898)石印李氏五種合栞本　一冊

370000－1584－0000190　L37

禮記易讀二卷　（清）志遠堂主人輯　清光緒十五年(1889)濰陽成文信刻本　二冊

山東省濰坊市圖書館等二十二家收藏單位古籍普查登記目錄

370000 – 1584 – 0000191　L38

憑山閣增輯留青新集三十卷　（清）陳枚選
（清）陳德裕增輯　（清）張國泰訂　清兩儀堂
刻本　二十四冊

370000 – 1584 – 0000192　L40

文選六十卷　（南朝梁）蕭統撰　（唐）李善等
注　清乾隆二十四年（1759）文盛堂刻本　十
六冊

370000 – 1584 – 0000193　L41

劉氏貢舉文集四卷　（清）劉文澍　（清）劉春
元輯　清道光十六年（1836）清愛堂刻本
四冊

370000 – 1584 – 0000194　L42

呻吟語節錄六卷　（明）呂坤著　清刻本　一
冊　存三卷（四至六）

370000 – 1584 – 0000195　L43

禮記集說十卷　（元）陳澔撰　清乾隆五十三
年（1788）金閶書業堂刻本　十冊

370000 – 1584 – 0000196　L44

禮記集說十卷　（元）陳澔撰　清刻本　二冊
　存二卷（九至十）

370000 – 1584 – 0000197　L45

臨文便覽二卷　（清）龍啟瑞　（清）徐頌閣編
　（清）張仰山輯　清同治十三年（1874）刻本
　一冊　存一卷（上）

370000 – 1584 – 0000198　L47

龍文鞭影二卷　（明）蕭良有著　（明）楊臣諍
增訂　龍文鞭影二集二卷　（清）李暉吉
（清）徐瓚輯　續龍文鞭影三集二卷　（清）賀
鳴鸞撰　清光緒二十七年（1901）順和恒刻本
　六冊

370000 – 1584 – 0000199　L48

龍文鞭影二卷　（明）蕭良有著　（明）楊臣諍
增訂　龍文鞭影二集二卷　（清）李暉吉
（清）徐瓚輯　清光緒十一年（1885）成文信刻
本　四冊

370000 – 1584 – 0000200　L49

龍山社謎一卷　（清）賦筍齋主人輯　清光緒
六年（1880）刻本　一冊

370000 – 1584 – 0000201　L50

禮記集說十卷　（元）陳澔撰　校刊記一卷
（清）丁寶楨撰　清同治十一年（1872）山東書
局刻本　十冊

370000 – 1584 – 0000202　L51

全本禮記體註十卷　（清）范翔原定　（清）徐
旦參訂　（清）徐瑄補輯　清百尺樓刻本
十冊

370000 – 1584 – 0000203　L52

龍騰鳳翥一卷　（清）趙素香訂　清光緒三年
（1877）學佛軒抄本　一冊

370000 – 1584 – 0000204　L53

歷代名臣言行錄二十四卷　（清）朱桓編輯
清光緒二十六年（1900）文瀾書局石印本
八冊

370000 – 1584 – 0000205　L54

歷科狀元策不分卷　（清）洪鈞等撰　清京都
琉璃廠青雲齋刻本　二冊

370000 – 1584 – 0000206　L55

歷代畫像傳四卷　（清）丁善長繪撰　清光緒
二十二年（1896）刻本　一冊　存一卷（四）

370000 – 1584 – 0000207　L57

東垣十書　（金）李杲等撰　（明）吳勉學等校
　清光緒七年（1881）文盛書局石印本　六冊
　存十二種二十二卷（脈訣一卷、蘭室秘藏三
卷、東垣先生此事難知集二卷、湯液本草三
卷、格致餘論一卷、外科精義二卷、內外傷辨
三卷、脾胃論三卷、局方發揮一卷、醫經溯洄
一卷、醫壘元戎一卷、癍論萃英一卷）

370000 – 1584 – 0000208　L58

兩般秋雨盦隨筆八卷　（清）梁紹壬纂　清石
印本　八冊

370000 – 1584 – 0000209　L59

聊齋志異十六卷　（清）蒲松齡著　（清）王士
禛評　清乾隆刻本　十六冊

山東省濰坊市青州市博物館古籍普查登記目錄

370000－1584－0000210　L60

歷代畫史彙傳七十二卷附錄二卷　（清）彭蘊
璨輯　清刻本　二十三冊　存七十三卷（二
至七十二、附錄二卷）

370000－1584－0000211　L62

[道光]臨邑縣志十六卷首一卷　（清）沈淮修
（清）陳鴻翽　（清）趙敏功續修　清道光十
七年（1837）刻同治十三年（1874）續刻本
八冊

370000－1584－0000212　L63

[光緒]利津縣志十卷利津文徵五卷　（清）盛
贊熙修　（清）周溥纂　清光緒九年（1883）刻
本　二冊　存十卷（利津縣志六至十、利津文
徵五卷）

370000－1584－0000213　L64

[康熙]沂州志八卷　（清）邵士修　（清）王
壔　（清）尚天成纂　清康熙十三年（1674）刻
本　八冊

370000－1584－0000214　L67

靈樞經九卷　（清）張志聰集註　（清）張文啓
參訂　（清）張兆璜校正　清刻本　十冊

370000－1584－0000215　L68

劉氏鴻書一百八卷　（明）劉仲達纂輯　（明）
湯賓尹刪正　明萬曆刻本　八冊　存三十卷
（一至三十）

370000－1584－0000216　L84

律例圖說辨譌十卷　（清）萬維翰撰　清刻本
四冊　存四卷（五至八）

370000－1584－0000217　L85

憐香伴傳奇二卷　（清）李漁編次　（清）玄洲
逸叟批評　清刻本　二冊

370000－1584－0000218　L93

素問靈樞類纂約註三卷　（清）汪昂纂輯
（清）汪桓訂定　（清）汪惟寵　（清）汪端
（清）仇澐校　清康熙二十九年（1690）還讀齋
刻本　二冊　存二卷（上、下）

370000－1584－0000219　L94

龍文鞭影二集二卷　（清）李暉吉　（清）徐瓚
輯　清書業德刻本　二冊

370000－1584－0000220　L100

輪香局章程一卷　（清）□□撰　清刻本
一冊

370000－1584－0000221　M14

秘書廿一種九十四卷　（清）汪士漢輯　清刻
本　十六冊

370000－1584－0000222　M15

明史紀事本末八十卷　（清）谷應泰編輯　清
光緒二十一年（1895）上海積山書局石印本
二冊　存七十九卷（一至七十九）

370000－1584－0000223　M17.1

目耕齋初集不分卷　（清）徐楷評註　清光緒
元年（1875）京都化甲堂刻本　二冊

370000－1584－0000224　M17.2

目耕齋二集不分卷　（清）徐楷評　清光緒元
年（1875）京都化甲堂刻本　二冊

370000－1584－0000225　M18

墨子閒詁十五卷目錄一卷後語二卷　（清）孫
詒讓輯　清光緒三十三年（1907）上海埽葉山
房石印本　八冊

370000－1584－0000226　M27

明紀編年十二卷　（明）鍾惺撰　（清）王汝南
補　清刻本　九冊

370000－1584－0000227　N8

南史八十卷　（唐）李延壽撰　明崇禎十三年
（1640）琴川毛氏汲古閣刻清順治十一年
（1654）補緝十七史本　九冊　存四十五卷
（一至十七、二十三至四十五、七十六至八十）

370000－1584－0000228　N9

廿一史約編八卷首一卷　（清）鄭元慶述　清
善成堂刻本　八冊

370000－1584－0000229　N10

廿二史劄記三十六卷補遺一卷　（清）趙翼撰
清光緒二十八年（1902）文淵山房石印本
二冊

山東省濰坊市圖書館等二十二家收藏單位古籍普查登記目錄

370000－1584－0000230　N11.1

逆臣傳四卷　（清）國史館編　清都城琉璃廠
半松居士鉛印本　八冊

370000－1584－0000231　N11.2

貳臣傳十二卷　（清）國史館編　清都城琉璃
廠半松居士鉛印本　六冊

370000－1584－0000232　N12

新刻繡像療牛馬經六卷　（明）喻仁　（明）喻
傑著　駝經一卷　（明）喻仁　（明）喻傑集
清光緒十八年(1892)濰陽成文信刻本　一冊
　存一卷(新刻繡像療牛馬經一)

370000－1584－0000233　N16

奈何天傳奇二卷　（清）李漁編次　（清）紫珍
道人批評　清刻本　一冊　存一卷(上)

370000－1584－0000234　P3

分韻試帖青雲集合註四卷　（清）楊逢春輯
(清)蕭應槻　（清）沈景福　（清）徐紹曾參
　（清）沈品金等註　（清）葉祺昌合註
(清)沈錫慶校正　清光緒十三年(1887)濰陽
成文信刻本　四冊

370000－1584－0000235　Q15

青州府輿圖一卷　（□）□□撰　清刻本
一冊

370000－1584－0000236　Q16

唐人五言長律清麗集六卷　（清）徐曰璉
(清)沈士駿輯　清刻本　四冊

370000－1584－0000237　Q17

青太守易公問齋墨蹟一卷　（清）易文瀞撰
清光緒三十年(1904)抄本　一冊

370000－1584－0000238　Q22

[萬曆]青州府志二十卷　（明）王家賓修
(明)鍾羽正纂　明刻本　四冊　存十卷(三、
七至八、十一至十七)

370000－1584－0000239　Q23.1

青州太守易問齋公墨蹟一卷　（清）易文瀞撰
　翁方綱石刻一卷　清抄本(有拓片)　一冊

370000－1584－0000240　Q23.2

青州太守易問齋公墨蹟一卷　（清）易文瀞撰
清抄本　一冊

370000－1584－0000241　Q24

青州捕蝗記一卷　（清）李嘉樂撰　清光緒七
年(1881)刻本　一冊

370000－1584－0000242　Q25

欽定詩經傳說彙纂二十一卷首二卷詩序二卷
（清）王鴻緒等撰　清刻本　二十四冊

370000－1584－0000243　Q26

欽定書經傳說彙纂二十一卷首二卷書序一卷
（清）王頊齡等撰　清刻本　八冊

370000－1584－0000244　Q27

欽定四庫全書簡明目錄二十卷首一卷　（清）
紀昀等編　清光緒五年(1879)上海點石齋石
印本　十二冊

370000－1584－0000245　Q29

欽定協紀辨方書三十六卷　（清）允祿等撰
清刻本　十六冊　存二十卷(十六、十八至三
十六)

370000－1584－0000246　Q34

青社瑣記四卷　（清）邱琮玉著　清益都邱琮
玉稿本　二冊

370000－1584－0000247　Q35

佩文韻府一百六卷韻府拾遺一百六卷　（清）
張玉書　（清）陳廷敬　（清）李光地撰　清光
緒十八年(1892)上海同文書局石印本　八
十冊

370000－1584－0000248　Q36

青社遺聞四卷　（清）安致遠纂　清抄本　佚
名朱筆題跋　一冊

370000－1584－0000249　Q43

青郡志圖冊一卷　（□）□□撰　清刻本
一冊

370000－1584－0000250　Q59

邱琮玉文集不分卷　（清）邱琮玉纂　清益都
邱琮玉稿本　八冊

370000－1584－0000251　Q60

山東省濰坊市青州市博物館古籍普查登記目錄

巧團圓傳奇二卷 （清）李漁編次 （清）莫愁
釣客 （清）睡鄉祭酒等評 清刻本 二冊

370000－1584－0000252 Q61

欽定春秋傳說彙纂三十八卷首二卷 （清）王
掞等撰 清刻本 八冊 存十卷（十九至二
十八）

370000－1584－0000253 R3

仁在堂時藝核不分卷 （清）路德評選 清道
光二十二年（1842）文錦堂刻本 六冊

370000－1584－0000254 R5

日知錄三十二卷 （清）顧炎武著 （清）黃汝
成集釋 日知錄之餘四卷 （清）顧炎武著
清刻本 二十二冊 存三十三卷（日知錄一
至五、八至十六、十八至三十二，日知錄之餘
四卷）

370000－1584－0000255 R6.1

關中書院詩課四卷 （清）路德輯 清道光二
十四年（1844）文秀堂刻本 四冊

370000－1584－0000256 R6.2

關中書院賦四卷 （清）路德編 清道光二十
五年（1845）京都文秀堂刻本 四冊

370000－1584－0000257 S36

新訂四書補註備旨十卷 （明）鄧林著 （清）
鄧煜編次 （清）祁文友重校 （清）杜定基增
訂 清光緒三十四年（1908）周村益友堂刻本
八冊

370000－1584－0000258 S39

酌雅齋四書遵註合講十九卷圖考一卷 （清）
翁復編次 （清）詹文煥參定 清嘉慶二十三
年（1818）吳郡山淵堂刻本 佚名批校 六冊

370000－1584－0000259 S40

說文解字句讀三十卷 （漢）許慎記 （清）王
筠撰集 （清）陳山嵋 （清）陳慶鏞訂正
（清）蔣其崙書篆 句讀補正三十卷 （清）王
筠撰 （清）王彥侗 （清）孫藍田校 清咸豐
四年（1854）安邱王筠與山西曲沃邑人襄陵刻
本（句讀補正爲清咸豐九年安邱王彥侗刻本）
八冊 存四十四卷（說文解字句讀十七至

三十、句讀補正三十卷）

370000－1584－0000260 S42.1

十竹齋竹石譜一卷 （明）胡正言輯 清刻本
清光緒十九年邱琮玉修竹山房題跋 一冊

370000－1584－0000261 S42.2

十竹齋蘭譜一卷 （明）胡正言輯 清刻本
一冊

370000－1584－0000262 S43

史記菁華錄六卷 （漢）司馬遷撰 （清）姚祖
恩摘錄 清光緒二十六年（1900）濰陽順和恆
刻本 六冊

370000－1584－0000263 S45

涑水紀聞十六卷 （宋）司馬光撰 （清）陸錫
熊 （清）紀昀纂 清刻本 四冊

370000－1584－0000264 S46.1

宋史紀事本末二十八卷 （明）馮琦原編
（明）陳邦瞻纂輯 （明）徐申 （明）劉曰梧
校正 明萬曆三十三年（1605）刻本 十三冊
存二十六卷（一至十一、十四至二十八）

370000－1584－0000265 S50

史論正鵠初集四卷二集四卷三集八卷 （清）
王樹敏評點 清光緒二十七年（1901）上海久
敬齋石印本 八冊 存八卷（史論正鵠初集
四卷、二集四卷）

370000－1584－0000266 S51

四書人物類典串珠四十卷 （清）臧志仁編輯
清光緒五年（1879）寶興堂刻本 五冊 存
十六卷（一至十三、十七至十九）

370000－1584－0000267 S52

書目答問四卷叢書一卷別錄一卷國朝著述諸
家姓名略一卷 （清）張之洞著 清光緒四年
（1878）上海淞隱閣鉛印本 四冊

370000－1584－0000268 S53.1

說文解字句讀三十卷 （漢）許慎記 （清）王
筠撰集 （清）陳山嵋 （清）陳慶鏞訂正
（清）蔣其崙書篆 句讀補正三十卷 （清）王
筠撰 （清）王彥侗 （清）孫藍田校 清咸豐

山東省濰坊市圖書館等二十二家收藏單位古籍普查登記目錄

四年(1854)安邱王筠與山西曲沃邑人襄陵刻
本(句讀補正爲清咸豐九年安邱王彦侗刻本)
　十六冊

370000－1584－0000269　S53.2

說文釋例二十卷　(清)王筠撰　釋例補正二
十卷　(清)王筠續纂　清道光二十八年
(1848)安邱王筠徐溝刻本(釋例補正爲清咸
豐二年安邱王筠鄉寧刻本)　十一冊

370000－1584－0000270　S53.3

說文繫傳校錄三十卷附一卷　(清)王筠撰
(清)劉燿椿參訂　(清)孫藍田　(清)宋翔
南　(清)王璿　(清)王彦侗校　清咸豐七年
(1857)刻本　三冊

370000－1584－0000271　S54

書經體註大全合參六卷　(清)錢希祥纂輯
(清)范翔鑒定　清乾隆五十四年(1789)辨志
堂刻本　四冊

370000－1584－0000272　S55

黃維章先生詩經嬝嬛體註八卷　(明)黃文煥
纂輯　(清)范翔重訂　(清)沈三曾　(清)
沈涵參定　(清)沈三夏　(清)沈三階
(清)沈愷曾閱　(清)張道升全訂　清乾隆四
十七年(1782)武林鴻文堂刻本　四冊

370000－1584－0000273　S56

四書朱子本義匯參四十三卷首四卷　(清)王
步青輯　(清)王士龕編　(清)王維甸
(清)王乃昀校　清敦復堂刻本　三十二冊

370000－1584－0000274　S57.1

傷寒說意十卷首一卷　(清)黃元御著　清刻
本　二冊

370000－1584－0000275　S57.2

四聖心源十卷　(清)黃元御著　清刻本
二冊

370000－1584－0000276　S58

四書人物類典串珠四十卷　(清)臧志仁編輯
　清嘉慶十六年(1811)刻本　十六冊

370000－1584－0000277　S59

四書題鏡十六卷總論一卷　(清)汪鯉翔纂述
　清道光十年(1830)金閶步月樓刻本　十
六冊

370000－1584－0000278　S60

十二種文萃十二集　(清)丁善寶輯　清同治
九年(1870)丁善寶六齋刻本　十二冊

370000－1584－0000279　S61

忠孝堂射譜不分卷　(清)盧文煥撰　清道光
十九年(1839)刻本　一冊

370000－1584－0000280　S62

石刻鋪敍二卷鳳墅殘帖釋文二卷　(宋)曾宏
父撰　清乾隆三十五年(1770)恩平縣衙刻本
　一冊

370000－1584－0000281　S63

漱芳軒合纂四書體註十九卷　(清)范翔參訂
　(清)吳有文等校　清乾隆二十五年(1760)
世德堂刻本　五冊　存十六卷(大學一卷、中
庸一卷、論語十卷、孟子四至七)

370000－1584－0000282　S64

史鑑節要便讀六卷末一卷　(清)鮑東里編輯
　清光緒二十八年(1902)周村三益堂刻本
二冊

370000－1584－0000283　S65

重訂詩經衍義合參集註八卷　(清)沈雲將
(清)江晉雲輯　清刻本(卷末有抄配)　四冊

370000－1584－0000284　S66

詩經體註大全八卷　(清)范翔原本　(清)吳
有文　(清)蔡鴻達　(清)范應兆校　清敦化
堂刻本(卷三有抄配)　三冊　存六卷(三至
八)

370000－1584－0000285　S67

四書質義十九卷　(清)汪思回纂　(清)汪式
耜　(清)汪式丹校　清□□堂刻本　一冊
存二卷(孟子四至五)

370000－1584－0000286　S68

塾課小題分編八集　(清)王步青評　(清)王
士龕編　(清)王維甸　(清)王乃昀校　清文

會堂刻本　十二冊　存四卷(初集啟蒙一卷、二集式法一卷、三集行機一卷、四集參變一卷)

370000－1584－0000287　S69

增補事類統編九十三卷首一卷　（清）黃葆真增輯　（清）何立中校字　清道光二十九年(1849)丹陽黃氏敦好堂刻本　三十六冊

370000－1584－0000288　S70

尚書大傳四卷補遺一卷續補遺一卷　（漢）鄭玄撰　清嘉慶六年(1801)刻本　二冊

370000－1584－0000289　S71

書經體註大全合參六卷　（清）張聖度訂（清）錢希祥參　（清）范翔鑒定　清道光二十年(1840)古香書屋刻本　四冊

370000－1584－0000290　S72

詩韻含英十八卷　（清）劉文蔚輯　清刻本三冊

370000－1584－0000291　S73

詩品摘豔試律百篇二卷　（清）馬大魁著（清）石琢堂鑒定　清道光元年(1821)敬文堂刻本　一冊

370000－1584－0000292　S74

朔方備乘六十八卷首十二卷　（清）何秋濤纂輯　清光緒石印本　八冊

370000－1584－0000293　S75

四書合講十九卷　（清）翁復編次　（清）詹文煥參定　清光緒七年(1881)海陵書屋刻本清光緒十年邱琮玉修竹草堂題跋　六冊

370000－1584－0000294　S76

四書合講十九卷　（清）翁復編次　（清）詹文煥參定　清道光二十四年(1844)古香書屋刻本　清咸豐元年綠楊書屋題跋　六冊

370000－1584－0000295　S77

四書合纂大成三十七卷首二卷　（清）沈祖燕輯纂　清光緒二十九年(1903)上海鴻寶齋石印本　二十一冊

370000－1584－0000296　S78

增補事類統編九十三卷首一卷　（清）黃葆真增輯　清光緒十四年(1888)上海積山書局石印本　二十四冊

370000－1584－0000297　S79

分韻試帖詩鏡四卷　（清）紫藤花館校定　清光緒元年(1875)刻本　四冊

370000－1584－0000298　S80

詩料菁華詳註六卷　（清）燕桂樹輯　清道光元年(1821)文萃堂刻本　六冊

370000－1584－0000299　S81

水鏡集約篇四卷　（清）右髻道人撰　清嘉慶元年(1796)會成堂刻本　四冊

370000－1584－0000300　S82

新刻書經備旨善本輯要六卷　（清）馬大猷輯　（清）汪右衡鑒定　清光緒三十一年(1905)周村益友堂刻本　五冊

370000－1584－0000301　S83

詩經融註大全體要八卷　（清）高朝瓔定（清）沈世楷輯　清光緒九年(1883)順和堂刻本　三冊　存五卷(一至五)

370000－1584－0000302　S86

詩韻合璧五卷詩腋一卷詞林典腋一卷　（清）湯文潞輯　清同治三年(1864)芋栗園刻本五冊

370000－1584－0000303　S87

四書翼註論文三十卷　（清）張甄陶述　（清）屠繼序校　清刻本　十冊

370000－1584－0000304　S88

搜神記二十卷　（晉）干寶撰　清光緒二十一年(1895)藏經史館石印本　二冊

370000－1584－0000305　S89

說鈴　（清）吳震方編　清嘉慶五年(1800)同人堂刻本　四冊　存十三種十四卷(冬夜箋記一卷,隴蜀餘聞一卷,坤輿外紀一卷,臺灣紀畧一卷,臺灣雜記一卷,安南紀遊一卷,峒溪纖志一卷,泰山紀勝一卷,匡廬紀遊一卷,登華記一卷,遊雁蕩山記一卷,甌江逸志一

山東省濰坊市圖書館等二十二家收藏單位古籍普查登記目録

卷,述異記上、中)

370000 – 1584 – 0000306　S90
聖跡圖二卷　（清）顏錫敬校閱　清同治十三
年(1874)顏錫敬抄本　二冊

370000 – 1584 – 0000307　S91
四書釋文十九卷四書字辨一卷疑字辨一卷句
辨一卷　（清）王賡言撰　清刻本　五冊　存
十卷(論語八至十、孟子七卷)

370000 – 1584 – 0000308　S92
評論出像水滸傳二十卷　（明）施耐菴撰　清
刻本　十冊

370000 – 1584 – 0000309　S93
石坊詩鈔三十卷　（清）楊澤闓撰　清咸豐元
年(1851)歷下心不競齋刻本　六冊

370000 – 1584 – 0000310　S94
書信手劄一卷　（清）訥爾經額等書　原札
一冊

370000 – 1584 – 0000311　S95
廣事類賦四十卷　（清）華希閔著　（清）鄒升
恒參　（清）華希閔重訂　清乾隆二十九年
(1764)刻本　十冊

370000 – 1584 – 0000312　S96
監本書經六卷　（宋）蔡沈撰　清光緒五年
(1879)子雲堂刻本　四冊

370000 – 1584 – 0000313　S97
御纂詩義折中二十卷　（清）傅恒等撰　清刻
本　六冊

370000 – 1584 – 0000314　S98
四書集註十九卷　（宋）朱熹撰　清刻本　六
冊　存十八卷(大學一卷、中庸一卷、論語一
至九、孟子七卷)

370000 – 1584 – 0000315　S99
四大奇書第一種十九卷一百二十回首一卷
(明)羅貫中撰　（清）金聖歎(金人瑞)批
(清)毛宗崗評　（清）杭永年定　清道光四年
(1824)裕文堂刻本　十冊　存十卷(一至九、
首一卷)

370000 – 1584 – 0000316　S100
四書題鏡十卷總論一卷　（清）汪鯉翔纂述
清刻本　佚名批校　十冊

370000 – 1584 – 0000317　S101
隨園詩話十六卷補遺十卷　（清）袁枚著　清
道光二十七年(1847)小倉山房刻本　十二冊

370000 – 1584 – 0000318　S102.1
四書解義適今□卷　（清）廣學會校印　清宣
統二年(1910)上海廣學會鉛印本　二冊　存
四卷(大學一卷、中庸一卷、論語二卷)

370000 – 1584 – 0000319　S103
說苑二十卷　（漢）劉向撰　清刻本　四冊

370000 – 1584 – 0000320　S104.1
書經體註大全合參六卷　（清）錢希祥纂輯
(清)范翔參訂　清光緒十四年(1888)翰文堂
刻本　四冊

370000 – 1584 – 0000321　S104.2
書經體註大全合參六卷　（清）錢希祥纂輯
(清)范翔參訂　清光緒八年(1882)怡翰齋刻
本　四冊

370000 – 1584 – 0000322　S105
詩韻集成十卷詞林典腋一卷　（清）余照輯
清光緒二十一年(1895)怡翰齋刻本　四冊

370000 – 1584 – 0000323　S106
宋四六選二十四卷　（清）曹振鏞編　（清）彭
元瑞定　清刻本　清咸豐五年佚名　光緒十
九年邱琮玉題跋　十六冊

370000 – 1584 – 0000324　S107
四書題鏡十六卷總論一卷　（清）汪鯉翔纂述
清嘉慶八年(1803)刻本　十六冊

370000 – 1584 – 0000325　S108
監本詩經八卷　（宋）朱熹撰　清光緒五年
(1879)裕文堂刻本　四冊

370000 – 1584 – 0000326　S109
宋書一百卷　（南朝梁）沈約撰　明萬曆二十
二年(1594)南京國子監刻清康熙三十九年
(1700)重修本　十三冊　存六十三卷(列傳

六十卷、志二十八至三十）

370000－1584－0000327　S110

書經精華六卷　（清）薛嘉穎輯　清光緒九年（1883）光霽堂刻本　四冊

370000－1584－0000328　S112

聲調譜一卷　（清）趙執信著　清刻本　一冊

370000－1584－0000329　S115.1

思補堂試帖四卷　（清）文格撰　（清）倉景恬（清）熊少牧參訂　清咸豐十年（1860）刻本　四冊

370000－1584－0000330　S115.2

思補堂試帖續集二卷　（清）文格撰　（清）曾協均　（清）周星譽參訂　清同治十三年（1874）刻本　二冊

370000－1584－0000331　S116.1

四書大全摘要□□卷　（清）李武纂輯　清刻本（有補抄）　十一冊　存八卷（論語九，孟子一至六、七上）

370000－1584－0000332　S116.2

增訂本草備要四卷　（清）汪昂著輯　清刻本　一冊　存一卷（四）

370000－1584－0000333　S117

尚書讀記一卷春秋一得一卷　（清）閻循觀著　清乾隆三十八年（1773）樹滋堂刻本　一冊

370000－1584－0000334　S118

書經六卷　（宋）蔡沈集傳　**校刊記一卷**（清）丁寶楨撰　清同治十一年（1872）山東書局刻本　四冊　存六卷（一至五、校刊記一卷）

370000－1584－0000335　S119

史記一百三十卷　（漢）司馬遷撰　（南朝宋）裴駰集解　（唐）司馬貞索隱　（唐）張守節正義　明萬曆六年（1578）刻本　一冊　存三卷（三十八至四十）

370000－1584－0000336　S120

四雪草堂重編通俗隋唐演義二十卷一百回（清）褚人穫撰　清四雪草堂刻本　十一冊

存十二卷（五、七至十五、十七至十八）

370000－1584－0000337　S121

詩中畫二卷　（清）馬濤繪撰　清光緒十一年（1885）刻本　一冊　存一卷（上）

370000－1584－0000338　S122

初刻黃維章先生詩經嬋嬛體註八卷　（明）黃文煥輯著　（清）范翔重訂　（清）沈三曾（清）沈涵參訂　清怡翰齋刻本　四冊

370000－1584－0000339　S123

傷寒懸解十四卷首一卷末一卷　（清）黃元御著　清刻黃氏醫書八種本　四冊　存十五卷（二至十四、首一卷、末一卷）

370000－1584－0000340　S125.1

素靈微蘊四卷　（清）黃元御著　清刻黃氏醫書八種本　一冊

370000－1584－0000341　S125.2

四聖懸樞五卷　（清）黃元御著　清刻黃氏醫書八種本　二冊

370000－1584－0000342　S125.3

玉楸藥解八卷　（清）黃元御著　清刻黃氏醫書八種本　一冊

370000－1584－0000343　S126

素問靈樞類纂約註三卷　（清）汪昂纂輯（清）汪桓訂定　（清）汪惟寵　（清）汪端（清）仇澐校　清咸豐十年（1860）善成堂刻本六冊

370000－1584－0000344　S127

[乾隆]單縣志十三卷圖一卷　（清）覺羅普爾泰修　（清）傅爾德纂　清乾隆二十四年（1759）單縣縣署刻本　十三冊

370000－1584－0000345　S128

[道光]商河縣志八卷首一卷　（清）龔廷煌等纂修　清道光十六年（1836）商河縣署刻本八冊

370000－1584－0000346　S131

御製數理精蘊五十三卷　（清）允祉等編纂清光緒十四年（1888）上海慎記書局石印本

山東省濰坊市圖書館等二十二家收藏單位古籍普查登記目錄

二十四冊

370000－1584－0000347　S132

初刻黃維章先生詩經嬭嬛體註八卷　（明）黃
文煥撰　（清）范翔重訂　（清）沈三曾
（清）沈涵參定　清道光二十七年(1847)怡翰
齋刻本　四冊

370000－1584－0000348　S139.1

青社瑣記六卷　（清）邱琮玉著　清益都邱琮
玉稿本　一冊　存一卷(五)

370000－1584－0000349　S139.2

青社瑣記六卷　（清）邱琮玉著　清益都邱琮
玉稿本(再謄本)　一冊　存一卷(五)

370000－1584－0000350　S139.3

青社瑣記六卷高榆軒文集一卷　（清）邱琮玉
著　清益都邱琮玉稿本　一冊　存一卷(六)

370000－1584－0000351　S139.4

青社瑣記六卷　（清）邱琮玉著　清益都邱琮
玉稿本(謄本)　一冊　存一卷(六)

370000－1584－0000352　S139.5

青社瑣記六卷　（清）邱琮玉著　清益都邱琮
玉稿本(再謄本)　一冊　存一卷(六)

370000－1584－0000353　S141

繪圖巧合奇冤全傳十卷　（清）□□撰　清上
海錦章圖書局石印本　六冊

370000－1584－0000354　S152

山東鹽法志十四卷　（清）莽鵠立總修　清雍
正三年(1725)刻十二年(1734)補刻本　九冊
　存十四卷(一至十,十一中,十二至十三,十
四上、下)

370000－1584－0000355　S176

四書辨解□□卷　（清）田實編輯　清積秀堂
刻本　二冊　存二卷(中庸二卷)

370000－1584－0000356　S191.1

十六國春秋一百卷　（北魏）崔鴻撰　（明）屠
喬孫　（明）項琳之同訂　清益都邱琮玉抄本
　一冊　存四十六卷(一至十、二十三至五十
七、六十三)

370000－1584－0000357　S191.2

春秋時代宮詞一卷　（清）余培乾撰　稿本
一冊

370000－1584－0000358　S191.3

[余子幹先生遊石門山詩]一卷　（清）余培乾
撰　稿本　一冊

370000－1584－0000359　S191.4

[余子幹先生悼兒亡詩]一卷　（清）余培乾撰
　稿本　一冊

370000－1584－0000360　S191.6

賈鳳山哀謝請帖一卷　（清）賈鳳山撰　清光
緒十二年(1886)稿本　一冊

370000－1584－0000361　S192

慎鸞交傳奇二卷　（清）李漁編次　（清）郭傳
芳　（清）雲間木叟批評　清刻本　二冊

370000－1584－0000362　T10.1

唐人試帖四卷　（清）毛奇齡論定　（清）王錫
（清）田易參釋　清康熙刻本　一冊

370000－1584－0000363　T10.2

唐七律選四卷　（清）毛奇齡論定　（清）王錫
（清）周崶　（清）李庚星　（清）裴巘生輯
清康熙學聚堂刻本　一冊

370000－1584－0000364　T11

古唐詩合解十六卷　（清）王堯衢註　（清）李
模　（清）李桓校　清乾隆五十五年(1790)金
閶書業堂刻本　八冊

370000－1584－0000365　T12

衛濟餘編五卷　（清）王纏堂編　清光緒二十
年(1894)上海埽葉山房石印本　二冊　存三
卷(一至三)

370000－1584－0000366　T13

桐蔭書屋試帖四卷　（清）劉清源著　（清）劉
錫介註並校　清道光二十三年(1843)敬文堂
刻本　四冊

370000－1584－0000367　T14

程史十五卷　（宋）岳珂撰　清刻本　一冊

370000－1584－0000368　T15

山東省濰坊市青州市博物館古籍普查登記目錄

123

通鑑紀事本末二百三十九卷 （宋）袁樞編輯 （明）張溥論正 清光緒二十一年（1895）上海積山書局石印本 五冊 存一百七十八卷（一至四十二、六十二至一百三十三、一百七十六至二百三十九）

370000－1584－0000369 T16

陶說六卷 （清）朱琰撰 清抄本 二冊

370000－1584－0000370 T18

唐代叢書六集 （清）王文誥輯 清嘉慶十一年（1806）天門渤海馬緯雲刻本 九冊 存四十八種五十卷（初集十二種十四卷：隋唐嘉話一卷、朝野僉載一卷、尚書故實一卷、中朝故事一卷、金鑾密記一卷、杜陽雜編三卷、幽閒鼓吹一卷、桂苑叢談一卷、賓客嘉話錄一卷、松牕雜記一卷、次柳氏舊聞一卷、大唐傳載一卷，二集十三種十三卷：雲溪友議一卷、國史補一卷、因話錄一卷、金華子雜編一卷、耳目記一卷、瀟湘錄一卷、玉泉子一卷、舊聞記一卷、摭言一卷、記事珠一卷、諧噱錄一卷、義山雜纂一卷、龍城錄一卷，三集十五種十五卷：嶺表錄異一卷、來南錄一卷、平泉草木記一卷、北戶錄一卷、終南草堂十志一卷、洞天福地記一卷、北里志一卷、迷樓記一卷、本事詩一卷、比紅兒詩一卷、貞娘墓詩一卷、書法一卷、畫學秘訣一卷、後畫品錄一卷、公私畫史一卷，六集八種八卷：幻戲志一卷、幻異志一卷、稽神錄一卷、冥音錄一卷、離魂記一卷、再生記一卷、冤債志一卷、尸媚傳一卷）

370000－1584－0000371 T19

續太平廣記八卷 （清）陸壽名撰 清嘉慶五年（1800）刻本 八冊

370000－1584－0000372 T20

唐代叢書六集 （清）王文誥輯 清刻本 十一冊 存七十六種七十八卷（隋唐嘉話一卷、朝野僉載一卷、耒耜經一卷、五木經一卷、尚書故實一卷、中朝故事一卷、金鑾密記一卷、杜陽雜編三卷、幽閒鼓吹一卷、桂苑叢談一卷、明皇雜錄一卷、常侍言旨一卷、雲溪友議一卷、國史補一卷、因話錄一卷、劇談錄一卷、龍城錄一卷、嶺表錄異一卷、來南錄一卷、平

泉山居草木記一卷、北戶錄一卷、終南十志一卷、洞天福地記一卷、北里志一卷、迷樓記一卷、海山記一卷、開河記一卷、吳地記一卷、南部煙花記一卷、九老會一卷、教坊記一卷、二十四詩品一卷、本事詩一卷、比紅兒詩一卷、真娘墓詩一卷、書法一卷、畫學秘訣一卷、續畫品錄一卷、公私畫史一卷、諾皋記一卷、支諾皋一卷、金剛經鳩異一卷、義山雜纂一卷、摭異記一卷、集異記一卷、集異志一卷、幽怪錄一卷、續幽怪錄一卷、聞奇錄一卷、志怪錄一卷、靈應錄一卷、隴上記一卷、鬼塚志一卷、幻影傳一卷、幻戲志一卷、幻異志一卷、稽神錄一卷、錦裙記一卷、冥音錄一卷、離魂記一卷、再生記一卷、冤債志一卷、尸媚傳一卷、奇鬼傳一卷、才鬼記一卷、靈鬼志一卷、妖妄傳一卷、東陽夜怪錄一卷、物怪錄一卷、靈怪錄一卷、人虎傳一卷、白猿傳一卷、獵狐記一卷、任氏傳一卷、袁氏傳一卷、夜叉傳一卷）

370000－1584－0000373 T21

談龍錄一卷 （清）趙執信撰 清乾隆三十九年（1774）刻本 民國十四年邱琮玉批校題跋 一冊

370000－1584－0000374 T22

鐵函心史二卷 （宋）鄭思肖撰 清光緒二十年（1894）種竹書屋刻本 二冊

370000－1584－0000375 T23

太平廣記五百卷目錄十卷 （宋）李昉等編纂 清乾隆十八年（1753）黃晟刻本 五冊 存五十二卷（二百二十五至二百三十六、二百四十六至二百六十八、二百七十九至二百九十，目錄一至五）

370000－1584－0000376 T24

日記糧食帳一卷 （清）□□撰 清同治九年（1870）稿本 一冊

370000－1584－0000377 T25

檉華館試帖彙鈔輯注十卷 （清）路德著 清道光二十七年（1847）聚錦旭刻本 五冊 存五卷（一至五）

370000－1584－0000378 T26

山東省濰坊市圖書館等二十二家收藏單位古籍普查登記目錄

唐詩三百首不分卷　（清）蘅塘退士(孫洙)編
清刻本　一冊

370000－1584－0000379　T27

御選唐宋詩醇四十七卷目錄二卷　（清）高宗
弘曆編　清刻本　六冊　存十二卷(十二至
二十三)

370000－1584－0000380　T28

古唐詩合解十六卷　（清）王堯衢註　（清）李
模　（清）李桓校　清光緒十年(1884)順和堂
刻本　六冊

370000－1584－0000381　T32

停雲小愒畫賸二卷　（清）馬濤繪撰　清刻本
一冊　存一卷(上)

370000－1584－0000382　T35

唐宋八大家類選十四卷　（清）儲欣評　（清）
儲芝參述　（清）徐永勳　（清）吳振乾
（清）董南紀　（清）儲掌文校訂　清光緒二十
九年(1903)德盛堂刻本　清光緒三十年佚名
批校　八冊

370000－1584－0000383　T37

唐詩抄本一卷　（清）胡尊詒書　清胡尊詒稿
本　一冊

370000－1584－0000384　W17

文武官品級全圖一卷　（□）□□繪　清彩繪
本　一冊

370000－1584－0000385　W18

王湘客集九種十二卷　（明）王若之著　清刻
本　一冊　存三種三卷(往箋一卷、痀咏一
卷、讔賦一卷)

370000－1584－0000386　W19.1

御撰資治通鑑綱目三編六卷　（清）張廷玉等
撰　清光緒二十五年(1899)敦本堂石印本
二冊

370000－1584－0000387　W19.2

綱鑑合纂三十九卷首一卷　（明）王世貞編
清光緒三十一年(1905)敦本堂石印本　八冊

370000－1584－0000388　W20

五代史七十四卷　（宋）歐陽修撰　（宋）徐無
黨注　明崇禎三年(1630)琴川毛氏汲古閣刻
清順治五年(1648)補緝十七史本　佚名批校
四冊

370000－1584－0000389　W21

文獻通考二十四卷首一卷　（元）馬端臨著
清刻本　十七冊　存二十卷(一至十二、十四
至十九、二十三,首一卷)

370000－1584－0000390　W22

問齋書信十四劄　（清）周玉麒等撰　（清）易
文瀞輯　稿本　一冊

370000－1584－0000391　W23.1

五經旁訓二十二卷　（明）王安舜撰　（清）張
氏重校　清乾隆五十六年(1791)匠門書屋文
會堂刻本　十四冊　存四種十八卷(書經增
訂旁訓四卷、詩經增訂旁訓四卷、禮記增訂旁
訓六卷、春秋增訂旁訓四卷)

370000－1584－0000392　W23.2

禮記集說十卷　（元）陳澔撰　清刻本　一冊
存一卷(七)

370000－1584－0000393　W24

吾學錄初編二十四卷　（清）吳榮光撰　清道
光二十九年(1849)高國榮刻本　六冊

370000－1584－0000394　W25

五經揭要二十五卷　（清）周蕙田輯　（清）許
寶善定　清刻本　佚名批註　十二冊　存五
種二十五卷(易經三卷、書經六卷、詩經四卷、
禮記六卷、春秋六卷)

370000－1584－0000395　W27

文字蒙求四卷　（清）王筠撰　清道光二十六
年(1846)刻本　民國二年邱琮玉題跋　四冊

370000－1584－0000396　W28

萬韻新書一卷　（清）劉振統撰　清乾隆二十
三年(1758)刻本　一冊

370000－1584－0000397　W29

文字蒙求四卷　（清）王筠撰　清道光二十六
年(1846)刻本　一冊

山東省濰坊市青州市博物館古籍普查登記目錄

370000－1584－0000398　W30.1
王湘客集九種十二卷　(明)王若之著　明刻本　佚名批註　一冊　存二種二卷(涉志一卷、續詩一卷)

370000－1584－0000399　W30.2
王湘客集九種十二卷　(明)王若之著　明抄本　一冊　存二種二卷(津門中都啟稿一卷、六事興除疏一卷)

370000－1584－0000400　W30.3
王湘客集九種十二卷　(明)王若之著　明抄本　一冊　存一種一卷(詩卷下)

370000－1584－0000401　W30.4
王湘客集九種十二卷　(明)王若之著　明抄本　一冊　存二種二卷(涉志一卷、續詩一卷)

370000－1584－0000402　W31
五經合纂大成四十四卷　(清)同文書局輯　清石印本　七冊　存二種十二卷(書經合纂大成六卷、禮記合纂大成三至八)

370000－1584－0000403　W36
王壽彭殿試卷一卷　(清)王壽彭撰　清刻本　一冊

370000－1584－0000404　W56
新鐫五言千家詩會義直解二卷　(清)王相選註　(清)任福祐重輯　**諸名家百花詩一卷**　(清)王相選輯　清道光五年(1825)魁文堂刻本　一冊

370000－1584－0000405　X19
續山東考古録三十二卷首一卷　(清)葉圭綬述　清光緒八年(1882)山東書局刻本　六冊

370000－1584－0000406　X20
小石山房印譜四卷集名刻一卷歸去來辭一卷集金玉晶石銅牙瓷竹木類印一卷　(清)顧湘　(清)顧浩編輯　(清)顧濂校　清宣統三年(1911)石印本　五冊

370000－1584－0000407　X21
宣室志十卷補遺一卷　(唐)張讀撰　**河東先生龍城錄二卷**　(唐)柳宗元撰　清刻本　二冊

370000－1584－0000408　X22
偕園詩草一卷　(明)房可壯著　清光緒三十三年(1907)房氏家塾刻本　二冊

370000－1584－0000409　X24
山東鄉試硃卷(光緒己丑恩科)三卷蜀試擬作一卷山東鄉試硃卷(光緒甲午科)一卷會試硃卷(光緒甲午年萬壽恩科)一卷　(清)□□輯　清刻本　一冊

370000－1584－0000410　X25
西夏紀事本末三十六卷首二卷　(清)張鑑撰　(清)朱記榮校　清光緒二十一年(1895)上海積山書局石印本　一冊

370000－1584－0000411　X26
春秋三十卷　(宋)胡安國傳　清乾隆五十一年(1786)金閶寶翰樓刻本　八冊

370000－1584－0000412　X27.1
西澗草堂集四卷　(清)閻循觀著　清乾隆刻本　一冊

370000－1584－0000413　X27.2
困勉齋私記四卷　(清)閻循觀著　清乾隆三十八年(1773)樹滋堂刻本　一冊

370000－1584－0000414　X27.3
西澗草堂詩集四卷　(清)閻循觀著　清乾隆三十八年(1773)樹滋堂刻本　一冊

370000－1584－0000415　X28
霞光詩經八卷　(宋)朱熹撰　清敬文堂刻本　佚名批校　四冊

370000－1584－0000416　X29
説文解字十五卷　(漢)許慎記　(宋)徐鉉等校　清刻本　十二冊　存八卷(四至十一)

370000－1584－0000417　X30
小倉山房詩集三十一卷補遺一卷附錄一卷　(清)袁枚撰　清山淵堂刻本　八冊

370000－1584－0000418　X31
新刻地理秘書雪心賦直解全書七卷　(唐)卜

應天著定 （唐）田希玉訂正 （明）吳一樑合參 清集錦堂刻本 二冊

370000 – 1584 – 0000419 X32

隨筆草略、詠史詩襏鈔、鄉土志等［文抄］一卷 （清）□□輯 清抄本 一冊

370000 – 1584 – 0000420 X33

熙朝新語十六卷 （清）余金輯 清道光二年（1822）文光堂刻本 八冊

370000 – 1584 – 0000421 X35

修竹草堂集本［文抄］一卷 （清）邱琮玉輯 清光緒二年（1876）、四年（1878）、十三年（1887）益都邱琮玉抄本 一冊

370000 – 1584 – 0000422 X36

性理標題彙要二十二卷 （明）詹淮纂輯 （明）陳仁錫訂正 明崇禎製錦堂刻本 十八冊 存十七卷（一、三、五至九、十一至十四、十七至二十二）

370000 – 1584 – 0000423 X38

新訂四書補註俻旨十卷 （明）鄧林著 （清）鄧煜編次 （清）祁文友重校 （清）杜定基增訂 清咸豐二年（1852）濰陽承文信刻本 八冊

370000 – 1584 – 0000424 X39

書業德重訂古文釋義新編八卷 （清）余誠評註 （清）余芝參閱 清同治十三年（1874）書業德刻本 八冊

370000 – 1584 – 0000425 X41

書業德重訂古文釋義新編八卷 （清）余誠評註 （清）余芝參閱 清光緒十八年（1892）書業德刻本 八冊

370000 – 1584 – 0000426 X45

性理標題綜要二十二卷 （明）詹淮纂輯 （明）陳仁錫訂正 明崇禎刻本 十二冊

370000 – 1584 – 0000427 X48

西學啟蒙十六種八十六卷 （英國）艾約瑟譯 清光緒二十四年（1898）上海圖書集成印書局鉛印本 十六冊

370000 – 1584 – 0000428 X50

續資治通鑑二百二十卷 （清）畢沅編集 清光緒二十五年（1899）上海蜚英館石印本 三十冊

370000 – 1584 – 0000429 X52

徐春浦先生自述一卷 （清）徐芳洲撰 清抄本 一冊

370000 – 1584 – 0000430 X53

修竹草堂隨筆稿本不分卷 （清）邱琮玉撰 清益都邱琮玉稿本 一冊

370000 – 1584 – 0000431 X54

修竹草堂隨筆不分卷 （清）邱琮玉撰 清益都邱琮玉稿本 二冊

370000 – 1584 – 0000432 X55

修竹草堂詩草不分卷 （清）邱琮玉撰 清益都邱琮玉稿本 一冊

370000 – 1584 – 0000433 X56

熙朝新語十六卷 （清）余金輯 清抄本 一冊

370000 – 1584 – 0000434 X57

歷代鐘鼎彝器款識法帖二十卷 （宋）薛尚功撰 （清）阮元校 清光緒八年（1882）上海點石齋石印本 四冊

370000 – 1584 – 0000435 X58.1

先嚴亞中大夫行畧一卷 （清）王稺恭撰 清抄本 一冊

370000 – 1584 – 0000436 X58.2

［山東青州］王若之家族族譜一卷 （清）□□纂修 清王勇抄本 一冊

370000 – 1584 – 0000437 X59

奎壁書經六卷 （宋）蔡沈撰 清光緒十四年（1888）成文信記刻本 三冊 存四卷（一至四）

370000 – 1584 – 0000438 X65

新科考卷菀鴻集不分卷 （清）□□撰 清刻本 一冊

370000 – 1584 – 0000439 X66

五經樓小題拆字不分卷　（清）山仲甫　（清）
山璉輯選　清乾隆元年(1736)刻本　一冊

370000－1584－0000440　Y22

御纂春秋直解十二卷　（清）傅恒等撰　清刻
本　八冊

370000－1584－0000441　Y23

[光緒]益都縣圖志五十四卷首一卷　（清）張
承燮　（清）李祖年修　（清）法偉堂纂　清光
緒三十三年(1907)益都官舍刻本　十六冊

370000－1584－0000442　Y24

益都丁壬集三卷　（清）邱端玉　（清）高登雲
　（清）王蘭洲輯　清光緒十九年(1893)益都
旌賢書院刻本　三冊

370000－1584－0000443　Y26

益都金石記四卷　（清）段松苓著錄　清光緒
九年(1883)益都丁文田、益都知縣李溎等刻
本　二冊

370000－1584－0000444　Y28

益都先正詩叢鈔八卷　（清）段松苓纂　補編
一卷　（清）朱沅集　附編一卷　（清）段松苓
輯　（清）楊紹基補輯　清光緒十年(1884)益
都知縣李溎、益都丁文田等刻本　一冊　存
一卷(二)

370000－1584－0000445　Y31

雲麓漫抄四卷　（宋）趙彥衛撰　清刻本
一冊

370000－1584－0000446　Y32

印譜不分卷　（清）邱琮玉藏并鈐　清鈐印本
三冊

370000－1584－0000447　Y33

袁王綱鑑合編三十九卷首一卷　（明）袁黃輯
　（明）王世貞編　明紀綱目二十卷　（清）張
廷玉等撰　清光緒三十年(1904)上海商務印
書館鉛印本　十四冊　存四十卷(袁王綱鑑
合編三十九卷、首一卷)

370000－1584－0000448　Y34

元史紀事本末二十七卷　（明）陳邦瞻編輯

（明）張溥論正　清光緒二十一年(1895)上海
積山書局石印本　一冊

370000－1584－0000449　Y35

御批歷代通鑑輯覽一百二十卷　（清）傅恒等
撰　清光緒二十九年(1903)山東慶裕書局刻
本　一百十六冊

370000－1584－0000450　Y36

易經大全會解四卷　（清）來爾繩纂輯　清嘉
慶二十一年(1816)刻本　四冊

370000－1584－0000451　Y37

引階合訂二卷　（清）路德撰　清刻本　一冊
存一卷(下)

370000－1584－0000452　Y38

益都先正詩叢鈔八卷　（清）段松苓纂　補編
一卷　（清）朱沅集　附編一卷　（清）段松苓
輯　（清）楊紹基補輯　清光緒十年(1884)益
都知縣李溎、益都丁文田等刻本　九冊

370000－1584－0000453　Y39

益都丁壬集三卷　（清）邱端玉　（清）高登雲
　（清）王蘭洲輯　清光緒十九年(1893)益都
旌賢書院刻本　一冊　存一卷(上)

370000－1584－0000454　Y40

養雲山館試帖四卷　（清）許球著　（清）王榮
紱註釋　（清）汪廷儒　（清）徐景軾參訂　清
同治三年(1864)書業德記刻本　二冊

370000－1584－0000455　Y41

新增說文韻府羣玉二十卷　（元）陰時夫編輯
　（元）陰中夫編註　（明）王元貞校正　清大
文堂刻本　二十冊

370000－1584－0000456　Y42

御批歷代通鑑輯覽一百二十卷　（清）傅恒等
撰　清光緒五年(1879)天津煮字山房刻本
八冊　存十八卷(一至十八)

370000－1584－0000457　Y43

通鑑類纂二十卷　（清）馬佳松椿纂　清光緒
二十九年(1903)上海天章書局石印本　八冊

370000－1584－0000458　Y44

山東省濰坊市圖書館等二十二家收藏單位古籍普查登記目錄

儀禮析疑十七卷　（清）方苞撰　（清）程崟
（清）方道興編　清刻本　八冊

370000－1584－0000459　Y45
易義萃精四卷　（清）徐有珂　（清）戴棠
（清）陳洪冠纂輯　清光緒十四年(1888)上海
大同書局石印本　四冊

370000－1584－0000460　Y46
易問齋太守墨蹟不分卷　（清）易文澐書　清
咸豐二年(1852)稿本　一冊

370000－1584－0000461　Y47
[光緒]益都縣圖志五十四卷首一卷　（清）張
承燮　（清）李祖年修　（清）法偉堂纂　清光
緒三十三年(1907)益都官舍刻本　十六冊

370000－1584－0000462　Y48
怡堂六草六卷　（清）李世治撰　（清）陳毓桐
（清）李湘茮校　清嘉慶十七年(1812)刻本
一冊

370000－1584－0000463　Y49
益都丁壬集三卷　（清）邱端玉　（清）高登雲
（清）王蘭洲輯　清光緒十九年(1893)益都
旌賢書院刻本　一冊

370000－1584－0000464　Y50
御選唐宋詩醇四十七卷目錄二卷　（清）高宗
弘曆編　清浙江書局刻本　五冊　存十卷
(三十六至三十七、四十至四十七)

370000－1584－0000465　Y51
御纂醫宗金鑑九十卷首一卷　（清）吳謙等纂
清刻本　四十七冊

370000－1584－0000466　Y52.1
韻府對語四卷聞孝女詩鈔一卷　（□）□□撰
清刻本　二冊

370000－1584－0000467　Y52.2
本朝律賦集腋八集　（清）馬俊良輯　清刻本
二冊　存二卷(物集一卷、人集一卷)

370000－1584－0000468　Y53
有正味齋試帖詳註四卷　（清）吳錫麒著
（清）吳掄　（清）吳敬恆註　清嘉慶十年

（1805)、十九年(1814)周村文萃堂刻本
四冊

370000－1584－0000469　Y54
欽定萬年書二卷　（清）鍾之模編　清刻本
三冊

370000－1584－0000470　Y56
周易本義四卷　（宋）朱熹撰　清同治十一年
(1872)刻本　二冊　存二卷(一至二)

370000－1584－0000471　Y57
益都丁壬集三卷　（清）邱端玉　（清）高登雲
（清）王蘭洲輯　清光緒十九年(1893)益都
旌賢書院刻本　四冊　存二卷(中、下)

370000－1584－0000472　Y61
[光緒]益都縣圖志五十四卷首一卷　（清）張
承燮　（清）李祖年修　（清）法偉堂纂　清光
緒三十三年(1907)益都官舍刻本　八冊　存
二十八卷(二十七至五十四)

370000－1584－0000473　Y62
[光緒]益都縣圖志五十四卷首一卷　（清）張
承燮　（清）李祖年修　（清）法偉堂纂　清光
緒三十三年(1907)益都官舍刻本　十六冊

370000－1584－0000474　Y64
[乾隆、嘉慶、道光、光緒]掖縣全志八卷首一
卷　（清）張彤　（清）魏起鵬修　清光緒十九
年(1893)掖縣縣署刻本　二冊　存六卷(掖
縣志二至三、續掖縣志一至二、再續掖縣志
上、三續掖縣志一)

370000－1584－0000475　Y65
[乾隆]陽信縣志八卷首一卷　（清）王允深修
（清）沈佐清　（清）王式軾纂　清乾隆二十
四年(1759)刻本　五冊

370000－1584－0000476　Y66
飴山詩集二十卷　（清）趙執信撰　清乾隆十
七年(1752)趙氏因園刻本　四冊

370000－1584－0000477　Y67
願學堂課藝六卷　（清）吳鴻恩輯　清光緒五
年(1879)京都琉璃廠刻本　六冊

370000－1584－0000478　Y68

鳳泉易經四卷　（宋）朱熹撰　清光緒八年(1882)怡翰齋刻本　二冊

370000－1584－0000479　Y69

醫方集解三卷　（清）汪昂著輯　（清）汪桓參閱　（清）汪端　（清）汪惟寵校　清宏道堂刻本　六冊

370000－1584－0000480　Y72

[光緒]益都縣圖志五十四卷首一卷　（清）張承燮　（清）李祖年修　（清）法偉堂纂　清光緒三十三年(1907)益都官舍刻本　一冊　存六卷(五至十)

370000－1584－0000481　Y73.1

雨亭尺牘八卷　（清）林欽潤撰　清道光十八年(1838)詒燕堂刻本　佚名批校題跋　十六冊

370000－1584－0000482　Y73.2

秋水軒尺牘四卷　（清）許思湄撰　清刻本　四冊

370000－1584－0000483　Y75

月令廣義二十四卷首一卷附錄一卷　（明）馮應京纂輯　（明）戴任增釋　（明）李登參訂　明萬曆三十一年(1603)閶門舒承溪刻本　十二冊

370000－1584－0000484　Y76

御纂周易折中二十二卷首一卷　（清）李光地等撰　清刻本　十六冊

370000－1584－0000485　Y77

飴山文集十二卷附錄一卷　（清）趙執信著　清乾隆三十九年(1774)益都趙氏因園刻本　四冊

370000－1584－0000486　Y79

益都金石記四卷　（清）段松苓著錄　清光緒九年(1883)益都丁文田、益都知縣李溱等刻本　四冊

370000－1584－0000487　Y81

芸館詩存一卷　（清）武雲衢著　清抄本　佚名批校　一冊

370000－1584－0000488　Y82

[光緒]益都縣圖志五十四卷首一卷　（清）張承燮　（清）李祖年修　（清）法偉堂纂　清光緒三十三年(1907)益都官舍刻本　十六冊

370000－1584－0000489　Y84

御纂詩義折中二十卷　（清）傅恒等撰　清刻本　三冊　存十卷(十一至二十)

370000－1584－0000490　Y108

藥方一卷　（□）□□撰　清抄本　二冊

370000－1584－0000491　Y109

御纂醫宗金鑑九十卷首一卷　（清）吳謙等纂　清刻本　五冊　存九卷(三至四、十二至十六、六十一至六十二)

370000－1584－0000492　Y110

意中緣傳奇二卷　（清）李漁編次　（清）禾中女史批評　清刻本　二冊

370000－1584－0000493　Z55

左繡三十卷首一卷　（清）馮李驊　（清）陸浩評輯　（清）范允斌等參評　（清）馮張孫等校輯　清山淵堂刻本　十六冊

370000－1584－0000494　Z56

左傳選十四卷　（清）儲欣評　（清）儲芝參述　（清）徐永　（清）董南紀　（清）儲掌文校訂　清道光二十五年(1845)靜遠堂刻本　八冊

370000－1584－0000495　Z57

鄭板橋全集六編　（清）鄭燮著　清宣統元年(1909)埽葉山房石印本　四冊

370000－1584－0000496　Z58

鄭板橋全集六編　（清）鄭燮著　清宣統元年(1909)埽葉山房石印本　四冊

370000－1584－0000497　Z60

鐘鼎字源五卷附錄一卷　（清）汪立名撰　清光緒二年至五年(1876－1879)洞庭秦氏麟慶堂刻本　三冊

370000－1584－0000498　Z61

山東省濰坊市圖書館等二十二家收藏單位古籍普查登記目錄

左傳評三卷 　（清）李文淵撰 　清乾隆四十年
(1775)潮陽縣衙刻本 　一册

370000－1584－0000499 　Z62

御纂周易折中二十二卷首一卷 　（清）李光地
等撰 　清刻本 　十六册

370000－1584－0000500 　Z63

易經指掌四卷 　（清）相永清輯 　清光緒二年
(1876)臨淄桂香齋刻本 　二册

370000－1584－0000501 　Z64

御纂周易述義十卷 　（清）傅恒等撰 　清刻本
　八册

370000－1584－0000502 　Z65

周禮精華六卷 　（清）陳龍標編輯 　清道光六
年(1826)光韙堂刻本 　六册

370000－1584－0000503 　Z66

聖武記十四卷 　（清）魏源譔 　清光緒二十九
年(1903)上海蜚英鉛印本 　六册

370000－1584－0000504 　Z67

周官精義十二卷 　（清）連斗山編次 　清嘉慶
二十三年(1818)山淵堂刻本 　八册

370000－1584－0000505 　Z68

周禮註疏刪翼三十卷 　（明）王志長輯 　（明）
葉培恕定 　清乾隆五十七年(1792)金閶書業
堂刻本 　二十册

370000－1584－0000506 　Z69

重訂批點春秋左傳詳節句解六卷首一卷
(宋)朱申註釋 　（明）孫鑛批點 　（明）顧梧
芳校正 　清乾隆四十九年(1784)大經堂刻本
　八册

370000－1584－0000507 　Z70

漢大司農康成鄭公［玄］年譜一卷 　（清）侯登
岸撰 　（清）傅敦孝校 　清刻本 　一册

370000－1584－0000508 　Z71

左繡三十卷首一卷 　（清）馮李驊 　（清）陸浩
評輯 　（清）范允斌等參評 　（清）馮張孫等校
輯 　清刻本 　八册 　存十五卷(十六至三十)

370000－1584－0000509 　Z72.1

國語選二卷 　（清）儲欣評 　（清）儲芝參述
（清）徐遇仙 　（清）史章期 　（清）任環
（清）吳景熹 　（清）儲掌文校訂 　清刻本 　清
邱琮玉批校 　二册

370000－1584－0000510 　Z72.2

戰國策選二卷 　（清）儲欣評 　（清）儲芝參述
（清）徐永勳 　（清）吳振乾 　（清）董南紀
（清）儲掌文校訂 　清乾隆三十一年(1766)
受祉堂刻本 　清邱琮玉批校 　二册

370000－1584－0000511 　Z72.3

公羊傳選一卷穀梁傳選一卷 　（清）儲欣評
（清）儲芝參述 　（清）徐永 　（清）徐遇仙
（清）史章期 　（清）任環 　（清）儲掌文校訂
　清乾隆三十一年(1766)受祉堂刻本 　清光
緒二十年邱琮玉批校 　二册

370000－1584－0000512 　Z73

篆法偏旁點畫辯一卷 　（清）陳紀校書 　（清）
鄭漢音釋 　清抄本 　一册

370000－1584－0000513 　Z75

御撰資治通鑑綱目三編二十卷 　（清）張廷玉
等撰 　清道光二十一年(1841)刻本 　八册

370000－1584－0000514 　Z76

增補尚友錄二十二卷 　（明）廖用賢編纂
（清）張伯琮補輯 　清光緒十七年(1891)上海
石印本 　六册

370000－1584－0000515 　Z77

周官精義十二卷 　（清）連斗山編次 　清嘉慶
元年(1796)金閶書業堂刻本 　八册

370000－1584－0000516 　Z78

評點春秋綱目左傳句解彙雋六卷 　（清）韓菼
重訂 　清琴川閣刻本 　八册

370000－1584－0000517 　Z79

祝由科六卷 　（□）□□撰 　清抄本 　四册

370000－1584－0000518 　Z80.1

周禮六卷 　（清）高愈原本 　（清）鄧愷纂訂
清刻本 　一册 　存三卷(一至三)

370000－1584－0000519 　Z80.2

山東省濰坊市青州市博物館古籍普查登記目録

周禮節訓六卷　（清）黃叔琳原本　（清）姚培
謙重訂　（清）王永祺參閱　清刻本　一冊
存四卷（三至六）

370000 – 1584 – 0000520　Z80.3
周禮六卷　（清）高愈原本　（清）鄧愷纂訂
清刻本　一冊　存二卷（一至二）

370000 – 1584 – 0000521　Z81
竹笑軒賦鈔初集三卷二集三卷　（清）孫清達
編次　清道光二十五年（1845）聚錦旭刻本
六冊

370000 – 1584 – 0000522　Z82
廣增四書典腋二十卷　（清）松軒主人編　清
道光二十三年（1843）刻本　六冊

370000 – 1584 – 0000523　Z83.1
校正尚友錄二十二卷　（明）廖用賢編纂
（清）張伯琮補輯　清光緒二十九年（1903）上
海寶善齋石印本　六冊

370000 – 1584 – 0000524　Z83.2
校正尚友錄續集二十二卷　（清）退思主人編
纂　清光緒二十八年（1902）上海寶善齋石印
本　六冊

370000 – 1584 – 0000525　Z83.3
校正尚友錄三集十卷四集八卷　（清）□□撰
清光緒二十九年（1903）上海寶善齋石印本
四冊

370000 – 1584 – 0000526　Z84
周禮節訓六卷　（清）黃叔琳原本　（清）姚培
謙重訂　（清）王永祺參閱　清乾隆五十五年
（1790）刻本　二冊

370000 – 1584 – 0000527　Z85
資治通鑑綱目五十九卷首一卷　（宋）朱熹撰
（明）陳仁錫評閱　續編二十七卷末一卷
（明）商輅等撰　（明）陳仁錫評閱　明姑蘇聚
文堂刻本　九十九冊

370000 – 1584 – 0000528　Z86
增補事類統編九十三卷首一卷　（清）黃葆真
增輯　（清）何立中校字　清文選樓刻本　六

冊　存十四卷（五十六至六十九）

370000 – 1584 – 0000529　Z87
字彙十二集首一卷末一卷　（明）梅膺祚音釋
（明）劉永懋重訂　清滙源堂刻本　八冊
存八卷（子集一卷、丑集一卷、寅集一卷、卯集
一卷、辰集一卷、巳集一卷、午集一卷，首一
卷）

370000 – 1584 – 0000530　Z88
竹笑軒賦鈔初集一卷二集一卷　（清）孫清達
編次　清道光十九年（1839）刻本　四冊

370000 – 1584 – 0000531　Z89.1
繪圖彭公案六卷一百回　（清）貪夢道人撰
清光緒十九年（1893）上海書局石印本　六冊

370000 – 1584 – 0000532　Z89.2
新刊續彭公案十卷八十回　（清）貪夢道人撰
清光緒二十二年（1896）上海書局石印本
六冊

370000 – 1584 – 0000533　Z89.3
新刊再續彭公案八卷八十回　（清）貪夢道人
撰　清光緒二十三年（1897）上海書局石印本
四冊

370000 – 1584 – 0000534　Z92
直齋書錄解題二十二卷　（宋）陳振孫撰　清
光緒九年（1883）江蘇書局刻本　六冊　存十
卷（一至十）

370000 – 1584 – 0000535　Z93
字彙十二集首一卷末一卷　（明）梅膺祚音釋
清金閶書業堂刻本　七冊　存七卷（子集
一卷、丑集一卷、寅集一卷、卯集一卷、辰集
一卷、巳集一卷，首一卷）

370000 – 1584 – 0000536　Z96
正字通十二卷字彙舊本首卷一卷　（明）張自
烈　（清）廖文英撰　清芥子園刻本　二冊
存二卷（子集中、字彙舊本首卷一卷）

370000 – 1584 – 0000537　Z97
周禮六卷　（漢）鄭玄注　（唐）陸德明音義
校刊記一卷　（清）丁寶楨撰　清同治十一年

山東省濰坊市圖書館等二十二家收藏單位古籍普查登記目錄

(1872)山東書局刻本 六冊

370000 – 1584 – 0000538 Z98

新刊增補萬病回春原本八卷 (明)龔廷賢編
(清)周亮登校 清上海埽葉山房刻本
八冊

370000 – 1584 – 0000539 Z99

狀元書經六卷 (宋)蔡沈撰 清青州怡翰齋
刻本 四冊

370000 – 1584 – 0000540 Z100

增訂金壼字考一卷 (清)郝在田撰 清光緒
元年(1875)刻本 一冊

370000 – 1584 – 0000541 Z104

左傳易讀六卷 (清)司徒修輯 清光緒七年
(1881)書業德記刻本 六冊

370000 – 1584 – 0000542 Z111.1

南華真經旁注五卷 (周)莊周著 (晉)郭象
評 (晉)向秀註 清康熙五十五年(1716)刻
本 六冊

370000 – 1584 – 0000543 Z111.2

結婚賀資 (清)董壽春撰 清光緒十年
(1884)稿本 一冊

370000 – 1584 – 0000544 Z112.2

有正味齋試帖詳註四卷 (清)吳錫麒著
(清)吳掄 (清)吳敬恆註 清刻本 二冊
存二卷(三至四)

370000 – 1584 – 0000545 Z112.3

漱芳軒合纂禮記體註四卷 (清)范翔參訂
(清)吳有文 (清)朱光斗 (清)范應兆等
校 清刻本 一冊 存一卷(四)

370000 – 1584 – 0000546 Z112.4

佛經五卷 (□)□□撰 清光緒十年(1884)
抄本 五冊

370000 – 1584 – 0000547 Z112.5

御纂詩義折中二十卷 (清)傅恒等撰 清刻
本 三冊 存十一卷(七至十四、十八至二
十)

370000 – 1584 – 0000548 Z112.6

海上鴻泥□卷 (□)□□撰 清刻本 一冊
存一卷(八)

370000 – 1584 – 0000549 Z112.7

古文釋義新編八卷 (清)余誠評註 (清)余
芝參閱 清刻本 一冊 存一卷(六)

370000 – 1584 – 0000550 Z112.8

酌雅齋四書遵註合講十九卷圖考一卷 (清)
翁復編次 (清)詹文煥參定 清匠門書屋、
會文樓刻本 三冊 存十卷(論語一至五、孟
子一至五)

370000 – 1584 – 0000551 Z113.1

雜集字信不分卷 (清)□□輯 清抄本
一冊

370000 – 1584 – 0000552 Z113.12

名賢手劄八卷 (清)郭慶藩輯 清光緒二十
九年(1903)上海點石齋石印本 二冊

370000 – 1584 – 0000553 Z113.2

越絕書一卷 (漢)袁康撰 (清)俞長城評點
吳越春秋一卷 (漢)趙曄撰 (清)俞長城
評點 清刻本 一冊

370000 – 1584 – 0000554 Z113.3

史外三十二卷 (清)汪有典纂 清刻本 一
冊 存五卷(十五至十九)

370000 – 1584 – 0000555 Z113.4

四聖寶訓合編不分卷 (清)張□□輯 清光
緒五年(1879)青州文德友刻本 二冊

370000 – 1584 – 0000556 Z113.5

山東鄉試第玖房同門姓氏(光緒壬午科)一卷
(清)□□輯 清刻本 一冊

370000 – 1584 – 0000557 Z113.6

文昌帝君鸞諭愛士文一卷 (□)□□撰 清
光緒刻本 一冊

370000 – 1584 – 0000558 Z114

新刻增補古今醫鑑八卷 (明)龔信編 (明)
龔廷賢續編 清書林蘊古堂余元聲刻本 佚
名批校 七冊 存七卷(二至八)

370000 – 1584 – 0000559 Z117

山東省濰坊市青州市博物館古籍普查登記目錄

左繡三十卷首一卷 （清）馮李驊評輯 （清）陸浩評輯 （清）范允斌等參評 （清）馮張孫等校輯 清錦雲書屋刻本 七冊 存十四卷（一至九、十二至十五,首一卷）

370000－1584－0000560 Z120

[光緒]鄒縣續志十二卷首一卷 （清）吳若灝續纂 （清）董純 （清）馬星翼原纂 清光緒十八年（1892）邑廨刻本 二冊 存十卷（一至九、首一卷）

370000－1584－0000561 Z121

[光緒]霑化縣志十六卷首一卷 （清）聯印修 （清）張會一 （清）耿翔儀纂 清光緒十七年（1891）刻本 四冊

370000－1584－0000562 Z122

字彙四集 （明）梅膺祚音釋 清古渝善成堂刻本 四冊

370000－1584－0000563 Z130

資治通鑑二百九十四卷 （宋）司馬光編集 （元）胡三省音註 清光緒十四年（1888）上海蜚英館石印本 三十六冊

370000－1584－0000564 Z131

正字通十二卷字彙舊本首卷一卷 （明）張自烈 （清）廖文英撰 清芥子園刻本 三冊 存一卷（四）

370000－1584－0000565 Z144.1

中俄交界全圖 （清）□□繪撰 清石印本 一冊

370000－1584－0000566 Z144.2

俄羅斯國全圖 （清）□□繪撰 清光緒七年（1881）石印本 一冊

370000－1584－0000567 Z158

張相國墨寶一卷 （清）張之萬繪 稿本 一冊

370000－1584－0000568 Z159.1

[光緒宣統民國年間欠外帳]二卷 （清）□□立 清光緒六年至民國七年（1880－1918）抄本 二冊

370000－1584－0000569 Z159.13

聖諱抬頭雜記一卷 （清）□□撰 清刻本 一冊

370000－1584－0000570 Z159.14

文集一卷 （清）□□撰 清抄本 佚名批校 一冊

370000－1584－0000571 Z159.3

出入流水一卷 （清）尚志堂立 清光緒三十年（1904）抄本 一冊

370000－1584－0000572 Z159.4

帳本一卷 （清）□□立 清光緒抄本 一冊

370000－1584－0000573 Z159.9

名媛詩詞一卷 （清）趙斂祉撰 清乾隆三十八年（1773）抄本 一冊

370000－1584－0000574 Z216

治痘湯丸說要不分卷 （清）孫豐年撰 清刻本 一冊

370000－1584－0000575 Z159.2.1

收禮帳一卷 （清）釋廣生立 清光緒三十一年（1905）抄本 一冊

370000－1584－0000576 Z159.2.2

收禮帳一卷 （清）釋廣大立 清宣統二年（1910）抄本 一冊

山東省濰坊市高密市圖書館古籍普查登記目錄

全國古籍普查登記目錄

國家圖書館出版社

National Library of China Publishing House

370000－4515－0000001　經1

御纂周易折中二十二卷首一卷　（清）李光地等撰　清刻本　十一冊　存十五卷(一至二、六至十五、十八至十九,首一卷)

370000－4515－0000002　經2

周易注疏十三卷　（三國魏）王弼　（晉）韓康伯注　（唐）陸德明音義　（唐）孔穎達疏　（清）朱良裘考證　清乾隆四年(1739)刻本　二冊　存五卷(四至六、十二至十三)

370000－4515－0000003　經3

監本易經四卷　（宋）朱熹撰　清光緒二十二年(1896)德盛堂刻本　四冊(一函)

370000－4515－0000004　經4

奎璧易經四卷　（宋）朱熹撰　清刻本　四冊(一函)

370000－4515－0000005　經5

周易翼十卷　（清）凌堃撰　清傳經堂刻本　三冊　存八卷(三至十)

370000－4515－0000006　經6

焦氏易林校略十六卷　（清）翟云升撰　清道光二十八年(1848)刻本　六冊　存十卷(七至十六)

370000－4515－0000007　經7

尚書注疏二十卷　（漢）孔安國傳　（唐）陸德明音義　（唐）孔穎達疏　清乾隆四年(1739)刻本　三冊　存十卷(七至十六)

370000－4515－0000008　經8

尚書今古文注疏三十卷　（清）孫星衍撰　清刻本　二冊　存十二卷(六至十七)

370000－4515－0000009　經9

尚書考異六卷　（明）梅鷟撰　（清）孫星衍校　清嘉慶十九年(1814)蘭陵孫氏刻平津館叢書本　二十冊

370000－4515－0000010　經10

龍文鞭影二卷　（明）蕭良有著　（明）楊臣諍增訂　清刻本　佚名批註　一冊　存一卷(下)

370000－4515－0000011　經11

奎璧書經六卷　（宋）蔡沈撰　清光緒德盛堂刻本　四冊(一函)

370000－4515－0000012　經12

千字文釋義一卷　（南朝梁）周興嗣次韻　（清）汪嘯尹纂輯　（清）孫謙益參注　（清）葉敬書本文　（清）楊應兌校正　清刻本　一冊

370000－4515－0000013　經13

監本詩經八卷　（宋）朱熹撰　清光緒二十三年(1897)德盛堂刻本　四冊(一函)

370000－4515－0000014　經14－1

御纂詩義折中二十卷　（清）傅恒等撰　清刻本　三冊　存十四卷(一至三、七至十七)

370000－4515－0000015　經14－2

御纂詩義折中二十卷　（清）傅恒等撰　清刻本　一冊　存三卷(一至三)

370000－4515－0000016　經15

欽定詩經傳說彙纂二十一卷首二卷詩序二卷　（清）王鴻緒等撰　清刻本　六冊　存六卷(五至六、八、十,詩序二卷)

370000－4515－0000017　經16

詩經精華十卷　（清）薛嘉穎輯　清刻本　一冊　存一卷(三)

370000－4515－0000018　經17

周禮會通六卷　（漢）鄭玄註　（清）胡翹纂輯　清乾隆五十二年(1787)凝暉閣刻本　二冊　存二卷(一至二)

370000－4515－0000018　經18

附釋音周禮注疏四十二卷　（漢）鄭玄注　（唐）賈公彥疏　清刻本　一冊　存二卷(三十九至四十)

370000－4515－0000019　經19

禮記集說十卷　（元）陳澔撰　清刻本　五冊　存五卷(二、四、八至十)

370000－4515－0000021　經20

禮記易讀二卷　（清）志遠堂主人撰　清光緒

山東省濰坊市高密市圖書館古籍普查登記目錄

八年(1882)德盛堂刻本　二冊

370000－4515－0000022　經21

三禮義證十二卷　(清)武億著　清道光二十三年(1843)武禾刻本　一冊　存五卷(一至五)

370000－4515－0000023　經23

五禮通考二百六十二卷　(清)秦蕙田編輯　(清)方觀承同訂　(清)王鳴盛　(清)宋宗元參校　清刻本　一冊　存六卷(一百六十五至一百七十)

370000－4515－0000024　經24

文公家禮儀節八卷　(宋)朱熹編　(明)楊慎輯　清刻本　二冊　存四卷(三至六)

370000－4515－0000025　經25

欽定春秋左傳讀本三十卷　(清)英和等撰　清刻本　九冊　存十五卷(一至七、十六至十九、二十三至二十四、二十七至二十八)

370000－4515－0000026　經26

春秋三傳旁訓□□卷　(清)席世安撰　清嘉慶三年(1798)掃葉山房刻本　八冊(一函)

370000－4515－0000027　經27

春秋左傳五十卷　(晉)杜預　(宋)林堯叟註釋　(唐)陸德明音義　(明)孫鑛　(明)鍾惺　(明)韓范評點　(清)楊儀吉校訂　清同治七年(1868)蘇州綠潤堂刻本　十冊(一函)

370000－4515－0000028　經28

左傳易讀六卷　(清)司徒修輯　清同治十年(1871)敬文堂刻本　六冊(一函)

370000－4515－0000029　經29

左傳選十四卷　(清)儲欣評　(清)儲芝參述　(清)徐永　(清)董南紀　(清)儲掌文校訂　清光緒二年(1876)成文堂刻本　四冊　存十一卷(一至四、七至十、十二至十四)

370000－4515－0000030　經30

左繡三十卷首一卷　(清)馮李驊評輯　(清)陸浩評輯　(清)范允斌等參評　(清)馮張孫等校輯　清刻本　六冊　存十卷(十五至十六、二

山東省濰坊市圖書館等二十二家收藏單位古籍普查登記目錄

十一至二十四、二十七至三十)

370000－4515－0000031　經31

春秋公羊傳注疏二十八卷　(周)公羊高撰　(漢)何休注　(唐)陸德明音義　清乾隆四年(1739)刻本　一冊　存四卷(二十五至二十八)

370000－4515－0000032　經32

古經解鈎沉三十卷　(清)余蕭客輯　清乾隆六十年(1795)刻本　七冊

370000－4515－0000033　經33

皇清經解續編二百九卷　王先謙輯　清光緒十五年(1889)上海蜚英館石印本　十一冊　存七十九卷(十九至五十一、六十至七十五、一百五至一百十二、一百七十三至一百七十六、一百九十二至二百九)

370000－4515－0000034　經34

十三經注疏并釋文校勘記二百四十五卷　(清)阮元撰　清光緒十三年(1887)上海脈望仙館石印本　十四冊　存四種一百十七卷(孟子注疏十四卷、爾雅注疏十卷、左傳注疏三十卷、禮記注疏六十三卷)

370000－4515－0000035　經35

經讀考異八卷序述二卷　(清)武億著　(清)武穆淳編　清武禾刻本　一冊　存二卷(七至八)

370000－4515－0000036　經36

經餘必讀八卷續編八卷　(清)雷琳　(清)錢樹棠　(清)錢樹立輯　**三集四卷**　(清)趙在翰纂　清刻本　七冊　存十六卷(經餘必讀八卷、續編一至六、三集一至二)

370000－4515－0000037　經37

經典釋文三十卷攷證三十卷　(唐)陸德明撰　(清)盧文弨攷證　清刻本　一冊　存二卷(七至八)

370000－4515－0000038　經38

四書正義十九卷　(清)周大璋纂定　(清)劉中芙參閲　清乾隆四十八年(1783)四美堂刻本　六冊

370000－4515－0000039　經39

孟子集註大全十四卷　（清）陸隴其輯　清三魚堂刻本　三冊　存五卷(七至十、十三)

370000－4515－0000040　經40

四書大全三十九卷　（清）陸隴其輯　清三魚堂刻本　一冊　存一卷(中庸大全章句下)

370000－4515－0000041　經41

孟子補義十四卷　（清）凌江輯　（清）凌奎增注　（清）凌鏞　（清）凌鎬校字　清傳經堂刻本　一冊　存四卷(五至八)

370000－4515－0000042　經42

增廣新訂四書補註備旨十卷　（明）鄧林著　（清）鄧煜編次　（清）祁文友重校　（清）杜定基增訂　清光緒十六年(1890)德盛堂記刻本　九冊

370000－4515－0000043　經43

四書大全三十九卷附錄一卷　（清）陸隴其輯　清嘉會堂刻本　一冊　存一卷(大學一卷)

370000－4515－0000044　經44

酌雅齋四書遵註合講十九卷圖考一卷　（清）翁復編次　（清）詹文煥參定　清酌雅齋刻本　二冊　存四卷(孟子四至七)

370000－4515－0000045　經45

明文鈔二編不分卷　（清）高壎集評　清乾隆五十一年(1786)廣郡永邑培元堂楊氏刻本　三冊

370000－4515－0000046　經46

四書典故撮要□□卷　（清）張發長等編　清刻本　六冊

370000－4515－0000047　經49

四書會解十卷　（宋）朱熹集註　（清）綦澧輯　清同治六年(1867)刻本　十一冊

370000－4515－0000048　經50

四書五經義大全三十卷　（清）雙璞齋主人輯　清光緒二十八年(1902)上海圖書集成局石印本　八冊

370000－4515－0000049　經51

四書子史集證六卷　（清）陳子驥撰　清光緒二十年(1894)上海煥文書局石印本　一冊

370000－4515－0000050　經52

孟子正義三十卷　（清）焦循撰集　清石印本　一冊　存五卷(十一至十五)

370000－4515－0000051　經53

四書人物類典串珠四十卷　（清）臧志仁編輯　清刻本　五冊　存十二卷(四至五、十四至十六、二十至二十一、三十六至四十)

370000－4515－0000052　經54

註釋八銘塾鈔初集六卷闈試總論一卷二集六卷論文一卷　（清）吳懋政編次　清同治六年(1867)大文堂刻本　八冊(二函)

370000－4515－0000053　經55

論語注疏解經二十卷　（三國魏）何晏集解　（宋）邢昺疏　清刻本　二冊　存八卷(八至十五)

370000－4515－0000054　經56

論語最豁集四卷　（清）劉珍輯　清刻本　一冊　存一卷(四)

370000－4515－0000055　經57

康熙字典十二集三十六卷總目一卷檢字一卷辨似一卷等韻一卷備考一卷補遺一卷　（清）張玉書　（清）陳廷敬等纂　清刻本　四十冊(六函)

370000－4515－0000056　經58

說文釋例二十卷　（清）王筠撰　**釋例補正二十卷**　（清）王筠續纂　清道光二十八年(1848)安邱王筠徐溝刻本(釋例補正爲清咸豐二年安邱王筠鄉寧刻本)　十冊(二函)　存二十卷(說文釋例二十卷)

370000－4515－0000057　經59

說文解字句讀三十卷　（漢）許慎記　（清）王筠撰集　（清）陳山嵋　（清）陳慶鏞訂正　（清）蔣其崙書篆　**句讀補正三十卷**　（清）王筠撰　（清）王彥侗　（清）孫藍田校　**說文繫傳校錄三十卷**　（清）王筠撰　（清）劉燿椿參訂　（清）孫藍田　（清）宋翔南　（清）王璿

山東省濰坊市高密市圖書館古籍普查登記目錄

（清）王彦侗校　清咸豐四年（1854）安邱王
筠與山西曲沃邑人襄陵刻本（句讀補正爲清
咸豐九年安邱王彦侗刻本，說文繫傳校錄爲
清咸豐七年刻本）　十八冊（四函）

370000－4515－0000058　經60
字彙十二集首一卷末一卷　（明）梅膺祚音釋
清刻本　十冊

370000－4515－0000059　經61
正字略定本不分卷　（清）王筠著　清道光二
十五年（1845）刻本　一冊

370000－4515－0000060　經62
爾雅註疏十一卷　（晉）郭璞註　（宋）邢昺疏
清光緒十三年（1887）刻本　三冊　存八卷
（一至五、九至十一）

370000－4515－0000061　經63
爾雅疏十卷　（宋）邢昺等校　清光緒十八年
（1892）湖南寶慶務本書局刻本　五冊

370000－4515－0000062　經67
鑑略四字書一卷　（清）王仕雲著　清膠西成
文堂刻本　一冊

370000－4515－0000063　經68
增刪韻府羣玉定本二十卷　（元）陰時夫編輯
（元）陰中夫編註　清刻本　四冊　存八卷
（十一至十二、十五至二十）

370000－4515－0000064　經69
佩文韻府一百六卷　（清）張玉書　（清）陳廷
敬等撰　清刻本　二冊　存二卷（六、十一）

370000－4515－0000065　經70
五經樓小題拆字不分卷　（清）山仲甫　（清）
山璉輯選　清成文信刻本　一冊

370000－4515－0000066　經71
經韻集字析解二卷　（清）彭良敝撰　清道光
十年（1830）濼源書院刻本　二冊

370000－4515－0000067　經73
說文解字十五卷　（漢）許慎記　（宋）徐鉉等
校　清嘉慶九年（1804）蘭陵孫氏刻平津館叢
書本　四冊

370000－4515－0000068　經74
弟子職正音一卷　（清）王筠撰　清咸豐二年
（1852）刻鄂宰四種本　一冊

370000－4515－0000069　經75
書經體註大全六卷　（清）范翔編訂　（清）吳
有文等校　清康熙五十七年（1718）文盛堂刻
本　佚名批校　五冊

370000－4515－0000070　經76
詩韻含英十八卷　（清）劉文蔚輯　清刻本
四冊

370000－4515－0000071　經77
書經體註大全合參六卷　（清）錢希祥纂輯
（清）范翔鑒定　清刻本　四冊

370000－4515－0000072　史1
史論正鵠三集八卷　（清）王樹敏評點　清光
緒二十七年（1901）上海久敬齋石印本　四冊
存四卷（一、五至六、八）

370000－4515－0000073　史2
讀史大畧六十卷首一卷小沙子史略一卷
（清）沙張白著　清光緒二十六年（1900）上海
祥記書莊石印本　二冊　存二十卷（十三至
二十五、四十八至五十四）

370000－4515－0000074　史4
註釋類類串珠初編三十二卷　（清）李塾編
（清）李椿林增補　清光緒元年（1875）粵東綵
花吟館刻本　六冊　存二十三卷（一至二十
三）

370000－4515－0000075　史5
史記短長說二卷　（明）凌迪知　（明）凌稚隆
訂正　（清）凌鳴喈重校　青玉館集一卷
（清）凌遂知編　（清）凌義渠　（清）凌義徵
校　（清）凌景曦註　清嘉慶二十一年（1816）
傳經堂刻本　一冊

370000－4515－0000076　史6
讀史方輿紀要一百三十卷　（清）顧祖禹輯著
清光緒二十八年（1902）湖南書局刻本　六
冊　存十卷（一至十）

山東省濰坊市圖書館等二十二家收藏單位古籍普查登記目録

370000 - 4515 - 0000077　史 7

[光緒]高密縣志十卷首一卷末一卷　（清）傅
資予修　（清）李勸運纂　清光緒二十二年
(1896)刻本　五冊　存八卷（一至五、八上、
九,首一卷）

370000 - 4515 - 0000078　史 8

海國圖志一百卷　（清）魏源輯　海國圖志續
集二十五卷　（英國）麥高爾輯著　（美國）林
樂知　（清）瞿昂來譯　清光緒二十四年
(1898)文賢閣石印本　七冊　存六十四卷
（海國圖志七至十五、三十至五十一、五十九
至六十七,海國圖志續集一至十一、十三至二
十五）

370000 - 4515 - 0000079　史 9

洋務經濟通考十六卷　（清）邵友濂纂定
（清）徐毓洙　應祖錫校正　清光緒二十四年
(1898)上海鴻寶齋石印本　三冊　存四卷
（一至二、五至六）

370000 - 4515 - 0000080　史 10

水經注四十卷　（北魏）酈道元撰　清光緒元
年(1875)湖北崇文書局刻本　二冊　存六卷
（一至六）

370000 - 4515 - 0000081　史 11

寰宇訪碑錄十二卷　（清）孫星衍　（清）邢澍
撰　清刻本　一冊　存二卷（十一至十二）

370000 - 4515 - 0000082　史 12

人物志三卷　（三國魏）劉邵著　（清）羅蘭玉
校　清刻本　一冊

370000 - 4515 - 0000083　史 13

華陽國志十二卷　（晉）常璩著　明末刻本
一冊　存三卷（李志一卷、漢中士女志一卷、
西州後賢志一卷）

370000 - 4515 - 0000084　史 14

吳越春秋六卷　（漢）趙曄撰　（清）游桂校
清刻本　一冊　存三卷（一至三）

370000 - 4515 - 0000085　史 15

經義考三百卷　（清）朱彝尊錄　（清）李濤校
清康熙刻乾隆二十年(1755)盧見曾增刻本

十四冊　存六十七卷（一至九、十四至四十
五、五十一至五十九、七十一至七十六、八十
一至九十一）

370000 - 4515 - 0000086　史 16

欽定四庫全書總目二百卷首一卷　（清）永瑢
（清）紀昀等撰　清同治七年(1868)廣東書
局刻本　三十九冊　存六十四卷（一至六、九
至十二、十五至十九、二十一至二十四、二十
九至三十、三十三至三十四、三十七至五十
二、五十五至五十八、六十一至六十八、一百
八十七至一百九十二、一百九十五至二百,首
一卷）

370000 - 4515 - 0000087　史 17

金石三跋十卷授堂金石文字續跋十四卷
（清）武億著錄　（清）武穆淳編　清道光二十
三年(1843)武耒授堂刻本　三冊　存二種十
三卷（金石一跋四卷,授堂金石文字續跋一至
四、十至十四）

370000 - 4515 - 0000088　史 18

授堂文鈔八卷續集二卷　（清）武億著　讀畫
山房文鈔二卷　（清）武穆淳撰　清道光二十
三年(1843)武耒授堂刻本　一冊　存二種四
卷（授堂文鈔續集二卷、讀畫山房文鈔二卷）

370000 - 4515 - 0000089　史 19

大清律例增修統纂集成四十卷督捕則例附纂
二卷　（清）姚潤纂　（清）任彭年重輯　清光
緒二十五年(1899)石印本　十三冊　存二十
二卷（大清律例增修統纂集成一至三、七至
八、十九、二十三、二十五、二十七至二十八、
三十一至四十,督捕則例附纂二卷）

370000 - 4515 - 0000090　史 20

皇朝通典一百卷　（清）嵇璜纂　清石印本
一冊　存十卷（六十四至七十三）

370000 - 4515 - 0000091　史 22

城鎮鄉選舉章程通釋不分卷　楊廷棟編纂
清末自治研究所石印本　一冊

370000 - 4515 - 0000092　史 23

大清法規大全□□卷首一卷　（清）政學社編

山東省濰坊市高密市圖書館古籍普查登記目錄

清光緒二十七年(1901)石印本　十冊　存四十八卷(民政部一至六,財政部一至四、九至十四,教育部一至三十一;首一卷)

370000－4515－0000093　史24
龍威秘書十集　(清)馬俊良輯錄　清大酉山房刻本　四冊　存七種十二卷(七集吳氏說鈴攬勝第一冊存二種三卷:金鰲退食筆記二卷、京東考古錄一卷;七集吳氏說鈴攬勝第八冊存三種五卷:滇黔紀遊一卷、滇行紀程一卷、續抄一卷、東還紀程一卷、續抄一卷;八集西河經義存醇第五冊存一種二卷:李氏學樂錄二卷;九集荒外奇書第七冊存一種二卷:西藏記二卷)

370000－4515－0000094　史25
[乾隆]諸城縣志四十六卷　(清)宮懋讓修(清)李文藻等纂　清乾隆二十九年(1764)刻本　一冊　存八卷(三十三至四十)

370000－4515－0000095　史26
焦山志二十六卷　(清)吳雲輯　清刻本　四冊　存二十一卷(六至二十六)

370000－4515－0000096　史27
重訂王鳳洲先生綱鑑會纂四十六卷續宋元二十三卷　(明)王世貞纂　(明)陳仁錫訂(明)呂一經校　御撰資治通鑑綱目三編二十卷末一卷　(清)張廷玉等撰　清周村三益堂刻本　六冊(一函)　存十二卷(重訂王鳳洲先生綱鑑會纂一至十二)

370000－4515－0000097　史28
芸經樓綱鑑易知錄九十二卷芸經樓明鑑易知錄十五卷　(清)吳乘權　(清)周之炯(清)周之燦輯　清刻本　二十三冊(四函)存六十九卷(芸經樓綱鑑易知錄十八至七十一、芸經樓明鑑易知錄十五卷)

370000－4515－0000098　史29
廿二史策案十二卷　(清)王鎏彙輯　清光緒二年(1876)刻本　四冊(一函)

370000－4515－0000099　史30
摘選皇朝經世文編策要一卷　(清)譚宗浚摘

選　清光緒三年(1877)刻本　一冊

370000－4515－0000100　史31
淵鑑類函四百五十卷目錄四卷　(清)張英(清)王士禎等撰　清光緒十三年(1887)上海同文書局石印本　二十五冊　存二百二十五卷(一至七、二十八至三十七、四十八至七十二、七十六至八十、八十五至一百十、一百三十七至一百六十一、一百七十三至一百八十二、一百九十九至二百一十六、二百三十七至二百四十六、二百八十五至二百九十五、三百六至三百十二、三百三十一至三百四十九、三百六十七至三百七十三、三百八十三至三百九十、四百十四至四百五十)

370000－4515－0000101　史32
歷代名臣奏議三百五十卷　(明)黃淮　(明)楊士奇編　(明)張溥刪正　清刻本　六冊存三十七卷(九十三至九十六、一百二十至一百二十二、一百三十至一百三十八、一百五十二至一百五十八、一百九十三至一百九十八、二百一至二百八)

370000－4515－0000102　史33
五朝宋名臣言行錄前集十卷後集十四卷外集十八卷別集二十六卷續集八卷　(宋)朱熹(宋)李幼武撰　清刻本　十六冊

370000－4515－0000103　史34
歷代名人年譜十卷附錄一卷　(清)吳榮光撰　清咸豐二年(1852)北京琉璃廠內晉華書局刻本　民國二十六年張鏡芙題跋　六冊　存七卷(一、四、六、八至十,附錄一卷)

370000－4515－0000104　史35
增補四書精繡圖像人物備考十二卷　(明)薛應旂彙輯　(明)陳仁錫增定　(明)陳義錫重校　清王埠抄本　佚名題跋　一冊　存一卷(五)

370000－4515－0000105　史37
資治通鑑綱目五十九卷首一卷　(宋)朱熹撰　清康熙九年(1670)張朝珍、曹鼎望刻二十八年(1689)朱廷梅、朱烈補刻本　十三冊存十一卷(一至三、八至九、十一、三十九至四

山東省濰坊市圖書館等二十二家收藏單位古籍普查登記目錄

十二,首一卷)

370000－4515－0000106　史38

廿一史約編八卷首一卷　(清)鄭元慶述　清
刻本　四冊　存四卷(二至五)

370000－4515－0000107　史39

綱鑑總論二卷　(清)周道卿編　清光緒二十
七年(1901)上海煥文書局石印本　二冊

370000－4515－0000108　史40

御批歷代通鑑輯覽一百二十卷　(清)傅恒等
撰　清光緒二十九年(1903)上海通元書局石
印本　六冊　存三十二卷(一至十二、十八至
三十三、九十五至九十八)

370000－4515－0000109　史41

漢大司農康成鄭公[玄]年譜一卷　(清)侯登
岸撰　(清)傅敦孝校訂　清光緒七年(1881)
刻本　一冊

370000－4515－0000110　史42

[山東諸城]東武劉氏家譜四卷　(清)□□編
清嘉慶十九年(1814)刻本　四冊

370000－4515－0000111　史43

出使英法意比四國日記六卷　(清)薛福成撰
清光緒石印本　一冊　存二卷(五至六)

370000－4515－0000112　史44

中興名臣事略八卷　朱孔彰撰　清光緒二十
五年(1899)上海圖書集成印書局鉛印本　二
冊　存三卷(一、五至六)

370000－4515－0000113　史45

國朝先正事略六十卷　(清)李元度纂　清光
緒鉛印本　一冊　存十卷(三十四至四十三)

370000－4515－0000114　史46

三國志六十五卷　(晉)陳壽撰　(南朝宋)裴
松之注　清光緒二十八年(1902)竢實齋石印
二十四史本　一冊　存十三卷(魏志一至十
三)

370000－4515－0000115　史47

史記一百三十卷　(漢)司馬遷撰　(南朝宋)
裴駰集解　(唐)司馬貞索隱　(唐)張守節正

義　清末石印本　二冊　存二十六卷(三十
一至四十二、一百十七至一百三十)

370000－4515－0000116　史48

湯睡菴先生歷朝綱鑑全史七十卷　(明)湯賓
尹撰　明刻本　一冊　存四卷(三十九至四
十二)

370000－4515－0000117　史49

重訂王鳳洲先生綱鑑會纂四十六卷續宋元二
十三卷　(明)王世貞纂　(明)陳仁錫訂
(明)呂一經校　御撰資治通鑑綱目三編二十
卷末一卷　(清)張廷玉等撰　清善成堂刻本
四十一冊(七函)　存六十九卷(重訂王鳳
洲先生綱鑑會纂四十六卷、續宋元二十三卷)

370000－4515－0000118　史50

御批歷代通鑑輯覽一百二十卷　(清)傅恒等
撰　清上海埽葉山房石印本　五冊(一函)
存三十卷(九十一至一百二十)

370000－4515－0000119　史51

重訂王鳳洲先生綱鑑會纂四十六卷續宋元二
十三卷　(明)王世貞纂　(明)陳仁錫訂
(明)呂一經校　御撰資治通鑑綱目三編二十
卷末一卷　(清)張廷玉等撰　清益友堂刻本
佚名批校　九冊(一函)　存十四卷(重訂
王鳳洲先生綱鑑會纂二十三至二十八、續宋
元十六至二十三)

370000－4515－0000120　子1

欽定授時通考七十八卷　(清)鄂爾泰　(清)
張廷玉等撰　清道光六年(1826)刻本　十五
冊　存六十六卷(十至十二、十六至七十八)

370000－4515－0000121　子2

管窺錄一卷　(清)王魯得著　清乾隆三十五
年(1770)刻本　一冊

370000－4515－0000122　子3

慈溪黃氏日抄分類九十七卷　(宋)黃震編輯
清乾隆刻本　三冊　存十卷(十二至十三、
六十六至七十三)

370000－4515－0000123　子4

性理大全書七十卷　(明)胡廣等撰　明萬曆

山東省濰坊市高密市圖書館古籍普查登記目錄

二十五年(1597)吳勉學師古齋刻明清補刻本
　八冊　存三十九卷(四至五、十至十五、十
　八至十九、二十五、三十至三十九、四十二至
　四十三、四十六至五十四、六十至六十六)

370000 – 4515 – 0000124　子5
管子二十四卷　(周)管仲著　(唐)房玄齡注
　(明)劉績補　清光緒三十年(1904)上海廣
　益書局石印本　三冊　存十八卷(一至五、十
　二至二十四)

370000 – 4515 – 0000125　子6
管子二十四卷　(周)管仲著　(唐)房玄齡注
　(明)劉績增注　(明)朱長春通演　(明)
　沈鼎新　(明)朱養純參評　(明)朱養和輯訂
　明天啓五年(1625)朱養純花齋刻本　二冊
　存十六卷(一至三、十三至二十五)

370000 – 4515 – 0000126　子7
潛夫論十卷　(漢)王符著　(漢)邵孟遴校
清刻本　一冊

370000 – 4515 – 0000127　子8
孔子集語十七卷　(清)孫星衍撰　清嘉慶二
十年(1815)蘭陵孫氏刻平津館叢書本　四冊

370000 – 4515 – 0000128　子9
鹽鐵論十二卷　(漢)桓寬著　(清)萬廷苹校
　清乾隆刻本　二冊

370000 – 4515 – 0000129　子10
大學衍義補輯要十二卷　(明)邱濬撰　(清)
陳弘謀纂　清乾隆刻本　七冊　存七卷(二、
四至七、十一至十二)

370000 – 4515 – 0000130　子11
淵鑒齋御纂朱子全書六十六卷　(宋)朱熹撰
　(清)李光地　(清)熊賜履等編　清刻本
四冊　存七卷(二十四至二十五、二十八至三
十二)

370000 – 4515 – 0000131　子13
[子奚不爲政等文抄]一卷　(□)□□撰　清
抄本　一冊

370000 – 4515 – 0000132　子14

相地指迷十卷　(明)蔣大鴻著　(清)凌堃輯
　清傳經堂刻本　一冊　存十卷(一至十)

370000 – 4515 – 0000133　子15
黃帝內經素問九卷　(清)張志聰集註　(清)
倪朱龍參訂　(清)張兆璜校正　清刻本　一
冊　存一卷(五)

370000 – 4515 – 0000134　子16
東桓十書十二種　(金)李杲輯　(明)王肯堂
訂　明刻本　三冊　存五種五卷(脈訣一卷、
局方發揮一卷、脾胃論上、蘭室密藏上、外科
精義下)

370000 – 4515 – 0000135　子17
石頑老人診宗三昧一卷　(清)張璐撰　清刻
本　二冊

370000 – 4515 – 0000136　子18
律例館校正洗冤錄四卷　(清)律例館輯　清
刻本　一冊　存二卷(三至四)

370000 – 4515 – 0000137　子19
傷寒纘論二卷　(清)張璐撰　清刻本　一冊
　存一卷(下)

370000 – 4515 – 0000138　子20
瘍科證治準繩六卷　(明)王肯堂輯　(清)程
永培校　清刻本　四冊　存二卷(三至四)

370000 – 4515 – 0000139　子21
傷寒醫訣串解六卷　(清)陳念祖著　清石印
本　一冊

370000 – 4515 – 0000140　子22
張仲景傷寒論原文淺註六卷　(清)陳念祖集
註　清石印本　二冊

370000 – 4515 – 0000141　子23
金匱方歌括六卷首一卷　(清)陳念祖定
(清)陳蔚參訂　(清)陳犀元韻註　清石印本
　二冊

370000 – 4515 – 0000142　子24
靈素集註節要十二卷　(清)陳念祖著　清石
印本　二冊　存十卷(三至十二)

370000 – 4515 – 0000143　子25

山東省濰坊市圖書館等二十二家收藏單位古籍普查登記目錄

御纂醫宗金鑑九十卷首一卷 （清）吳謙等纂
清光緒十八年（1892）上海五彩書局石印本
五冊 存二十二卷（一至十五、四十四至四
十九，首一卷）

370000－4515－0000144 子26
醫經溯洄集一卷 （元）王履著 （明）吳勉學
校 明刻本 一冊

370000－4515－0000145 子27
張氏醫通十六卷目錄一卷 （清）張璐撰 清
嘉慶六年（1801）金閶書業堂刻本 一冊 存
一卷（目錄一卷）

370000－4515－0000146 子28
局方發揮一卷 （元）朱震亨撰 （明）吳中珩
校 清石印本 一冊

370000－4515－0000147 子29
天文大象賦一卷 （隋）李播撰 （唐）苗爲注
（清）凌堃校 清傳經堂刻本 一冊

370000－4515－0000148 子30
寶賢堂集古法帖十二卷 （明）朱奇源輯 明
弘治九年（1496）朱奇源集刻本 一冊 存一
卷（三）

370000－4515－0000149 子31
墨池編二十卷 （宋）朱長文纂次 印典八卷
（清）朱象賢編 清雍正十一年（1733）寶硯
山房刻本（印典爲清雍正十一年就閒堂刻本）
墨池編清乾隆四十年劉墉題跋 印典清劉墉
題跋 六冊 存十七卷（墨池編一至二、七至
十、十二至十八，印典一至四）

370000－4515－0000150 子32
光學圖說二卷 （英國）傅蘭雅譯 清光緒十
六年（1890）益智書會刻本 一冊

370000－4515－0000151 子33
高厚蒙求四卷 （清）徐朝俊纂 清嘉慶十二
年（1807）雲間徐氏刻本 一冊 存一卷（初
集一卷）

370000－4515－0000152 子34
新刊醫林狀元壽世保元十卷 （明）龔廷賢編

（清）龔定國 （清）龔安國校 清刻本 二
冊 存五卷（六至十）

370000－4515－0000153 子35
補注黃帝內經素問二十四卷黃帝內經素問遺
篇一卷黃帝內經靈樞十二卷 （唐）王冰注
（宋）林億等校 清石印本 三冊 存十九卷
（補注黃帝內經素問七至十四、二十一至二十
四，黃帝內經素問遺篇一卷，黃帝內經靈樞六
卷）

370000－4515－0000154 子36
大佛頂如來密因修證了義諸菩薩萬行首楞嚴
經十卷 （天竺）釋般剌密諦譯 （烏萇）釋彌
伽釋迦譯語 （唐）房融筆受 清康熙十九年
（1680）仁昶寫本 十冊

370000－4515－0000155 子37
類林新咏三十六卷 （清）姚之駰譔注 清康
熙刻本 十六冊（二函）

370000－4515－0000156 子38
世說新語八卷 （南朝宋）劉義慶撰 （南朝
梁）劉峻注 （明）張懋辰訂 明萬曆刻本
一冊 存三卷（一至三）

370000－4515－0000157 子39
西遊記二十卷一百回 （明）吳承恩撰 清刻
本 二冊 存二卷（十七至十八）

370000－4515－0000158 子40
寄園寄所寄十二卷 （清）趙吉士輯 清刻本
十冊 存十卷（二至十一）

370000－4515－0000159 子42
抱朴子外篇五十卷 （晉）葛洪撰 清光緒五
年（1879）冶城山館刻本 一冊 存十六卷
（一至十六）

370000－4515－0000160 子43
子史精華一百六十卷 （清）允祿 （清）張廷
玉等編 清刻本 二十五冊 存八十六卷
（二十八至五十四、五十八至六十一、八十一
至九十六、一百九至一百十二、一百十九至一
百四十九、一百五十三至一百五十六）

山東省濰坊市高密市圖書館古籍普查登記目錄

370000 – 4515 – 0000161　子 45

六韜六卷　（周）呂望撰　（清）孫星衍校　**逸文一卷**　（清）孫同元輯　清嘉慶中蘭陵孫氏刻平津館叢書本　一冊

370000 – 4515 – 0000162　子 46

劉子十卷　（北齊）劉晝撰　（唐）袁孝政註　清影印本　一冊　存二卷（九至十）

370000 – 4515 – 0000163　子 47

秋皋制藝二卷　（清）郭守璞撰　清刻本　二冊

370000 – 4515 – 0000164　子 50

香祖筆記十二卷　（清）王士禛撰　清康熙刻本　一冊　存二卷（九至十）

370000 – 4515 – 0000165　子 51

淮南鴻烈解二十一卷　（漢）劉安撰　（漢）高誘注　清刻本　一冊　存五卷（五至九）

370000 – 4515 – 0000166　子 52

時藝核第三集不分卷　（清）路德評選　清道光二十年（1840）刻本　五冊

370000 – 4515 – 0000167　子 54

晚邨天蓋樓偶評六卷　（清）呂留良撰　清刻本　一冊

370000 – 4515 – 0000168　子 55

禮賢書院子學課不分卷　（德國）衛禮賢編　清石印本　三冊

370000 – 4515 – 0000169　子 56

讀書雜志八十二卷餘編二卷　（清）王念孫撰　清同治九年（1870）金陵書局刻本　三冊　存三種十一卷（逸周書雜志四卷、戰國策雜志三卷、史記雜志一至四）

370000 – 4515 – 0000170　子 58

德輿子十一卷　（清）璿珠注　清傳經堂刻本　一冊

370000 – 4515 – 0000171　子 60

寄傲山房塾課新增幼學故事瓊林四卷首一卷　（明）程登吉撰　（清）鄒聖脈增補　（清）謝梅林　（清）鄒可庭參訂　清光緒六年

（1880）濰陽成文信刻本　四冊

370000 – 4515 – 0000172　子 61

西京雜記六卷　（漢）劉歆著　（清）洪占銓校　清刻本　一冊

370000 – 4515 – 0000173　子 62

張百川先生稿□卷　（清）張江撰　清刻本　一冊　存一卷（下孟一卷）

370000 – 4515 – 0000174　子 63

尤射一卷　（三國魏）繆襲著　（清）程椿校　拾遺記十卷　（晉）王嘉撰　（清）胡鳳藻校　清刻本　一冊　存四卷（尤射一卷、拾遺記一至三）

370000 – 4515 – 0000175　子 65

增補齊省堂儒林外史六十回　（清）吳敬梓撰　清光緒三十二年（1906）上海海左書局石印本　三冊　存三十回（一至十、二十一至三十、五十一至六十）

370000 – 4515 – 0000176　子 66

詳註聊齋志異新評十六卷　（清）蒲松齡著　（清）呂湛恩註　（清）王士禛評　（清）但明倫批　清光緒三十三年（1907）上海文新局石印本　一冊　存二卷（一至二）

370000 – 4515 – 0000177　子 67

西青散記四卷　（清）史震林撰　清末石印本　一冊　存一卷（四）

370000 – 4515 – 0000178　子 68

風俗通義十卷　（漢）應劭撰　清刻本　一冊　存八卷（二至九）

370000 – 4515 – 0000179　子 69

增評補像全圖金玉緣十五卷一百二十回　（清）曹雪芹　（清）高鶚撰　清光緒二十四年（1898）石印本　二冊　存二卷（八、十一）

370000 – 4515 – 0000180　子 70

抱朴子內篇二十卷　（晉）葛洪撰　清嘉慶十八年（1813）蘭陵孫氏刻平津館叢書本　二冊

370000 – 4515 – 0000181　集 1

歐陽文忠公全集一百五十三卷首一卷目錄二

山東省濰坊市圖書館等二十二家收藏單位古籍普查登記目錄

卷附錄五卷 （宋）歐陽修撰 （清）彭期編校 清康熙四十八年（1709）七業堂刻本 十四冊 存十三卷（詩集二、目錄一卷；文集一下、二至五、七至九、十一，目錄一卷；首一卷）

370000－4515－0000182 集2

重訂文選集評十五卷首一卷末一卷 （南朝梁）蕭統撰 （清）于光華編次 清刻本 一冊 存一卷（二）

370000－4515－0000183 集3

東坡先生全集七十五卷 （宋）蘇軾撰 明末刻本 五冊 存十八卷（十一至十三、二十五至三十三、四十至四十二、五十五至五十七）

370000－4515－0000184 集4

重訂古文釋義新編八卷 （清）余誠評註 （清）余芝參閱 清光緒二十八年（1902）周村三益堂刻本 五冊 存五卷（一至三、五、七）

370000－4515－0000185 集5－2

古文觀止十二卷 （清）吳乘權 （清）吳大職錄 （清）吳興祚鑒定 清刻本 三冊 存四卷（三、四至六）

370000－4515－0000186 集6

李太白文集三十六卷 （唐）李白撰 （清）王琦輯註 清乾隆寶笏樓刻二十五年（1760）增刻本 九冊 存二十五卷（一至十三、十八至二十、二十五至二十七、三十一至三十六）

370000－4515－0000187 集7

庾子山集十六卷 （北周）庾信著 （清）倪璠註釋 清刻本 一冊 存三卷（八至十）

370000－4515－0000188 集8

杜工部集二十卷 （唐）杜甫撰 （清）錢謙益箋註 **年譜一卷諸家詩話一卷唱酬題詠附錄一卷附錄一卷** 清康熙六年（1667）季氏靜思堂刻本 佚名批校 三冊 存五卷（一至二、十六至十八）

370000－4515－0000189 集11

東萊博議四卷首一卷 （宋）呂祖謙撰 清光緒八年（1882）石印本 一冊 存三卷（一至二、首一卷）

370000－4515－0000190 集12

[浮香樓圖詩序等文集]□卷 （清）□□撰 清刻本 一冊 存一卷（三上）

370000－4515－0000191 集13

唐詩解五十卷 （明）唐汝詢選釋 （清）毛先舒 （清）趙孟龍參閱 清順治十六年（1659）萬笈堂刻本 三冊 存二十卷（五至十八、三十九至四十四）

370000－4515－0000192 集14

續古文苑二十卷 （清）孫星衍撰 清嘉慶十七年（1812）冶城山館刻平津館叢書本 五冊 存十三卷（一至十三）

370000－4515－0000193 集15

古文淵鑒六十四卷 （清）聖祖玄燁選 （清）徐乾學等編注 清光緒二十九年（1903）上海蜚英分局石印本 十四冊

370000－4515－0000194 集16

皇朝經世文編一百二十卷 （清）賀長齡輯 清光緒鉛印本 五冊 存二十八卷（三十二至三十六、四十二至四十七、五十六至六十一、九十九至一百四、一百十六至一百二十）

370000－4515－0000195 集17

唐詩三百首補註八卷 （清）陳婉俊輯 清光緒十八年（1892）成文堂刻本 一冊 存二卷（一至二）

370000－4515－0000196 集18

古文辭類纂七十五卷 （清）姚鼐纂集 **續古文辭類纂三十四卷** 王先謙纂集 清光緒三十三年（1907）上海商務印書館鉛印本 一冊 存十卷（古文辭類纂四十一至五十）

370000－4515－0000197 集19

儀顧堂集十二卷 （清）陸心源撰 清刻本 一冊 存三卷（四至六）

370000－4515－0000198 集21

國初文選註釋不分卷 （清）薛蔚釋典 （清）施雯評訂 清刻本 一冊

370000－4515－0000199 集22

山東省濰坊市高密市圖書館古籍普查登記目錄

唐詩三百首不分卷　（清）蘅塘退士（孫洙）編
清刻本　一冊

370000－4515－0000200　集23
國秀集選一卷　（唐）芮挺章元本　（清）王士
禎刪纂　清康熙刻十種唐詩選本　一冊

370000－4515－0000201　集24
唐文粹詩選六卷　（宋）姚鉉輯　（清）王士禎
刪纂　清康熙刻十種唐詩選本　一冊　存三
卷（一至三）

370000－4515－0000202　集25
試帖百篇最豁解不分卷　（清）王澤泩評註
清刻本　一冊

370000－4515－0000203　集26
柳暗花明又一村［文集］一卷　（□）□□撰
清抄本　一冊

370000－4515－0000204　集28
陳太僕批選八家文抄不分卷　（清）陳兆崙批
清光緒二十六年（1900）天津文美齋石印本
一冊

370000－4515－0000205　集32
芳茂山人詩錄九卷　（清）孫星衍撰　長離閣
詩集一卷　（清）王采薇撰　清嘉慶二十三年
（1818）蘭陵孫氏刻平津館叢書本　二冊　存
七卷（澄清堂稿二卷、澄清堂續稿一卷、濟上
停雲集一卷、租船詠史集一卷、冶城集二卷）

370000－4515－0000206　集37
惜抱軒尺牘八卷　（清）姚鼐撰　清末民國上
海文瑞樓石印本　一冊　存三卷（一至三）

370000－4515－0000207　集38
御選唐宋文醇五十八卷　（清）高宗弘曆選
（清）允祿校　清刻本　七冊　存十八卷（八
至二十五）

370000－4515－0000208　集39
容城鍾元孫先生文集四卷　（清）孫奇逢撰
清刻本　一冊　存一卷（一）

370000－4515－0000209　集40
新輯尺牘合璧四卷　（清）許思湄著　（清）婁

世瑞注　（清）邱與久輯　清末民國上海廣雅
書局、啟新書局石印本　四冊

370000－4515－0000210　集41
古唐詩合解十六卷　（清）王堯衢註　（清）李
模　（清）李桓校　清光緒二十一年（1895）密
邑德盛堂刻本　六冊（一函）

370000－4515－0000211　集42
關中李二曲先生全集四十六卷　（清）李顒撰
清光緒三年（1877）信述堂刻本　二冊　存
六卷（一、十一至十五）

370000－4515－0000212　集43
寄嶽雲齋試帖詳註四卷　（清）聶銑敏著
（清）王茂松　（清）宋延芳校　（清）張學蘇
箋註　清嘉慶十六年（1811）集錦堂刻本　四
冊（一函）

370000－4515－0000213　集44
山曉閣選明文全集二十四卷　（清）孫琮評
清刻本　三冊　存三卷（四、十八、二十四）

370000－4515－0000214　集45
明文百家萃小傳□卷　（清）王介錫纂　清刻
本　二冊　存二卷（第五十三冊一卷、第八十
三冊一卷）

370000－4515－0000215　集46
勝國天潢小裔墓碑□□卷　（清）樂鈞撰　清
刻本　一冊　存一卷（八）

370000－4515－0000216　集47
六如居士全集七卷　（明）唐寅著　（清）唐仲
冕編　清嘉慶六年（1801）長沙唐仲冕果克山
房刻本　一冊　存三卷（一至三）

370000－4515－0000217　集49
挹秀山房詩集八卷　（清）劉墫撰　清道光十
六年（1836）諸城劉喜海味經書屋刻本　二冊
存四卷（三至五、八）

370000－4515－0000218　集50
關中詩揀選一卷　（清）□□輯　清抄本
一冊

370000－4515－0000219　集53

山東省濰坊市圖書館等二十二家收藏單位古籍普查登記目錄

碧香閣遺稿一卷　（清）單荰樓著　（清）王瑋
慶訂　清嘉慶十六年(1811)刻本　一冊

370000－4515－0000220　集56

司空詩品註釋一卷　（唐）司空圖撰　清光緒
七年(1881)泰和堂刻本　一冊

370000－4515－0000221　集57

皇朝駢文類苑十五卷　（清）姚燮選　（清）張
壽榮校　清刻本　六冊

370000－4515－0000222　集59

參同契三卷　（漢）魏伯陽著　（清）羅以豐校
清刻本　一冊

山東省濰坊市高密市圖書館古籍普查登記目録

山東省濰坊市昌邑市圖書館 古籍普查登記目錄

全國古籍普查登記目錄

國家圖書館出版社

National Library of China Publishing House

歌詩編第二

吳絲蜀桐張高秋　空山凝雲頹不流

李憑中國彈箜篌

崑山玉碎鳳凰叫　芙蓉泣露香蘭笑

十二門前融冷光　二十三絲動紫皇

女媧煉石補天處　石破天驚逗秋雨　夢入神山教神嫗　老魚跳波瘦蛟舞　吳質不眠倚桂樹　露腳斜飛濕寒兔

楊葉老鶯啼兒殘絲絲欲斷黃蜂歸綠嶺少年金釵

370000－4516－0000001　1

禮記集說十卷　（元）陳澔撰　清乾隆五十三年(1788)金閶書業堂刻本　十冊(一函)

370000－4516－0000002　2

欽定詩經傳說彙纂二十一卷首二卷詩序二卷　（清）王鴻緒等撰　清雍正內府刻本　清乾隆二十七年李駕燉題跋　六冊(一函)　存六卷(五至十)

370000－4516－0000003　3

左繡三十卷首一卷　（清）馮李驊　（清）陸浩評輯　（清）范允斌等參評　（清）馮張孫等校輯　清錦雲書屋刻本　八冊(一函)

370000－4516－0000004　4

重訂文選集評十五卷首一卷末一卷　（南朝梁）蕭統撰　（清）于光華編次　清刻本　十六冊(二函)

370000－4516－0000005　5

慈溪黃氏日抄分類九十五卷慈溪黃氏日抄古今紀要十九卷　（宋）黃震編輯　清乾隆三十二年(1767)汪佩鍔刻本　六十四冊(八函)存一百一十二卷(慈溪黃氏日抄分類一至八十、八十二至八十八、九十至九十五,慈溪黃氏日抄古今紀要十九卷)

370000－4516－0000006　6

事類賦三十卷　（宋）吳淑撰註　清乾隆五十八年(1793)劍光閣刻本　八冊(一函)

370000－4516－0000007　7

字彙十二集首一卷末一卷　（明）梅膺祚音釋　清康熙丹山堂刻本　十四冊(二函)

370000－4516－0000008　8

唐類函二百卷　（明）俞安期彙纂　（明）安希范校訂　明萬曆刻本　十六冊(四函)　存八十卷(四十一至一百二十)

370000－4516－0000009　9

瀛海探驪集八卷　（清）朱埏之輯　（清）馮泉　（清）毛寅初　（清）田柟註　清嘉慶十九年(1814)集錦堂刻本　四冊(一函)

370000－4516－0000010　10

十七史一千五百七十四卷　（明）毛晉編　舊五代史一百五十卷　（宋）薛居正等撰　清古吳書業趙氏刻本　三百二十冊(四十函)

370000－4516－0000011　11

左傳統箋三十五卷　（清）姜希轍集注　清乾隆五十八年(1793)近光堂刻本　十冊(一函)

370000－4516－0000012　12

經餘必讀八卷　（清）雷琳　（清）錢樹棠　（清）錢樹立輯　清嘉慶八年(1803)大中堂刻本　四冊(一函)

370000－4516－0000013　13

鄉黨圖考十卷　（清）江永著　清乾隆五十二年(1787)致和堂刻本　六冊(一函)

370000－4516－0000014　14

十子全書一百二十九卷　（清）王子興輯　清嘉慶九年(1804)姑蘇王氏聚文堂刻本　二十四冊(四函)

370000－4516－0000015　15

周官精義十二卷　（清）連斗山編次　清嘉慶二十三年(1818)山淵堂刻本　八冊(一函)

370000－4516－0000016　16

大唐三藏聖教序一卷　（唐）太宗李世民撰　（唐）釋懷仁集　（晉）王羲之書　清拓本　一冊

370000－4516－0000017　17

初刻黃維章先生詩經嫏嬛體註八卷　（明）黃文煥撰　（清）范翔重訂　（清）沈三曾　（清）沈涵參定　清光緒六年(1880)成文信刻本　四冊(一函)

370000－4516－0000018　18

詞律二十卷　（清）萬樹論次　清康熙二十六年(1687)萬氏堆絮園刻本　十冊(二函)

370000－4516－0000019　19

重訂王鳳洲先生綱鑑會纂四十六卷續宋元二十三卷　（明）王世貞纂　（明）陳仁錫訂（明）呂一經校　御撰資治通鑑綱目三編二十

山東省濰坊市昌邑市圖書館古籍普查登記目錄

卷末一卷 （清）張廷玉等撰 清善成堂刻本
　三十冊（五函） 存四十六卷（重訂王鳳洲
　先生綱鑑會纂四十六卷）

370000－4516－0000020　20

重訂王鳳洲先生綱鑑會纂四十六卷續宋元二
十三卷 （明）王世貞纂 （明）陳仁錫訂
（明）呂一經校 御撰資治通鑑綱目三編二十
卷末一卷 （清）張廷玉等撰 清刻本 十二
冊（二函） 存二十三卷（續宋元二十三卷）

370000－4516－0000021　21

御撰資治通鑑綱目三編二十卷末一卷 （清）
張廷玉等撰 清刻本 六冊（一函）

370000－4516－0000022　22

分韻試帖青雲集合註四卷 （清）楊逢春輯
（清）蕭應槱 （清）沈景福 （清）徐紹曾參
　（清）沈品金等註 （清）葉祺昌合註
（清）沈錫慶校正 清光緒七年（1881）寶書堂
刻本 四冊（一函）

370000－4516－0000023　23

奎璧易經四卷 （宋）朱熹撰 清光緒十七年
（1891）成文信刻本 四冊（一函）

370000－4516－0000024　24

聖武記十四卷 （清）魏源譔 清道光二十六
年（1846）魏氏古微堂刻本 十二冊（二函）

370000－4516－0000025　25

左繡三十卷首一卷 （清）馮李驊 （清）陸浩
評輯 （清）范允斌等參評 （清）馮張孫等校
輯 清山淵堂刻本 十五冊（二函） 存三十
卷（一至二十九、首一卷）

370000－4516－0000026　26

昌谷詩集五卷 （唐）李賀著 （明）余光解輯
　清初刻本 二冊（一函）

370000－4516－0000027　27

司馬溫公稽古錄二十卷 （宋）司馬光撰 清
同治十一年（1872）湖北崇文書局刻本 四冊
（一函）

370000－4516－0000028　28

四書朱子本義匯參四十三卷首四卷 （清）王
步青輯 （清）王士龍編 （清）王維甸
（清）王乃畇校 清敦復堂刻本 八冊（一函）
　存十一卷（大學章句三卷、首一卷,中庸章
　句六卷、首一卷）

370000－4516－0000029　29

吉金所見錄十六卷首一卷末一卷 （清）初尚
齡纂輯 （清）初夏齡參訂 （清）初項齡校字
　清嘉慶二十四年（1819）古香書屋刻本 四
冊（一函）

370000－4516－0000030　30

牧令書輯要十卷 （清）徐棟編 （清）丁日昌
選評 清同治七年（1868）江蘇書局刻本 五
冊（一函） 存五卷（一、五、七至八、十）

370000－4516－0000031　31

三字經註解備要二卷 （宋）王應麟著 （清）
賀興思註解 （清）岳朗軒校正 清光緒十二
年（1886）上海百忍堂刻本 二冊（一函）

370000－4516－0000032　32

弘簡錄二百五十四卷 （明）邵經邦撰 （清）
邵遠平校閱 清古吳書業趙氏刻十七史本
五十六冊（八函） 存二百二十八卷（二十七
至二百五十四）

370000－4516－0000033　33

續弘簡錄元史類編四十二卷 （清）邵遠平撰
　清古吳書業趙氏刻十七史本 十六冊（二
函）

370000－4516－0000034　34

綱鑑會通明紀十五卷 （清）陳志襄輯錄 清
書業德刻本 六冊（一函）

370000－4516－0000035　35

綱鑑會通明紀十五卷 （清）陳志襄輯錄 清
承文信刻本 六冊（一函）

370000－4516－0000036　36

綱鑑會纂三十九卷首一卷 （明）王世貞編
清書業德刻本 六冊（一函） 存六卷（十二
至十七）

山東省濰坊市圖書館等二十二家收藏單位古籍普查登記目錄

370000－4516－0000037　37

漱芳軒合纂禮記體註四卷　(清)范翔參訂
(清)吳有文　(清)朱光斗　(清)范應兆等
校　清光緒三十年(1904)翰文齋書坊刻本
四冊(一函)

370000－4516－0000038　38

昌黎先生全集錄八卷　(唐)韓愈撰　(清)儲
欣輯　清刻唐宋十大家全集錄本　八冊(一
函)　存七卷(二至八)

370000－4516－0000039　39

習之先生全集錄二卷　(唐)李翱撰　(清)儲
欣錄　清刻唐宋十大家全集錄本　一冊　存
一卷(二)

370000－4516－0000040　40

詩經喈鳳詳解八卷圖說一卷　(清)陳抒孝輯
著　(清)汪基增訂　清刻本　七冊(一函)
存七卷(二至八)

370000－4516－0000041　41

增刪算法統宗十一卷　(明)程大位編集
(清)梅轂成增刪　(清)梅玕成校字　清光緒
二十九年(1903)江蘇書局刻本　四冊(一函)

370000－4516－0000042　42

左傳易讀六卷　(清)司徒修輯　清光緒十八
年(1892)成文信刻本　六冊(一函)

370000－4516－0000043　43

左傳易讀六卷　(清)司徒修輯　清同治十年
(1871)敬文堂刻本　六冊(一函)

370000－4516－0000044　44

皇清經解一百八十三種一千四百卷首一卷
(清)阮元輯　清道光九年(1829)廣東學海堂
刻本　四十五冊　存一百三十一卷(一至二
十六、二十八至三十二、六百四十二下至六百
四十三下、六百四十七至六百八十一、七百五
十九至七百六十八、一千一十七至一千二十、一
千三十九至一千五十八、一千六十八至一千
七十四、一千七十九至一千九十一、一千一百
五十六至一千一百六十、一千二百五十七、一
千三百九十至一千三百九十一,首一卷)

370000－4516－0000045　45

慎詒堂書經六卷　(宋)蔡沈撰　清味經堂刻
本　六冊(一函)

370000－4516－0000046　46

御批資治通鑑綱目五十九卷　(宋)朱熹撰
(清)聖祖玄燁批　清光緒刻本　四十六冊
(六函)　存五十四卷(六至五十九)

370000－4516－0000047　47

御批續資治通鑑綱目二十七卷　(明)商輅等
撰　(清)聖祖玄燁批　清光緒刻本　八冊
(二函)

370000－4516－0000048　48

字彙十二集首一卷末一卷　(明)梅膺祚音釋
清金閶步月樓刻本　十四冊(一函)

370000－4516－0000049　49

書經體註大全合參六卷　(清)錢希祥纂輯
(清)范翔鑒定　清光緒五年(1879)成文堂刻
本　四冊(一函)

370000－4516－0000050　50

左繡三十卷首一卷　(清)馮李驊　(清)陸浩
評輯　(清)范允斌等參評　(清)馮張孫等校
輯　清光緒九年(1883)寶書堂刻本　十六冊
(二函)

370000－4516－0000051　51

左繡三十卷首一卷　(清)馮李驊　(清)陸浩
評輯　(清)范允斌等參評　(清)馮張孫等校
輯　清華川書屋刻本　五冊(一函)　存十五
卷(一至十四、首一卷)

370000－4516－0000052　52

左繡三十卷首一卷　(清)馮李驊　(清)陸浩
評輯　(清)范允斌等參評　(清)馮張孫等校
輯　清刻本　七冊(一函)　存十四卷(二至
十五)

370000－4516－0000053　53

傷寒懸解十四卷首一卷末一卷　(清)黃元御
著　清道光十二年(1832)長沙燮龢精舍刻本
四冊(一函)

山東省濰坊市昌邑市圖書館古籍普查登記目錄

370000－4516－0000054　54

本草備要八卷本草各圖一卷 （清）汪昂著輯
清光緒二十六年(1900)百城堂刻本　四冊
(一函)

370000－4516－0000055　55

本草綱目五十二卷圖三卷 （明）李時珍著
(清)張鶴齡校訂　清刻本　二十三冊　存二
十一卷(一至十八、圖三卷)

370000－4516－0000056　56

本草綱目五十二卷圖三卷 （明）李時珍著
清刻本　十二冊(二函)　存十七卷(五至十
一、十二上下、十八上下、十九至二十六)

370000－4516－0000057　57

重訂古文釋義新編八卷 （清）余誠評註
(清)余芝參閱　清光緒二十年(1894)寶書堂
刻本　八冊(一函)

370000－4516－0000058　58

洗冤錄集證彙纂二卷 （清）王又槐增輯
(清)孫光烈參閱　（清）王又梧校訂　（清）
李觀瀾補輯　清嘉慶十年(1805)刻本　二冊
(一函)

370000－4516－0000059　59

分韻試帖青雲集合註四卷 （清）楊逢春輯
(清)蕭應槤　（清）沈景福　（清）徐紹曾參
(清)沈品金等註　（清）葉祺昌合註
(清)沈錫慶校正　清光緒七年(1881)成文信
記刻本　四冊(一函)

370000－4516－0000060　60

寄嶽雲齋試帖詳註四卷 （清）聶銑敏著
(清)王茂松　（清）宋延芳校　（清）張學蘇
箋註　清嘉慶十六年(1811)集錦堂刻本　二
冊(一函)

370000－4516－0000061　61

詩韻集成十卷詞林典腋一卷 （清）余照輯
清光緒二十三年(1897)寶書堂刻本　四冊
(一函)

370000－4516－0000062　62

周禮精華六卷 （清）陳龍標編輯　清同治五

年(1866)崇德堂刻本　六冊(一函)

370000－4516－0000063　63

欽定春秋傳說彙纂三十八卷首一卷 （清）王
掞等撰　清同治十年(1871)湖北崇文書局刻
本　二十冊

370000－4516－0000064　64

佩文齋廣群芳譜一百卷 （清）汪灝等撰　清
刻本　十五冊(二函)　存十六卷(一至十、十
九至二十一、二十六至二十八)

370000－4516－0000065　65

墓銘舉例四卷 （明）王行撰　**金石要例一卷**
(清)黃宗羲撰　清光緒四年(1878)讀有用
書齋刻朱墨套印金石三例本　二冊

370000－4516－0000066　66

金石例十卷 （元）潘昂霄撰　（元）楊本編輯
(元)王思明校正　清光緒四年(1878)讀有
用書齋刻朱墨套印金石三例本　二冊

370000－4516－0000067　67

毋不敬齋全書三十一卷 （清）方潛撰　清光
緒十五年(1889)濟南刻本　十五冊

370000－4516－0000068　68

杜工部集二十卷首一卷 （唐）杜甫撰　清光
緒二年(1876)粵東翰墨園刻六色套印本　三
冊　存七卷(一至二、五至六、十七至十八,首
一卷)

370000－4516－0000069　69

詩經喈鳳詳解八卷圖說一卷 （清）陳抒孝輯
著　（清）汪基增訂　清刻本　六冊

370000－4516－0000070　70

**康熙字典十二集三十六卷總目一卷檢字一卷
辨似一卷等韻一卷備考一卷補遺一卷** （清）
張玉書　（清）陳廷敬等纂　（清）奕繪等重修
清道光七年(1827)刻本　三十八冊　存十
二集四十卷(子集三卷、丑集中、下,寅集三
卷,卯集三卷,辰集三卷、巳集三卷、午集三
卷、未集三卷,申集三卷,酉集中、下,戌集三
卷,亥集三卷,總目一卷,檢字一卷,辨似一
卷,等韻一卷,備考一卷,補遺一卷)

山東省濰坊市圖書館等二十二家收藏單位古籍普查登記目錄

370000－4516－0000071　71

**康熙字典十二集三十六卷總目一卷檢字一卷
辨似一卷等韻一卷備考一卷補遺一卷** （清）
張玉書　（清）陳廷敬等纂　清刻本　二十六
冊　存九集二十八卷(子集三卷,丑集中,寅
集三卷,卯集中、下,辰集三卷,巳集三卷,午
集上,戌集三卷,亥集三卷,總目一卷,檢字一
卷,辨似一卷,等韻一卷,備考一卷,補遺一
卷)

370000－4516－0000072　72

**康熙字典十二集三十六卷總目一卷檢字一卷
辨似一卷等韻一卷備考一卷補遺一卷** （清）
張玉書　（清）陳廷敬等纂　清光緒三十二年
(1906)上海商務印書館石印本　六冊(一函)

370000－4516－0000073　73

臣鑒錄二十卷 （清）蔣伊編輯　清康熙刻本
十冊

370000－4516－0000074　74

**康熙字典十二集三十六卷總目一卷檢字一卷
辨似一卷等韻一卷備考一卷補遺一卷** （清）
張玉書　（清）陳廷敬等纂　（清）奕繪等重修
清道光七年(1827)刻本　三十七冊(六函)
存十二集三十九卷(子集三卷,丑集上、下,
寅集三卷,卯集三卷,辰集三卷,巳集三卷,午
集上、中,未集三卷,申集三卷,酉集中、下,戌
集三卷,亥集三卷,總目一卷,檢字一卷,辨似
一卷,等韻一卷,備考一卷,補遺一卷)

370000－4516－0000075　75

五車韻瑞一百六十卷首一卷 （明）凌稚隆輯
明金閶葉瑤池刻本　十三冊(二函)　存五
十一卷(一至十五、二十至五十四,首一卷)

370000－4516－0000076　76

地球韻言四卷 （清）張士瀛撰　清光緒二十
四年(1898)鄂垣務急書館刻本　二冊

370000－4516－0000077　77

就正齋帖體詩註四卷 （清）陳鍾麟著　清刻
本　二冊(一函)

370000－4516－0000078　78

子史輯要詩賦題解四卷續編四卷 （清）胡本
淵編輯　清丹山堂刻本　四冊(一函)

370000－4516－0000079　79

詩韻題解十卷 （清）甘蘭友輯　清嘉慶十八
年(1813)文萃堂刻本　四冊(一函)

370000－4516－0000080　80

鐘鼎字源五卷 （清）汪立名撰　清光緒二年
至五年(1876－1879)洞庭秦氏麟慶堂刻本
二冊

370000－4516－0000081　81

四大奇書第一種六十卷一百二十回 （明）羅
貫中撰　（清）金聖歎(金人瑞)批　（清）毛
宗崗評　（清）鄒梧岡參訂　（清）劉鳳藻校對
清書業德刻本　七冊　存二十七卷(一至
二十七)

370000－4516－0000082　82

東周列國全志二十三卷 （明）馮夢龍撰
（清）蔡奡評點　清光緒刻本　十三冊(一函)

370000－4516－0000083　83

四書合講十九卷 （清）翁復編次　（清）詹文
煥參定　清同治八年(1869)善成堂刻本　六
冊(一函)

370000－4516－0000084　84

國朝先正事畧六十卷 （清）李元度纂　清光
緒十三年(1887)上海點石齋石印本　八冊

370000－4516－0000085　85

匋齋藏石記四十四卷首一卷匋齋藏甎記二卷
（清）端方撰　清宣統元年(1909)石印本
十冊

370000－4516－0000086　86

紀曉嵐詩註釋四卷 （清）紀昀著　（清）郭斌
評註　清嘉慶刻本　三冊(一函)　存三卷
(二至四)

370000－4516－0000087　87

史記一百三十卷 （漢）司馬遷撰　（南朝宋）
裴駰集解　（唐）司馬貞索隱　（唐）張守節正
義　清光緒二十六年(1900)上海煥文書局石

山東省濰坊市昌邑市圖書館古籍普查登記目錄

印本　八册（一函）

370000－4516－0000088　88

後漢書一百二十卷　（南朝宋）范曄撰　（唐）李賢注　續志　（晉）司馬彪撰　（南朝梁）劉昭注補　清光緒二十六年（1900）上海煥文書局石印本　八册（一函）

370000－4516－0000089　89

八宗綱要二卷　（日本）釋凝然大德述　清宣統三年（1911）揚州藏經院刻本　一册

370000－4516－0000090　90

晦庵先生朱文公文集一百卷續集五卷別集七卷　（宋）朱熹撰　清刻本　五册（一函）　存二十二卷（晦庵先生朱文公文集六十五至七十四、續集五卷、別集七卷）

370000－4516－0000091　91

尺木堂綱鑑易知錄九十二卷　（清）吳乘權　（清）周之炯　（清）周之燦輯　尺木堂明鑑易知錄十五卷　（清）朱國標鈔　（清）吳乘權　（清）周之炯　（清）周之燦輯　清光緒二十七年（1901）上海鑄史齋鉛印本　十册（一函）存六十五卷（尺木堂綱鑑易知錄七至十四、五十一至九十二,尺木堂明鑑易知錄十五卷）

370000－4516－0000092　92

二十四史　（清）張廷玉等纂　清光緒三十一年（1905）武林竹簡齋石印本　十八册　存二種二百五十卷（史記一百三十卷、後漢書一百二十卷）

370000－4516－0000093　93

紀效新書十八卷首一卷　（明）戚繼光撰　清嘉慶二十四年（1819）無棣吳之勷刻本　二册　存六卷（一、十三至十六,首一卷）

370000－4516－0000094　94

子史精華一百六十卷　（清）允祿　（清）張廷玉等編　清雍正五年（1727）内府刻本　十册（一函）　存二十二卷（一百三十九至一百六十）

370000－4516－0000095　95

二家詞鈔五卷　（清）李慈銘　樊增祥撰　清

光緒二十八年（1902）身雲閣刻本　一册　存三卷（三至五）

370000－4516－0000096　96

二家詠古詩一卷　（清）張之洞撰　樊增祥輯　二家試帖一卷　（清）張之洞　樊增祥撰　二家詞鈔五卷　（清）李慈銘　樊增祥撰　清光緒二十七年（1901）東溪草堂刻本（二家詞鈔爲清光緒二十八年刻本）　一册　存四卷（二家詠古詩一卷、二家試帖一卷、二家詞鈔一至二）

370000－4516－0000097　97

樊山時文一卷　樊增祥撰　清光緒二十年（1894）渭南官舍刻本　一册

370000－4516－0000098　98

樊山批判十四卷末一卷　樊增祥撰　清光緒二十三年（1897）刻本　五册

370000－4516－0000099　99

樊山續集二十八卷　樊增祥撰　清光緒二十八年（1902）西安刻本　四册

370000－4516－0000100　100

[光緒]昌邑縣續志八卷　（清）陳嘉楷修　（清）韓天衢纂　清光緒三十三年（1907）刻本　六册

370000－4516－0000101　101

詩經喈鳳詳解八卷圖說一卷　（清）陳抒孝輯著　（清）汪基增訂　清刻本　佚名批校題跋　七册　存七卷（二至八）

370000－4516－0000102　102

康熙字典十二集三十六卷總目一卷檢字一卷辨似一卷等韻一卷備考一卷補遺一卷　（清）張玉書　（清）陳廷敬等纂　（清）奕繪等重修　清道光七年（1827）刻本　三册　存二集五卷（子集下、丑集上、總目一卷,檢字一卷,辨似一卷）

370000－4516－0000103　103

增補左繡三十卷首一卷　（清）馮李驊　（清）陸浩評輯　清嵩山書屋刻本　五册　存二十卷（一至七、十五至十八、二十三至三十,首一

山東省濰坊市圖書館等二十二家收藏單位古籍普查登記目錄

卷)

370000－4516－0000104　104
增補左繡三十卷首一卷　（清）馮李驊　（清）
陸浩評輯　清嵩山書屋刻本　六冊　存十二
卷（三至四、十七至二十四、二十九至三十）

370000－4516－0000105　105
欽定春秋左傳讀本三十卷　（清）英和等撰
清刻本　一冊　存二卷（三至四）

370000－4516－0000106　106
顏魯公文集十五卷　（唐）顏真卿撰　清刻本
四冊

370000－4516－0000107　107
增補事類統編九十三卷首一卷　（清）黃葆真
增輯　（清）何立中校字　清道光二十六年
（1846）刻本　九冊　存二十六卷（一至十五、
四十五至五十一、五十四至五十六,首一卷）

370000－4516－0000108　108
四書集註本義匯參四十三卷首四卷　（清）王
步青輯　（清）王士鼇編　（清）王維甸
（清）王乃昀校　清刻本　十四冊　存十九卷
（中庸章句本義匯參六卷、首一卷,論語集註
本義匯參十七至二十,孟子集註本義匯參一
至二、十至十四、首一卷）

370000－4516－0000109　109
四書味根錄三十七卷　（清）金澂撰　清刻本
四冊

370000－4516－0000110　110
太平廣記五百卷目錄十卷　（宋）李昉等編纂
清乾隆十八年（1753）黃晟刻本　七冊　存
五十七卷（二百四十五至二百七十六、三百五

十九至三百七十六、四百五至四百十一）

370000－4516－0000111　111
詩韻合璧五卷詩腋一卷詞林典腋一卷　（清）
湯文潞輯　**虛字韻藪一卷**　（清）潘維城輯
清鉛印本　五冊

370000－4516－0000112　112
欽定四庫全書總目二百卷首一卷　（清）永瑢
（清）紀昀等撰　**欽定四庫全書簡明目錄四
卷**　（清）紀昀等編　清光緒二十五年（1899）
上海點石齋石印本　八冊　存八十七卷（一
至六、十八至二十八、三十九至八十二、一百
七至一百二十七,首一卷,欽定四庫全書簡明
目錄四卷）

370000－4516－0000113　114
春秋公羊傳十一卷　（周）公羊高撰　（漢）何
休注　（唐）陸德明音義　清同治十一年
（1872）山東書局刻民國十四年（1925）印本
四冊

370000－4516－0000114　115
春秋穀梁傳十二卷　（周）穀梁赤撰　（晉）范
甯集解　（唐）陸德明音義　清同治十一年
（1872）山東書局刻民國十四年（1925）印本
四冊

370000－4516－0000115　116
廣事類賦四十卷　（清）華希閔著　（清）鄒升
恒參　（清）華希閔重訂　清刻本　三冊（一
函）　存十五卷（四至七、十九至二十三、三十
一至三十六）

370000－4516－0000116　117
格言聯璧一卷　（清）金纓輯　清抄本　一冊

山東省濰坊市昌樂第一中學圖書館
古籍普查登記目録

全國古籍普查登記目録

國家圖書館出版社
National Library of China Publishing House

370000 – 4541 – 0000001　B0001

史記一百三十卷　（漢）司馬遷撰　（南朝宋）
裴駰集解　（唐）司馬貞索隱　（唐）張守節正
義　清同治五年至九年(1866 – 1870)金陵書
局刻本　翰卿氏批校　三十二冊（四函）

370000 – 4541 – 0000002　B0002

讀史大畧六十卷首一卷小沙子史略一卷
（清）沙張白著　清光緒二十七年(1901)上海
祥記書莊石印本　六冊（一函）

370000 – 4541 – 0000003　B0003

漢書一百卷　（漢）班固撰　（唐）顏師古注
清同治八年(1869)金陵書局刻二十四史本
佚名批校　十二冊（三函）　存八十卷（二十
一至一百）

370000 – 4541 – 0000004　B0004

後漢書一百二十卷　（南朝宋）范曄撰　（唐）
李賢注　**續志**　（晉）司馬彪撰　（南朝梁）劉
昭注補　清同治八年(1869)金陵書局刻二十
四史本　十六冊（四函）

370000 – 4541 – 0000005　B0005

三國志六十五卷　（晉）陳壽撰　（南朝宋）裴
松之注　清同治九年(1870)金陵書局刻二十
四史本　六冊（一函）

370000 – 4541 – 0000006　B0006

宋書一百卷　（南朝梁）沈約撰　清同治十一
年(1872)金陵書局刻二十四史本　十六冊
（三函）

370000 – 4541 – 0000007　B0007

梁書五十六卷　（唐）姚思廉撰　清同治十三
年(1874)金陵書局刻二十四史本　六冊（一
函）

370000 – 4541 – 0000008　B0008

隋書八十五卷　（唐）魏徵等撰　清同治十年
(1871)淮南書局刻二十四史本　十二冊（二
函）

370000 – 4541 – 0000009　B0009

南史八十卷　（唐）李延壽撰　清同治十一年
(1872)金陵書局刻二十四史本　十二冊（二

函）

370000 – 4541 – 0000010　B0010

北史一百卷　（唐）李延壽撰　清同治十一年
(1872)金陵書局刻二十四史本　四十冊（五
函）

370000 – 4541 – 0000011　B0011

唐書二百二十五卷　（宋）歐陽修　（宋）宋祁
撰　清同治十二年(1873)金陵書局刻二十四
史本　三十八冊（五函）　存二百十四卷（四
至十六、二十五至二百二十五）

370000 – 4541 – 0000012　B0012

遼史一百十五卷　（元）脫脫等修　清同治十
二年(1873)江蘇書局刻二十四史本　十二冊
（二函）

370000 – 4541 – 0000013　B0013

金史一百三十五卷　（元）脫脫等修　清同治
十三年(1874)江蘇書局刻二十四史本　二十
冊（三函）

370000 – 4541 – 0000014　B0014

元史二百十卷目錄二卷　（明）宋濂等修　清
同治十三年(1874)江蘇書局刻二十四史本
三十七冊（五函）

370000 – 4541 – 0000015　B0015

元史藝文志四卷　（清）錢大昕撰　清同治十
三年(1874)江蘇書局刻二十四史本　一冊

370000 – 4541 – 0000016　B0016

明史薰三百十卷　（清）王鴻緒編撰　清乾隆
敬慎堂刻本　七十一冊（七函）

370000 – 4541 – 0000017　B0017

毛詩二十卷　（漢）毛亨傳　（漢）鄭玄箋
（唐）艾居晦　（唐）陳介等書　清拓唐開成石
經本　十三冊（一函）

370000 – 4541 – 0000018　B0018

奎壁詩經八卷　（宋）朱熹撰　清光緒三十二
年(1906)成文信記刻本　四冊（一函）

370000 – 4541 – 0000019　B0019

周禮十二卷　（漢）鄭玄注　（唐）艾居晦

山東省濰坊市昌樂第一中學圖書館古籍普查登記目錄

（唐）陳介等書　清拓唐開成石經本　十一冊
（二函）

370000－4541－0000020　B0020

奎壁書經六卷　（宋）蔡沈撰　清光緒七年
(1881)成文信刻本　四冊

370000－4541－0000021　B0021

儀禮十七卷　（漢）鄭玄注　（唐）艾居晦
（唐）陳介等書　清拓唐開成石經本　十二冊
（二函）

370000－4541－0000022　B0022

御纂周易折中二十二卷首一卷　（清）李光地
等撰　清刻本　十六冊（二函）

370000－4541－0000023　B0023

奎壁禮記十卷　（元）陳澔撰　清光緒二十一
年(1895)周村益友堂刻本　十冊（一函）

370000－4541－0000024　B0024

周易九卷周易略例一卷　（三國魏）王弼注
清拓唐開成石經本　五冊（一函）

370000－4541－0000025　B0025

狀元詩經八卷　（宋）朱熹撰　清刻本　四冊
（一函）

370000－4541－0000026　B0026

春秋左傳三十卷　（晉）杜預注　清拓唐開成
石經本　二十五冊（五函）

370000－4541－0000027　B0027

春秋左傳三十卷　（晉）杜預　（宋）林堯叟註
釋　（唐）陸德明音義　（明）孫鑛　（明）鍾
惺　（明）韓范評點　清刻本　八冊（二函）

370000－4541－0000028　B0028

春秋公羊傳十二卷　（周）公羊高撰　（漢）何
休解詁　清拓唐開成石經本　十三冊（二函）

370000－4541－0000029　B0029

春秋穀梁傳十二卷　（周）穀梁赤撰　（晉）范
甯集解　清拓唐開成石經本　十二冊（二函）

370000－4541－0000030　B0030

列子八卷　（周）列禦寇撰　（晉）張湛注　清
光緒二年(1876)浙江書局刻本　六冊（一函）

370000－4541－0000031　B0031

老子道德經二卷　（三國魏）王弼注　清光緒
元年(1875)浙江書局刻本　五冊（一函）

370000－4541－0000032　B0032

孫子十家註十三卷　（周）孫武撰　（宋）吉天
保集　（清）孫星衍註　（清）吳人驥校　**敘錄
一卷**　（清）畢以珣撰　**遺說一卷**　（宋）鄭友
賢撰　清光緒三年(1877)浙江書局刻本　六
冊（一函）

370000－4541－0000033　B0033

荀子二十卷　（周）荀況撰　（唐）楊倞注　清
光緒二年(1876)浙江書局刻本　七冊（一函）

370000－4541－0000034　B0034

抱朴子二十卷　（晉）葛洪撰　清光緒十一年
(1885)金陵道署刻本　六冊（一函）

370000－4541－0000035　B0035

文選六十卷　（南朝梁）蕭統撰　（唐）李善等
注　（清）葉樹藩參訂　清海錄軒刻朱墨套印
本　六冊（一函）

370000－4541－0000036　B0036

駢體文鈔三十一卷　（清）李兆洛編選　清同
治六年(1867)婁江徐氏刻本　十二冊（一函）

370000－4541－0000037　B0037

唐文粹一百卷　（宋）姚鉉纂　清光緒九年
(1883)江蘇書局刻本　十一冊（一函）　存六
十二卷（一至五十五、六十四至七十）

370000－4541－0000038　B0038

校訂困學紀聞三箋二十卷　（宋）王應麟著
（清）閻若璩等注　清嘉慶十二年(1807)金閶
友益齋刻本　八冊（一函）

370000－4541－0000039　B0039

弘簡錄二百五十四卷　（明）邵經邦撰　（清）
邵遠平校閱　清康熙二十七年(1688)仁和邵
遠平刻本　六十四冊（八函）

370000－4541－0000040　B0040

柳河東詩集二卷　（唐）柳宗元撰　清宣統二
年(1910)石印本　四冊（一函）

山東省濰坊市圖書館等二十二家收藏單位古籍普查登記目錄

370000－4541－0000041　B0042

皇朝經世文編一百二十卷　（清）賀長齡輯
清上海江左書林石印本　二十冊（三函）

370000－4541－0000042　B0044

宋文鑑一百五十卷　（宋）呂祖謙撰　清光緒
十二年（1886）江蘇書局刻本　二十四冊（二
函）

370000－4541－0000043　B0045

爾雅三卷　（晉）郭璞注　（宋）邢昺疏　**五經
文字三卷**　（唐）張參撰　清拓唐開成石經本
六冊（一函）

370000－4541－0000044　B0046

御批歷代通鑑輯覽一百二十卷　（清）傅恒等
撰　清光緒三十一年（1905）上海商務印書館
鉛印本　四十冊

370000－4541－0000045　B0047

古學鴻裁十五卷詩學鴻裁二卷　（清）范樏
（清）周采選定　清順治泌樂堂刻本　十六冊
（二函）　存十五卷（古學鴻裁十五卷）

370000－4541－0000046　B0048

杜律通解四卷　（清）李文煒箋釋　（清）趙世
錫攷訂　（清）趙弘訓分校　清雍正刻本　三
冊（一函）　存三卷（一至三）

370000－4541－0000047　B0050

史記一百三十卷　（漢）司馬遷撰　（南朝宋）
裴駰集解　（唐）司馬貞索隱　（唐）張守節正
義　清光緒八年（1882）上海點石齋石印二十
四史本　四冊（一函）

370000－4541－0000048　B0052

舊五代史一百五十卷目錄二卷　（宋）薛居正
等撰　清同治十一年（1872）湖北崇文書局刻
二十四史本　一冊　存十卷（八至十七）

370000－4541－0000049　B0053

舊五代史一百五十卷目錄二卷　（宋）薛居正
等撰　清同治十一年（1872）湖北崇文書局刻
二十四史本　一冊　存一卷（二十一）

370000－4541－0000050　B0054

欽定書經傳說彙纂二十一卷首二卷書序一卷
（清）王頊齡等撰　清刻本　十冊（一函）
存十二卷（十一至二十一、書序一卷）

370000－4541－0000051　B0055

孟子集註七卷　（宋）朱熹撰　清拓唐開成石
經本　七冊（一函）

370000－4541－0000052　B0056

禮記二十卷　（漢）鄭玄注　清拓唐開成石經
本　六冊（二函）　存六卷（七至十二）

370000－4541－0000053　B0057

增補四書精繡圖像人物備考十二卷　（明）薛
應旂彙輯　（明）陳仁錫增定　（明）陳義錫重
校　清刻本　六冊（一函）

山東省濰坊市昌樂第一中學圖書館古籍普查登記目錄

山東省濰坊市諸城第一中學圖書館
古籍普查登記目錄

全國古籍普查登記目錄

國家圖書館出版社
National Library of China Publishing House

370000－4542－0000001　21

左繡三十卷首一卷　（清）馮李驊　（清）陸浩
評輯　（清）范允斌等參評　（清）馮張孫等校
輯　清光緒十四年（1888）上海文瑞樓刻本
十四冊（一函）

山東省濰坊市諸城第一中學圖書館古籍普查登記目錄

山東省濰坊市諸城市實驗中學圖書館

古籍普查登記目録

全國古籍普查登記目録

國家圖書館出版社
National Library of China Publishing House

370000 - 4544 - 0000001　14

北史一百卷　（唐）李延壽撰　清同治十一年（1872）金陵書局刻二十四史本　二十冊（一函）

370000 - 4544 - 0000002　15

南史八十卷　（唐）李延壽撰　清同治十一年（1872）金陵書局刻二十四史本　十二冊（一函）

370000 - 4544 - 0000003　16

舊五代史一百五十卷目錄二卷　（宋）薛居正等撰　清同治十一年（1872）湖北崇文書局刻二十四史本　十六冊（一函）

370000 - 4544 - 0000004　17

五代史七十四卷　（宋）歐陽修撰　（宋）徐無黨注　清同治十一年（1872）湖北崇文書局刻二十四史本　八冊（一函）

370000 - 4544 - 0000005　18

舊唐書二百卷　（後晉）劉昫撰　清同治十一年（1872）浙江書局刻二十四史本　四十八冊（二函）

370000 - 4544 - 0000006　19

漢書一百卷　（漢）班固撰　（唐）顏師古注　清同治八年（1869）金陵書局刻二十四史本　十六冊（一函）

370000 - 4544 - 0000007　20

後漢書一百二十卷　（南朝宋）范曄撰　（唐）李賢注　**續志**　（晉）司馬彪撰　（南朝梁）劉昭注補　清同治八年（1869）金陵書局刻二十四史本　十六冊（一函）

370000 - 4544 - 0000008　21

唐書二百二十五卷　（宋）歐陽修　（宋）宋祁撰　清同治十二年（1873）浙江書局刻二十四史本　四十八冊（三函）

370000 - 4544 - 0000009　22

陳書三十六卷　（唐）姚思廉撰　清同治十一年（1872）金陵書局刻二十四史本　四冊（一函）

370000 - 4544 - 0000010　23

梁書五十六卷　（唐）姚思廉撰　清同治十三年（1874）金陵書局刻二十四史本　六冊（一函）

370000 - 4544 - 0000011　24

南齊書五十九卷　（南朝梁）蕭子顯撰　清同治十三年（1874）金陵書局刻二十四史本　六冊（一函）

370000 - 4544 - 0000012　25

宋書一百卷　（南朝梁）沈約撰　清同治十一年（1872）金陵書局刻二十四史本　十六冊（一函）

370000 - 4544 - 0000013　26

晉書一百三十卷　（唐）房玄齡等撰　清同治十年（1871）金陵書局刻二十四史本　二十冊（一函）

370000 - 4544 - 0000014　27

元史二百十卷目錄二卷　（明）宋濂等修　清同治十三年（1874）江蘇書局刻二十四史本　四十冊（三函）

370000 - 4544 - 0000015　28

三國志六十五卷　（晉）陳壽撰　（南朝宋）裴松之注　清同治九年（1870）金陵書局刻二十四史本　八冊（一函）

370000 - 4544 - 0000016　29

史記一百三十卷　（漢）司馬遷撰　（南朝宋）裴駰集解　（唐）司馬貞索隱　（唐）張守節正義　清光緒四年（1878）金陵書局刻二十四史本　十六冊（一函）

370000 - 4544 - 0000017　30

隋書八十五卷　（唐）魏徵等撰　清同治十年（1871）淮南書局刻二十四史本　十六冊（一函）

370000 - 4544 - 0000018　31

周書五十卷　（唐）令狐德棻等撰　清同治十三年（1874）金陵書局刻二十四史本　四冊（一函）

山東省濰坊市諸城市實驗中學圖書館古籍普查登記目錄

370000－4544－0000019　32

北齊書五十卷　（唐）李百藥撰　清同治十三年(1874)金陵書局刻二十四史本　四冊（一函）

370000－4544－0000020　33

魏書一百十四卷　（北齊）魏收撰　清同治十一年(1872)金陵書局刻二十四史本　二十冊（一函）

370000－4544－0000021　34

宋史四百九十六卷　（元）脫脫等修　清光緒元年(1875)浙江書局刻二十四史本　一百冊（八函）

370000－4544－0000022　35

明史三百三十二卷目錄四卷　（清）張廷玉等修　清光緒三年(1877)湖北崇文書局刻二十四史本　八十冊（四函）

370000－4544－0000023　36

遼史一百十五卷　（元）脫脫等修　清同治十二年(1873)江蘇書局刻二十四史本　十二冊（一函）

370000－4544－0000024　37

金史一百三十五卷　（元）脫脫等修　清同治十三年(1874)江蘇書局刻二十四史本　二十冊（二函）

山東省濰坊市諸城市實驗初級中學圖書館

古 籍 普 查 登 記 目 錄

全 國 古 籍 普 查 登 記 目 録

國家圖書館出版社
National Library of China Publishing House

370000－4552－0000001　2

說文通檢十四卷　（清）黎永椿撰　**說文解字注匡謬二卷**　（清）徐承慶撰　清光緒三十四年(1908)上海文盛書局石印本　一冊(一函)

370000－4552－0000002　3

宋本十三經注疏附校勘記四百十六卷　（清）阮元輯　清光緒十三年(1887)脈望仙館石印本　二十三冊(二函)　存十一種三百二十六卷(周易正義十卷、毛詩正義一至十四、周禮注疏四十二卷、儀禮注疏五十卷、禮記正義六十三卷、春秋左傳正義六十卷、春秋公羊傳注疏二十八卷、春秋穀梁傳注疏二十卷、論語注疏二十卷、孝經注疏九卷、爾雅注疏十卷)

370000－4552－0000003　4

蘇文忠公詩編註集成四十六卷　（宋）蘇軾撰　（清）王文誥輯　**蘇文忠公詩編註集成總案四十五卷蘇海識餘四卷韻山堂詩集七卷**　(清)王文誥讓　清光緒十四年(1888)浙江書局刻本　二十四冊(二函)

370000－4552－0000004　6

禮記易讀二卷　（清）志遠堂主人撰　清光緒八年(1882)德盛堂刻本　一冊(一函)　存一卷(上)

370000－4552－0000005　7

說文繫傳校錄三十卷附一卷　（清）王筠撰　(清)劉燿椿參訂　（清）孫藍田　（清）宋翔南　（清）王璿　（清）王彥侗校　清咸豐七年(1857)刻本　一冊(一函)　存十六卷(一至十五、附一卷)

370000－4552－0000006　8

[乾隆]諸城縣志四十六卷　（清）宮懋讓修　(清)李文藻等纂　清乾隆二十九年(1764)刻本　八冊(一函)　存四十三卷(四至四十六)

370000－4552－0000007　9

新訂四書補註備旨十卷　（明）鄧林著　（清）祁文友重校　（清）杜定基增訂　清刻本　二冊(一函)　存二卷(上孟一、下孟四)

370000－4552－0000008　10

經典釋文三十卷攷證三十卷　（唐）陸德明撰　（清）盧文弨攷證　清同治八年(1869)湖北崇文書局刻本　十二冊(二函)

370000－4552－0000009　11

西河合集三十卷　（清）毛奇齡撰　清刻本　六冊(一函)　存二十七卷(四至三十)

370000－4552－0000010　13

說文段注訂補十四卷　（清）王紹蘭著　清光緒十四年(1888)刻本　八冊(一函)

370000－4552－0000011　38

韻山堂詩集七卷　（清）王文誥撰　清光緒十四年(1888)澗江書局刻本　一冊(一函)

370000－4552－0000012　40

段氏說文注訂八卷　（清）鈕樹玉著　清同治五年(1866)碧螺山館刻本　二冊(一函)

370000－4552－0000013　41

說文釋例二十卷　（清）王筠撰　**釋例補正二十卷**　（清）王筠續纂　清道光二十八年(1848)安邱王筠徐溝刻本(釋例補正爲清咸豐二年安邱王筠鄉寧刻本)　二冊(一函)　存四卷(說文釋例三至六)

370000－4552－0000014　42

說文解字句讀三十卷　（漢）許慎記　（清）王筠撰集　（清）陳山嵋　（清）陳慶鏞訂正　(清)蔣其崙書篆　**句讀補正三十卷**　（清）王筠撰　（清）王彥侗　（清）孫藍田校　清咸豐四年(1854)安邱王筠與山西曲沃邑人襄陵刻本(句讀補正爲清咸豐九年安邱王彥侗刻本)　六冊(一函)　存四十卷(說文解字句讀十七至十八、二十三至三十卷,句讀補正三十卷)

370000－4552－0000015　51

詩集傳八卷　（宋）朱熹撰　清刻本　一冊　存一卷(五)

370000－4552－0000016　55

古唐詩合解十六卷　（清）王堯衢註　（清）李模　（清）李桓校　清同治八年(1869)文會堂刻本　六冊(一函)

山東省濰坊市濰城區檔案館
古籍普查登記目錄

全國古籍普查登記目錄

國家圖書館出版社
National Library of China Publishing House

370000－4593－0000001　1

[乾隆]濰縣志六卷首一卷末一卷　（清）張耀
璧修　（清）王誦芬纂　清乾隆二十五年
(1760)刻本　六冊(一函)

370000－4593－0000002　2

史記一百三十卷　（漢）司馬遷撰　（南朝宋）
裴駰集解　（唐）司馬貞索隱　（唐）張守節正
義　考證一卷　清同治八年(1869)嶺南菊古
堂刻二十四史本　三十三冊(四夾)

370000－4593－0000003　3

前漢書一百卷　（漢）班固撰　（唐）顏師古注
　考證一卷　清同治八年(1869)嶺南菊古堂
刻二十四史本　四十冊(五夾)

370000－4593－0000004　4

後漢書一百二十卷　（南朝宋）范曄撰　（唐）
李賢注　續志　（晉）司馬彪撰　（南朝梁）劉
昭注補　清同治八年(1869)嶺南菊古堂刻二
十四史本　二十九冊(四夾)

370000－4593－0000005　5

三國志六十五卷　（晉）陳壽撰　（南朝宋）裴
松之注　考證一卷　清同治八年(1869)嶺南
菊古堂刻二十四史本　二十冊(三夾)

370000－4593－0000006　6

晉書一百三十卷　（唐）房玄齡等撰　晉書音
義三卷　（唐）何超纂　考證一卷　清同治八
年(1869)嶺南菊古堂刻二十四史本　三十五
冊(五夾)

370000－4593－0000007　7

宋書一百卷　（南朝梁）沈約撰　考證一卷
清同治八年(1869)嶺南菊古堂刻二十四史本
　二十七冊(四夾)

370000－4593－0000008　8

南齊書五十九卷　（南朝梁）蕭子顯撰　考證
一卷　清同治八年(1869)嶺南菊古堂刻二十
四史本　十一冊(二夾)

370000－4593－0000009　9

梁書五十六卷　（唐）姚思廉撰　考證一卷
清同治八年(1869)嶺南菊古堂刻二十四史本
　十冊(二夾)

370000－4593－0000010　10

陳書三十六卷　（唐）姚思廉撰　考證一卷
清同治八年(1869)嶺南菊古堂刻二十四史本
五冊(一夾)

370000－4593－0000011　11

魏書一百十四卷　（北齊）魏收撰　考證一卷
　清同治八年(1869)嶺南菊古堂刻二十四史
本　三十四冊(五夾)

370000－4593－0000012　12

北齊書五十卷　（唐）李百藥撰　考證一卷
清同治八年(1869)嶺南菊古堂刻二十四史本
　八冊(一夾)

370000－4593－0000013　13

周書五十卷　（唐）令狐德棻等撰　考證一卷
　清同治八年(1869)嶺南菊古堂刻二十四史
本　八冊(一夾)

370000－4593－0000014　14

隋書八十五卷　（唐）魏徵等撰　考證一卷
清同治八年(1869)嶺南菊古堂刻二十四史本
　二十一冊(三夾)

370000－4593－0000015　15

南史八十卷　（唐）李延壽撰　考證一卷　清
同治八年(1869)嶺南菊古堂刻二十四史本
二十三冊(三夾)

370000－4593－0000016　16

北史一百卷　（唐）李延壽撰　考證一卷　清
同治八年(1869)嶺南菊古堂刻二十四史本
三十五冊(五夾)

370000－4593－0000017　17

舊唐書二百卷　（後晉）劉昫撰　考證一卷
清同治八年(1869)嶺南菊古堂刻二十四史本
　六十三冊(九夾)

370000－4593－0000018　18

唐書二百二十五卷　（宋）歐陽脩　（宋）宋祁
撰　釋音二十五卷　（宋）董衝撰　考證一卷
　清同治八年(1869)嶺南菊古堂刻二十四史

山東省濰坊市濰城區檔案館古籍普查登記目錄

本　六十三册（九夾）

370000－4593－0000019　19

舊五代史一百五十卷目錄二卷　（宋）薛居正
等撰　**考證一卷**　清同治八年（1869）嶺南菊
古堂刻二十四史本　二十五册（三夾）

370000－4593－0000020　20

五代史七十四卷　（宋）歐陽修撰　（宋）徐無
黨注　**考證一卷**　清同治八年（1869）嶺南菊
古堂刻二十四史本　十一册（二夾）

370000－4593－0000021　21

宋史四百九十六卷目錄三卷　（元）脱脱等修
　考證一卷　清同治八年（1869）嶺南菊古堂
刻二十四史本　一百三十五册（十九夾）

370000－4593－0000022　22

遼史一百十五卷　（元）脱脱等修　**考證一卷**
　欽定遼史語解十卷　清同治八年（1869）嶺

南菊古堂刻二十四史本　二十册（三夾）

370000－4593－0000023　23

金史一百三十五卷　（元）脱脱等修　**考證一
卷**　**欽定金國語解十二卷**　清同治八年
（1869）嶺南菊古堂刻二十四史本　三十五册
（五夾）

370000－4593－0000024　24

元史二百十卷目錄二卷　（明）宋濂等修　**考
證一卷**　（清）王祖庚等考證　**欽定元史語解
二十四卷**　清同治八年（1869）嶺南菊古堂刻
二十四史本　五十六册（八夾）

370000－4593－0000025　25

明史三百三十二卷目錄四卷　（清）張廷玉等
修　清同治八年（1869）嶺南菊古堂刻二十四
史本　八十八册（十五夾）

山東省濰坊市圖書館等二十二家收藏單位古籍普查登記目錄

山東省濰坊市諸城市檔案館古籍普查登記目錄

全國古籍普查登記目錄

國家圖書館出版社
National Library of China Publishing House

370000－4596－0000001　2

[道光]諸城縣續志二十三卷　（清）劉光斗修（清）朱學海纂　清道光十四年(1834)刻本二冊(一函)　存十一卷(一至十一)

370000－4596－0000002　3

[道光]諸城縣續志二十三卷　（清）劉光斗修（清）朱學海纂　清道光十四年(1834)刻本四冊(一函)

370000－4596－0000003　4

[山東諸城]相州王氏族譜□□卷　（清）王增傑修　清道光十八年(1838)世德堂刻本　一冊(一函)　存一卷(一)

370000－4596－0000004　5

[光緒]諸城縣鄉土志二卷　（清）陳觀圻修（清）王熙昭等纂　王鳳翥校　清末鉛印本二冊(一函)

370000－4596－0000005　6

[光緒]增修諸城縣續志二十二卷　（清）劉嘉樹修　（清）苑荣池　（清）邱濬恪纂　清光緒十八年(1892)刻本(卷一至五爲抄配)　六冊(一函)

370000－4596－0000006　8

[山東諸城]王氏族譜□卷　（清）王宸証誌（清）王茂桓續誌　（清）王召南　（清）王煥章採訪　（清）王化南　（清）王樹烈參訂　清刻本　一冊(一函)

370000－4596－0000007　9

[山東諸城]岳氏支譜□□卷　（清）岳棠修清抄本　一冊(一函)

370000－4596－0000008　10

[山東諸城]岳氏老族譜□□卷　（清）岳昇龍詮　（清）葛之藩訂　清抄本　一冊(一函)

370000－4596－0000009　11

[山東諸城]岳旺張氏族譜□□卷　（清）張墨亭修　清光緒十三年(1887)刻本　三冊(一函)

370000－4596－0000010　12

[山東諸城]趙氏支譜□□卷　（清）趙凌雲修清道光刻本　一冊(一函)

370000－4596－0000011　13

[乾隆]諸城縣志四十六卷　（清）宮懋讓修（清）李文藻等纂　清乾隆二十九年(1764)刻本　四冊(一函)　存二十六卷(一、二十二至四十六)

370000－4596－0000012　14

[乾隆]諸城縣志四十六卷　（清）宮懋讓修（清）李文藻等纂　清乾隆二十九年(1764)刻本　八冊(一函)

370000－4596－0000013　15

[乾隆]諸城縣志四十六卷　（清）宮懋讓修（清）李文藻等纂　清乾隆二十九年(1764)刻本　五冊(一函)　存二十七卷(一至二、四至九、二十二至四十)

370000－4596－0000014　16

[乾隆]諸城縣志四十六卷　（清）宮懋讓修（清）李文藻等纂　清乾隆二十九年(1764)刻本　八冊(二函)

370000－4596－0000015　17

[山東諸城]岳旺張氏族譜[義譜]□□卷（清）張耀德修　清刻本　四冊(一函)

山東省濰坊市壽光市圖書館
古籍普查登記目錄

全國古籍普查登記目錄

國家圖書館出版社
National Library of China Publishing House

370000－7507－0000001　1

綱鑑會纂三十九卷首一卷　（明）王世貞編
清刻本　三十六冊（六函）　存三十五卷（五至三十九）

370000－7507－0000002　2

四書朱子本義匯參四十三卷首四卷　（清）王步青輯　（清）王士鼇編　（清）王維甸（清）王乃昀校　清乾隆十年（1745）敦復堂刻本　二十八冊（五函）

370000－7507－0000003　4

三國志六十五卷　（晉）陳壽撰　（南朝宋）裴松之注　清古吳書業趙氏刻十七史本　十六冊（二函）

370000－7507－0000004　5

霞光書經十卷　（宋）蔡沈撰　清乾隆十三年（1748）文盛堂刻本　八冊

370000－7507－0000005　6

禮記集說十卷　（元）陳澔撰　清刻本　七冊存七卷（二至四、五至七、十）

370000－7507－0000006　7

監本詩經八卷　（宋）朱熹撰　清同治十年（1871）埽葉山房刻本　四冊（一函）

370000－7507－0000007　8

四書便蒙十九卷　（清）俞長城　（清）焦袁熹（清）戴有祺註　清咸豐元年（1851）寶善堂刻本　四冊　存十二卷（大學一卷、中庸一卷、論語五卷、孟子五卷）

370000－7507－0000008　9

四書羽儀十九卷　（清）周冕　（清）劉景周纂（清）張柱參訂　清刻本　四冊　存十一卷（大學一卷、中庸一卷、論語五卷、孟子四卷）

370000－7507－0000009　10

酌雅齋詩經遵註合講八卷　（清）翁復編次（清）詹文煥參定　清墨香堂刻本　一冊（一函）　存二卷（一至二）

370000－7507－0000010　13

五音正韻萬韻圖四卷　（□）□□撰　（清）劉

桂補　清光緒三年（1877）子雲堂刻本　一冊（一函）　存一卷（元）

370000－7507－0000011　14

詩集傳八卷　（宋）朱熹撰　清刻本　四冊（一函）　存九卷（三至八、六至八）

370000－7507－0000012　15

禮記集說十卷　（元）陳澔撰　清刻本　三冊（一函）　存三卷（二至四）

370000－7507－0000013　16

四書會解二十七卷　（宋）朱熹集註　（清）綦澧輯　清刻本　六冊（一函）　存七卷（孟子八至十四）

370000－7507－0000014　17

字彙十二集首一卷末一卷　（明）梅膺祚音釋清刻本　六冊（一函）　存七卷（子集一卷、丑集一卷、寅集一卷、卯集一卷、辰集一卷、巳集一卷,首一卷）

370000－7507－0000015　18

左繡三十卷首一卷　（清）馮李驊　（清）陸浩評輯　（清）范允斌等參評　（清）馮張孫等校輯　清華川書屋刻本　七冊（一函）　存十三卷（二至三、六至七、十二至十三、十八、二十五至三十）

370000－7507－0000016　19

新訂四書補註備旨十卷　（明）鄧林著　（清）鄧煜編次　（清）祁文友重校　（清）杜定基增訂　清刻本　四冊（一函）　存五卷（上論一至二、下論四、上孟二、下孟三）

370000－7507－0000017　20

狀元詩經八卷　（宋）朱熹撰　清光緒十年（1884）濰陽順和堂刻本　二冊　存二卷（一至二）

370000－7507－0000018　21

奎壁詩經八卷　（宋）朱熹撰　清光緒五年（1879）成文堂記刻本　佚名批註　一冊　存二卷（一至二）

370000－7507－0000019　22

山東省濰坊市壽光市圖書館古籍普查登記目錄

監本詩經八卷　（宋）朱熹撰　清宣統元年(1909)成和堂刻本　二冊　存四卷(一至四)

370000－7507－0000020　23

書經精華六卷　（清）薛嘉穎輯　清道光七年(1827)姑蘇步月樓刻本　四冊

370000－7507－0000021　24

監本四書十九卷　（宋）朱熹撰　清翰文齋刻本　六冊

370000－7507－0000022　25

監本易經四卷　（宋）朱熹撰　清刻本　四冊

370000－7507－0000023　32

詩經融註大全體要八卷　（清）高朝璎定　（清）沈世楷輯　清書業堂刻本　四冊

370000－7507－0000024　33

左繡三十卷首一卷　（清）馮李驊　（清）陸浩評輯　（清）范允斌等參評　（清）馮張孫等校輯　清道光十二年(1832)步月樓刻本　八冊　存十六卷(一至十五、首一卷)

370000－7507－0000025　34

詩經精華十卷　（清）薛嘉穎輯　清光緒十五年(1889)膠西成文堂刻本　六冊

370000－7507－0000026　35

字彙十二集首一卷末一卷　（明）梅膺祚音釋　清嘉慶四年(1799)致和堂刻本　二冊　存二卷(首一卷、末一卷)

370000－7507－0000027　36

奎璧易經四卷　（宋）朱熹撰　清光緒六年(1880)成文信刻本　四冊

370000－7507－0000028　37

奎璧詩經八卷　（宋）朱熹撰　清光緒二十七年(1901)聚文堂記刻本　四冊

370000－7507－0000029　38

禮記集說十卷　（元）陳澔撰　清刻本　四冊　存四卷(五、七至九)

370000－7507－0000030　39

左繡三十卷首一卷　（清）馮李驊　（清）陸浩評輯　（清）范允斌等參評　（清）馮張孫等校

輯　清光緒十年(1884)華川書屋刻本　三冊　存六卷(一、四至五、二十三至二十四,首一卷)

370000－7507－0000031　46

禮記易讀二卷　（清）志遠堂主人輯　清光緒三年(1877)成文堂刻本　一冊(一函)

370000－7507－0000032　47

禮記集說十卷　（元）陳澔撰　清刻本　七冊　存七卷(二至三、五至六、七至八、十)

370000－7507－0000033　48

龍光四書十九卷　（宋）朱熹撰　清寶書堂刻本　六冊

370000－7507－0000034　49

書經集傳六卷　（宋）蔡沈撰　清刻本　二冊　存三卷(四至六)

370000－7507－0000035　50

奎璧四書十九卷　（宋）朱熹撰　清光緒三十年(1904)濰陽慶裕書局刻本　三冊

370000－7507－0000036　51

論語集註十卷　（宋）朱熹撰　清刻本　一冊　存三卷(一至三)

370000－7507－0000037　52

孟子集註七卷　（宋）朱熹撰　清刻本　三冊

370000－7507－0000038　53

禮記體註大全合參四卷　（清）徐旦參訂　（清）范翔鑒定　清刻本　四冊

370000－7507－0000039　54

禮記體註大全合參四卷　（清）徐旦參訂　（清）范翔鑒定　清刻本　三冊　存三卷(二至四)

370000－7507－0000040　55

詩韻含英十八卷　（清）劉文蔚輯　清探珠樓刻本　三冊　存十四卷(一至十四)

370000－7507－0000041　56

孟子集註七卷　（宋）朱熹撰　清刻本　二冊　存五卷(一至五)

山東省濰坊市圖書館等二十二家收藏單位古籍普查登記目錄

370000－7507－0000042　57

七篇指略七卷字學考一卷　（清）王訓著　清金陵繆氏刻本　一冊　存二卷(七篇指略一、字學考一卷)

370000－7507－0000043　58

孟子集註七卷　（宋）朱熹撰　清刻本　一冊　存二卷(六至七)

370000－7507－0000044　59

孟子集註七卷　（宋）朱熹撰　清刻本　一冊　存二卷(六至七)

370000－7507－0000045　60

孟子集註七卷　（宋）朱熹撰　清刻本　一冊　存三卷(一至三)

370000－7507－0000046　61

新增說文韻府羣玉二十卷　（元）陰時夫編輯　（元）陰中夫編註　（明）王元貞校正　清刻本　五冊　存五卷(十一至十三、十七、二十)

370000－7507－0000047　62

古文觀止十二卷　（清）吳乘權　（清）吳大職錄　（清）吳興祚鑒定　清刻本　二冊　存四卷(五至六、九至十)

370000－7507－0000048　63

重訂古文釋義新編八卷　（清）余誠評註　（清）余芝參閱　清刻本　一冊　存一卷(七)

370000－7507－0000049　64

前漢書一百卷　（漢）班固撰　（唐）顏師古注　清石印本　四冊　存三十二卷(二十七至四十、四十六至五十四、五十八至六十六)

370000－7507－0000050　65

通鑑類纂二十卷　（清）馬佳松椿纂　清光緒濰縣實雅書局鉛印本　三冊　存二卷(十一至十二)

370000－7507－0000051　66

增定古文析義□卷　（清）林雲銘評註　清刻本　一冊　存一卷(七)

370000－7507－0000052　68

詳批律賦標準四卷　（清）葉祺昌編次　清緒六年(1880)琉璃廠刻本　四冊

370000－7507－0000053　69

詳批律賦標準二集四卷　（清）葉祺昌編次　（清）傅祝山鑒定　清光緒六年(1880)琉璃廠刻本　四冊

370000－7507－0000054　70

字彙十二集首一卷末一卷　（明）梅膺祚音釋　清刻本　三冊　存四卷(子集一卷、申集一卷、酉集一卷,首一卷)

370000－7507－0000055　71

周易本義四卷　（宋）朱熹撰　清刻本　二冊　存二卷(上經一、下經二)

370000－7507－0000056　73

四書會解二十七卷　（宋）朱熹集註　（清）綦澧輯　清還醇堂刻本　四冊　存七卷(孟子一至七)

370000－7507－0000057　74

新鐫五言千家詩會義直解四卷　（清）王相選註　（清）任福祐重輯　**笠翁對韻二卷**　（清）李漁撰　清光緒八年(1882)成文信刻本　二冊

370000－7507－0000058　75

新刻幼學須知直解二卷　（明）程登吉著　（清）王相增訂　（清）唐良瑜集註　清世德堂刻本　二冊

370000－7507－0000059　76

新刻增補幼學須知直解二卷　（明）程登吉著　（清）王相增訂　（清）唐良瑜集註　清經餘堂刻本　二冊

370000－7507－0000060　77

孟子集註七卷　（宋）朱熹撰　清慶裕書局刻本　一冊　存三卷(一至三)

370000－7507－0000061　78

孟子集註七卷　（宋）朱熹撰　清密邑德和堂刻本　一冊　存三卷(一至三)

370000－7507－0000062　79

四書題鏡□□卷總論一卷　（清）汪鯉翔纂述

山東省濰坊市壽光市圖書館古籍普查登記目錄

清刻本　七冊　存六卷(上論二,上孟一梁惠王、上孟一公孫丑,下孟三離婁、下孟三萬章、下孟四告子、下孟五盡心;總論一卷)

370000－7507－0000063　80

蓬山課藝童試録初刻　(清)諸鎮鑒定　(清)劉清源　(清)薛維錦校閱　清同治十一年(1872)崇德堂刻本　二冊

370000－7507－0000064　81

蓬山課藝童試録二刻　(清)諸鎮鑒定　(清)劉清源等校訂　清同治十一年(1872)崇德堂刻本　二冊

370000－7507－0000065　82

四書衷義録十九卷　(清)洪繼運輯著　清嘉慶十五年(1810)致和堂刻本　五冊　存十四卷(大學一卷、中庸一卷、論語六至十、孟子七卷)

370000－7507－0000066　83

奎壁書經六卷　(宋)蔡沈撰　清光緒二十一年(1895)成文信刻本　三冊　存五卷(一至三、五至六)

370000－7507－0000067　84

霞光書經十卷　(宋)蔡沈撰　清乾隆十三年(1748)文盛堂刻本　一冊　存二卷(五至六)

370000－7507－0000068　85

四書羽儀十九卷　(清)周冕　(清)劉景周纂　(清)張柱參訂　清刻本　三冊　存七卷(論語六至七、孟子一至五)

370000－7507－0000069　86

四書述要十九卷　(清)楊玉緒著　(清)張尹鑒定　(清)吳肖元　(清)張七來參閱　清刻本　二冊　存七卷(論語六至十、孟子四至五)

370000－7507－0000070　87

四書正義十九卷　(清)周大璋纂定　(清)劉中芙參閱　清刻本　一冊　存五卷(論語六至十)

370000－7507－0000071　88

新訂四書補註備旨十卷　(明)鄧林著　(清)鄧煜編次　(清)祁文友重校　(清)杜定基增訂　清刻本　一冊　存一卷(下論四)

370000－7507－0000072　89

奎壁詩經八卷　(宋)朱熹撰　清光緒二十五年(1899)成文信記刻本　一冊　存二卷(一至二)

370000－7507－0000073　90

三刻黃維章先生詩經嬋嬛體註八卷　(明)黃文煥輯著　清刻本　一冊　存一卷(三)

370000－7507－0000074　91

詩經嬋嬛體註八卷　(清)沈三曾　(清)沈涵參定　清刻本　一冊　存二卷(四至五)

370000－7507－0000075　92

書經體註大全合參六卷　(清)錢希祥纂輯　(清)范翔鑒定　清刻本　佚名批註　一冊　存二卷(二至三)

370000－7507－0000076　93

三刻黃維章先生詩經嬋嬛體註八卷　(明)黃文煥輯著　(清)沈三曾　(清)沈涵參定　清刻本　一冊　存三卷(六至八)

370000－7507－0000077　94

新訂四書補註備旨十卷　(明)鄧林著　(清)鄧煜編次　(清)祁文友重校　(清)杜定基增訂　清光緒五年(1879)成文堂刻本　三冊　存四卷(大學一卷、中庸一卷、上孟一、下孟四)

370000－7507－0000078　95

新訂四書補註備旨十卷　(明)鄧林著　(清)鄧煜編次　(清)祁文友重校　(清)杜定基增訂　清刻本　二冊　存四卷(上論一至二、下論三至四)

370000－7507－0000079　96

新訂四書補註備旨十卷　(明)鄧林著　(清)鄧煜編次　(清)祁文友重校　(清)杜定基增訂　清刻本　二冊　存二卷(下孟三至四)

370000－7507－0000080　97

山東省濰坊市圖書館等二十二家收藏單位古籍普查登記目錄

四書集註十九卷　(宋)朱熹撰　清道光四年(1824)文淵堂刻本　四冊　存十一卷(大學一卷、中庸一卷、論語六至十、孟子四至七)

370000－7507－0000081　98

論語集註十卷　(宋)朱熹撰　清刻本　二冊

370000－7507－0000082　99

奎壁詩經八卷　(宋)朱熹撰　清光緒二十一年(1895)寶書堂記刻本　四冊

370000－7507－0000083　100

詩集傳八卷　(宋)朱熹撰　清刻本　二冊　存三卷(三至五)

370000－7507－0000084　101

詩集傳八卷　(宋)朱熹撰　清刻本　二冊　存二卷(三、五)

370000－7507－0000085　102

新訂四書補註備旨十卷　(明)鄧林著　(清)鄧煜編次　(清)祁文友重校　(清)杜定基增訂　清同治十年(1871)姑蘇掃葉山房刻本　五冊　存七卷(大學一卷、中庸一卷、下論三、上孟一至二、下孟三至四)

370000－7507－0000086　103

禮記體註大全合參四卷　(清)徐旦參訂　(清)范翔鑒定　清道光元年(1821)晉祁書業堂刻本　佚名批註　二冊　存三卷(一、五至六)

370000－7507－0000087　104

四書衷義錄十九卷　(清)洪繼運輯著　清刻本　一冊　存五卷(論語一至五)

370000－7507－0000088　105

論語集註十卷　(宋)朱熹撰　清刻本　一冊　存五卷(論語一至五)

370000－7507－0000089　106

奎壁詩經八卷　(宋)朱熹撰　清光緒七年(1881)成文信刻本　三冊　存七卷(一至四、六至八)

370000－7507－0000090　107

詩集傳八卷　(宋)朱熹撰　清刻本　三冊　存六卷(三至八)

370000－7507－0000091　108

書經精華六卷　(清)陳龍標編輯　(清)紀昀鑒定　清光緒十一年(1885)成文信刻本　一冊　存三卷(一至三)

370000－7507－0000092　109

霞光書經十卷　(宋)蔡沈撰　清乾隆十三年(1748)文盛堂刻本　二冊　存三卷(二至四)

370000－7507－0000093　110

書經體註大全合參六卷　(清)錢希祥纂輯　(清)范翔鑒定　清道光二年(1822)晉祁書業德刻本　三冊　存四卷(一、四至六)

370000－7507－0000094　111

書經體註大全六卷　(清)錢希祥纂輯　(清)范翔鑒定　清刻本　一冊　存二卷(五至六)

370000－7507－0000095　112

外科正宗十二卷　(明)陳實功著　(清)徐大椿評　(清)許楣訂　(清)蔣光焴校　清光緒八年(1882)刻本　六冊　存六卷(一至六)

370000－7507－0000096　113

御選唐宋詩醇四十七卷目錄二卷　(清)高宗弘曆編　清羊城緯文堂刻本　二十四冊(二函)

370000－7507－0000097　114

大清律例四十七卷　(清)□□纂　清京都二酉堂刻本　十二冊　存三十二卷(一至三十二)

370000－7507－0000098　115

御撰資治通鑑綱目三編二十卷末一卷　(清)張廷玉等撰　清順和恒刻本　五冊　存二十卷(一至二十)

370000－7507－0000099　116

御撰資治通鑑綱目三編二十卷末一卷　(清)張廷玉等撰　清刻本　一冊　存一卷(末一卷)

370000－7507－0000100　117

六書通十卷　(明)閔齊伋撰　(清)畢弘述篆

山東省濰坊市壽光市圖書館古籍普查登記目錄

訂 （清）閔章 （清）程昌燁校 清乾隆刻本
十冊

370000－7507－0000101 118
增補四書精繡圖像人物備考十二卷 （明）薛
應旂彙輯 （明）陳仁錫增定 （明）陳義錫重
校 清乾隆五十八年（1793）文盛堂刻本
八冊

370000－7507－0000102 119
白香山詩長慶集二十卷後集十七卷別集一卷
補遺二卷 （唐）白居易撰 （清）汪立名編訂
　年譜一卷 （清）汪立名編 **年譜舊本一卷**

（宋）陳振孫撰 清康熙四十一年至四十二
年（1702－1703）汪立名一隅草堂刻本 十
二冊

370000－7507－0000103 120
甌北全集 （清）趙翼撰 清乾隆至嘉慶陽湖
趙氏湛貽堂刻本 五十六冊 存一百五十三
卷（廿二史劄記三十六卷、陔餘叢考四十三
卷、簷曝雜記六卷、皇朝武功紀盛四卷、甌北
詩鈔五言古四卷、七言古五卷、五言律二卷、
甌北集五十三卷）

山東省濰坊市坊子區圖書館古籍普查登記目録

全國古籍普查登記目録

國家圖書館出版社

National Library of China Publishing House

370000－7508－0000001　1
譚青峰稿一卷　（清）譚在丙著　（清）趙鹿泉
　（清）楊維翻評　清乾隆五十六年（1791）刻
本　一冊

370000－7508－0000002　2
譚史志奇八卷　（清）姚彥臣輯　清光緒十四
年（1888）刻本　一冊　存二卷（七至八）

山東省濰坊市坊子區圖書館古籍普查登記目録

山東省濰坊市臨朐縣圖書館古籍普查登記目錄

全國古籍普查登記目錄

國家圖書館出版社
National Library of China Publishing House

全國古籍普查登記目錄

370000－7510－0000001　3

御選唐宋詩醇四十七卷目錄二卷　（清）高宗弘曆編　清乾隆二十五年(1760)刻本　十六冊

370000－7510－0000002　4

左繡三十卷首一卷　（清）馮李驊　（清）陸浩評輯　（清）范允斌等參評　（清）馮張孫等校輯　清嘉慶十三年(1808)敬書堂刻本　十四冊　存二十九卷(一至二十八、首一卷)

370000－7510－0000003　5

康熙字典十二集三十六卷總目一卷檢字一卷辨似一卷等韻一卷備考一卷補遺一卷　（清）張玉書　（清）陳廷敬等纂　清刻本　二十四冊(三函)　存十集二十八卷(寅集三卷,卯集三卷,辰集三卷,巳集三卷,午集三卷,未集三卷;申集上、中,酉集中,戌集上、中,亥集三卷;備考一卷;補遺一卷)

370000－7510－0000004　7

有正味齋試帖詳註四卷　（清）吳錫麒著　（清）吳掄　（清）吳敬恆註　清嘉慶十年(1805)、十九年(1814)周村文萃堂刻本　四冊

370000－7510－0000005　8

重刊補註洗冤錄集證五卷　（宋）宋慈撰　（清）王又槐增輯　（清）李觀瀾補輯　（清）孫光烈參閱　（清）阮其新補註　（清）王又梧校訂　（清）張錫蕃重訂　續增洗冤錄辨正三卷　（清）瞿中溶撰　（清）李璋煜重訂　清光緒五年(1879)文盛書局石印本(續增洗冤錄辨正爲清光緒三十三年上海書局石印本)　一冊

370000－7510－0000006　10

康熙字典十二集三十六卷總目一卷檢字一卷辨似一卷等韻一卷備考一卷補遺一卷　（清）張玉書　（清）陳廷敬等纂　清光緒十六年(1890)上海鴻寶書局石印本　六冊

370000－7510－0000007　11

分韻試帖青雲集合註四卷　（清）楊逢春輯　（清）蕭應槐　（清）沈景福　（清）徐紹曾參（清）沈品金等註　（清）葉祺昌合註（清）沈錫慶校正　清光緒十四年(1888)怡翰齋刻本　四冊

370000－7510－0000008　13

重訂廣事類賦四十卷　（清）華希閎著　（清）鄒升恒參　（清）華希閎重訂　清經元堂刻本　八冊(一函)

370000－7510－0000009　14

廿一史約編八卷首一卷後編一卷　（清）鄭元慶述　清刻本　六冊(一函)　存六卷(七,八上、下,九上、下,後編一卷)

370000－7510－0000010　16

詩韻集成十卷詞林典腋一卷　（清）余照輯清光緒二十一年(1895)怡翰齋刻本　四冊

370000－7510－0000011　17

漢書一百卷　（漢）班固撰　（唐）顏師古注清光緒十三年(1887)金陵書局刻本　十六冊(一函)

370000－7510－0000012　18

史記一百三十卷　（漢）司馬遷撰　（南朝宋）裴駰集解　（唐）司馬貞索隱　（唐）張守節正義　清光緒四年(1878)金陵書局刻二十四史本　八冊　存四十三卷(一至四十三)

370000－7510－0000013　19

新鐫鑑略四字書一卷　（清）王仕雲撰　清光緒二十九年(1903)三益堂刻本　一冊

370000－7510－0000014　21

古文觀止十二卷　（清）吳乘權　（清）吳大職錄　（清）吳興祚鑒定　清刻本　四冊　存八卷(五至十二)

370000－7510－0000015　22

重訂古文釋義新編八卷　（清）余誠評註（清）余芝參閱　清刻本　六冊(一函)　存六卷(三至八)

370000－7510－0000016　23

唐詩三百首註疏六卷　（清）蘅塘退士(孫洙)編　（清）章燮註　（清）孫孝根校正　清刻本

五冊　存五卷(二至六)

370000－7510－0000017　24

十科策畧箋釋十卷　（明）劉定之著　（清）劉作樑註釋　（清）劉廷琨重訂　清刻本　五冊　存九卷(二至十)

370000－7510－0000018　25

新訂四書補註備旨十卷　（明）鄧林著　（清）鄧煜編次　（清）祁文友重校　（清）杜定基增訂　清光緒十三年(1887)怡翰齋刻本　八冊

370000－7510－0000019　26

陸象山先生全集三十六卷　（宋）陸九淵撰（清）李紱點次　（清）周毓齡重校　清江左書林石印本　八冊

370000－7510－0000020　27

批點七家詩合註七卷　（清）張熙宇評　（清）申珠　（清）杜炳南　（清）王植桂補註　清光緒六年(1880)成文信記刻本　八冊

370000－7510－0000021　28

七家詩選箋註七卷　（清）張熙宇評　清咸豐七年(1857)敬文堂刻本　四冊

370000－7510－0000022　30

重訂王鳳洲先生綱鑑會纂四十六卷續宋元二十三卷　（明）王世貞纂　（明）陳仁錫訂（明）呂一經校　御撰資治通鑑綱目三編四卷　（清）張廷玉等撰　清光緒十八年(1892)上海點石齋石印本　十一冊(二函)　存五十一卷(重訂王鳳洲先生綱鑑會纂一至二十三、二十五至三十七,續宋元一至十一,御撰資治通鑑綱目三編四卷)

370000－7510－0000023　31

性理大全書七十卷　（明）胡廣等撰　（明）李廷機纂訂　明萬曆刻清初印本　十四冊(二函)　存四十二卷(一至六、十一至十三、十八至二十八、四十九至七十)

370000－7510－0000024　32

奎璧易經四卷　（宋）朱熹撰　清光緒十七年(1891)成文信刻本　四冊(一函)

370000－7510－0000025　33

書經體註大全合參六卷　（清）錢希祥纂輯（清）范翔鑒定　清光緒五年(1879)成文堂刻本　四冊

370000－7510－0000026　38

第一才子書六十卷　（明）羅貫中撰　（清）金聖歎(金人瑞)批　（清）毛宗崗評　清刻本　八冊存二十七卷(十二至二十五、四十八至六十)

370000－7510－0000027　39

墨選清腴六卷　（清）徐樹銘輯選　清刻本五冊　存五卷(一至三、五至六)

370000－7510－0000028　40

大清縉紳全書□卷　（清）□□編　清榮祿堂刻本　二冊

370000－7510－0000029　48

古唐詩合解十六卷　（清）王堯衢註　（清）李模　（清）李桓校　清刻本　一冊　存四卷(古詩四卷)

370000－7510－0000030　49

小題文模標準□卷　（清）□□撰　清刻本一冊　存一卷(二)

370000－7510－0000031　50

詩料正宗平仄詳註□卷　（清）清溪散人輯註　清刻本　一冊　存一卷(二)

370000－7510－0000032　52

試帖青雲集四卷　（清）楊逢春輯　（清）蕭應槐　（清）沈景福　（清）徐紹曾參　（清）沈品金等註　（清）張維城校　清刻本　三冊存三卷(二至四)

370000－7510－0000033　53

尺木堂綱鑑易知錄九十二卷　（清）吳乘權（清）周之炯　（清）周之燦輯　清鉛印本　一冊　存七卷(三十九至四十五)

370000－7510－0000034　54

御批歷代通鑑輯覽一百二十卷　（清）傅恒等撰　清石印本　一冊　存四卷(六十八至七十一)

山東省濰坊市濰城區陳介祺故居陳列館
古籍普查登記目錄

全國古籍普查登記目錄

國家圖書館出版社

National Library of China Publishing House

370000－7564－0000001　1

戰國策去毒二卷　（清）陸隴其評選　（清）陸宸徵編次　清同治九年（1870）六安求我齋刻本　清同治十年陳介祺朱筆題跋　二冊

370000－7564－0000002　3

西泉印存一卷　（清）王石經輯　清王石經鈐印本　一冊

370000－7564－0000003　4

十鐘山房藏石目一卷　（清）陳介祺藏并輯　清陳氏十鐘山房稿本　一冊

370000－7564－0000004　5

［山東濰縣］濰邑陳氏族譜十二卷　（清）陳翮纂　清道光十一年（1831）刻本　十二冊

370000－7564－0000005　6

覃溪先生用定武落水本重訂正李義民萬松山房蘭亭石刻一卷　（晉）王羲之撰　（清）翁方綱書　清拓本　清道光二十年陳介祺題跋　一冊

370000－7564－0000006　9

集古印雋四卷　（清）王石經輯　清同治十三年（1874）鈐印本　清同治十三年陳介祺　一九六三年康生題跋　四冊

370000－7564－0000007　10

十鐘山房印舉□卷　（清）陳介祺輯　清刻鈐印本　一冊　存一卷（簠齋藏古一）

370000－7564－0000008　11

簠齋手拓古印集不分卷　（清）陳介祺藏并輯　清鈐印本　四冊

370000－7564－0000009　12

封泥攷略十卷　（清）吳式芬　（清）陳介祺輯　清光緒三十年（1904）上海石印本　十冊

370000－7564－0000010　15

十鐘山房藏瓦當文字目一卷　（清）陳介祺藏　（清）吳大澂編　清吳大澂稿本　一冊

山東省濰坊市博物館古籍普查登記目錄

全國古籍普查登記目錄

國家圖書館出版社
National Library of China Publishing House

370000－7585－0000001　4080

歷代地理沿革表四十七卷　（清）陳芳績撰
清光緒二十一年（1895）廣雅書局刻本　十
五冊

370000－7585－0000002　4086

續資治通鑑二百二十卷　（清）畢沅編集　清
鎮洋畢氏刻同治六年（1867）蘇松太道署補刻
八年（1869）江蘇書局補刻本　三十二冊　存
一百三十卷（一至三、八至三十五、四十三至
四十六、五十五至五十八、六十九至八十六、
一百五至一百八、一百十五至一百三十、一百
三十五至一百四十、一百四十七至一百五十
三、一百六十至一百六十五、一百七十六至一
百九十七、二百二至二百十三）

370000－7585－0000003　4087

朱子通鑑綱目註義五十九卷首一卷通鑑綱目
註證六卷　（清）王應鯨著　清乾隆四十一年
（1776）金陵勝玉堂刻本　六十三冊

370000－7585－0000004　4088

綱鑑會纂三十九卷首一卷　（明）王世貞編
清承文信刻本　十三冊　存十三卷（一至五、
十三至十八、二十九，首一卷）

370000－7585－0000005　4089

通鑑綱目前編訂正六卷首一卷　（清）王應鯨
著　清乾隆四十一年（1776）金陵勝玉堂刻本
二冊

370000－7585－0000006　4090

御批朱子通鑑綱目會編五十九卷首一卷
（清）王應鯨著　清乾隆四十一年（1776）金陵
勝玉堂刻本　一冊　存一卷（首一卷）

370000－7585－0000007　4091

資治通鑑二百九十四卷　（宋）司馬光編集
（元）胡三省音註　**資治通鑑釋文辯誤十二卷**
（元）胡三省撰　清郡陽胡氏刻本　五十三
冊　存一百五十九卷（一至二十一、二十八至
三十、三十七至三十九、四十三至四十八、六
十一至六十三、六十七至六十九、八十二至八
十七、九十四至一百十四、一百十八至一百二
十三、一百四十二至一百五十、一百七十五至

一百七十七、一百九十九至二百一、二百五至
二百四十三、二百四十七至二百四十九、二百
五十三至二百七十九、二百九十二至二百九
十四）

370000－7585－0000008　4113

［道光］重修博興縣志十三卷　（清）周壬福修
（清）李同纂　清道光二十年（1840）刻本
四冊

370000－7585－0000009　4115

［乾隆］昌邑縣志八卷　（清）周來邰纂修　清
刻本　四冊

370000－7585－0000010　4117

金石萃編一百六十卷　（清）王昶撰　**金石續**
編二十一卷　（清）陸耀通纂　清光緒十九年
（1893）鴻寶齋石印本　二十四冊

370000－7585－0000011　4120

古玉圖攷不分卷　（清）吳大澂著　清光緒十
五年（1889）上海同文書局石印本　四冊

370000－7585－0000012　4121

點石齋畫報四十四集　（清）吳友如等繪
（清）尊聞閣主人輯　清光緒上海點石齋石印
本　一冊　存二集（未集一卷、申集一卷）

370000－7585－0000013　4122

淞隱續錄一卷漫游隨錄一卷　（清）王韜著
乘龍佳話一卷　（清）何墉撰　清石印本
三冊

370000－7585－0000014　4124

古聖賢像傳畧十六卷　（清）顧沅輯　清道光
十年（1830）刻本　六冊

370000－7585－0000015　4127

吳郡名賢圖傳贊二十卷　（清）顧沅輯　清道
光九年（1829）長洲顧氏刻本　八冊

370000－7585－0000016　4130

歷代畫像傳四卷　（清）丁善長繪撰　清光緒
二十二年（1896）濰縣丁氏刻本　四冊

370000－7585－0000017　4135

古玉圖攷不分卷　（清）吳大澂著　清光緒十

山東省濰坊市博物館古籍普查登記目錄

五年(1889)上海同文書局石印本　二冊

370000－7585－0000018　4139

金石索十二卷首一卷　(清)馮雲鵬　(清)馮雲鵷輯　清道光元年至四年(1821－1824)滋陽縣署刻本　十二冊

370000－7585－0000019　4140

古泉匯六十卷首集四卷　(清)李佐賢編輯　清同治三年(1864)利津李氏石泉書屋刻本　十六冊

370000－7585－0000020　4141

歷代鐘鼎彝器款識法帖二十卷　(宋)薛尚功撰　(清)阮元校　清光緒八年(1882)上海點石齋石印本　四冊

370000－7585－0000021　4142

陶齋吉金續錄二卷　(清)端方輯　清宣統元年(1909)石印本　一冊　存一卷(一)

370000－7585－0000022　4143

四裔編年表四卷　(美國)林樂知　嚴良勳譯　(清)李鳳苞彙編　清光緒二十三年(1897)石印本　一冊　存一卷(三)

370000－7585－0000023　4144

四裔編年表四卷　(美國)林樂知　嚴良勳譯　(清)李鳳苞彙編　清光緒二十三年(1897)石印本　一冊　存一卷(四)

370000－7585－0000024　4145

歷代帝王年表三卷　(清)齊召南編　清光緒十二年(1886)蘇州埽葉山房刻本　三冊

370000－7585－0000025　4146

清朝畫徵錄三卷清朝畫徵續錄二卷　(清)張庚著　**清朝畫徵三錄□卷**　(清)張寅著　清上海朝記書莊鉛印本　二冊　存六卷(清朝畫徵錄三卷、清朝畫徵續錄二卷、清朝畫徵三錄一)

370000－7585－0000026　4148

金石索十二卷首一卷　(清)馮雲鵬　(清)馮雲鵷輯　清光緒十九年(1893)上海積山書局石印本　二十一冊

370000－7585－0000027　4152

兩罍軒彝器圖釋十二卷　(清)吳雲撰　清同治十一年(1872)刻本　一冊　存三卷(三至五)

370000－7585－0000028　4153

今水經一卷　(清)黃宗羲撰　清光緒三年(1877)湖北崇文書局刻本　一冊

370000－7585－0000029　4154

攀古樓彝器款識目一卷　(清)潘祖蔭撰　清末民國石印本　一冊

370000－7585－0000030　4155

[山東濰縣]陳氏支譜□卷　(清)□□撰　清刻本　一冊　存一卷(四)

370000－7585－0000031　4156

廟碑考一卷　(□)□□撰　清末民國抄本　佚名批校　一冊

370000－7585－0000032　4157

續山東考古錄三十二卷首一卷　(清)葉圭綬述　清刻本　一冊　存七卷(十一至十七)

370000－7585－0000033　4158

山東考古錄一卷　(清)顧炎武撰　清光緒八年(1882)刻本　一冊

370000－7585－0000034　4161

鳳翔紀事詩存一卷　(清)張兆棟著　清光緒四年(1878)刻本　一冊

370000－7585－0000035　4162

博古鏡四卷　(明)于承祖輯　(明)于繼祖訂　清抄本　一冊　存一卷(一)

370000－7585－0000036　4163

瓷考玉考銅考合鈔　(英國)史德匿著　清末民國抄本　一冊

370000－7585－0000037　4164

濰邑科第考六卷　(清)郭祐之撰　清末抄本　一冊

370000－7585－0000038　4165

稼民筆記一卷　(清)丁錫田撰　清末民國稿本　一冊

370000－7585－0000039　4170

清朝野史大觀十二卷　徐珂撰　清末民國鉛印本　一冊　存一卷（十）

370000－7585－0000040　4172

濰陽紀事詩一卷　（清）□□撰　清末民國石印本　一冊

370000－7585－0000041　4173

濰縣丁氏家傳稿　（清）□□撰　清末抄本　一冊

370000－7585－0000042　4176

金石文鈔八卷金石續鈔二卷　（清）趙紹祖輯　清刻本　十冊

370000－7585－0000043　4180

欽定錢錄十六卷　（清）梁詩正等撰　清乾隆五十二年（1787）刻本　二冊

370000－7585－0000044　4181

康熙幾暇格物編二卷　（清）聖祖玄燁撰　清末民國石印本　二冊

370000－7585－0000045　4182

景德鎮陶錄十卷　（清）藍浦著　（清）鄭廷桂補輯　清光緒十七年（1891）京都書業堂刻本　四冊

370000－7585－0000046　4183

北海耆舊傳二十卷　（清）張昭潛輯　清同治八年（1869）稿本　四冊

370000－7585－0000047　4184

兩罍軒印攷漫存九卷　（清）吳雲著　清石印本　三冊　存七卷（一至七）

370000－7585－0000048　4187

半積堂丸散撮要目錄□卷　（清）高赤城著　清同治三年（1864）半積堂藥室刻本　一冊　存一卷（上）

370000－7585－0000049　4191

幼科鐵鏡六卷　（清）夏鼎著　清光緒二十一年（1895）貴池劉信天堂刻本　一冊　存三卷（一至三）

370000－7585－0000050　4193

同仁堂藥目一卷　（清）樂鳳鳴輯　清光緒十五年（1889）京都同仁堂刻本　一冊

370000－7585－0000051　4196

外科紀要□卷　（清）郭偉勳著　清末民國抄本　一冊　存一卷（三）

370000－7585－0000052　4197

書集傳六卷　（宋）蔡沈撰　清刻本　三冊　存三卷（二、四至五）

370000－7585－0000053　4202

神農本草經讀四卷　（清）陳念祖著　清橦蔭書屋刻南雅堂公餘十六種醫學全書本　一冊

370000－7585－0000054　4205

醫學發明一卷　（金）李杲撰　（明）吳勉學校　清刻本　一冊

370000－7585－0000055　4207

時方妙用四卷　（清）陳念祖著　清刻本　一冊　存二卷（三至四）

370000－7585－0000056　4211

靜觀堂校正家傳幼科發揮秘方四卷　（清）萬全著　（清）鄭壽校正　清末民國抄本　一冊　存一卷（一）

370000－7585－0000057　4220

女科經綸八卷　（清）蕭壎纂著　清末民國石印本　一冊　存二卷（五至六）

370000－7585－0000058　4221

增評醫方集解二十三卷　（清）汪昂著作（清）費伯雄加評　清末民國石印本　一冊

370000－7585－0000059　4227

胎產新法三卷　（清）閻純璽撰　清刻本　二冊　存一卷（下）

370000－7585－0000060　4236

平津館叢書　（清）孫星衍輯　清嘉慶蘭陵孫氏刻本　二冊　存二種七卷（素女方一卷、千金寶要六卷）

370000－7585－0000061　4237

脈學正義六卷　（清）張壽頤撰　清末民國嘉定張氏體仁堂鉛印本　二冊　存二卷（三、

山東省濰坊市博物館古籍普查登記目錄

五)

370000－7585－0000062　4238

增廣本草綱目五十二卷首一卷　（明）李時珍編輯　本草綱目拾遺十卷首一卷　（清）趙學敏輯　清末民國石印本　十一冊　存四十五卷(增廣本草綱目十八至五十二,本草綱目拾遺十卷、首一卷)

370000－7585－0000063　4242

校正圖註八十一難經四卷　（周）秦越人述（明）張世賢註　校正圖註脈訣四卷　（晉）王叔和撰　（明）張世賢註　校正瀕湖脈學一卷（明）李時珍撰　清末民國鴻寶齋書局石印本　五冊

370000－7585－0000064　4249

痘疹傳心錄十四卷　（明）朱惠民著　莊氏福幼編一卷　（清）莊一夔撰　清末民國刻本四冊

370000－7585－0000065　4252

名醫類案十二卷　（明）江瓘集　（清）魏之琇等重校　續名醫類案三十六卷　（清）魏之琇編集　清宣統元年(1909)上海書局石印本二十冊

370000－7585－0000066　4255

備急千金要方三十卷　（唐）孫思邈著　（宋）林億等校正　清光緒四年(1878)蘇州崇德書業公所石印本　十二冊

370000－7585－0000067　4256

衲蘇集二卷　（清）何栻纂　清同治元年(1862)章門刻本　二冊

370000－7585－0000068　4257

春秋三傳十六卷首一卷　陸氏三傳釋文音義十六卷　（唐）陸德明撰　清嘉慶十年(1805)刻本　十六冊(一夾)

370000－7585－0000069　4258

隸篇十五卷續十五卷再續十五卷　（清）翟云升撰　清道光十七年至十八年(1837－1838)掖縣翟云升、聊城楊以增等刻本　九冊　存三十卷(隸篇十五卷、續十五卷)

370000－7585－0000070　4259

自然草十卷　（清）郭夢齡著　清同治九年(1870)刻本　四冊

370000－7585－0000071　4260

春秋旁訓四卷　（元）李恕撰　清刻五經旁訓本　二冊

370000－7585－0000072　4261

事友錄五卷　（清）潘相輯　清嘉慶五年(1800)汲古閣刻本　三冊

370000－7585－0000073　4262

道古堂詩集二十六卷　（清）杭世駿著　清刻本　六冊

370000－7585－0000074　4265

飴山詩集二十卷　（清）趙執信撰　清乾隆十七年(1752)趙氏因園刻本　四冊

370000－7585－0000075　4266

庚子山集十六卷首一卷　（北周）庾信著（清）倪璠註釋　清道光十九年(1839)大文堂刻本　十二冊

370000－7585－0000076　4267

禮記注疏六十三卷　（漢）鄭玄注　（唐）陸德明音義　（唐）孔穎達疏　清乾隆四年(1739)刻本　十冊　存三十二卷(三十二至六十三)

370000－7585－0000077　4268

詩律說畧　（□）□□撰　清抄本　一冊

370000－7585－0000078　4270

名墨讀本一卷　（□）敬業堂選　清抄本一冊

370000－7585－0000079　4271

古文選一卷　（□）□□撰　清抄本　一冊

370000－7585－0000080　4272

隆萬文讀本一卷　（□）□□輯　清抄本一冊

370000－7585－0000081　4273

海南歸櫂詞二卷　（清）劉燿椿填　（清）花壽山輯　清咸豐五年(1855)刻本　一冊

山東省濰坊市圖書館等二十二家收藏單位古籍普查登記目錄

370000－7585－0000082　4274

芸香閣文存　（清）朱蔭培著　清咸豐十年(1860)濟南芸香閣刻本　一冊

370000－7585－0000083　4275

菉友蛾術編二卷　（清）王筠撰　（清）孫藍田校　清咸豐十年(1860)安邱宋官疃王氏刻本　一冊

370000－7585－0000084　4276

劉汝滋制義一卷　（清）劉樹撰　清乾隆四十年(1775)松月廬刻本　一冊

370000－7585－0000085　4277

最樂編正集六卷續集二卷　（明）高道淳輯（清）許寶善增訂　清道光十年(1830)房山常氏刻本　一冊

370000－7585－0000086　4278

魏興士文集六卷　（清）魏世傑著　（清）彭士望點定　清道光二十五年(1845)刻寧都三魏合集本　一冊

370000－7585－0000087　4279

揅經室再續集六卷　（清）阮元撰　清道光二十三年(1843)刻本　一冊

370000－7585－0000088　4280

吾廬筆談八卷　（清）李佐賢編輯　清光緒元年(1875)李氏刻本　一冊

370000－7585－0000089　4281

聊復集三卷　（清）郭綏之著　（清）柯蘅選清同治六年(1867)刻本　一冊

370000－7585－0000090　4282

晼香村會稿八卷　（清）郭綏之著　清咸豐十一年(1861)刻本　一冊

370000－7585－0000091　4283

三餘書屋詩草一卷　（清）郭起隆著　清咸豐元年(1851)刻鈐印本　一冊

370000－7585－0000092　4284

餐霞集四卷　（清）郭綏之著　（清）柯蘅選清同治四年(1865)刻本　一冊

370000－7585－0000093　4285

書經旁訓二卷　（元）李恕撰　清刻五經旁訓本　一冊

370000－7585－0000094　4286

易經旁訓三卷　（元）李恕撰　清刻五經旁訓本　一冊

370000－7585－0000095　4287

守岐公牘彙存一卷　（清）張兆棟撰　清光緒四年(1878)刻本　一冊

370000－7585－0000096　4288

鄱陽集四卷首一卷補遺一卷　（宋）洪晧撰清同治九年(1870)三瑞堂刻本　一冊

370000－7585－0000097　4289

訪粵集一卷　（清）戴熙著　清道光二十年(1840)廣東刻本　一冊

370000－7585－0000098　4290

石經考一卷　（清）萬斯同撰　清省吾堂刻本　一冊

370000－7585－0000099　4291

驛路草一卷我園草一卷　（清）秀堃撰　清道光二十二年(1842)刻本　一冊

370000－7585－0000100　4305

春秋經傳集解三十卷　（晉）杜預注　清刻本四冊　存八卷(二十三至三十)

370000－7585－0000101　4306

語石十卷　葉昌熾撰　清宣統元年(1909)蘇州文學山房刻本　四冊

370000－7585－0000102　4307

前漢書一百卷　（漢）班固撰　（唐）顏師古注清同治十二年(1873)嶺東使署刻本　十六冊

370000－7585－0000103　4309

前漢書一百卷　（漢）班固撰　（唐）顏師古注清光緒二十六年(1900)煥文書局石印本　十二冊

370000－7585－0000104　4310

前漢書一百卷　（漢）班固撰　（唐）顏師古注清光緒三十一年(1905)武林竹簡齋石印二

山東省濰坊市博物館古籍普查登記目錄

十四史本　十冊

370000－7585－0000105　4311

後漢書一百二十卷　（南朝宋）范曄撰　（唐）李賢注　**續志**　（晉）司馬彪撰　（南朝梁）劉昭注補　清光緒三十一年（1905）武林竹簡齋石印二十四史本　九冊　存一百三卷（一至八、二十六至一百二十）

370000－7585－0000106　4314

後漢書一百二十卷　（南朝宋）范曄撰　（唐）李賢注　**續志**　（晉）司馬彪撰　（南朝梁）劉昭注補　清光緒二十六年（1900）煥文書局石印本　八冊

370000－7585－0000107　4316

唐代叢書二十卷　（清）陳世熙輯　清刻本　二十四冊

370000－7585－0000108　4317

御選唐宋詩醇四十七卷目錄二卷　（清）高宗弘曆編　清刻本　四冊　存十卷（二十四至二十九、三十四至三十七）

370000－7585－0000109　4318

三國志六十五卷　（晉）陳壽撰　（南朝宋）裴松之注　清光緒三十一年（1905）武林竹簡齋石印二十四史本　四冊

370000－7585－0000110　4319

史記一百三十卷　（漢）司馬遷撰　（南朝宋）裴駰集解　（唐）司馬貞索隱　（唐）張守節正義　清光緒三十一年（1905）武林竹簡齋石印二十四史本　七冊　存一百八卷（一至九十、一百十三至一百三十）

370000－7585－0000111　4320

原本直指算法統宗十二卷　（明）程大位編　明萬曆刻本　六冊

370000－7585－0000112　4321

呻吟語六卷　（明）呂坤著　清道光十七年（1837）雅雨堂刻本　六冊

370000－7585－0000113　4322

[熙寧]長安志二十卷　（宋）宋敏求撰

（元）李好文繪　（清）畢沅校正　**圖志三卷**　（□）河濱漁者編類圖說　（元）張敏　（清）畢沅校正　清乾隆四十九年（1784）鎮洋畢氏靈巖山館刻經訓堂叢書本　四冊

370000－7585－0000114　4323

奎壁詩經八卷　（宋）朱熹撰　清光緒十八年（1892）成文信記刻本　二冊　存四卷（一至四）

370000－7585－0000115　4324

渠亭山人半部稾二刻或語集一卷　（清）張貞撰　清康熙三十二年（1693）刻本　二冊

370000－7585－0000116　4325

隸法彙纂十卷　（清）項懷述撰　清乾隆四十五年（1780）小酉山房刻本　四冊

370000－7585－0000117　4326

奎壁四書十九卷　（宋）朱熹撰　清同治六年（1867）書業德記刻本　五冊　存十六卷（大學一卷、中庸一卷、論語十卷、孟子四至七）

370000－7585－0000118　4327

尚絅堂集五十六卷　（清）劉嗣綰著　清道光六年（1826）大樹園刻本　十冊

370000－7585－0000119　4328

說鈴後集　（清）吳震方編　清刻本　清丙申年清溪氏題跋　八冊　存十四種十七卷（讀史吟評一卷、揚州鼓吹詞序一卷、湖壖雜記一卷、談往一卷、板橋雜記序一卷、天香樓偶得一卷、蚓菴瑣語一卷、見聞錄一卷、寔報錄二卷、現果隨錄一卷、果報聞見錄一卷、曠園雜志二卷、甌江逸志一卷、言鯖二卷）

370000－7585－0000120　4329

重訂文選集評十五卷首一卷末一卷　（南朝梁）蕭統撰　（清）于光華編次　清拾芥園刻本　三冊　存三卷（三、十二，首一卷）

370000－7585－0000121　4330

戰國策校註十卷　（宋）鮑彪校註　（元）吳師道重校　（清）李錫齡校訂　清刻惜陰軒叢書本　六冊　存八卷（一至五、八至十）

山東省濰坊市圖書館等二十二家收藏單位古籍普查登記目錄

370000 – 7585 – 0000122　4333

點石齋攷正字彙二卷　(清)陳淏子撰　清光緒八年(1882)點石齋石印本　一冊

370000 – 7585 – 0000123　4335

王右丞集二十八卷　(唐)王維著　(清)趙殿成箋註　清刻本　六冊　存二十三卷(三至二十五)

370000 – 7585 – 0000124　4336

史略六卷　(宋)高似孫編　清刻古逸叢書本　一冊

370000 – 7585 – 0000125　4339

左繡三十卷首一卷　(清)馮李驊　(清)陸浩評輯　(清)范允斌等參評　(清)馮張孫等校輯　清刻本　二冊　存四卷(十七至十八、二十一至二十二)

370000 – 7585 – 0000126　4341

監本五臣音註揚子法言十卷　(漢)揚雄撰　(晉)李軌　(唐)柳宗元註　(宋)宋咸　(宋)吳祕　(宋)司馬光重添註　清刻本　二冊　存七卷(四至十)

370000 – 7585 – 0000127　4343

詩經娜嬛體註八卷　(清)沈三曾　(清)沈涵參定　清刻本　一冊　存二卷(四至五)

370000 – 7585 – 0000128　4344

禮記集說十卷　(元)陳澔撰　清刻本　一冊　存一卷(五)

370000 – 7585 – 0000129　4348

說文聲訂二十八卷　(清)苗夔撰　清光緒長洲張炳翔刻許學叢書本　一冊　存十四卷(一至十四)

370000 – 7585 – 0000130　4350

呂衡州文集十卷　(唐)呂溫著　清道光七年(1827)江都秦氏石研齋影宋刻本　一冊　存三卷(六至八)

370000 – 7585 – 0000131　4352

新齊諧二十四卷　(清)袁枚撰　清光緒十九年(1893)倉山舊主石印本　二冊

370000 – 7585 – 0000132　4354

談徵四卷　(清)外方山人輯　清道光三年(1823)上苑堂刻本　一冊　存一卷(言部一卷)

370000 – 7585 – 0000133　4355

清波雜志十二卷　(宋)周輝撰　清刻知不足齋叢書本　一冊　存八卷(一至八)

370000 – 7585 – 0000134　4357

皇朝文獻通考三百卷　(清)張廷玉等撰　清末民國石印本　二冊　存二十六卷(一百六至一百二十、一百九十一至二百一)

370000 – 7585 – 0000135　4358

堅瓠集六十六卷　(清)褚人穫纂輯　清刻本　一冊　存二卷(續集三至四)

370000 – 7585 – 0000136　4359

詩韻集成十卷詞林典腋一卷　(清)余照輯　清刻本　一冊　存三卷(五至七)

370000 – 7585 – 0000137　4360

隨園詠物詩鈔二卷　(清)袁枚著　清刻本　一冊　存一卷(下)

370000 – 7585 – 0000138　4361

地理大全二集二十五卷　(明)李國木撰　(明)釋大觀參訂　(明)李國林校輯　(明)梅羹子參閱　清刻本　四冊　存八卷(十二至十四、二十一至二十五)

370000 – 7585 – 0000139　4362

忠武誌十卷　(清)張鵬翮輯　清刻本　三冊　存八卷(一至二、五至十)

370000 – 7585 – 0000140　4363

如西所刻諸名家評點春秋綱目左傳句解彙雋六卷　(明)茅坤　(明)孫鑛　(明)湯賓尹等評　(清)韓葵重訂　清光緒十年(1884)書業德記刻本　佚名批校　二冊　存二卷(一至二)

370000 – 7585 – 0000141　4365

南華全經分章句解四卷　(明)陳榮選著　清乾隆三年(1738)陳廷信、陳廷尹刻本　六冊

山東省濰坊市博物館古籍普查登記目錄

370000－7585－0000142　4366

杜詩詳註三十一卷首一卷　（唐）杜甫撰　（清）仇兆鰲輯註　清康熙三十二年（1693）武林刻本　十一冊　存二十二卷（一、六至二十五，首一卷）

370000－7585－0000143　4367

四書朱子本義匯參四十三卷首四卷　（清）王步青輯　（清）王士鼇編　（清）王維甸　（清）王乃昀校　清敦復堂刻本　四十冊

370000－7585－0000144　4368

莊子南華真經十卷　（戰國）莊周撰　（晉）郭象注　清光緒十一年（1885）傳忠書局刻本　六冊

370000－7585－0000145　4369

明季稗史彙編十六種二十七卷　（清）留雲居士輯　清都城琉璃廠留雲居士鉛印本　十一冊　存二十四卷（烈皇小識八卷、聖安皇帝本紀二卷、行在陽秋二卷、賜姓始末一卷、東明聞見錄一卷、嘉定屠城紀略一卷、倖存錄一卷、粵游見聞一卷、續倖存錄一卷、江南聞見錄一卷、也是錄一卷、求野錄一卷、青燐屑二卷）

370000－7585－0000146　4370

隨園詩話十六卷補遺十卷　（清）袁枚著　清末民國上海校經山房成記書局石印本　四冊　存十九卷（隨園詩話一至五、十三至十六，補遺十卷）

370000－7585－0000147　4372

龍威秘書十集　（清）馬俊良輯錄　清乾隆五十九年至嘉慶元年（1794－1796）浙江石門馬氏大酉山房刻本　二十三冊　存五集二十三卷（二集四庫論錄一至二，四至八，三集歷代詩話一、三至四、六至八，四集晉唐小說暢觀一、三至七，七集吳氏說鈴攬勝五至六，八集西河經義存醇二、七）

370000－7585－0000148　4373

遼金紀事本末九十二卷首一卷　（清）李有棠編纂　清光緒十九年（1893）同文書局石印本　七冊　存六十一卷（遼史紀事本末二十六卷、首一卷，金史紀事本末一至二十六、四十五至五十二）

370000－7585－0000149　4374

欽定四庫全書簡明目錄二十卷首一卷　（清）紀昀等編　清刻本　五冊　存九卷（五至八、十二至十三、十五、十九至二十）

370000－7585－0000150　4375

談徵四卷　（清）外方山人輯　清嘉慶二十年（1815）柯古堂刻本　三冊

370000－7585－0000151　4376

日知錄集釋三十二卷　（清）顧炎武著　（清）黃汝成集釋　清刻本　十冊　存二十二卷（八至十三、十七至三十二）

370000－7585－0000152　4377

說鈴前集說鈴續集　（清）吳震方編　清刻本　四冊　存五種八卷（筠廊偶筆二卷，金鰲退食筆記二卷，扈從西巡日錄一卷，塞北小鈔一卷，蓴鄉贅筆上、中）

370000－7585－0000153　4378

虞初新志二十卷　（清）張潮輯　（清）羅興堂校　清刻本　七冊　存十一卷（六至七、十二至二十）

370000－7585－0000154　4379

通鑑攬要前編二卷附錄一卷正編十九卷續編八卷明史攬要八卷　（清）姚培謙　（清）張景星錄　清乾隆二十六年（1761）飛鴻堂刻本　四冊　存七卷（通鑑攬要前編二卷，附錄一卷，續編一至二、八，明史攬要六）

370000－7585－0000155　4380

東坡寓惠集註釋四卷增補東坡海南集註釋一卷　（宋）蘇軾撰　（清）邵長蘅　（清）顧嗣立補釋　（清）黃天秩　（清）黃應槐輯　清道光十六年（1836）省城聚經堂刻本　四冊

370000－7585－0000156　4383

東漢、西漢、晉隋［史抄］□卷　（清）□□抄　清抄本　三冊

370000－7585－0000157　4384

山東省濰坊市圖書館等二十二家收藏單位古籍普查登記目錄

紀元編三卷末一卷　（清）李兆洛編　清光緒十四年（1888）上海蜚英館石印本　三冊

370000－7585－0000158　4385

池上草堂筆記八卷　（清）梁恭辰著　清同治十二年（1873）豫章聽鸝館主人刻本　八冊

370000－7585－0000159　4386

山海經十八卷圖讚一卷　（晉）郭璞傳　（清）郝懿行箋疏　訂譌一卷　（清）郝懿行撰　清光緒十九年（1893）上海仿古齋石印本　四冊　存十一卷（三至五、十三至十八,圖讚一卷,訂譌一卷）

370000－7585－0000160　4387

山海經十八卷圖一卷　（晉）郭璞傳　（清）郝懿行箋疏　清光緒二十一年（1895）上海書局石印本　二冊　存十卷（一至二、六至十二,圖一卷）

370000－7585－0000161　4389

國語二十一卷　（三國吳）韋昭解　清光緒二十七年（1901）煥文書局石印本　三冊

370000－7585－0000162　4390

戰國策三十三卷重刻剡川姚氏本戰國策劄記三卷　（漢）高誘注　清光緒二十七年（1901）上海煥文書局石印本　五冊

370000－7585－0000163　4392

綱鑑總論二卷　（清）周道卿編　清光緒二十七年（1901）刻本　二冊

370000－7585－0000164　4393

唐宋八家文讀本三十卷　（清）沈德潛評點　清光緒二十四年（1898）煥文書局石印本　二冊　存十卷（六至十、二十一至二十五）

370000－7585－0000165　4394

歷代名臣言行錄二十四卷首一卷　（清）朱桓編輯　清光緒三十年（1904）上海商務印書館鉛印本　五冊　存十六卷（一至二、六至十五、二十二至二十四,首一卷）

370000－7585－0000166　4395

王臨川文集四卷　（宋）王安石撰　清宣統二年（1910）上海會文堂石印本　二冊　存二卷（二至三）

370000－7585－0000167　4396

廿一史約編八卷首一卷　（清）鄭元慶述　清刻本　八冊

370000－7585－0000168　4397

中說十卷　（隋）王通撰　（宋）阮逸註　清嘉慶九年（1804）寶慶經綸堂刻本　一冊　存六卷（一至六）

370000－7585－0000169　4398

渠亭山人半部彙初刻渠亭文彙集一卷　（清）張貞撰　清康熙二十八年（1689）刻本　二冊

370000－7585－0000170　4399

書經六卷　（宋）蔡沈集傳　校刊記一卷　（清）丁寶楨撰　清同治十一年（1872）山東書局刻本　二冊　存二卷（三、五）

370000－7585－0000171　4400

廿二史劄記三十六卷補遺一卷　（清）趙翼撰　清光緒二十六年（1900）上海書局石印本　八冊

370000－7585－0000172　4401

重刻天傭子全集十卷首一卷末一卷　（明）艾南英著　（清）張符驤　（清）蔡上翔　（清）劉唐德評點　（清）艾爲珖　（清）艾日芬編輯　清刻本　七冊　存九卷（一至四、六至七、十,首一卷,末一卷）

370000－7585－0000173　4402

綱鑑會通明紀十五卷　（清）陳志襄輯錄　清承文信刻本　五冊　存十三卷（一至三、六至十五）

370000－7585－0000174　4404

輶軒使者絕代語釋別國方言十三卷　（漢）揚雄撰　（晉）郭璞注　（清）紀昀校　清刻本　三冊

370000－7585－0000175　4405

堪輿指原六卷首一卷附二卷　（清）邵涵初撰　清道光二十八年（1848）刻本　六冊

370000 - 7585 - 0000176　4406

四書集註十九卷　(宋)朱熹撰　清道光十二年(1832)青藜閣刻本　三冊　存四卷(大學一卷、中庸一卷、論語下、孟子下)

370000 - 7585 - 0000177　4407

國語二十一卷　(三國吳)韋昭解　(宋)宋庠補音　(明)張一鯤　(明)李時成閱　(明)郭子章　(明)周光鎬校　清嘉慶十一年(1806)姑蘇書業堂刻本　六冊

370000 - 7585 - 0000178　4408

水龍經五卷　(明)蔣平階著　清咸豐六年(1856)上海節孝祠吉樂齋刻字鋪刻本　四冊

370000 - 7585 - 0000179　4409

閱微草堂筆記二十四卷　(清)觀弈道人(紀昀)撰　清北平盛氏刻本　十二冊

370000 - 7585 - 0000180　4410

新刻書經備旨輯要善本六卷　(清)馬大猷輯　(清)汪右衡鑒定　清益友堂刻本　四冊　存四卷(三至六)

370000 - 7585 - 0000181　4411

國朝二十四家文抄二十四卷　(清)徐斐然輯評　清刻本　二冊　存五卷(四至五、二十一至二十三)

370000 - 7585 - 0000182　4412

史記菁華錄六卷　(漢)司馬遷撰　(清)姚祖恩摘錄　清末民國石印本　五冊

370000 - 7585 - 0000183　4413

說文解字三十二卷　(漢)許慎記　(清)段玉裁注　清光緒十二年(1886)上海點石齋石印本　八冊

370000 - 7585 - 0000184　4414

箋註繪像第六才子西廂八卷末一卷　(元)王實甫撰　(清)金聖歎(金人瑞)批點　(清)□□續　清刻本　一冊　存二卷(八、末一卷)

370000 - 7585 - 0000185　4415

說文新附攷六卷　(清)鈕樹玉著　清刻許學

叢書本　一冊　存二卷(一至二)

370000 - 7585 - 0000186　4417

大學衍義四十三卷　(宋)真德秀撰　清末民國石印本　一冊　存八卷(三十二至三十九)

370000 - 7585 - 0000187　4418

紅樓夢一百二十回　(清)曹雪芹　(清)高鶚撰　清刻本　一冊　存五回(九十六至一百)

370000 - 7585 - 0000188　4419

說文佚字攷四卷　(清)張鳴珂撰　清光緒十三年(1887)豫章刻本　一冊

370000 - 7585 - 0000189　4420

宋大家蘇文忠公文抄二十八卷　(宋)蘇軾撰　(明)茅坤批評　清刻本　一冊　存三卷(一至三)

370000 - 7585 - 0000190　4422

文心雕龍十卷　(南朝梁)劉勰撰　(清)黃叔琳注　(清)紀昀評　清刻朱墨套印本　一冊　存二卷(四至五)

370000 - 7585 - 0000191　4423

字學辨訛□卷　(清)方文編著　(清)劉敦重訂　清刻本　一冊　存三卷(一至三)

370000 - 7585 - 0000192　4424

周禮淺說六卷　(清)張日昌纂輯　清刻本　一冊　存一卷(三)

370000 - 7585 - 0000193　4425

易經體註大全四卷　(清)來爾繩纂輯　清刻本　佚名批校　一冊　存一卷(二)

370000 - 7585 - 0000194　4426

三統厤算式二卷　(清)方楷撰　清光緒十二年(1886)粵東博學館刻本　一冊

370000 - 7585 - 0000195　4427

語智善言[文集]一卷　(清)□□撰　清抄本　一冊

370000 - 7585 - 0000196　4428

段氏說文注訂八卷　(清)鈕樹玉著　清刻本　一冊　存二卷(七至八)

370000－7585－0000197　4431

初刻黃維章先生詩經嬿嬛體註八卷　（明）黃
文煥撰　（清）范翔重訂　（清）沈三曾
（清）沈涵參定　清光緒十六年(1890)德盛堂
刻本　一冊　存二卷(一至二)

370000－7585－0000198　4432

爾雅二卷　（晉）郭璞注　清光緒十年(1884)
遵義黎氏日本東京使署刻古逸叢書本　一冊

370000－7585－0000199　4433

周易上經　（清）牟庭書　清道光四年(1824)
棲霞牟庭抄本　一冊

370000－7585－0000200　4434

晉太康三年地記一卷　（晉）□□撰　（清）畢
沅輯　王隱晉書地道記一卷　（晉）王隱撰
（清）畢沅輯　清乾隆四十九年(1784)鎮洋畢
氏靈巖山館刻本　一冊

370000－7585－0000201　4435

三輔黃圖六卷補遺一卷　（漢）□□撰　（清）
畢沅校　清乾隆四十九年(1784)鎮洋畢氏靈
巖山館刻本　一冊

370000－7585－0000202　4436

通鑑釋文辯誤十二卷　（元）胡三省撰　清刻
本　一冊　存六卷(七至十二)

370000－7585－0000203　4437

春秋穀梁傳十二卷　（周）穀梁赤撰　（晉）范
甯集解　（唐）陸德明音義　清刻本　一冊
存三卷(七至九)

370000－7585－0000204　4438

新鐫增註周易備旨一見能解六卷　（明）黃淳
耀撰　（清）嚴而寬增補　清刻本　一冊　存
一卷(二)

370000－7585－0000205　4439

新編日用涓吉奇門五總龜四卷　（宋）郭子晟
輯　清刻本　二冊　存二卷(一、四)

370000－7585－0000206　4440

重訂古文釋義新編八卷　（清）余誠評註
（清）余芝參閱　清光緒二十二年(1896)成文

信刻本　二冊　存二卷(一、四)

370000－7585－0000207　4441

周易本義四卷　（宋）朱熹撰　清刻本　一冊
存二卷(三至四)

370000－7585－0000208　4442

順天鄉試同年齒錄(光緒庚子辛丑恩正併科)
一卷　（清）□□輯　清光緒二十八年(1902)
汴梁北京刻字店刻本　二冊

370000－7585－0000209　4444

山海經釋義十八卷　（晉）郭璞著傳　（明）王
崇慶釋義　（明）董漢儒校訂　明萬曆大業堂
刻本　一冊　存二卷(一至二)

370000－7585－0000210　4445

浣紗記二卷　（明）梁辰魚著　清刻本　二冊

370000－7585－0000211　4446

八銘塾鈔初集不分卷　（清）吳懋政編次　清
刻本　三冊

370000－7585－0000212　4453

古印偶存四卷　（清）王石經　（清）田鎔叡
（清）高鴻裁　（清）劉嘉穎輯　清光緒十六年
(1890)濰縣高鴻裁等刻鈐印本　一九六一年
陳秉忱題跋　四冊

370000－7585－0000213　4454

綠野齋文集四卷　（清）劉鴻翱著　清道光七
年(1827)同懷堂刻本　四冊(一函)

370000－7585－0000214　4455

綠野齋詩集四卷　（清）劉鴻翱著　清抄本
佚名批校　二冊

370000－7585－0000215　4456

簠齋集漢印□卷　（清）陳介祺輯　清鈐印本
四冊

370000－7585－0000216　4457

歷代鐘鼎彝器款識二十卷　（宋）薛尚功撰
（清）阮元校　清末古書流通處石印本　四冊

370000－7585－0000217　4459

綠野齋制藝一卷　（清）劉鴻翱著　清道光六
年(1826)同懷堂刻本　一冊

山東省濰坊市博物館古籍普查登記目錄

370000－7585－0000218　4460

綠野齋制藝一卷　（清）劉鴻翱著　（清）劉曦校字　（清）劉鍾慶　（清）劉篤慶編次　清道光二十四年（1844）濰縣劉鴻翱福建刻本　一冊

370000－7585－0000219　4461

綠野齋太湖詩草一卷　（清）劉鴻翱著　（清）朱蘭坡評　（清）劉曦校字　（清）劉鍾慶　（清）劉篤慶編次　清抄本　一冊

370000－7585－0000220　4462

綠野齋太湖詩草一卷　（清）劉鴻翱著　（清）朱蘭坡評　（清）劉曦校字　（清）劉鍾慶　（清）劉篤慶編次　清道光二十四年（1844）濰縣劉鴻翱福建刻本　一冊

370000－7585－0000221　4468

續齊魯古印攈十六卷　（清）郭祐之輯　清光緒十八年（1892）刻鈐印本　十六冊

370000－7585－0000222　4469

韓理堂文稿不分卷　（清）韓夢周著　清劉賓谷先生抄本　癸丑年芥春氏題識　民國二十六年劉祖幹題跋　五冊

370000－7585－0000223　4471

綠野齋前後合集六卷　（清）劉鴻翱著　清抄本　六冊

370000－7585－0000224　4472

理堂詩集四卷　（清）韓夢周著　清道光四年（1824）靜恒書屋刻本　二冊

370000－7585－0000225　4473

理堂文集十卷　（清）韓夢周著　清道光三年（1823）靜恒書屋刻本　四冊

370000－7585－0000226　4474

綠野齋前後合集六卷　（清）劉鴻翱著　（清）劉曦校字　（清）劉鍾慶　（清）劉篤慶編次　清道光二十四年（1844）濰縣劉鴻翱福建刻本　六冊

370000－7585－0000227　4475

松雪堂印萃四卷　（清）郭啓翼篆　清乾隆五十五年（1790）松雪堂刻鈐印本　四冊（一夾）

370000－7585－0000228　4476

唐大家柳柳州文抄十二卷　（唐）柳宗元撰　（明）茅坤批評　（明）茅著重訂　清刻本　二冊

370000－7585－0000229　4477

唐大家韓文公文抄十六卷　（唐）韓愈撰　（明）茅坤批評　（明）茅著重訂　清刻本　三冊　存十一卷（一至十一）

370000－7585－0000230　4478

十二種文萃十二集　（清）丁善寶輯　清同治九年（1870）丁善寶六齋刻本　一冊　存一集（八）

370000－7585－0000231　4479

啟禎文讀本一卷　（清）□□撰　清六齋抄本　佚名批校　一冊

370000－7585－0000232　4480

十鐘山房印舉六卷　（清）陳介祺輯　清同治十一年（1872）刻鈐印本　六冊

370000－7585－0000233　4483

十二種文萃十二集　（清）丁善寶輯　清六齋抄本　六冊　存六集（四至五、九至十二）

370000－7585－0000234　4485

高慶齡集印不分卷　（清）高慶齡集　清鈐印本　二十九冊

370000－7585－0000235　4486

封泥攷略十卷　（清）吳式芬　（清）陳介祺攷藏　（清）翁大年攷編　清抄本　五冊

370000－7585－0000236　4490

封泥攷略十卷　（清）吳式芬　（清）陳介祺輯　清光緒三十年（1904）滬上石印本　十冊（一函）

370000－7585－0000237　4491

漢官私印泥封攷略三卷　（清）陳介祺輯　清同治十三年（1874）修改稿本　清光緒五年陳介祺批校　一冊

370000－7585－0000238　4492

山東省濰坊市圖書館等二十二家收藏單位古籍普查登記目錄

胥芰塘鑄印不分卷 （清）胥倫治印 清鈐印本 一冊

370000－7585－0000239 4493

封泥攷略十卷 （清）吳式芬 （清）陳介祺攷藏 （清）翁大年攷編 清抄本 十冊 存十卷(一至九,另有二十五張散頁歸爲一卷)

370000－7585－0000240 4495

[乾隆]濰縣志六卷首一卷末一卷 （清）張耀璧修 （清）王誦芬纂 清乾隆二十五年(1760)刻民國二十年(1931)濰縣縣志局重印本 六冊

370000－7585－0000241 4496

[乾隆]濰縣志六卷首一卷末一卷 （清）張耀璧修 （清）王誦芬纂 清乾隆二十五年(1760)刻民國二十年(1931)濰縣縣志局重印本 六冊

370000－7585－0000242 4497

[乾隆]濰縣志六卷首一卷末一卷 （清）張耀璧修 （清）王誦芬纂 清乾隆二十五年(1760)刻民國二十年(1931)濰縣縣志局重印本 六冊

370000－7585－0000243 4503

[光緒]濰縣鄉土志不分卷 （清）宋朝楨總纂 （清）陳傳弻等分纂 清光緒三十三年(1907)石印本 二冊

370000－7585－0000244 4504

皇明詞林人物考十二卷 （明）王兆雲輯著 （明）李蔭閣訂 明萬曆刻本 十冊(一函)

370000－7585－0000245 4509

說文解字十五卷 （漢）許慎記 （宋）徐鉉等校 明汲古閣刻本 五冊(一函)

370000－7585－0000246 4510

四書合講十九卷 （清）翁復編次 清末石印本 一冊

370000－7585－0000247 4512

康熙字典十二集三十六卷總目一卷檢字一卷辨似一卷等韻一卷備考一卷補遺一卷 （清）張玉書 （清）陳廷敬等纂 清刻本 四十冊

370000－7585－0000248 4514

[山東濰縣]濰陽丁氏家乘五卷 （清）丁壋等撰 清嘉慶二十四年(1819)抄本 五冊(一函)

370000－7585－0000249 4515

[山東黃縣]丁氏族譜十二卷 （清）丁在麟等撰 清宣統元年(1909)刻本 十二冊(二函)

370000－7585－0000250 4516

[山東濰縣]濰陽丁氏族譜五卷 （清）丁壋等撰 清嘉慶十八年(1813)抄本 五冊(一函)

370000－7585－0000251 4517

金石萃編一百六十卷 （清）王昶撰 金石續編二十一卷 （清）陸耀遹纂 清光緒十九年(1893)鴻寶齋石印本 二十四冊

370000－7585－0000252 4519

宋王復齋鐘鼎款識一卷 （宋）王厚之著 清嘉慶七年(1802)揚州阮氏積古齋據藏宋拓摹刻本 一冊

370000－7585－0000253 4520

歷代輿地沿革險要圖說 楊守敬 饒敦秩撰 王尚德重繪 清光緒二十四年(1898)上海文賢閣石印本 一冊

370000－7585－0000254 4524

石索六卷 （清）馮雲鵬 （清）馮雲鵷輯 清道光元年至四年(1821－1824)滋陽縣署刻本 六冊

370000－7585－0000255 4525

六書通十卷 （明）閔齊伋撰 （清）畢弘述篆訂 （清）閔章 （清）程煒校 清刻本 八冊 存八卷(三至十)

370000－7585－0000256 4526

說文繫傳校錄三十卷 （清）王筠撰 （清）劉燿椿參訂 （清）孫藍田 （清）宋翔南 （清）王璿 （清）王彥侗校 清咸豐七年(1857)刻本 二冊

370000－7585－0000257 4527

山東省濰坊市博物館古籍普查登記目錄

關中金石記八卷　（清）畢沅撰　清乾隆四十七年(1782)經訓堂刻本　二冊

370000－7585－0000258　4529

[至元]齊乘六卷　（元）于欽纂修　釋音一卷（元）于潛撰　考證六卷　（清）周嘉猷撰　清乾隆四十六年(1781)胡德琳登州刻本　四冊

370000－7585－0000259　4530

無爲齋續集六卷　（清）張昭潛著　清光緒二十六年(1900)濰縣郭恩孚刻果園刊書本　二冊

370000－7585－0000260　4531

康熙字典十二集三十六卷總目一卷檢字一卷辨似一卷等韻一卷備考一卷補遺一卷　（清）張玉書　（清）陳廷敬等纂　清光緒二十年(1894)上海點石齋石印本　六冊

370000－7585－0000261　4532

金石存十五卷　（清）吳玉搢纂　清嘉慶二十四年(1819)李宗昉刻本　四冊(一函)

370000－7585－0000262　4533

康熙字典十二集三十六卷總目一卷檢字一卷辨似一卷等韻一卷備考一卷補遺一卷　（清）張玉書　（清）陳廷敬等纂　清刻本　一冊存一集一卷(辰集中)

370000－7585－0000263　4534

康熙字典十二集三十六卷總目一卷檢字一卷辨似一卷等韻一卷備考一卷補遺一卷　（清）張玉書　（清）陳廷敬等纂　清刻本　一冊存一集五卷(亥集三卷、備考一卷、補遺一卷)

370000－7585－0000264　4535

四裔編年表四卷　（美國）林樂知　嚴良勳譯（清）李鳳苞彙編　清光緒二十三年(1897)石印本　二冊　存二卷(一至二)

370000－7585－0000265　4537

果園詩鈔十卷　（清）郭恩孚著　清光緒三十三年(1907)京都松華齋刻本　二冊

370000－7585－0000266　4539

古今偽書考一卷　（清）姚際恒著　清光緒三年(1877)蘇州文學山房鉛印本　一冊

370000－7585－0000267　4540

守岐公牘彙存一卷　（清）張兆棟撰　清光緒四年(1878)刻本　一冊

370000－7585－0000268　4542

會墨精選一卷　（清）□□選　清抄本　一冊

370000－7585－0000269　4544

節慎齋制義一卷　（清）王延年著　清道光二十九年(1849)刻本　一冊

370000－7585－0000270　4545

碧雲齋文存一卷　（清）□□選　清抄本　一冊

370000－7585－0000271　4547

承蔭堂字畫賬簿一卷　（清）□□輯　清末民國抄本　一冊

370000－7585－0000272　4548

耿尚孔吳四王合傳一卷　（清）□□撰　揚州十日記一卷　（清）王秀楚記　清木活字印本　一冊

370000－7585－0000273　4551

印人傳三卷　（清）周亮工著　清刻本　一冊

370000－7585－0000274　4552

春在堂尺牘六卷　（清）俞樾撰　清光緒三十四年(1908)上海文瑞樓石印本　一冊　存三卷(四至六)

370000－7585－0000275　4553

史記一百三十卷　（漢）司馬遷撰　（南朝宋）裴駰集解　（唐）司馬貞索隱　（唐）張守節正義　清古吳書業趙氏刻十七史本　五冊

370000－7585－0000276　4554

漢書一百卷　（漢）班固撰　（唐）顏師古注　清古吳書業趙氏刻十七史本　十冊　存七十三卷(十三至三十、四十六至一百)

370000－7585－0000277　4555

後漢書九十卷　（南朝宋）范曄撰　（唐）李賢注　志三十卷　（晉）司馬彪撰　（南朝梁）劉

山東省濰坊市圖書館等二十二家收藏單位古籍普查登記目錄

昭注補　清古吳書業趙氏刻十七史本　十一冊　存一百十三卷(一至七十四、八十二至九十,志三十卷)

370000－7585－0000278　4556

三國志六十五卷　（晉)陳壽撰　（南朝宋)裴松之注　清古吳書業趙氏刻十七史本　五冊　存五十七卷(一至五、十四至六十五)

370000－7585－0000279　4557

晉書一百三十卷　（唐)房玄齡等撰　清古吳書業趙氏刻十七史本　十二冊　存一百二十八卷(一至二十八、三十一至一百三十)

370000－7585－0000280　4558

宋書一百卷　（南朝梁)沈約撰　清古吳書業趙氏刻十七史本　八冊

370000－7585－0000281　4559

南齊書五十九卷　（南朝梁)蕭子顯撰　清古吳書業趙氏刻十七史本　四冊

370000－7585－0000282　4560

梁書五十六卷　（唐)姚思廉撰　清古吳書業趙氏刻十七史本　四冊

370000－7585－0000283　4561

陳書三十六卷　（唐)姚思廉撰　清古吳書業趙氏刻十七史本　二冊

370000－7585－0000284　4562

魏書一百十四卷　（北齊)魏收撰　清古吳書業趙氏刻十七史本　九冊　存八十三卷(十三至二十二、三十七至一百九)

370000－7585－0000285　4563

北齊書五十卷　（唐)李百藥撰　清古吳書業趙氏刻十七史本　二冊　存二十五卷(九至二十一、三十九至五十)

370000－7585－0000286　4564

周書五十卷　（唐)令狐德棻等撰　清古吳書業趙氏刻十七史本　三冊　存四十二卷(九至五十)

370000－7585－0000287　4565

隋書八十五卷　（唐)魏徵等撰　清古吳書業

趙氏刻十七史本　七冊　存七十八卷(一至二十一、二十九至八十五)

370000－7585－0000288　4566

南史八十卷　（唐)李延壽撰　清古吳書業趙氏刻十七史本　六冊

370000－7585－0000289　4567

北史一百卷　（唐)李延壽撰　清古吳書業趙氏刻十七史本　九冊　存七十二卷(一至二十九、三十八至七十一、九十二至一百)

370000－7585－0000290　4568

唐書二百二十五卷　（宋)歐陽修　（宋)宋祁撰　清古吳書業趙氏刻十七史本　十九冊　存一百九十卷(一至七十五、八十四至一百四十五、一百六十二至二百四、二百六至二百二十五)

370000－7585－0000291　4569

五代史七十四卷　（宋)歐陽修撰　（宋)徐無黨注　清古吳書業趙氏刻十七史本　四冊

370000－7585－0000292　4570

弘簡錄二百五十四卷　（明)邵經邦撰　（清)邵遠平校閱　清古吳書業趙氏刻十七史本　三十三冊　存二百十卷(一至二十六、三十一至三十五、四十至九十八、一百七至一百十六、一百二十四至一百三十、一百四十一至二百二十七、二百三十九至二百五十四)

370000－7585－0000293　4571

續弘簡錄元史類編四十二卷　（清)邵遠平撰　清古吳書業趙氏刻十七史本　七冊　存三十四卷(一至二十二、三十一至四十二)

370000－7585－0000294　4572

梁書五十六卷　（唐)姚思廉撰　清古吳書業趙氏刻十七史本　五冊　存三十六卷(一至四、十三至二十七、三十四至五十)

370000－7585－0000295　4573

陳書三十六卷　（唐)姚思廉撰　清古吳書業趙氏刻十七史本　五冊

370000－7585－0000296　4574

山東省濰坊市博物館古籍普查登記目録

周書五十卷 (唐)令狐德棻等撰 清古吳書業趙氏刻十七史本 八冊

370000 - 7585 - 0000297 4575

唐書二百二十五卷 (宋)歐陽修 (宋)宋祁撰 明萬曆三十七年(1609)刻本 一冊 存八卷(一百八十一至一百八十八)

370000 - 7585 - 0000298 4576

明史三百三十二卷目錄四卷 (清)張廷玉等修 清乾隆武英殿刻二十四史本 四十三冊 存二百八十五卷(一至三十、四十四至一百四、一百八至一百二十、一百三十一至一百六十六、一百七十五至一百八十、一百九十四至三百三十二)

370000 - 7585 - 0000299 4577

康熙字典十二集三十六卷總目一卷檢字一卷辨似一卷等韻一卷備考一卷補遺一卷 (清)張玉書 (清)陳廷敬等纂 (清)奕繪等重修 清道光七年(1827)刻本 四十冊

370000 - 7585 - 0000300 4578

康熙字典十二集三十六卷總目一卷檢字一卷辨似一卷等韻一卷備考一卷補遺一卷 (清)張玉書 (清)陳廷敬等纂 清末上海錦章圖書局石印本 五冊 存五集十五卷(未集三卷、申集三卷、酉集三卷、戌集三卷、亥集三卷)

370000 - 7585 - 0000301 4580

晉書地理志新補正五卷 (清)畢沅撰 清乾隆四十六年(1781)刻本 一冊

370000 - 7585 - 0000302 4581

印揭八卷 (清)趙允中輯 清光緒十七年(1891)刻鈐印本 八冊

370000 - 7585 - 0000303 4582

大清搢紳全書□卷 (清)□□編 清光緒十八年(1892)榮錄堂刻本 一冊

370000 - 7585 - 0000304 4583

山東全墨(光緒癸卯恩科)□卷 (清)尹銘綬等撰 清光緒二十九年(1903)濰縣實雅書局鉛印本 二冊

370000 - 7585 - 0000305 4585

得月樓截搭文抄一卷 (清)張元灝評次 清光緒九年(1883)泰和裕刻本 一冊

370000 - 7585 - 0000306 4586

五音正韻萬韻圖四卷 (□)□□撰 (清)劉桂補 清乾隆二十三年(1758)學古堂刻本 一冊 存一卷(一)

370000 - 7585 - 0000307 4587

十三經集字一卷 (清)李鴻藻等編 清光緒八年(1882)濰陽成文信刻本 一冊

370000 - 7585 - 0000308 4588

胭脂牡丹六卷 (清)韓鄂不著 清道光二十三年(1843)文盛堂刻本 六冊

370000 - 7585 - 0000309 4589

左繡三十卷首一卷 (清)馮李驊 (清)陸浩評輯 (清)范允斌等參評 (清)馮張孫等校輯 清光緒十年(1884)華川書屋刻本 十六冊

370000 - 7585 - 0000310 4590

古文辭類纂七十五卷 (清)姚鼐纂集 續古文辭類纂三十四卷 王先謙纂集 清光緒十九年(1893)思賢講舍刻本(續古文辭類纂爲清光緒八年王氏刻本) 二十三冊 存一百三卷(古文辭類纂七十五卷、續古文辭類纂一至二十八)

370000 - 7585 - 0000311 4592

康熙字典十二集三十六卷總目一卷檢字一卷辨似一卷等韻一卷備考一卷補遺一卷 (清)張玉書 (清)陳廷敬等纂 (清)奕繪等重修 清道光七年(1827)刻本 四十冊

370000 - 7585 - 0000312 4593

書經體註大全合參六卷 (清)錢希祥纂輯 (清)范翔鑒定 清光緒二十年(1894)濰陽寶書堂刻本 四冊

370000 - 7585 - 0000313 4594

增廣新訂四書補註備旨十卷 (明)鄧林著 (清)鄧煜編次 (清)祁文友重校 (清)杜定基增訂 清光緒十六年(1890)濰陽寶書堂

刻本　六冊　存九卷(大學一卷、論語四卷、
孟子四卷)

370000－7585－0000314　4595

四書會解二十七卷　(宋)朱熹集註　(清)綦
澧輯　清光緒九年(1883)還醇堂刻本　十八
冊　存二十一卷(大學一卷、中庸二卷、論語
一至四、孟子十四卷)

370000－7585－0000315　4596

育正堂重訂幼學須知句解六卷　(明)程登吉
撰　(清)錢元龍校　清嘉慶二十一年(1816)
吳郡山淵堂刻本　四冊(一函)

370000－7585－0000316　4597

漱芳軒合纂禮記體註四卷　(清)范翔參訂
(清)吳有文　(清)朱光斗　(清)范應兆等
校　清光緒四年(1878)成文堂記刻本　四冊
存三卷(一、三至四)

370000－7585－0000317　4598

奎壁詩經八卷　(宋)朱熹撰　清光緒七年
(1881)成文信刻本　四冊

370000－7585－0000318　4599

監本易經四卷　(宋)朱熹撰　清光緒三年
(1877)成文堂刻本　四冊　存三卷(一至二、
四)

370000－7585－0000319　4600

禮記疏意二十三卷　(明)袁黃刪定　(明)秦
繼宗集　清道光十九年(1839)蘊輝堂刻本
六冊

370000－7585－0000320　4602

四書題鏡□□卷總論一卷　(清)汪鯉翔纂述
清嘉慶元年(1796)晉江施志銳刻本　八冊
(一函)　存九卷(大學一卷、中庸二卷、上論
二卷、下論三卷,總論一卷)

370000－7585－0000321　4603

蘭言詩鈔四卷　(清)李瑞輯　(清)穆騰額註
釋　(清)殷毓校正　清光緒十二年(1886)成
文信記刻本　四冊

370000－7585－0000322　4604

御批資治通鑑綱目全書一百九卷　(清)宋犖
等編　清光緒三年(1877)刻本　七十六冊

370000－7585－0000323　4605

管子二十四卷　(周)管仲著　(唐)房玄齡注
清光緒二十九年(1903)鴻寶書局石印本
四冊

370000－7585－0000324　4606

庾子山集十六卷目錄一卷　(北周)庾信著
(清)倪璠註釋　清刻本　十二冊

370000－7585－0000325　4607

增補尚友錄二十二卷　(清)廖用賢編纂
(清)張伯琮補輯　清刻本　二十冊

370000－7585－0000326　4608

宋名臣言行錄前集十卷後集十四卷　(宋)朱
熹纂輯　清刻本　八冊

370000－7585－0000327　4610

新訂四書補註備旨十卷　(明)鄧林著　(清)
鄧煜編次　(清)祁文友重校　(清)杜定基增
訂　清光緒十年(1884)青雲樓刻本　六冊

370000－7585－0000328　4611

朱子原訂近思錄十四卷　(宋)朱熹輯選
(清)江永集注　清同治七年(1868)崇文書局
刻本　四冊

370000－7585－0000329　4612

唐陸宣公集二十二卷　(唐)陸贄撰　清道光
四年(1824)刻本　六冊

370000－7585－0000330　4613

四書釋文十九卷四書字辨一卷疑字辨一卷句
辨一卷　(清)王賡言撰　清道光二年(1822)
諸城王氏家塾刻本　六冊

370000－7585－0000331　4614

山左古文鈔八卷　(清)李景嶧　(清)劉鴻翱
輯　清道光八年(1828)益都劉鴻翱、鄒平李
景嶧蘇州刻本　八冊(一函)

370000－7585－0000332　4615

御案禮記十卷　(元)陳澔著　清嘉慶十六年
(1811)揚州十笏堂刻本　十冊(一函)

山東省濰坊市博物館古籍普查登記目録

370000－7585－0000333　4617

子書二十五種三百三十四卷 （清）育文書局輯　清光緒三十年（1904）上海育文書局石印本　十六冊　存一百四十一卷（老子二卷、末一卷，孔子集語十七卷，莊子十卷，晏子春秋七卷，管子二十四卷，文子纘義十二卷，鬼谷子一卷，尉繚子二卷，黃帝內經素問二十四卷，黃帝內經靈樞十二卷，淮南子二十一卷，韓非子十三至二十）

370000－7585－0000334　4620

廣韻五卷 （宋）陳彭年　（宋）丘雍等編修　清刻涵芬樓印古逸叢書本　五冊

370000－7585－0000335　4621

皇朝經世文三編八十卷 （清）陳忠倚輯　清光緒二十七年（1901）上海書局石印本　十六冊

370000－7585－0000336　4624

杜律通解四卷 （清）李文煒箋釋　（清）趙世錫攷訂　（清）趙弘訓分校　清刻本　六冊

370000－7585－0000337　4625

新訂四書補註備旨十卷 （明）鄧林著　（清）鄧煜編次　（清）祁文友重校　（清）杜定基增訂　清光緒二十年（1894）成文信記刻本　八冊

370000－7585－0000338　4626

重訂古文釋義新編八卷 （清）余誠評註　(清)余芝參閱　清宣統三年（1911）周村益友堂刻本　四冊

370000－7585－0000339　4627

史記菁華錄六卷 （漢）司馬遷撰　（清）姚祖恩摘錄　清光緒二十六年（1900）濰陽順和恆刻本　六冊

370000－7585－0000340　4628

新刊校正增補圓機詩韻活法全書十四卷 (明)王世貞增校　（清）蔣先庚重訂　清刻本　八冊

370000－7585－0000341　4630

膽餘軒集八卷 （清）孫光祀著　清康熙三十

五年（1696）刻本　八冊（一函）

370000－7585－0000342　4631

御選唐宋詩醇四十七卷目錄二卷 （清）高宗弘曆編　清刻本　二十冊

370000－7585－0000343　4632

詩韻合璧五卷詩腋一卷詞林典腋一卷 （清）湯文潞輯　**虛字韻藪一卷** （清）潘維城輯　清光緒四年（1878）上海淞隱閣鉛印本　佚名批校　五冊

370000－7585－0000344　4633

分韻試帖青雲集合註四卷 （清）楊逢春輯　(清)蕭應櫬　（清）沈景福　（清）徐紹曾參　(清)沈品金等註　（清）葉祺昌合註　(清)沈錫慶校正　清光緒七年（1881）子雲堂刻本　四冊

370000－7585－0000345　4634

龍文鞭影二卷 （明）蕭良有著　（明）楊臣諍增訂　**龍文鞭影二集二卷** （清）李暉吉(清)徐瓚輯　清光緒十一年（1885）成文信刻本　四冊

370000－7585－0000346　4638

紀曉嵐詩註釋四卷 （清）紀昀著　（清）郭斌評註　清嘉慶九年（1804）文元堂刻本　四冊（一函）

370000－7585－0000347　4640

廿二史劄記三十六卷首一卷補遺一卷 （清）趙翼撰　清末民國上海文瑞樓石印本　六冊

370000－7585－0000348　4641

皇清奏議六十八卷 （清）琴川居士編輯　清光緒二十八年（1902）雲間麗澤學會石印本　八冊

370000－7585－0000349　4642

李氏五種合栞 （清）李兆洛輯　（清）六承如等編集　清光緒二十四年（1898）上洋掃葉山房石印本　八冊

370000－7585－0000350　4643

國朝駢體正宗十二卷 （清）曾燠輯　清光緒

山東省濰坊市圖書館等二十二家收藏單位古籍普查登記目錄

十三年(1887)石印本　六冊　存六卷(一至六)

370000－7585－0000351　4645
周易本義附音訓十二卷首一卷末一卷　(宋)朱熹撰　(宋)呂祖謙音訓　(清)劉世譔輯　清同治四年(1865)金陵書局刻本　二冊

370000－7585－0000352　4646
書目答問四卷輶軒語一卷　(清)張之洞著　清光緒二年(1876)四川刻本　二冊

370000－7585－0000353　4647
左繡三十卷首一卷　(清)馮李驊　(清)陸浩評輯　(清)范允斌等參評　(清)馮張孫等校輯　清刻本　十六冊

370000－7585－0000354　4648
左繡三十卷首一卷　(清)馮李驊　(清)陸浩評輯　(清)范允斌等參評　(清)馮張孫等校輯　清道光十二年(1832)步月樓刻本　十六冊

370000－7585－0000355　4649
史論正鵠初集四卷二集四卷三集八卷　(清)王樹敏評點　清光緒二十七年(1901)上海久敬齋石印本　八冊　存八卷(史論正鵠初集四卷、二集四卷)

370000－7585－0000356　4650
西遊記一百回　(明)吳承恩撰　清末民國上海校經山房成記石印本　八冊　存五十回(五十一至一百)

370000－7585－0000357　4651
明朝紀事本末八十卷　(清)谷應泰編輯　(清)朱記榮校正　**三藩紀事本末二十二卷**　(清)楊陸榮編輯　(清)朱記榮校定　清光緒二十八年(1902)上海書局石印本　九冊

370000－7585－0000358　4653
子史輯要詩賦題解四卷續編四卷後集四卷　(清)胡本淵編輯　清嘉慶十年(1805)抱經書屋刻本　八冊

370000－7585－0000359　4654

增補事類統編九十三卷首一卷　(清)王鳳喈譔註　(清)王仕偉校錄　清刻本　十冊　存二十二卷(二十四至三十一、八十至九十三)

370000－7585－0000360　4655
常談叢錄八卷　(清)李元復撰　清刻本　八冊

370000－7585－0000361　4656
書經體註大全合參六卷　(清)錢希祥纂輯　(清)范翔鑒定　清道光三十年(1850)姑蘇老桐石山房刻本　四冊

370000－7585－0000362　4658
歷代史論十二卷宋史論三卷元史論一卷　(明)張溥論正　**左傳史論二卷**　(清)高士奇論正　**明史論四卷**　(清)谷應泰論正　清光緒八年(1882)西江裴氏刻本　八冊　存二十卷(歷代史論十二卷、宋史論三卷、元史論一卷、左傳史論二卷、明史論三至四)

370000－7585－0000363　4660
近科全題新策法程四卷　(清)劉坦之評點　清乾隆三十八年(1773)天藜閣刻本　四冊(一函)

370000－7585－0000364　4661
尚書十三卷　(漢)孔安國傳　清乾隆四十八年(1783)刻本　四冊

370000－7585－0000365　4662
地理辨正直解五卷　(明)蔣平階補傳　(清)姜垚辨正　(清)無心道人(章甫)增補直解　清道光可久堂刻本　四冊

370000－7585－0000366　4663
史鑑節要便讀六卷　(清)鮑東里編輯　清光緒二十二年(1896)書業德刻本　二冊

370000－7585－0000367　4664
古文辭類纂七十四卷　(清)姚鼐纂集　**續古文辭類纂三十四卷**　王先謙編集　清同治八年(1869)席氏埽葉山房刻本　十六冊

370000－7585－0000368　4665
在陸草堂文集六卷　(清)儲欣著　(清)吳之

山東省濰坊市博物館古籍普查登記目録

彦　（清）邢維信編次　清刻本　四冊

370000－7585－0000369　4666

五七言今體詩鈔十八卷　（清）姚鼐選　漁洋
山人古詩選十五卷　（清）王士禛選　清同治
五年(1866)金陵書局刻本　十冊　存三十二
卷(五七言今體詩鈔一至十七、漁洋山人古詩
選十五卷)

370000－7585－0000370　4667

文獻通考三百四十八卷　（元）馬端臨著　清
刻本　三十冊　存九十六卷(一百六至一百
六十、一百九十一至二百三十一)

370000－7585－0000371　4668

文獻通考三百四十八卷　（元）馬端臨著　明
末刻本　三十四冊　存一百四十卷(一百二
十七至二百三十一、二百六十二至二百九十、
三百二十至三百二十五)

370000－7585－0000372　4669

皇朝五經彙解二百七十卷　（清）抉經心室原
纂　清光緒十四年(1888)鴻文書局石印本
十九冊　存一百六十七卷(一至一百四十四、
一百五十三至一百六十、一百六十九至一百
八十三)

370000－7585－0000373　4670

子史精華一百六十卷　（清）允祿　（清）張廷
玉等編　清光緒十二年(1886)上海同文書局
石印本　八冊

370000－7585－0000374　4673

[子張書諸紳等文集]一卷　（清）劉清源撰
清抄本　一冊

370000－7585－0000375　4674

清話閣印譜一卷　（清）譚雲書輯　清鈐印本
一冊

370000－7585－0000376　4676

三國志六十五卷　（晉）陳壽撰　（南朝宋）裴
松之注　清同治九年(1870)金陵書局刻二十
四史本　八冊

370000－7585－0000377　4677

監本春秋三十卷　（宋）胡安國傳　清乾隆五
十五年(1790)致和堂刻本　八冊(一函)

370000－7585－0000378　4678

佩文韻府一百六卷　（清）張玉書　（清）陳廷
敬　（清）李光地撰　韻府拾遺一百六卷
（清）蔡升元輯　清末石印本　十二冊　存
一百五十卷(佩文韻府六十三至一百六、韻府拾
遺一百六卷)

370000－7585－0000379　4679

佩文韻府一百六卷　（清）張玉書　（清）陳廷
敬　（清）李光地撰　清康熙刻本　九十五冊

370000－7585－0000380　4680

試律青雲集四卷　（清）楊逢春輯　（清）蕭應
槐　（清）沈景福　（清）徐紹曾參　（清）沈
品金等註　清刻本　二冊　存二卷(二、四)

370000－7585－0000381　4681

尺木堂綱鑑易知錄二十卷　（清）吳乘權
（清）周之炯　（清）周之燦輯　御撰資治通鑑
綱目三編四卷　（清）張廷玉等撰　清光緒十
三年(1887)上海點石齋石印本　十二冊

370000－7585－0000382　4682

佩文韻府五卷　（清）張玉書　（清）陳廷敬
（清）李光地撰　清光緒八年(1882)上海點石
齋石印本　六冊

370000－7585－0000383　4683

綱鑑易知錄九十二卷　（清）吳乘權　（清）周
之炯　（清）周之燦輯　御撰資治通鑑綱目三
編二十卷末一卷　（清）張廷玉等撰　清刻本
四十冊　存八十八卷(綱鑑易知錄一至八十
八)

370000－7585－0000384　4685

重訂王鳳洲先生綱鑑會纂四十六卷續宋元二
十三卷　（明）王世貞纂　（明）陳仁錫訂
（明）呂一經校　清光緒二十五年(1899)萃文
齋石印本　十冊

370000－7585－0000385　4687

御撰資治通鑑綱目三編二十卷　（清）張廷玉
等撰　清光緒二十五年(1899)埽葉山房鉛印

山東省濰坊市圖書館等二十二家收藏單位古籍普查登記目錄

本　二冊

370000－7585－0000386　4688

御撰資治通鑑綱目三編六卷　（清）張廷玉等
撰　清光緒二十五年(1899)上海萃文齋石印
本　二冊

370000－7585－0000387　4689

御批歷代通鑑輯覽一百二十卷　（清）傅恒等
撰　清石印本　六冊　存三十卷(六至十、四
十一至六十五)

370000－7585－0000388　4690

御批歷代通鑑輯覽一百二十卷　（清）傅恒等
撰　清光緒三十一年(1905)上海商務印書館
石印本　二十四冊

370000－7585－0000389　4691

御批歷代通鑑輯覽一百二十卷　（清）傅恒等
撰　清光緒二十九年(1903)上海廣益書室石
印本　二十四冊

370000－7585－0000390　4692

御批歷代通鑑輯覽一百二十卷　（清）傅恒等
撰　清光緒二十九年(1903)上海通元書局石
印本　二十四冊

370000－7585－0000391　4693

阮刻十三經注疏　（清）阮元校　清光緒十三
年(1887)上海點石齋石印本　十八冊

370000－7585－0000392　4694

御批歷代通鑑輯覽一百二十卷　（清）傅恒等
撰　清末石印本　十冊　存四十四卷(六至
十一、二十二至二十九、七十一至七十四、七
十九至九十、一百七至一百二十)

370000－7585－0000393　4695

**御批歷代通鑑輯覽一百二十卷歷代帝王年表
一卷讀史論略一卷**　（清）傅恒等撰　清同治
十年(1871)潯陽萬氏芋栗園刻本　八十七冊
　存一百一卷(一至二十、二十二至三十九、
四十二至四十八、五十至五十五、五十八至六
十一、六十三至六十六、七十至七十八、八十
至八十六、八十八至八十九、九十一、九十三、
九十五至九十六、九十八至一百二、一百四、

一百六、一百八至一百二十)

370000－7585－0000394　4697

資治通鑑目錄三十卷　（宋）司馬光編集　清
同治八年(1869)江蘇書局刻本　十二冊

370000－7585－0000395　4698

歷朝綱鑑會纂三十九卷首一卷　（明）王世貞
編　清濰陽承文信記刻本　三十九冊　存三
十九卷(一至二十九、三十一至三十九,首一
卷)

370000－7585－0000396　4699

**重訂王鳳洲先生綱鑑會纂四十六卷續宋元二
十三卷**　（明）王世貞纂　（明）陳仁錫訂
(明)吳一經校　**御撰資治通鑑綱目三編二十
卷末一卷**　（清）張廷玉等撰　清刻本　二十
五冊　存四十七卷(重訂王鳳洲先生綱鑑會
纂十三至二十九、三十四至三十五、四十至四
十四,續宋元二十三卷)

370000－7585－0000397　4700

古香齋新刻袖珍淵鑑類函四百五十卷　（清）
張英等編　清刻本　一百六十冊

370000－7585－0000398　4702

魏伯子文集十卷　（明）魏際瑞著　（清）魏禧
訂　清道光二十五年(1845)刻寧都三魏合集
本　六冊

370000－7585－0000399　4703

魏叔子文集外篇二十二卷　（清）魏禧著
(清)魏世傑編次　清道光二十五年(1845)刻
寧都三魏合集本　二十冊

370000－7585－0000400　4704

魏叔子日錄三卷　（清）魏禧著　（清）唐景宋
校　清道光二十五年(1845)刻寧都三魏合集
本　二冊

370000－7585－0000401　4705

魏季子文集十六卷　（清）魏禮著　（清）魏禧
訂　清道光二十五年(1845)刻寧都三魏合集
本　十冊　存十四卷(一至四、七至十六)

370000－7585－0000402　4706

山東省濰坊市博物館古籍普查登記目錄

魏叔子詩集八卷 （清）魏禧著 （清）魏世侃編次 清道光二十五年(1845)刻寧都三魏合集本 二冊

370000－7585－0000403 4707

魏昭士文集十卷 （清）魏士傚著 （清）魏禧評點 清道光二十五年(1845)刻寧都三魏合集本 四冊

370000－7585－0000404 4708

魏敬士文集八卷 （清）魏士儼著 清道光二十五年(1845)刻寧都三魏合集本 三冊

370000－7585－0000405 4709

史記一百三十卷 （漢）司馬遷撰 （南朝宋）裴駰集解 （唐）司馬貞索隱 （唐）張守節正義 清光緒十年(1884)上海同文書局石印二十四史本 二十五冊 存一百二十六卷(一至一百二十六)

370000－7585－0000406 4710

前漢書一百卷 （漢）班固撰 （唐）顏師古注 清光緒十年(1884)上海同文書局石印二十四史本 三十二冊

370000－7585－0000407 4711

後漢書一百二十卷 （南朝宋）范曄撰 （唐）李賢注 續志 （晉）司馬彪撰 （南朝梁）劉昭注補 清光緒十年(1884)上海同文書局石印二十四史本 十五冊 存五十三卷(四十一至六十九、九十七至一百二十)

370000－7585－0000408 4712

三國志六十五卷 （晉）陳壽撰 （南朝宋）裴松之注 清光緒十年(1884)上海同文書局石印二十四史本 十四冊

370000－7585－0000409 4713

晉書一百三十卷 （唐）房玄齡等撰 清光緒十年(1884)上海同文書局石印二十四史本 二十一冊 存九十七卷(十六至十八、三十七至一百三十)

370000－7585－0000410 4714

宋書一百卷 （南朝梁）沈約撰 清光緒十年(1884)上海同文書局石印二十四史本 二十三冊 存九十七卷(一至四十、四十四至一百)

370000－7585－0000411 4715

南齊書五十九卷 （南朝梁）蕭子顯撰 清光緒十年(1884)上海同文書局石印二十四史本 八冊

370000－7585－0000412 4716

梁書五十六卷 （唐）姚思廉撰 清光緒十年(1884)上海同文書局石印二十四史本 一冊 存四卷(一至四)

370000－7585－0000413 4717

陳書三十六卷 （唐）姚思廉撰 清光緒十年(1884)上海同文書局石印二十四史本 六冊

370000－7585－0000414 4718

魏書一百十四卷 （北齊）魏收撰 清光緒十年(1884)上海同文書局石印二十四史本 十七冊 存八十九卷(一至二十九、四十二至九十四、九十八至一百四)

370000－7585－0000415 4719

北齊書五十卷 （唐）李百藥撰 清光緒十年(1884)上海同文書局石印二十四史本 八冊

370000－7585－0000416 4720

隋書八十五卷 （唐）魏徵等撰 清光緒十年(1884)上海同文書局石印二十四史本 二十三冊 存八十一卷(一至八十一)

370000－7585－0000417 4721

南史八十卷 （唐）李延壽撰 清光緒十年(1884)上海同文書局石印二十四史本 十四冊 存五十八卷(一至三、七至十、十五至十八、二十六至三十三、三十八至七十六)

370000－7585－0000418 4722

北史一百卷 （唐）李延壽撰 清光緒十年(1884)上海同文書局石印二十四史本 二十冊 存八十三卷(一至十四、二十五至五十六、六十四至一百)

370000－7585－0000419 4723

舊唐書二百卷 （後晉）劉昫撰 清光緒十年

山東省濰坊市圖書館等二十二家收藏單位古籍普查登記目錄

（1884）上海同文書局石印二十四史本　三十
冊　存一百八卷（一至三、十一至十九、二十
八至五十八、六十四至七十八、八十六至一百
九、一百七十五至二百）

370000－7585－0000420　4724

唐書二百二十五卷　（宋）歐陽修　（宋）宋祁
撰　清光緒十年（1884）上海同文書局石印二
十四史本　四十八冊　存二百十三卷（一至
七十九、九十二至二百二十五）

370000－7585－0000421　4725

舊五代史一百五十卷目錄二卷　（宋）薛居正
等撰　清光緒十年（1884）上海同文書局石印
二十四史本　二十四冊

370000－7585－0000422　4726

五代史七十四卷　（宋）歐陽修撰　（宋）徐無
黨注　清光緒十年（1884）上海同文書局石印
二十四史本　五冊　存四十卷（八至十七、二
十七至四十三、五十一至五十七、六十一至六
十六）

370000－7585－0000423　4727

宋史四百九十六卷　（元）脫脫等修　清光緒
十年（1884）上海同文書局石印二十四史本
八十二冊　存四百七卷（六至八、十四至六十
七、七十三至八十二、八十五至一百五十四、
一百七十三至一百八十一、二百十至二百九
十一、二百九十七至三百十七、三百二十四至
三百九十二、四百八至四百九十六）

370000－7585－0000424　4728

遼史一百十六卷　（元）脫脫等修　清光緒十
年（1884）上海同文書局石印二十四史本
八冊

370000－7585－0000425　4729

金史一百三十五卷　（元）脫脫等修　清光緒
十年（1884）上海同文書局石印二十四史本
十七冊　存一百三卷（十四至十八、二十九至
五十三、六十三至一百三十五）

370000－7585－0000426　4730

元史二百十卷目錄二卷　（明）宋濂等修　清

光緒十年（1884）上海同文書局石印二十四史
本　四十二冊　存一百四十卷（一至四、五十
四至五十八、六十五至一百二十八、一百三十
三至一百四十八、一百六十二至二百十，目錄
二卷）

370000－7585－0000427　4731

明史三百三十二卷目錄四卷　（清）張廷玉等
修　清光緒十年（1884）上海同文書局石印二
十四史本　七十八冊　存一百七十卷（一至
三十四、四十四至四十六、五十四至六十、八
十六至一百十八、一百二十二至一百四十四、
一百八十四至二百七、二百十至二百三十、二
百三十五至二百四十三、二百四十七至二百
五十八，目錄四卷）

370000－7585－0000428　4738

芥子園畫傳　（清）王槩　（清）王蓍　（清）
王臬編繪　清乾隆四十七年（1782）金閶書業
堂刻本　五冊

370000－7585－0000429　4800

神州國光集　鄧實編　清宣統三年（1911）影
印本　十一冊

370000－7585－0000430　5106

隋仁孝三年平安公蘇孝慈墓誌銘一卷　（隋）
□□撰　清末民國拓本　一冊

370000－7585－0000431　5185

葆筠堂顏楊合璧法帖纂一卷　（唐）顏真卿
（唐）楊凝式撰　（清）邱翰臨　清刻本　一冊

370000－7585－0000432　5203

淳熙秘閣續法帖　（三國魏）鍾繇等原書　清
末民國石印本　一冊　存一卷（第一冊）

370000－7585－0000433　5204

胡大川詩　（清）胡大川撰　（清）潘齡皋書
清宣統二年（1910）文成堂書莊石印本　一冊

370000－7585－0000434　5212

**魏故持節龍驤將軍督營州諸軍事營州刺史征
虜將軍太中大夫臨青男崔公之墓誌銘一卷**
（北魏）□□撰　清末石印本　一冊

山東省濰坊市博物館古籍普查登記目錄

370000－7585－0000435　5232

唐太宗指意一卷　（唐）太宗李世民著　（清）李象寅書　清末石印本　一冊

370000－7585－0000436　5772

[王仁堪、曹鴻勳、高釗中、陳文騄等字帖]一卷　（清）王仁堪　（清）曹鴻勳等書　清末石印本　一冊

370000－7585－0000437　7786

地理大全二集二十五卷　（明）李國木撰（明）釋大觀參訂　（明）李國林校輯　（明）梅羹子參閱　清刻本　二冊　存六卷（十五至二十）

370000－7585－0000438　7787

周書五十卷　（唐）令狐德棻等撰　清光緒十年（1884）上海同文書局石印二十四史本八冊

370000－7585－0000439　7788

千金翼方三十卷　（唐）孫思邈著　（宋）林億等校正　清光緒四年（1878）上海石印本八冊

370000－7585－0000440　7791

龍威秘書四集晉唐小説暢觀　（清）馬俊良輯錄　清大酉山房刻本　一冊　存二種三卷（酉陽雜俎二卷、諾皋記一卷）

370000－7585－0000441　7792

國語二十一卷　（三國吳）韋昭解　清嘉慶五年（1800）讀未見書齋刻本　一冊　存六卷（一至六）

370000－7585－0000442　7794

古玉圖攷不分卷　（清）吳大澂著　清光緒十五年（1889）上海同文書局石印本　四冊

370000－7585－0000443　7795

新纂門目五臣音註揚子法言十卷　（漢）揚雄撰　（晉）李軌　（唐）柳宗元註　（宋）宋咸（宋）吳祕　（宋）司馬光重添註　清嘉慶九年（1804）寶慶經綸堂刻本　佚名批校　一冊　存三卷（一至三）

370000－7585－0000444　7796

冲虛至德真經八卷　（晉）張湛註　清嘉慶九年（1804）寶慶經綸堂刻本　一冊　存四卷（一至四）

370000－7585－0000445　7798

渠亭山人半部稾三刻潛州集一卷　（清）張貞撰　清康熙三十六年（1697）刻本　二冊

370000－7585－0000446　7799

渠亭山人半部稾四刻娛老集一卷　（清）張貞撰　清康熙四十七年（1708）刻本　二冊

370000－7585－0000447　7800

理堂日記八卷　（清）韓夢周著　清道光四年（1824）靜恒書屋刻本　二冊

370000－7585－0000448　7801

後漢書一百二十卷　（南朝宋）范曄撰　（唐）李賢注　續志　（晉）司馬彪撰　（南朝梁）劉昭注補　清同治十二年（1873）嶺東使署刻本十六冊

370000－7585－0000449　7803

續泉匯十二卷　（清）鮑康　（清）李佐賢編清光緒元年（1875）刻本　四冊

370000－7585－0000450　7804

説鈴　（清）吳震方編　清大酉山房刻龍威秘書七集本　一冊　存二種三卷（金鰲退食筆記二卷、京東考古錄一卷）

370000－7585－0000451　7805

綱鑑會纂三十九卷首一卷　（明）王世貞編清光緒二十五年（1899）掃葉山房鉛印本　十八冊

370000－7585－0000452　7806

説鈴　（清）吳震方編　清刻本　一冊　存四種四卷（臺灣紀略一卷、臺灣雜記一卷、安南紀游一卷、崗黥志纖一卷）

370000－7585－0000453　7808

新訂四書補註備旨十卷　（明）鄧林著　（清）鄧煜編次　（清）祁文友重校　（清）杜定基增訂　清承文新刻本　六冊　存八卷（大學一

山東省濰坊市圖書館等二十二家收藏單位古籍普查登記目錄

卷、中庸一卷、論語四卷、孟子一至二)

370000－7585－0000454　7809

新訂四書補註備旨十卷　(明)鄧林著　(清)鄧煜編次　(清)祁文友重校　(清)杜定基增訂　清光緒五年(1879)成文堂刻本　佚名批校　七冊　存八卷(大學一卷、中庸一卷、論語三至四、孟子四卷)

370000－7585－0000455　7810

增補四書精繡圖像人物備考十二卷　(明)薛應旂彙輯　(明)陳仁錫增定　(明)陳義錫重校　清乾隆六年(1741)古吳致和堂刻本　六冊

370000－7585－0000456　7811

春秋左傳五十卷　(晉)杜預　(宋)林堯叟註釋　(唐)陸德明音義　(明)孫鑛　(明)鍾惺　(明)韓范評點　清刻本　十六冊

370000－7585－0000457　7812

春秋左傳五十卷　(晉)杜預　(宋)林堯叟註釋　(唐)陸德明音義　(明)孫鑛　(明)鍾惺　(明)韓范評點　清刻本　十六冊

370000－7585－0000458　7813

禮記疏意二十三卷　(明)袁黃刪定　(明)秦繼宗集　清道光十九年(1839)蘊輝堂刻本　六冊

370000－7585－0000459　7814

增訂本草備要六卷合訂醫方集解三卷經絡歌訣一卷　(清)汪昂著輯　清刻本　五冊

370000－7585－0000460　7815

詩經融註大全體要八卷　(清)高朝瓔定　(清)沈世楷輯　清琴川閣刻本　四冊

370000－7585－0000461　7816

書經精華六卷　(清)薛嘉穎輯　清光緒九年(1883)光霽堂刻本　四冊

370000－7585－0000462　7817

欽定書經傳說彙纂二十一卷首二卷書序一卷　(清)王頊齡等撰　清刻本　九冊　存十卷(一至九、首下)

370000－7585－0000463　7829

虞初新志二十卷　(清)張潮輯　(清)羅興堂校　清石印本　一冊　存二卷(八至九)

370000－7585－0000464　7830

鍼灸大成十卷　(明)楊繼洲撰　清光緒十三年(1887)寶善堂刻本　九冊　存九卷(一、三至十)

370000－7585－0000465　7831

詩集傳八卷　(宋)朱熹撰　清刻本　二冊　存二卷(三至四)

370000－7585－0000466　7836

小題時藝標新　(清)□□撰　清刻本　一冊

370000－7585－0000467　7837

[山東碑刻目錄]一卷　(□)□□編　清抄本　二冊

370000－7585－0000468　7838

漱芳軒合纂禮記體註四卷　(清)范翔參訂　(清)吳有文　(清)朱光斗　(清)范應兆等校　清刻本　一冊　存一卷(一)

370000－7585－0000469　7839

補校醫林改錯　(清)王清任著　清光緒三十年(1904)上海飛鴻閣石印本　一冊

370000－7585－0000470　7841

御撰資治通鑑綱目三編二十卷　(清)張廷玉等撰　清刻本　四冊　存十六卷(一至十二、十七至二十)

370000－7585－0000471　7842

新鎸五言千家詩會義直解四卷　(清)王相選註　(清)任福祐重輯　**笠翁對韻二卷**　(清)李漁撰　清同治十二年(1873)書業德刻本　一冊　存三卷(新鎸五言千家詩會義直解一至二、笠翁對韻上)

370000－7585－0000472　7845

學庸詳解三卷　(清)高運庭集　清上錦堂刻本　三冊

370000－7585－0000473　7847

[郭肇光]試草一卷　(清)郭肇光撰　清刻本

一冊

370000－7585－0000474　7851

板橋集六編　（清）鄭燮著　清乾隆清暉書屋刻本　四冊

370000－7585－0000475　7852

周禮精華六卷　（清）陳龍標編輯　清道光六年(1826)光韙堂刻本　六冊

370000－7585－0000476　7853

春秋左傳六卷　（晉）杜預　（宋）林堯叟註釋　（唐）陸德明音義　（明）孫鑛　（明）鍾惺　（明）韓范批點　清霞漳謝氏文林堂刻本　一冊　存四卷(三至六)

370000－7585－0000477　7856

[詩草]□卷　（清）嚴廷中　（清）莊士彥著　清刻本　一冊

370000－7585－0000478　7857

[醫書]一卷　（□）□□撰　清光緒十二年(1886)抄本　一冊

370000－7585－0000479　7858

淳化帖釋文　（清）徐朝弼集釋　清嘉慶十七年(1812)刻本　一冊

370000－7585－0000480　7859

禮記體註四卷　（清）徐旦參訂　（清）范翔鑒定　清刻本　一冊　存一卷(四)

370000－7585－0000481　7861

詩集傳八卷　（宋）朱熹撰　清刻本　二冊　存四卷(五至八)

370000－7585－0000482　7864

玉簪記二卷　（明）高濂著　清刻本　一冊

370000－7585－0000483　7866

榆園雜錄二卷　（清）郭榆壽輯　清咸豐七年(1857)刻本　一冊

370000－7585－0000484　7867

西湖蘇蹟二卷　（清）黃安瀾著　清道光十年(1830)聚經堂刻本　一冊

370000－7585－0000485　7868

長生殿傳奇四卷　（清）洪昇填詞　（清）吳人論文　清末石印本　一冊　存二卷(三至四)

370000－7585－0000486　7869

增補本草備要八卷　（清）汪昂著輯　清末石印本　一冊　存一卷(四)

370000－7585－0000487　7870

天祿識餘二卷　（清）高士奇輯　清刻本　一冊　存一卷(上)

370000－7585－0000488　7871

庾開府集十二卷　（北周）庾信著　（明）汪士賢校　明刻本　一冊　存一卷(十一)

370000－7585－0000489　7872

趙以炯殿試策一卷　（清）趙以炯撰　清刻本　一冊

370000－7585－0000490　7873

山東鄉試硃卷(光緒戊子科)一卷　（清）孫淦撰　清刻本　一冊

370000－7585－0000491　7874

梁耀樞殿試策一卷　（清）梁耀樞撰　清刻本　一冊

370000－7585－0000492　9815

柯九思本定武蘭亭一卷　（晉）王羲之撰并原書　（唐）歐陽詢臨　清末影印本　一冊

370000－7585－0000493　9824

唐故通議大夫行薛王友柱國贈秘書少監國子祭酒太子少保顏君廟碑銘一卷　（唐）顏真卿撰并書　清末民國石印本　一冊

370000－7585－0000494　10935

左繡三十卷首一卷　（清）馮李驊　（清）陸浩評輯　（清）范允斌等參評　（清）馮張孫等校輯　清刻本　一冊　存二卷(二十五至二十六)

370000－7585－0000495　10937

周易十卷　（三國魏）王弼註　清乾隆四十八年(1783)刻本　四冊

山東省濰坊市圖書館等二十二家收藏單位古籍普查登記目錄

山東省濰坊市昌樂縣博物館

古籍普查登記目録

全國古籍普查登記目録

國家圖書館出版社
National Library of China Publishing House

370000 – 7587 – 0000001　60001

佩文韻府四百四十三卷韻府拾遺一百十二卷
（清）張玉書　（清）陳廷敬等撰　清刻本
一百八冊

370000 – 7587 – 0000002　60004

御纂周易折中二十二卷首一卷　（清）李光地
等撰　清刻本　十八冊

370000 – 7587 – 0000003　60005

澄衷蒙學堂字課圖說四卷　（清）劉樹屏輯
(清)吳子城繪圖　清光緒三十年(1904)澄衷
蒙學堂石印本　八冊

370000 – 7587 – 0000004　60006 – 1

古唐詩合解十六卷　（清）王堯衢註　（清）李
模　(清)李桓校　清乾隆四十三年(1778)世
德堂刻本　八冊

370000 – 7587 – 0000005　60006 – 2

古唐詩合解十六卷　（清）王堯衢註　（清）李
模　(清)李桓校　清刻本　五冊

370000 – 7587 – 0000006　60007

東巡金石錄八卷　（清）高宗弘曆撰　（清）崔
應階　(清)梁翥鴻輯　清刻本　二冊

370000 – 7587 – 0000007　60008

皇清經解一百八十三種一千四百卷首一卷
(清)阮元輯　清道光九年(1829)廣東學海堂
刻本　二百八十一冊　存一千三百六十卷
(一至一千三百五十九、首一卷)

370000 – 7587 – 0000008　60009

資治通鑑二百九十四卷　（宋）司馬光編集
(元)胡三省音註　**敘錄三卷**　**目錄三十卷**
考異三十卷　（宋）司馬光編集　（清）胡元常
審校　**釋例一卷**　（宋）司馬光撰　**問疑一卷**
（宋）劉義仲撰　**釋文三十卷**　（宋）史炤撰
附錄一卷　**釋文辯誤十二卷**　（元）胡三省
撰　**附錄一卷**　清光緒十四年至十七年
(1888－1891)長沙楊氏刻本　九十一冊　存
三百十卷(一至十六、三十八至一百十、一百
四十一至一百四十四、一百四十九至二百四
十二、二百六十至二百九十四,敘錄三卷,目

錄三十卷,考異十八至三十,釋例一卷,問疑
一卷,釋文一至四、九至三十,附錄一卷,釋文
辯誤十二卷,附錄一卷)

370000 – 7587 – 0000009　60010

**御批歷代通鑑輯覽一百二十卷明唐桂二王本
末四卷**　（清）傅恒等撰　清光緒二十九年
(1903)山東慶裕書局刻本　七十二冊　存一
百十四卷(一至三十二、三十七至四十二、四
十五至一百二十)

370000 – 7587 – 0000010　60012

泊如齋重修宣和博古圖錄三十卷　（宋）王黼
等輯　明萬曆十年(1582)泊如齋刻本　十
六冊

370000 – 7587 – 0000011　60013

禮記集說十卷　（元）陳澔撰　清刻本　五冊
存六卷(一至三、七、九至十)

370000 – 7587 – 0000012　60014

全本禮記體註十卷　（清）范翔原定　（清）徐
旦參訂　（清）徐瑄補輯　清百尺樓刻本　五
冊　存五卷(一至五)

370000 – 7587 – 0000013　60015

禮記集說十卷　（元）陳澔撰　清濂溪閣刻本
五冊　存五卷(二、四至六、九)

370000 – 7587 – 0000014　60016

禮記集說十卷　（元）陳澔撰　清光緒二十二
年(1896)周村益友堂刻本　九冊　存九卷
(二至十)

370000 – 7587 – 0000015　60017

監本書經六卷　（宋）蔡沈撰　清光緒五年
(1879)子雲堂刻本　四冊

370000 – 7587 – 0000016　60018

狀元書經六卷　（宋）蔡沈撰　清光緒十八年
(1892)濰陽豐聚堂刻本　一冊　存一卷(一)

370000 – 7587 – 0000017　60019

監本易經四卷　（宋）朱熹撰　清光緒十八年
(1892)德順堂刻本　二冊　存二卷(一至二)

370000 – 7587 – 0000018　60020

易經體註合參四卷 （清）來爾繩纂輯 清乾隆四十四年(1779)二南堂刻本 二冊 存二卷(一至二)

370000－7587－0000019 60021

狀元書經六卷 （宋）蔡沈撰 清光緒二十二年(1896)寶書堂刻本 四冊

370000－7587－0000020 60022

全本禮記體註十卷 （清）范翔原定 （清）徐旦參訂 （清）徐瑄補輯 清聚錦堂刻本 六冊 存六卷(一至五、七)

370000－7587－0000021 60023

狀元書經六卷 （宋）蔡沈撰 清光緒十年(1884)濰陽順和堂刻本 一冊 存一卷(一)

370000－7587－0000022 60024

左文襄公全集一百三十四卷首一卷 （清）左宗棠撰 清光緒十六年(1890)刻本 六十二冊 存六十五卷(謝摺二卷,文集五卷,聯語一卷,代駱文忠公奏稿五卷,代張大司馬奏稿四卷,詩集一卷,奏稿一至十、二十一至四十、四十七至五十六、五十八至六十四,首一卷)

370000－7587－0000023 60025

康熙字典十二集三十六卷總目一卷檢字一卷辨似一卷等韻一卷備考一卷補遺一卷 （清）張玉書 （清）陳廷敬等纂 清刻本 二十八冊 存八集三十卷(子集三卷、丑集三卷、寅集三卷、未集三卷、申集三卷、酉集三卷、戌集三卷、亥集三卷,總目一卷,檢字一卷,辨似一卷,等韻一卷,備考一卷,補遺一卷)

370000－7587－0000024 60026

禮記集說十卷 （元）陳澔撰 清光緒刻本 八冊 存八卷(二至三、五至十)

370000－7587－0000025 60027

奎璧禮記十卷 （元）陳澔撰 清光緒四年(1878)成文信記刻本 六冊 存六卷(一至六)

370000－7587－0000026 60028

禮記集說十卷 （元）陳澔撰 清金陵味經堂刻本 十冊

370000－7587－0000027 60029

周官精義十二卷 （清）連斗山編次 清乾隆五十九年(1794)崇義書院刻本 八冊

370000－7587－0000028 60030－1

周易本義四卷 （宋）朱熹撰 清刻本 四冊

370000－7587－0000029 60030－2

狀元易經四卷 （宋）朱熹撰 清金閶會友堂刻本 四冊

370000－7587－0000030 60031

周易說畧四卷 （明）張爾岐著 （清）張孝寬等校 清嘉慶十年(1805)文錦堂刻本 六冊

370000－7587－0000031 60032－1

狀元書經六卷 （宋）蔡沈撰 清道光二十年(1840)同德堂刻本 四冊

370000－7587－0000032 60032－2

狀元書經六卷 （宋）蔡沈撰 清道光二十年(1840)同德堂刻本 四冊

370000－7587－0000033 60033－1

狀元書經六卷 （宋）蔡沈撰 清光緒二十八年(1902)翰文齋刻本 四冊

370000－7587－0000034 60033－2

狀元書經六卷 （宋）蔡沈撰 清光緒二十八年(1902)翰文堂刻本 四冊

370000－7587－0000035 60034

左繡三十卷首一卷 （清）馮李驊評輯 （清）陸浩評輯 （清）范允斌等參評 （清）馮張孫等校輯 清光緒二十四年(1898)順和恒刻本 十六冊

370000－7587－0000036 60035

左繡三十卷首一卷 （清）馮李驊評輯 （清）陸浩評輯 （清）范允斌等參評 （清）馮張孫等校輯 清華川書屋刻本 五冊 存十卷(四至七、十至十五)

370000－7587－0000037 60036

左繡三十卷首一卷 （清）馮李驊評輯 （清）陸浩評輯 （清）范允斌等參評 （清）馮張孫等校輯 清華川書屋刻本 七冊 存十六卷(一

山東省濰坊市圖書館等二十二家收藏單位古籍普查登記目錄

至十五、首一卷)

左繡三十卷首一卷 (清)馮李驊 (清)陸浩
評輯 (清)范允斌等參評 (清)馮張孫等校
輯 清刻本 八冊 存十六卷(八至九、十五
至二十六、二十九至三十)

370000－7587－0000039 60038

左繡三十卷首一卷 (清)馮李驊 (清)陸浩
評輯 (清)范允斌等參評 (清)馮張孫等校
輯 清光緒二十四年(1898)順和恒刻本 七
冊 存十三卷(一至五、八至十四,首一卷)

370000－7587－0000040 60039

文選六十卷 (南朝梁)蕭統撰 (唐)李善等
注 (清)葉樹藩參訂 清乾隆三十七年
(1772)海錄軒刻本 八冊

370000－7587－0000041 60040

五經旁註十九卷 (明)朱升撰 (明)陳仁錫
編 明刻本 八冊

370000－7587－0000042 60041

禮記易讀二卷 (清)志遠堂主人輯 清光緒
十五年(1889)濰陽成文信刻本 二冊

370000－7587－0000043 60042

奎壁詩經八卷 (宋)朱熹撰 清光緒二十七
年(1901)聚文堂記刻本 四冊

370000－7587－0000044 60043

易經體註合參四卷 (清)來爾繩纂輯 清味
經堂刻本 三冊 存三卷(一至三)

370000－7587－0000045 60044

周易便蒙襯解二卷 (清)李磐輯著 清刻本
一冊 存一卷(下)

370000－7587－0000046 60045

潄芳軒合纂禮記體註四卷 (清)范翔參訂
(清)吳有文 (清)朱光斗 (清)范應兆等
校 清金閶會友堂刻本 三冊 存三卷(一、
三至四)

370000－7587－0000047 60046

詩經融註大全體要八卷 (清)高朝瓔定

(清)沈世楷輯 清光緒九年(1883)文盛堂刻
本 四冊

370000－7587－0000048 60047

書經精華六卷 (清)陳龍標編輯 (清)紀昀
鑒定 清光緒十一年(1885)成文信刻本
四冊

370000－7587－0000049 60048

書經精華六卷 (清)陳龍標編輯 (清)紀昀
鑒定 清光緒十年(1884)成文信刻本 四冊

370000－7587－0000050 60049

周禮精華六卷 (清)陳龍標編輯 清光韙堂
刻本 五冊 存五卷(二至六)

370000－7587－0000051 60050

書經精華六卷 (清)陳龍標編輯 (清)紀昀
鑒定 清光緒十一年(1885)成文信刻本 二
冊 存三卷(一至二、四)

370000－7587－0000052 60051

味蘭軒百篇賦鈔四卷 (清)張世燾 (清)彭
克惠編輯 清嘉慶元年(1796)刻本 四冊

370000－7587－0000053 60052

御纂周易折中二十二卷首一卷 (清)李光地
等撰 清康熙尊經閣刻本 佚名批註 十六
冊 存二十卷(一至九、十一至十五、十八至
二十二,首一卷)

370000－7587－0000054 60053

御纂詩義折中二十卷 (清)傅恒等撰 清乾
隆刻本 十四冊

370000－7587－0000055 60054

御纂性理精義十二卷 (清)李光地等編 清
刻本 六冊 存九卷(一、四至五、七至十二)

370000－7587－0000056 60055

二如亭群芳譜四部□□卷 (明)王象晉纂輯
(明)毛晉 (明)陳繼儒 (明)姚元台校
明末刻本 一冊 存二卷(亨部果譜二至
三)

370000－7587－0000057 60056－1

奎壁詩經八卷 (宋)朱熹撰 清光緒二十五

山東省濰坊市昌樂縣博物館古籍普查登記目錄

年(1899)成文信記刻本　四冊

370000－7587－0000058　60056－2

奎壁詩經八卷　（宋）朱熹撰　清光緒二十五年(1899)成文信記刻本　四冊

370000－7587－0000059　60056－3

奎壁詩經八卷　（宋）朱熹撰　清光緒二十五年(1899)成文信記刻本　四冊

370000－7587－0000060　60057

新刻世史類編四十五卷　（明）王世貞纂　明崇禎刻本　十一冊　存二十三卷(六至七、十至二十三、三十七至三十九、四十一至四十四)

370000－7587－0000061　60058

史記評林一百三十卷　（漢）司馬遷撰　（南朝宋）裴駰集解　（唐）司馬貞索隱　（唐）張守節正義　（明）凌稚隆輯校　（明）李光縉增補　明雲林本立堂刻本　二十四冊　存七十二卷(一至三十九、九十八至一百三十)

370000－7587－0000062　60059

古文觀止十二卷　（清）吳乘權　（清）吳大職錄　（清）吳興祚鑒定　清文瑞樓石印本　二冊　存四卷(七至十)

370000－7587－0000063　60060

御選唐宋詩醇四十七卷目錄二卷　（清）高宗弘曆編　清乾隆十五年(1750)刻本　十八冊　存三十七卷(十一至四十七)

370000－7587－0000064　60061

增廣新訂四書補註備旨十卷　（明）鄧林著　（清）鄧煜編次　（清）祁文友重校　（清）杜定基增訂　清光緒十八年(1892)成文信記刻本　八冊

370000－7587－0000065　60062

禮記體註大全合參四卷　（清）徐旦參訂　（清）范翔鑒定　清刻本　二冊　存二卷(二、四)

370000－7587－0000066　60063

禮記疏意二十三卷　（明）秦繼宗集　清刻本

一冊　存四卷(十一至十四)

370000－7587－0000067　60064

監本易經四卷　（宋）朱熹撰　清子雲堂刻本　一冊　存一卷(一)

370000－7587－0000068　60065

綠野齋前後合集六卷　（清）劉鴻翱著　（清）劉曦校字　（清）劉鍾慶　（清）劉篤慶編次　清道光二十四年(1844)濰縣劉鴻翱福建刻本　一冊　存一卷(六)

370000－7587－0000069　60066

周禮精華六卷　（清）陳龍標編輯　清光緒三十一年(1905)怡翰齋刻本　四冊

370000－7587－0000070　60067

新訂四書補註備旨十卷　（明）鄧林著　（清）鄧煜編次　（清）祁文友重校　（清）杜定基增訂　清光緒十一年(1885)刻本　八冊

370000－7587－0000071　60068

漱芳軒合纂禮記體註四卷　（清）范翔參訂　（清）吳有文　（清）朱光斗　（清）范應兆等校　清光緒三十年(1904)翰文齋書坊刻本　一冊　存一卷(一)

370000－7587－0000072　60069

寄傲山房塾課纂輯御案易經備旨七卷　（清）鄒聖脈纂輯　（清）鄒廷猷編次　（清）鄒景揚　（清）鄒景鴻　（清）鄒景章訂　清嘉慶刻本　六冊

370000－7587－0000073　60070

四書朱子異同條辨四十卷　（清）李沛霖　（清）李禎撰　清康熙近譬堂刻本　五冊　存四卷(七至八、十三至十四)

370000－7587－0000074　60071

初刻黃維章先生詩經嬛嬛體註八卷　（明）黃文煥撰　（清）范翔重訂　（清）沈三曾　（清）沈涵參定　清刻本(有補配)　三冊　存六卷(一至二、五至八)

370000－7587－0000075　60072－1

詩集傳八卷　（宋）朱熹撰　清慎詒堂刻本

山東省濰坊市圖書館等二十二家收藏單位古籍普查登記目錄

一册　存一卷(三)

370000－7587－0000076　60072－2

書經集傳六卷　(宋)蔡沈撰　清刻本　一册
　　存二卷(五至六)

370000－7587－0000077　60073

御案詩經備旨八卷　(清)鄒聖脈纂輯　清光
緒四年(1878)同文堂刻本　一册　存二卷
(一至二)

370000－7587－0000078　60074

詩經體註大全八卷　(清)高朝瓔定　(清)沈
世楷輯　清刻本　一册　存二卷(一至二)

370000－7587－0000079　60075

詩經喈鳳詳解八卷圖說一卷　(清)陳抒孝輯
著　(清)汪基增訂　清刻本　八册

370000－7587－0000080　60076

新刊校正增補圓機活法詩學全書二十四卷
(明)王世貞校正　清刻本　八册　存十四卷
(十一至二十四)

370000－7587－0000081　60077

詩集傳八卷　(宋)朱熹撰　清慎詒堂刻本
四册　存六卷(一至三、六至八)

370000－7587－0000082　60078

四書衷義錄十九卷　(清)洪繼運輯著　清乾
隆四十八年(1783)致和堂刻本　一册

370000－7587－0000083　60079

增補四書精繡圖像人物備考四十卷　(明)薛
應旂彙輯　(明)陳仁錫增定　(明)陳義錫重
校　清嘉慶九年(1804)二南堂刻本　四册
存四卷(一、五、七至八)

370000－7587－0000084　60080

新訂四書補註備旨十卷　(明)鄧林著　(清)
鄧煜編次　(清)祁文友重校　(清)杜定基增
訂　清同治八年(1869)刻本　一册　存二卷
(大學一卷、中庸一卷)

370000－7587－0000085　60081

欽定詩經傳說彙纂二十一卷首二卷詩序二卷
(清)王鴻緒等撰　清刻本　五册　存六卷

(十二、十四至十七、十九)

370000－7587－0000086　60082

善成堂四書體註合講不分卷　(清)翁復編次
(清)詹文煥參定　清雍正八年(1730)善成
堂刻本　六册

370000－7587－0000087　60083

監本書經六卷　(宋)蔡沈撰　清光緒五年
(1879)子雲堂刻本　四册

370000－7587－0000088　60084

狀元詩經八卷　(宋)朱熹撰　清金閶會友堂
刻本　四册

370000－7587－0000089　60085

奎壁詩經八卷　(宋)朱熹撰　清光緒七年
(1881)怡翰齋刻本　四册

370000－7587－0000090　60086

奎壁詩經八卷　(宋)朱熹撰　清光緒三十一
年(1905)奎文堂記刻本　四册

370000－7587－0000091　60087

詩經精華十卷　(清)薛嘉穎輯　清道光七年
(1827)姑蘇步月樓刻本　四册

370000－7587－0000092　60088

奎壁易經四卷　(宋)朱熹撰　清光緒十七年
(1891)成文信刻本　四册

370000－7587－0000093　60089

監本易經四卷　(宋)朱熹撰　清子雲堂刻本
四册

370000－7587－0000094　60090

新刊增補萬病回春原本八卷　(明)龔廷賢編
(清)周亮登校　清道光八年(1828)文淵堂
刻本　五册　存五卷(一至四、六)

370000－7587－0000095　60091

奎壁書經六卷　(宋)蔡沈撰　清光緒八年
(1882)彙文堂刻本　二册　存二卷(二、四)

370000－7587－0000096　60092

奎壁書經六卷　(宋)蔡沈撰　清光緒三年
(1877)成文堂刻本　三册　存三卷(一、四至
五)

370000 – 7587 – 0000097　60093

書經精華六卷 (清)薛嘉穎輯　清光緒九年
(1883)光霽堂刻本　四冊

370000 – 7587 – 0000098　60094

書經體註大全合參六卷 (清)錢希祥纂輯
(清)范翔鑒定　清金谷園刻本　四冊

370000 – 7587 – 0000099　60095

周官精義十二卷 (清)連斗山編次　清乾隆
五十九年(1794)崇義書院刻本　十冊

370000 – 7587 – 0000100　60096 – 1

書經體註大全合參六卷 (清)錢希祥纂輯
(清)范翔鑒定　清嘉慶十七年(1812)山西文
會堂刻本　四冊

370000 – 7587 – 0000101　60096 – 2

書經體註大全合參六卷 (清)錢希祥纂輯
(清)范翔鑒定　清嘉慶十七年(1812)山西文
會堂刻本　四冊

370000 – 7587 – 0000102　60097

周禮精華六卷 (清)陳龍標編輯　清嘉慶刻
本　一冊　存一卷(一)

370000 – 7587 – 0000103　60098

易經大全會解四卷 (清)來爾繩纂輯　清道
光二年(1822)金閶書業九房刻本　四冊

370000 – 7587 – 0000104　60099

易經大全會解四卷 (清)來爾繩纂輯　清光
緒六年(1880)埽葉山房刻本　二冊

370000 – 7587 – 0000105　60100

易經大全會解四卷 (清)來爾繩纂輯　清嘉
慶三年(1798)金閶書業堂刻本　二冊　存二
卷(一至二)

370000 – 7587 – 0000106　60101

新刻書經備旨輯要善本六卷 (清)馬大猷輯
(清)汪右衡鑒定　清益友堂刻本　一冊
存一卷(六)

370000 – 7587 – 0000107　60102

增訂本草備要四卷 (清)汪昂著輯　(清)汪
桓參訂　(清)鄭曾慶同訂　(清)汪端

(清)汪惟寵　(清)仇澐校　清光緒二十七年
(1901)古青怡翰齋刻本　四冊

370000 – 7587 – 0000108　60103

二程粹言二卷 (宋)程顥　(宋)程頤撰
(宋)楊時訂定　(宋)張栻編次　清刻本　佚
名批校題跋　一冊　存一卷(一)

370000 – 7587 – 0000109　60104

奎璧書經六卷 (宋)蔡沈撰　清光緒三年
(1877)成文堂刻本　四冊

370000 – 7587 – 0000110　60105

監本四書十九卷 (宋)朱熹撰　清光緒十年
(1884)濰陽順和堂刻本　三冊　存十卷(大
學一卷、中庸一卷、論語六至十、孟子一至三)

370000 – 7587 – 0000111　60106

詩經融註大全體要八卷 (清)高朝瓔定
(清)沈世楷輯　清刻本　四冊

370000 – 7587 – 0000112　60107

**康熙字典十二集三十六卷總目一卷檢字一卷
辨似一卷等韻一卷備考一卷補遺一卷** (清)
張玉書　(清)陳廷敬等纂　清刻本　一冊
存一集一卷(未集下)

370000 – 7587 – 0000113　60108

周禮節訓六卷 (清)黃叔琳原本　(清)姚培
謙重訂　(清)王永祺參閱　清同治七年
(1868)敬文堂刻本　二冊

370000 – 7587 – 0000114　60109

詩經喈鳳詳解八卷圖說一卷 (清)陳抒孝輯
著　(清)汪基增訂　清光緒十三年(1887)順
和堂刻本　三冊　存六卷(一至三、七至八,
圖說一卷)

370000 – 7587 – 0000115　60110

左繡三十卷首一卷 (清)馮李驊　(清)陸浩
評輯　(清)范允斌等參評　(清)馮張孫等校
輯　清錦雲書屋刻本　二十七冊　存二十八
卷(一至六、八至二十四、二十六至二十八、三
十,首一卷)

370000 – 7587 – 0000116　60111

山東省濰坊市圖書館等二十二家收藏單位古籍普查登記目録

左繡三十卷首一卷　（清）馮李驊　（清）陸浩評輯　（清）范允斌等參評　（清）馮張孫等校輯　清刻本　八冊　存十六卷（六至七、十七至三十）

370000－7587－0000117　60112
左繡三十卷首一卷　（清）馮李驊　（清）陸浩評輯　（清）范允斌等參評　（清）馮張孫等校輯　清華川書屋刻本　八冊　存十六卷（一至十五、首一卷）

370000－7587－0000118　60113
左繡三十卷首一卷　（清）馮李驊　（清）陸浩評輯　（清）范允斌等參評　（清）馮張孫等校輯　清華川書屋刻本　七冊　存十三卷（十四至十五、十八至二十五、二十八至三十）

370000－7587－0000119　60114
左繡三十卷首一卷　（清）馮李驊　（清）陸浩評輯　（清）范允斌等參評　（清）馮張孫等校輯　清金閶步月樓刻本　四冊　存八卷（一、四至七、二十五至二十六,首一卷）

370000－7587－0000120　60115
書經體註大全合參六卷　（清）錢希祥纂輯（清）范翔鑒定　清光緒五年（1879）成文堂刻本　四冊

370000－7587－0000121　60116
新增說文韻府羣玉二十卷　（元）陰時夫編輯（元）陰中夫編註　（明）王元貞校正　清康熙五十五年（1716）文盛堂、天德堂刻本　八冊　存八卷（一至八）

370000－7587－0000122　60117
新刻詩經體註八卷　（清）范翔參訂　（清）沈李龍增補　（清）顧豹文鑒定　清步月樓刻本　四冊

370000－7587－0000123　60118
左繡三十卷首一卷　（清）馮李驊　（清）陸浩評輯　（清）范允斌等參評　（清）馮張孫等校輯　清光緒十年（1884）華川書屋刻本　二冊　存四卷（一至三、首一卷）

370000－7587－0000124　60119

周易本義四卷　（宋）朱熹撰　清刻本　一冊　存一卷（上經一）

370000－7587－0000125　60120
周禮註疏刪翼三十卷　（明）王志長輯　（明）葉培恕定　清刻本　三冊　存五卷（三、五至八）

370000－7587－0000126　60121
龍文鞭影二卷　（明）蕭良有著　（明）楊臣諍增訂　龍文鞭影二集二卷　（清）李暉吉（清）徐瓚輯　清光緒二十二年（1896）德盛堂刻本　四冊

370000－7587－0000127　60122
龍文鞭影二卷　（明）蕭良有著　（明）楊臣諍增訂　（明）來集之音注　龍文鞭影二集二卷　（清）李暉吉　（清）徐瓚輯　清光緒十一年（1885）成文信刻本　四冊

370000－7587－0000128　60123
歐美政治要義十八章　（清）戴鴻慈　（清）端方編撰　清光緒三十三年（1907）商務印書館石印本　四冊

370000－7587－0000129　60124
書經體註大全合參六卷　（清）錢希祥纂輯（清）范翔鑒定　清刻本　二冊　存二卷（一至二）

370000－7587－0000130　60125
伊川易傳四卷　（宋）程頤撰　清刻本　佚名題跋　四冊

370000－7587－0000131　60126
尚書離句六卷　（清）錢在培輯解　（清）劉元燮鑒定　清光緒十年（1884）子雲堂刻本二冊

370000－7587－0000132　60127
詩集傳八卷　（宋）朱熹撰　清刻本　二冊存五卷（三至四、六至八）

370000－7587－0000133　60128
御定全唐詩錄一百卷　（清）徐倬　（清）徐元正編　清康熙刻本　八冊　存二十一卷（一

山東省濰坊市昌樂縣博物館古籍普查登記目錄

至二十一）

370000－7587－0000134　60129

李太白文集三十六卷　（唐）李白撰　（清）王琦輯註　清刻本　七冊　存十八卷（十九至三十六）

370000－7587－0000135　60130

慎詒堂詩經八卷　（宋）朱熹撰　清慎詒堂刻本　四冊

370000－7587－0000136　60131

寄傲山房塾課纂輯書經備旨蔡註捷錄七卷（清）鄒聖脈纂輯　（清）鄒廷猷編次　（清）鄒景揚　（清）鄒景鴻　（清）鄒景章訂　清刻本　四冊

370000－7587－0000137　60132

周易本義四卷　（宋）朱熹撰　清刻本　四冊

370000－7587－0000138　60133

蘭言詩鈔四卷　（清）李瑞輯　清光緒十年（1884）刻本　四冊

370000－7587－0000139　60134

剔弊廣增分韻五方元音二卷首一卷　（清）樊騰鳳著　（清）趙培梓改正新編　清成文信刻本　四冊

370000－7587－0000140　60135

制義約選二編不分卷　（清）李錫瓚編　清同治八年（1869）刻本　六冊

370000－7587－0000141　60136

註釋八銘塾鈔二集六卷論文一卷　（清）吳懋政編次　清乾隆四十七年（1782）文光堂刻本　八冊

370000－7587－0000142　60137

暗室燈四卷重刻一卷　（清）王崇實撰　清咸豐九年（1859）文陞齋刻本　五冊

370000－7587－0000143　60138

字彙十二集首一卷末一卷　（明）梅膺祚音釋（明）劉永懋重訂　清嘉慶十六年（1811）文會堂刻本　八冊　存十卷（子集一卷、丑集一卷、寅集一卷、卯集一卷、辰集一卷、巳集一

卷、午集一卷、酉集一卷、戌集一卷，首一卷）

370000－7587－0000144　60140

尺木堂明鑑易知錄十五卷　（清）朱國標鈔（清）吳乘權　（清）周之炯　（清）周之燦輯　清光緒三十年（1904）上海吳雲記鉛印本二冊

370000－7587－0000145　60141

醫學實在易八卷　（清）陳念祖著　清埽葉山房刻本　三冊　存六卷（三至八）

370000－7587－0000146　60142

公餘醫錄六種　（清）陳念祖著　清光緒十五年（1889）江左書林刻本　佚名批註　四冊存一種二卷（時方歌括二卷）

370000－7587－0000147　60143

金匱方歌括六卷首一卷　（清）陳念祖定（清）陳蔚參訂　（清）陳元犀韻註　清光緒十五年（1889）江左書林刻本　三冊

370000－7587－0000148　60144

新鐫校正詳註分類百子金丹全書十卷　（明）郭偉選註　（明）王星聚校訂　（明）郭中吉編次　清末上海錦章圖書局石印本　三冊　存四卷（一、三、六至七）

370000－7587－0000149　60145

綱鑑總論二卷　（清）周道卿編　清光緒二十九年（1903）濰陽翰文齋局石印本　二冊

370000－7587－0000150　60146

黃陶菴稿二卷　（明）黃淳耀撰　清刻本二冊

370000－7587－0000151　60148

管子二十四卷　（周）管仲著　（唐）房玄齡注清光緒三十年（1904）上海時新公記書局石印本　二冊

370000－7587－0000152　60149

御批歷代通鑑輯覽一百二十卷　（清）傅恒等撰　清萃文齋石印本　三冊　存十六卷（六十三至七十二、一百七至一百十二）

370000－7587－0000153　60150

山東省濰坊市圖書館等二十二家收藏單位古籍普查登記目錄

御批歷代通鑑輯覽一百二十卷　（清）傅恒等撰　清光緒二十八年（1902）上海天章書局石印本　二十冊

370000－7587－0000154　60153
新訂四書補註備旨十卷　（明）鄧林著　（清）鄧煜編次　（清）祁文友重校　（清）杜定基增訂　清同治三年（1864）姑蘇掃葉山房刻本　一冊　存二卷（大學一卷、中庸一卷）

370000－7587－0000155　60154
新訂四書補註備旨十卷　（明）鄧林著　（清）鄧煜編次　（清）祁文友重校　（清）杜定基增訂　清光緒二十九年（1903）刻本　一冊　存二卷（大學一卷、中庸一卷）

370000－7587－0000156　60155
新訂四書補註備旨十卷　（明）鄧林著　（清）鄧煜編次　（清）祁文友重校　（清）杜定基增訂　清光緒二十九年（1903）翰文齋記刻本　一冊　存二卷（大學一卷、中庸一卷）

370000－7587－0000157　60156
尺木堂綱鑑易知錄九十二卷　（清）吳乘權（清）周之炯　（清）周之燦輯　清光緒二十六年（1900）上海圖書集成印書局鉛印本　十四冊　存七十三卷（二十至九十二）

370000－7587－0000158　60157
尺木堂綱鑑易知錄九十二卷　（清）吳乘權（清）周之炯　（清）周之燦輯　清光緒二十六年（1900）上海圖書集成印書局鉛印本　六冊　存三十八卷（五十五至九十二）

370000－7587－0000159　60158
尺木堂綱鑑易知錄九十二卷　（清）吳乘權（清）周之炯　（清）周之燦輯　清光緒二十六年（1900）上海圖書集成印書局鉛印本　七冊　存五十四卷（一至五十四）

370000－7587－0000160　60159
尺木堂明鑑易知錄十五卷　（清）朱國標鈔（清）吳乘權　（清）周之炯　（清）周之燦輯　清光緒二十六年（1900）上海圖書集成印書局鉛印本　四冊

370000－7587－0000161　60161
國朝小題匯覽不分卷　（清）熊伯龍輯　清刻本　十冊

370000－7587－0000162　60162
分課小題續編不分卷　（清）王步青輯　清刻本　六冊

370000－7587－0000163　60163
批點七家詩合註七卷　（清）張熙宇評　（清）申珠　（清）杜炳南　（清）王植桂補註　清光緒六年（1880）刻本　八冊

370000－7587－0000164　60164
試律青雲集註釋四卷　（清）楊逢春輯　（清）蕭應樾　（清）沈景福　（清）徐紹曾參（清）沈品金等註　清道光十九年（1839）文淵堂刻本　四冊

370000－7587－0000165　60165
御批歷代通鑑輯覽一百二十卷　（清）傅恒等撰　清光緒二十四年（1898）上海圖書集成局鉛印本　六冊　存三十卷（一至三十）

370000－7587－0000166　60166
名家文序六卷　（清）俞長城編　清抄本六冊

370000－7587－0000167　60167
增訂銅板詩韻集成十卷詞林典腋一卷　（清）余照輯　清光緒七年（1881）子雲堂刻本四冊

370000－7587－0000168　60168
剪燈餘話三卷　（明）李禎撰　覓燈因話二卷（明）邵景詹撰　秋燈叢話十八卷　（清）王械撰　清刻本　四冊　存三種五卷（剪燈餘話二至三、覓燈因話一、秋燈叢話十三至十四）

370000－7587－0000169　60169
全本禮記體註十卷　（清）范翔原定　（清）徐旦參訂　（清）徐瑄補輯　清聚錦堂刻本　六冊　存八卷（二至六、八至十）

370000－7587－0000170　60170

山東省濰坊市昌樂縣博物館古籍普查登記目錄

禮記疏意二十三卷 （明）袁黃則定 （明）秦繼宗集 清光緒八年（1882）蘊輝堂刻本 十一冊 存十九卷（一至十、十五至二十三）

370000－7587－0000171 60171

太平寰宇記二百卷目錄二卷 （宋）樂史撰 （清）陳蘭森補闕 清樂之簏、樂蕤賓刻本 四十六冊

370000－7587－0000172 60172

監本書經六卷 （宋）蔡沈撰 清光緒三十三年（1907）承文信刻本 四冊

370000－7587－0000173 60173

續古文辭類纂三十四卷 王先謙纂集 清光緒二十七年（1901）善成堂刻本 十冊

370000－7587－0000174 60174

太史張天如詳節春秋綱目左傳句解六卷 （清）韓菼重訂 清濰陽成文信刻本 六冊

370000－7587－0000175 60175

書經體註大全合參六卷 （清）錢希祥纂輯 （清）范翔鑒定 清乾隆四十四年（1779）味經堂刻本 四冊

370000－7587－0000176 60176

詩經融註大全體要八卷 （清）高朝瓔定 （清）沈世楷輯 清光緒十一年（1885）成文信刻本 四冊

370000－7587－0000177 60177

左傳事緯十二卷 （清）馬驌撰 清刻本 九冊 存九卷（四至十二）

370000－7587－0000178 60178

西澗草堂詩集四卷 （清）閻循觀著 清乾隆三十八年（1773）樹滋堂刻本 一冊

370000－7587－0000179 60179

困勉齋私記四卷 （清）閻循觀著 清乾隆三十八年（1773）樹滋堂刻本 一冊

370000－7587－0000180 60180

書集傳六卷 （宋）蔡沈撰 清刻本 三冊 存五卷（二至六）

370000－7587－0000181 60181

寄傲山房塾課纂輯禮記全文備旨十一卷 （清）鄒聖脈纂輯 （清）鄒廷猷編次 （清）鄒景揚 （清）鄒景鴻 （清）鄒景章校訂 清芸生堂刻本 十冊

370000－7587－0000182 60182

如酉所刻諸名家評點春秋綱目左傳句解六卷 （清）韓菼重訂 清嘉慶十六年（1811）刻本 八冊

370000－7587－0000183 60183

左繡三十卷首一卷 （清）馮李驊 （清）陸浩評輯 （清）范允斌等參評 （清）馮張孫等校輯 清華川書屋刻本 九冊 存十七卷（八至九、十六至三十）

370000－7587－0000184 60184

春秋左傳五十卷 （晉）杜預 （宋）林堯叟註釋 （唐）陸德明音義 （明）孫鑛 （明）鍾惺 （明）韓范評點 清刻本 六冊 存二十五卷（二十六至五十）

370000－7587－0000185 60185

春秋三十卷 （宋）胡安國傳 清金陵懷德堂刻本 八冊

370000－7587－0000186 60186

四大奇書第一種六十卷一百二十回 （明）羅貫中撰 （清）金聖歎（金人瑞）批 （清）毛宗崗評 （清）鄒梧岡參訂 （清）劉鳳藻校對 清成文信刻本 八冊 存二十四卷（二十八至五十一）

370000－7587－0000187 60187

廣事類賦四十卷 （清）華希閔著 （清）鄒兆升參 清乾隆二十九年（1764）刻本 十冊

370000－7587－0000188 60188

禮記增訂旁訓六卷 （清）張大受撰 清嘉慶五年（1800）崇義書院刻本 六冊

370000－7587－0000189 60189

禮記心典傳本三卷 （清）胡瑤光輯 清刻本 二冊

370000－7587－0000190 60190

漱芳軒合纂禮記體註四卷　（清）范翔參訂
（清）吳有文　（清）朱光斗　（清）范應兆等
校　清光緒二十二年(1896)寶書堂書坊刻本
四冊

370000－7587－0000191　60191
彙纂詩法度鍼十卷　（清）徐文弼編輯　清乾
隆三十六年(1771)謙牧堂刻本　四冊

370000－7587－0000192　60192
小題六集大觀二卷小題七集老境二卷小題八
集別情二卷　（清）王步青評　（清）王士鼇編
　（清）王維翰　（清）王乃昀校　清敦復堂刻
本　五冊　存五卷(小題六集大觀二卷、小題
七集老境二卷、小題八集別情上)

370000－7587－0000193　60200
御撰資治通鑑綱目三編二十卷末一卷　（清）
張廷玉等撰　清光緒二十九年(1903)善成堂
刻本　六冊

370000－7587－0000194　60201
重訂王鳳洲先生綱鑑會纂四十六卷續宋元二
十三卷　（明）王世貞纂　（明）陳仁錫訂
（明）呂一經校　御撰資治通鑑綱目三編二十
卷末一卷　（清）張廷玉等撰　清善成堂刻本
　四十一冊　存六十八卷(重訂王鳳洲先生
綱鑑會纂一至二十八、三十至四十六,續宋元
二十三卷)

370000－7587－0000195　60202
七種古文選□□卷　（清）儲欣評　（清）儲芝
參述　（清）徐永　（清）董南紀　（清）儲掌
文校訂　唐宋八大家類選十四卷　（清）儲欣
評　（清）儲芝參述　（清）徐永勳　（清）吳
振乾　（清）董南紀　（清）儲掌文校訂　清蔚
文堂刻本　二十四冊

370000－7587－0000196　60203
四書會解二十七卷　（宋）朱熹集註　（清）綦
澧輯　清咸豐元年(1851)三益堂刻本　十
八冊

370000－7587－0000197　60204
四書人物類典串珠四十卷　（清）臧志仁編輯

清嘉慶十四年(1809)同德堂刻本　十五冊
存三十八卷(一至八、十至三十九)

370000－7587－0000198　60205
尺木堂綱鑑易知錄九十二卷　（清）吳乘權
（清）周之炯　（清）周之燦輯　清光緒三十年
(1904)上海吳雲記鉛印本　十三冊　存八十
六卷(一至五、十二至九十二)

370000－7587－0000199　60206
增評加批歷史綱鑑補三十九卷　（宋）司馬光
通鑑　（宋）朱熹綱目　（明）袁黃　（明）王
世貞編纂　清上海錦章圖書局石印本　八冊
存十九卷(一至十九)

370000－7587－0000200　60207
大文堂綱鑑易知錄九十二卷　（清）吳乘權
（清）周之炯　（清）周之燦輯　清刻本　二十
四冊　存三十八卷(二十九至四十一、六十八
至九十二)

370000－7587－0000201　60208
慎詒堂四書十九卷　（宋）朱熹撰　清三多齋
刻本　五冊　存十四卷(大學一卷、中庸一
卷、論語六至十、孟子七卷)

370000－7587－0000202　60209
會試闈墨不分卷　（清）□□撰　清刻本
四冊

370000－7587－0000203　60210
詩經喈鳳詳解八卷圖說一卷　（清）陳抒孝輯
著　（清）汪基增訂　清刻本　四冊　存六卷
(三至八)

370000－7587－0000204　60211
同館賦鈔二集四十卷首一卷同館試律續鈔二
集四十卷首二卷　（清）龍啟瑞　（清）朱鳳標
輯　清刻本　六冊　存四卷(同館賦鈔二集
三十一至三十二、同館試律續鈔二集三十一
至三十二)

370000－7587－0000205　60212
養雲山館試帖四卷　（清）許球著　（清）王榮
紱註釋　（清）汪廷儒　（清）徐景軾參訂　清
光緒十三年(1887)慎餘堂刻本　二冊

山東省濰坊市昌樂縣博物館古籍普查登記目錄

370000－7587－0000206　60213

三刻黃維章先生詩經娜嬛體註八卷　（明）黃文煥輯著　（清）范翔重訂　（清）沈三曾（清）沈涵參定　清嘉慶二十三年(1818)吳郡山淵堂刻本　四冊

370000－7587－0000207　60214

廣事類賦四十卷　（清）華希閔著　（清）鄒升恒參　（清）華希閔重訂　清初刻本　六冊存二十卷(三至六、十至十七、二十二至二十九)

370000－7587－0000208　60215

新刻四書通典人物備考十二卷　（明）陳仁錫增定　（明）唐光夔著　（清）王政敏重訂（清）陳銳參校　清陳長卿刻本　四冊　存四卷(一、五、九、十一)

370000－7587－0000209　60217

增訂四書析疑二十三卷　（清）張權時輯（清）趙作基點定　清乾隆二十一年(1756)文盛堂刻本　八冊　存八卷(論語一至六、八至九)

370000－7587－0000210　60218

重訂古文釋義新編八卷　（清）余誠評註（清）余芝參閱　清光緒二十二年(1896)成文信刻本　八冊

370000－7587－0000211　60219

新訂四書補註備旨十卷　（明）鄧林著　（清）鄧煜編次　（清）祁文友重校　（清）杜定基增訂　清刻本　一冊　存七卷(大學一卷、中庸一卷、論語四卷、孟子一卷)

370000－7587－0000212　60220－1

重訂古文釋義新編八卷　（清）余誠評註（清）余芝參閱　清末上海掃葉山房石印本八冊

370000－7587－0000213　60220－2

重訂古文釋義新編八卷　（清）余誠評註（清）余芝參閱　清光緒二十二年(1896)成文信刻本　八冊

370000－7587－0000214　60221

左傳選十四卷　（清）儲欣評　（清）儲芝參述　清乾隆蔚文堂刻本　七冊　存九卷(一、五至六、九至十四)

370000－7587－0000215　60222

四書典制類聯音註三十三卷　（清）閻其淵編輯　（清）方春池鑒定　清嘉慶五年(1800)蕭山縣刻本　七冊

370000－7587－0000216　60223

濟陰綱目十四卷　（明）武之望輯著　（清）汪淇箋釋　（清）張志聰訂正　（清）查望參閱清天德堂刻本　三冊　存七卷(一至七)

370000－7587－0000217　60224

山東軍興紀略二十二卷　（清）管晏　（清）張曜編撰　清光緒十一年(1885)山東書局刻本　三冊　存六卷(四至五、十七至二十)

370000－7587－0000218　60225

古文選抄□卷　（□）□□等撰　清抄本八冊

370000－7587－0000219　60226

塾課小題續編八集　（清）王步青評　清乾隆五十八年(1793)綠蔭堂刻本　五冊　存五卷(初集啟蒙一卷、二集式法一卷、五集精詣二卷、七集老境一卷)

370000－7587－0000220　60227

孟子集註十四卷序說一卷　（宋）朱熹撰　清金陵顧晴崖刻本　四冊　存四卷(一至三、序說一卷)

370000－7587－0000221　60228

春秋選四卷　（□）□□選　清抄本　四冊

370000－7587－0000222　60229

新訂四書補註備旨十卷　（明）鄧林著　（清）鄧煜編次　（清）祁文友重校　（清）杜定基增訂　清寶書堂刻本　六冊　存五卷(論語四卷、孟子四)

370000－7587－0000223　60230

欽定啟禎四書文不分卷　（清）方苞等選評清刻本　一冊

山東省濰坊市圖書館等二十二家收藏單位古籍普查登記目錄

370000－7587－0000224　60232

國初文選註釋不分卷　（清）薛蔚釋典　（清）
施雯評訂　清刻本　四冊

370000－7587－0000225　60233

論語集註十卷　（宋）朱熹撰　清中期刻本
三冊

370000－7587－0000226　60234

四書題鏡□□卷總論一卷　（清）汪鯉翔纂述
清刻本　六冊　存六卷（論語一卷、孟子五
卷）

370000－7587－0000227　60235

詩經融註大全體要八卷　（清）高朝瓔定
（清）沈世楷輯　清同治九年（1870）書業德記
刻本　四冊

370000－7587－0000228　60236

大清律例三十卷　（清）徐本等撰　（清）劉統
勳續纂　清刻本　四冊　存七卷（八至十一、
十六至十七、二十）

370000－7587－0000229　60237

重訂批點春秋左傳詳節句解三十五卷　（宋）
朱申註釋　（明）孫鑛批點　（明）顧梧芳校正
（明）余元熹重訂　清逵羽亭刻本　五冊
存十六卷（六至十四、十八至二十、二十四至
二十七）

370000－7587－0000230　60238

御纂詩義折中二十卷　（清）傅恒等撰　清乾
隆刻本　四冊　存十四卷（一至七、十一至十
四、十八至二十）

370000－7587－0000231　60239

直省鄉墨（道光壬辰科）二卷　（清）任泰輯
清道光刻本　二冊

370000－7587－0000232　60240

論語集註十卷　（宋）朱熹撰　清中期刻本
三冊　存四卷（一至三、八）

370000－7587－0000233　60241

**如西所刻諸名家評點春秋綱目左傳句解彙
雋六卷**　（清）韓荄重訂　清同治十年

（1871）三盛堂刻本　四冊　存四卷（一、三、
五至六）

370000－7587－0000234　60242

御撰資治通鑑綱目三編二十卷　（清）張廷玉
等撰　清乾隆刻本　八冊

370000－7587－0000235　60243

論語集註十卷　（宋）朱熹撰　清中期刻本
二冊

370000－7587－0000236　60244

左傳事緯十二卷附錄一卷　（清）馬驌撰　清
嘉慶六桐書屋刻本　二冊　存四卷（九至十
二）

370000－7587－0000237　60245

制義約選二編不分卷　（清）李錫瓚編　清刻
本　五冊

370000－7587－0000238　60246

蘭言詩鈔四卷　（清）李瑞輯　清光緒六年
（1880）墨林堂刻本　五冊

370000－7587－0000239　60247

奎壁詩經八卷　（宋）朱熹撰　清光緒八年
（1882）彙文堂記刻本　四冊

370000－7587－0000240　60248

古文析義十四卷　（清）林雲銘評註　清嘉慶
六年（1801）刻本　七冊　存十三卷（一至十
三）

370000－7587－0000241　60249

增訂四書析疑二十三卷　（清）張權時輯
（清）趙作基點定　清乾隆二十一年（1756）文
盛堂刻本　佚名批註　三冊　存五卷（大學
二、中庸一至四）

370000－7587－0000242　60250

四書合參析疑□卷　（清）□□撰　清聚秀堂
刻本　三冊　存四卷（四、八至十）

370000－7587－0000243　60251

重訂古文釋義新編八卷　（清）余誠評註
（清）余芝參閱　清光緒二十年（1894）寶書堂

山東省濰坊市昌樂縣博物館古籍普查登記目錄

刻本　八冊

370000－7587－0000244　60252

四書釋文十九卷四書字辨一卷疑字辨一卷句辨一卷　（清）王贗言撰　清道光二年(1822)諸城王氏家塾刻本　二冊　存五卷(大學一卷、中庸一卷,四書字辨一卷,疑字辨一卷,句辨一卷)

370000－7587－0000245　60253

閩式堂古文選釋八卷　（清）臧岳編輯　清刻本　五冊　存五卷(三至六、八)

370000－7587－0000246　60254

國朝分體文約一卷　（清）吳肖元評選　清刻本　二冊

370000－7587－0000247　60255

書經體註大全合參六卷　（清）錢希祥纂輯（清）范翔鑒定　清刻本　二冊　存三卷(四至六)

370000－7587－0000248　60257

伊川易傳四卷　（宋）程頤撰　清刻本　二冊

370000－7587－0000249　60258

新訂四書補註備旨十卷　（明）鄧林著　（清）鄧煜編次　（清）祁文友重校　（清）杜定基增訂　清刻本　七冊　存八卷(論語四卷、孟子四卷)

370000－7587－0000250　60259

四書釋文十九卷四書字辨一卷疑字辨一卷句辨一卷　（清）王贗言撰　清道光二年(1822)諸城王氏家塾刻本　二冊　存五卷(大學一卷、中庸一卷,四書字辨一卷,疑字辨一卷,句辨一卷)

370000－7587－0000251　60260

太史張天如詳節春秋綱目句解左傳彙雋六卷　（清）韓菼重訂　清刻本　三冊　存三卷(二、四、六)

370000－7587－0000252　60261

詩經融註大全體要八卷　（清）高朝瓔定（清）沈世楷輯　清四美堂刻本　二冊　存三

卷(三至五)

370000－7587－0000253　60262

世史類編四十五卷　（明）李純卿撰　明末刻本　二冊　存四卷(二十至二十二、四十)

370000－7587－0000254　60263

字彙十二集首一卷末一卷　（明）梅膺祚音釋（明）劉永懋重訂　清刻本　三冊　存三卷(未集一卷、申集一卷、亥集一卷)

370000－7587－0000255　60264

論語集註十卷　（宋）朱熹撰　清刻本　三冊　存七卷(一至二、六至十)

370000－7587－0000256　60266

四書朱子大全精言四十一卷　（清）周大璋編輯　清康熙四十七年(1708)寶旭齋刻本　十六冊　存十七卷(大學一,中庸一,論語一、三至五、八,孟子四至十、十一至十二、十四)

370000－7587－0000257　60267

文章輯選不分卷　（清）□□輯　清抄本(配清刻本)　九十八冊

370000－7587－0000258　60268

春秋左傳五十卷　（晉）杜預　（宋）林堯叟註釋　（唐）陸德明音義　（明）孫鑛　（明）鍾惺　（明）韓范評點　清光緒二十三年(1897)上海文瑞樓刻本　十五冊

370000－7587－0000259　60269

四書會要錄三十卷　（清）黃瑞訂　（清）談仕麟參　清康熙五十九年(1720)古吳三樂齋刻本　六冊　存十三卷(大學二,中庸三至四,論語四至六、九至十,孟子一至二、五至六、十四)

370000－7587－0000260　60270

孟子集註本義滙參十四卷首一卷　（清）王步青輯　（清）王士鼇編　（清）王維甸　（清）王乃昀校　清敦復堂刻本　七冊　存九卷(一至二、五、十一至十二,首一卷;一至二、一卷)

370000－7587－0000261　60271

詩經融註大全體要八卷　（清）高朝瓔定

山東省濰坊市圖書館等二十二家收藏單位古籍普查登記目録

(清)沈世楷輯　清光緒九年(1883)順和堂刻本　四冊

370000－7587－0000262　60272

日講四書解義二十六卷　(清)喇沙里　(清)陳廷敬等編　清刻本　六冊　存十卷(十三至十六、二十至二十四、二十六)

370000－7587－0000263　60273

春秋五傳十七卷首一卷　(清)張岐然輯　清刻本　十冊　存八卷(六至十三)

370000－7587－0000264　60274

塾課小題分編八集　(清)王步青評　(清)王士鼇編　(清)王維翰　(清)王乃昀校　清文會堂刻本　六冊　存六卷(初集啟蒙一卷、三集行機一卷、四集參度一卷、五集精詣一卷、六集大觀一卷、八集別情一卷)

370000－7587－0000265　60275

分體利試文中初集六卷　(清)郝朝昇評選　清乾隆刻本　清戊戌年壽慈氏紅梨書屋題跋　六冊

370000－7587－0000266　60276

齊魯講學編四卷　(清)尹銘綬編　清光緒三十年(1904)承文信鉛印本　七冊

370000－7587－0000267　60277

四書釋文十九卷四書字辨一卷疑字辨一卷句辨一卷　(清)王廣言撰　清光緒七年(1881)諸城王氏家塾刻本　佚名批註　一冊　存三卷(四書字辨一卷、疑字辨一卷、句辨一卷)

370000－7587－0000268　60278

南華經一卷　(周)莊周撰　清同治十二年(1873)抄本　一冊

370000－7587－0000269　60279

寄傲山房塾課新增幼學故事瓊林四卷首一卷　(明)程登吉撰　(清)鄒聖脈增補　(清)謝梅林　(清)鄒可庭參訂　清光緒二十二年(1896)寶書堂刻本　三冊　存三卷(一至三)

370000－7587－0000270　60280

綠野齋前後合集七卷　(清)劉鴻翱著　(清)劉曦校字　(清)劉鍾慶　(清)劉篤慶編次　清道光二十四年(1844)濰縣劉鴻翱福建刻本　一冊　存一卷(五)

370000－7587－0000271　60281

詳註張太史塾課□卷　(清)張江撰　清刻本　二冊　存四卷(二至五)

370000－7587－0000272　60282

四書增訂析疑大全二十三卷　(清)張權時增訂　清文盛堂刻本　十冊　存六卷(上孟一、下孟二、四至七)

370000－7587－0000273　60283

考卷約選全集□卷　(清)李錫瓚輯　清道光三年(1823)三讓堂刻本　十六冊　存十一卷(初集四卷,三集一至三、五,四集一至三)

370000－7587－0000274　60284

春秋左傳五十卷　(晉)杜預　(宋)林堯叟註釋　(唐)陸德明音義　(明)孫鑛　(明)鍾惺　(明)韓范評點　清刻本　八冊　存二十四卷(二十七至五十)

370000－7587－0000275　60285

小題五集精詣二卷小題六集大觀二卷小題七集老境二卷　(清)王步青評　(清)王士鼇編　(清)王維翰　(清)王乃昀校　清敦復堂刻本　三冊　存三卷(小題五集精詣下、小題六集大觀上、小題七集老境下)

370000－7587－0000276　60286

古文析義十四卷　(清)林雲銘評註　清乾隆二十六年(1761)聚錦堂刻本　六冊　存十卷(一至七、十至十二)

370000－7587－0000277　60287

古文輯註八卷　(清)朱良玉編　清光德堂刻本　五冊　存五卷(三至五、七至八)

370000－7587－0000278　60288

註釋古文檢玉初編八卷　(清)林雲銘原評　(清)許鏘增釋　(清)李麟校訂　清同聲閣刻本　七冊　存七卷(一、三至八)

370000－7587－0000279　60289

山東省濰坊市昌樂縣博物館古籍普查登記目錄

試律百篇最豁解不分卷　（清）王澤泩評註
清光緒二年（1876）子雲堂刻本　四冊

370000－7587－0000280　60290

小題正軌初集一卷二集一卷　（清）袁廷璣彙
編　（清）吳鍾駿鑒定　清咸豐七年（1857）書
業德刻本　二冊

370000－7587－0000281　60292

花樣集錦四卷　（清）張鵬紛輯　清刻本　二
冊　存二卷（三至四）

370000－7587－0000282　60293

分韻試帖青雲集合註四卷　（清）楊逢春輯
（清）蕭應槭　（清）沈景福　（清）徐紹曾參
　（清）沈品金等註　（清）葉祺昌合註
（清）沈錫慶校正　清光緒十一年（1885）濰陽
成文信刻本　三冊　存三卷（一、三至四）

370000－7587－0000283　60295

說部擷華六卷　況周頤撰輯　清末石印本
四冊　存四卷（二、四至六）

370000－7587－0000284　60297

韻府摘要不分卷　（□）□□撰　清刻本
三冊

370000－7587－0000285　60298

陸宣公奏議四卷　（唐）陸贄撰　（宋）蘇軾選
　（清）蔡方炳評　清乾隆十一年（1746）經畬
堂刻本　三冊　存三卷（一至二、四）

370000－7587－0000286　60299

禮記約編十卷　（清）汪基鈔撰　（清）江永校
纂　清敬堂刻本　二冊　存四卷（一至二、五
至六）

370000－7587－0000287　60300

增訂敬信錄不分卷　（清）周鼎臣輯　清乾隆
刻本　一冊

370000－7587－0000288　60301

明文集評大小題分類□卷　（清）孟昭烺撰
清抄本　一冊　存一卷（三集一）

370000－7587－0000289　60302

續資治通鑑綱目二十七卷　（明）商輅等撰

（明）陳仁錫評閱　清刻本　一冊　存三卷
（一至三）

370000－7587－0000290　60303

新訂四書補註備旨十卷　（明）鄧林著　（清）
鄧煜編次　（清）祁文友重校　（清）杜定基增
訂　清翰文堂刻本　一冊　存二卷（上論一
至二）

370000－7587－0000291　60304

四書五經義正宗不分卷　（□）□□撰　清光
緒二十四年（1898）雅鑑齋刻本　一冊

370000－7587－0000292　60305

欽定儀禮義疏四十八卷首二卷　（清）允祿監
理　（清）鄂爾泰總裁　（清）朱軾等撰　清刻
本　一冊　存二卷（四十三至四十四）

370000－7587－0000293　60306

秘書廿一種九十四卷　（清）汪士漢輯　清刻
本　一冊　存二種四卷（博異志一卷、高士傳
三卷）

370000－7587－0000294　60307

尚書離句六卷　（清）錢在培輯解　（清）劉元
燮鑒定　清刻本　二冊　存四卷（一至二、五
至六）

370000－7587－0000295　60308

相宗八要直解八篇　（唐）釋玄奘撰　（明）釋
智旭述　清刻本　一冊

370000－7587－0000296　60309

詩經體註大全體要八卷　（清）高朝瓔定
（清）沈世楷輯　清刻本　一冊　存二卷（一
至二）

370000－7587－0000297　60311

秋燈叢話十八卷　（清）王椷著　清同治十年
（1871）文盛堂刻本　五冊　存十一卷（一至
九、十七至十八）

370000－7587－0000298　60312

鄉會元魁新墨八卷　（清）市隱知新客編　清
末鉛印本　七冊

370000－7587－0000299　60313

文脁類編十卷目錄一卷　（清）劉燕　（清）劉慎樞訂　（清）周岱鑒定　清光緒五年(1879)刻本　十冊　存七卷(一、二下、三至五、十下,目錄一卷)

370000－7587－0000300　60314

試律大觀三十二卷　（清）竹屏居士輯　清刻本　五冊　存十九卷(八至十六、二十三至三十二)

370000－7587－0000301　60315

壯悔堂文集十卷首一卷遺稿一卷　（清）侯方域著　（清）賈開宗等評點　清宣統元年(1909)中國圖書公司鉛印本　二冊

370000－7587－0000302　60316

星橋制藝初編二卷二編二卷　（清）劉清源撰　清同治十三年(1874)協毓堂刻本　三冊　存三卷(初編一、二編二卷)

370000－7587－0000303　60320

考卷小題拔萃不分卷　（清）劉瞻岩輯　清道光刻本　一冊

370000－7587－0000304　60321

論語最豁集四卷　（清）劉珍輯　清上海廣益書局石印本　四冊

370000－7587－0000305　60322

綠雨山房小題文抄□卷　（清）葉小農編次　清道光元年(1821)寶興堂刻本　一冊

370000－7587－0000306　60324

新鐫紹聞堂精選古文覺斯十卷　（清）過珙評選　清刻本　一冊　存一卷(三)

370000－7587－0000307　60325

仁在堂時藝核不分卷　（清）路德評選　清刻本　一冊

370000－7587－0000308　60326

近科考卷聽真集不分卷　（清）王鳴盛輯　清刻本　一冊

370000－7587－0000309　60327

初刻黃維章先生詩經娬嬛體註八卷　（明）黃文煥撰　（清）范翔重訂　（清）沈三曾　（清）沈涵參定　清光緒二十年(1894)寶書堂刻本　八冊

370000－7587－0000310　60328

書經體註大全合參六卷　（清）錢希祥纂輯　（清）范翔鑒定　清光緒九年(1883)文盛堂刻本　八冊

370000－7587－0000311　60329

新訂四書補註備旨十卷　（明）鄧林著　（清）鄧煜編次　（清）祁文友重校　（清）杜定基增訂　清光緒十一年(1885)成文信記刻本　八冊

370000－7587－0000312　60330

孟子集註本義匯參十四卷首一卷　（清）王步青輯　（清）王士鼇編　（清）王維甸　（清）王乃昀校　清敦復堂刻本　八冊

370000－7587－0000313　60331

四書人物類典串珠四十卷　（清）臧志仁編輯　清光緒七年(1881)成文信刻本　十二冊

370000－7587－0000314　60332

校正四書古註群義十種　（清）□□輯　清石印本　九冊　存五十六卷(論語集解義疏一至十、論語正義一至二十四、四書改錯一至二十二)

370000－7587－0000315　60333

四書味根錄三十七卷　（清）金澂撰　清刻本　五冊　存十卷(一至六、九至十二)

370000－7587－0000316　60334

唐宋八大家類選十四卷　（清）儲欣評　（清）儲芝參述　（清）徐永勳　（清）吳振乾　（清）董南紀　（清）儲掌文校訂　清光緒二十八年(1902)慶文堂刻本　四冊　存四卷(一至四)

370000－7587－0000317　60335

康熙字典十二集三十六卷總目一卷檢字一卷辨似一卷等韻一卷備考一卷補遺一卷　（清）張玉書　（清）陳廷敬等纂　清光緒十九年(1893)上海寶文書局石印本　六冊

370000 – 7587 – 0000318　60336

詩賦韻料四卷　(清)孫竹坪輯　清咸豐二年
(1852)德義堂刻本　二冊　存二卷(一、三)

370000 – 7587 – 0000319　60337

管緘若稿二卷　(清)管世銘撰　清抄本
二冊

370000 – 7587 – 0000320　60338

歷代名臣言行錄二十四卷　(清)朱桓編輯
(清)潘永季校定　(清)邱與久重校　清石印
本　三冊　存十一卷(四至十四)

370000 – 7587 – 0000321　60339

山左校士錄二卷詩文賦全一卷　陸潤庠評選
(清)戴鴻慈鑒定　清光緒刻本　一冊

370000 – 7587 – 0000322　60340

論語集註十卷　(宋)朱熹撰　清中期刻本
一冊　存五卷(六至十)

370000 – 7587 – 0000323　60341

繪像增圖第五才子書水滸全傳十卷七十回
(明)施耐菴撰　清鉛印本　一冊　存五回
(五十三至五十七)

370000 – 7587 – 0000324　60342

後漢書一百二十卷　(南朝宋)范曄撰　(唐)
李賢注　續志　(晉)司馬彪撰　(南朝梁)劉
昭注補　清光緒二十六年(1900)上海煥文書
局石印本　一冊　存十五卷(五十一至六十
五)

370000 – 7587 – 0000325　60344

分韻試帖青雲集合註四卷　(清)楊逢春輯
(清)蕭應槐　(清)沈景福　(清)徐紹曾參
(清)沈品金等註　(清)葉祺昌合註
(清)沈錫慶校正　清光緒十三年(1887)濰陽
成文信刻本　一冊　存一卷(一)

370000 – 7587 – 0000326　60345

風發韻流棫園氏精選[文集]□卷　(清)棫園
氏輯　清抄本　六冊

370000 – 7587 – 0000327　60346

直省闈墨(光緒癸卯恩科)六卷　(清)常垿璋

輯　清光緒三十年(1904)上海煥文書局石印
本　五冊　存五卷(一、三至六)

370000 – 7587 – 0000328　60347

海棠華館七家詩補註七卷　(清)張熙宇輯評
(清)申珠　(清)杜炳南補註　清同治六年
(1867)聚盛堂刻本　四冊　存四卷(一至二、
五至六)

370000 – 7587 – 0000329　60348

雪心賦正解四卷　(唐)卜應天著　(清)孟浩
註　(清)張鐸訂　(清)趙延芳校　清康熙十
九年(1680)刻本　二冊

370000 – 7587 – 0000330　60349

書經集傳六卷　(宋)蔡沈撰　清刻本　二冊
存二卷(四、四)

370000 – 7587 – 0000331　60350

伊川經說八卷　(宋)程頤撰　清刻本　二冊

370000 – 7587 – 0000332　60351

易經精華六卷末一卷　(清)薛嘉穎輯　清同
治五年(1866)三益堂刻本　一冊　存四卷
(一、五至六,末一卷)

370000 – 7587 – 0000333　60352

漱芳軒合纂禮記體註四卷　(清)范翔參訂
(清)吳有文　(清)朱光斗　(清)范應兆等
校　清成文堂記刻本　一冊　存一卷(一)

370000 – 7587 – 0000334　60353

中西學堂學約暨章程一卷　(清)郭鑑襄撰
清光緒刻本　一冊

370000 – 7587 – 0000335　60354

重刊地理人子須知八卷首一卷　(明)徐善繼
(明)徐善述撰　清上海廣益書局石印本
二冊　存四卷(一至二、六,首一卷)

370000 – 7587 – 0000336　60355

銅版四書十九卷　(宋)朱熹撰　清光緒二十
六年(1900)濰陽聚文堂記刻本　二冊　存二
卷(大學一卷、中庸一卷)

370000 – 7587 – 0000337　60356

書經集傳六卷　(宋)蔡沈撰　清刻本　一冊

山東省濰坊市圖書館等二十二家收藏單位古籍普查登記目錄

存二卷(一、四)

370000－7587－0000338　60357
欽定啟禎四書文不分卷　（清）方苞等選評
清刻本　二冊

370000－7587－0000339　60358
新鐫五言千家詩會義直解四卷　（清）王相選
註　（清）任福祐重輯　笠翁對韻二卷　（清）
李漁撰　清同治十二年(1873)書業德刻本
一冊　存三卷(新鐫五言千家詩會義直解一
至二、笠翁對韻上)

370000－7587－0000340　60359
大成編□□卷　（□）□□撰　清刻本　三冊
　存三卷(二十四、四十四、四十九)

370000－7587－0000341　60360
周易本義四卷　（宋）朱熹撰　清刻本　二冊
　存三卷(二至四)

370000－7587－0000342　60361
書經體註大全合參六卷　（清）錢希祥纂輯
（清）范翔鑒定　清雍正刻本　二冊　存二卷
(一、三)

370000－7587－0000343　60362
論語集註十卷　（宋）朱熹撰　清中期刻本
一冊

370000－7587－0000344　60363
小試花樣分類文秀不分卷　（清）李熙文評選
　清光緒元年(1875)寶興堂刻本　二冊

370000－7587－0000345　60364
周禮節訓六卷　（清）黃叔琳原本　（清）姚培
謙重訂　（清）王永祺參閱　清道光十年
(1830)金閶步月樓刻本　二冊

370000－7587－0000346　60365
書經體註大全合參六卷　（清）錢希祥纂輯
（清）范翔鑒定　清嘉慶十年(1805)金閶三槐
堂刻本　一冊　存一卷(一)

370000－7587－0000347　60366
闈墨五集振采一卷　（清）□□輯　清墨花軒
刻本　一冊

370000－7587－0000348　60370
分韻試帖青雲集合註四卷　（清）楊逢春輯
（清）蕭應樾　（清）沈景福　（清）徐紹曾參
　（清）沈品金等註　（清）葉祺昌合註
（清）沈錫慶校正　清光緒十三年(1887)濰陽
成文信刻本　四冊

370000－7587－0000349　60373
史鑑節要便讀六卷　（清）鮑東里編輯　清刻
本　二冊　存六卷(四至六、四至六)

370000－7587－0000350　60374
後漢書一百二十卷　（南朝宋）范曄撰　（唐）
李賢注　續志　（晉）司馬彪撰　（南朝梁）劉
昭注補　清光緒二十六年(1900)上海煥文書
局石印本　二冊　存十二卷(一至十二)

370000－7587－0000351　60377
制義約選不分卷　（清）李錫瓚編　清刻本
一冊

370000－7587－0000352　60378
監本書經六卷　（宋）蔡沈撰　清光緒三十三
年(1907)承文信刻本　一冊　存一卷(一)

370000－7587－0000353　60379
西澗草堂集四卷　（清）閔循觀著　清乾隆三
十八年(1773)樹滋堂刻本　一冊

370000－7587－0000354　60380
雪窗偕課不分卷　（明）陶汝賢　（明）馬鳴鸞
等撰　明末清初抄本　二十二冊

370000－7587－0000355　60381
大唐太宗文皇帝製三藏聖教序一卷　（唐）太
宗李世民撰　（清）劉春霖書　清末上海遜記
碑帖社石印本　一冊

370000－7587－0000356　60382
增補重訂千家詩註解二卷　（清）任來吉選
（清）王相註　諸名家百壽詩一卷　（清）王相
選輯　清道光五年(1825)東郡魁文閣刻本
一冊

370000－7587－0000357　60383
增補重訂千家詩註解四卷　（清）任來吉選

山東省濰坊市昌樂縣博物館古籍普查登記目録

(清)王相註　　笠翁對韻二卷　(清)李漁撰
清東郡文苑閣刻本　一冊　存三卷(增補重
訂千家詩註解三至四、笠翁對韻下)

370000－7587－0000358　60385
增訂暗室燈全卷四卷　(清)邱長文撰　清同
治刻本　一冊

370000－7587－0000359　60386
三字要一卷　題(清)樂真道人撰　清光緒十
年(1884)寶善堂刻本　一冊

370000－7587－0000360　60387
詳註聊齋志異圖詠十六卷　(清)蒲松齡著
清末石印本　一冊　存二卷(十五至十六)

370000－7587－0000361　60388
論語最豁集四卷　(清)劉珍輯　清上海昌明
書局石印本　二冊　存三卷(二至四)

370000－7587－0000362　60389
蘭言詩鈔四卷　(清)李瑞輯　清刻本　一冊
存一卷(四)

370000－7587－0000363　60390
官板正字大學集註一卷　(宋)朱熹撰　清承
文信刻本　一冊

370000－7587－0000364　60391
四書題鏡□□卷總論一卷　(清)汪鯉翔纂述
清乾隆三十年(1765)敦化堂刻本　七冊

370000－7587－0000365　60392
四書朱子本義匯參四十三卷首四卷　(清)王
步青輯　(清)王士龍編　(清)王維甸
(清)王乃昀校　清務本堂刻本　八冊　存十
一卷(大學三卷、首一卷,中庸六卷、首一卷)

370000－7587－0000366　60394
五經揭要二十五卷　(清)周蕙田輯　(清)許
寶善定　清刻本　十二冊

370000－7587－0000367　60395
四書味根錄三十七卷　(清)金澂撰　清石印
本　五冊　存三十五卷(論語二十卷,孟子十
四卷、首一卷)

370000－7587－0000368　60396

學庸詳解四卷　(清)高運庭集　清敬文堂刻
本　四冊

370000－7587－0000369　60397
四書典制類聯三十三卷　(清)閻其淵編輯
清刻本　三冊　存六卷(十八至二十一、二十
三至二十四)

370000－7587－0000370　60398
小品青錢二十六卷　(□)□□撰　清刻本
四冊　存四卷(十、十五至十六、二十五)

370000－7587－0000371　60400
登瀛社稿續編一卷　(清)馮光勳等撰　清光
緒二年(1876)京都琉璃廠刻本　一冊

370000－7587－0000372　60402
御批增補了凡綱鑑四十卷首一卷　(宋)司馬
光通鑑　(宋)朱熹綱目　(明)袁黃編纂
(清)李遜齋重校　清光緒二十五年(1899)上
海著易堂石印本　九冊　存三十七卷(一至
十二、十七至四十,首一卷)

370000－7587－0000373　60403
綱鑑易知錄九十二卷　(清)吳乘權　(清)周
之炯　(清)周之燦輯　清光緒二十七年
(1901)上海商務印書館鉛印本　六冊　存二
十八卷(十一至十八、四十至五十三、八十一
至八十六)

370000－7587－0000374　60404
重訂王鳳洲先生綱鑑會纂四十六卷續宋元二
十三卷　(明)王世貞纂　(明)陳仁錫閱
(明)呂一經訂　御撰資治通鑑綱目三編二十
卷末一卷　(清)張廷玉等撰　清濰陽寶書堂
刻本　十二冊　存二十六卷(重訂王鳳洲先
生綱鑑會纂三至六、十一至二十三、三十八至
四十六)

370000－7587－0000375　60405
重訂王鳳洲先生綱鑑會纂四十六卷續宋元二
十三卷　(明)王世貞纂　(明)陳仁錫訂
(明)呂一經校　御撰資治通鑑綱目三編二十
卷末一卷　(清)張廷玉等撰　清濰陽寶書堂
刻本　八冊　存十五卷(重訂王鳳洲先生綱

山東省濰坊市圖書館等二十二家收藏單位古籍普查登記目錄

鑑會纂一至二、七至十、二十九至三十七)

370000－7587－0000376　60406
聊齋志異新評十六卷 （清）蒲松齡著 （清）
王士禎評 （清）但明倫新評 （清）呂湛恩注
清光緒十三年(1887)上海掃葉山房刻本
四冊 存四卷(一至三、六)

370000－7587－0000377　60407
瀛海探驪集八卷 （清）朱埏之輯 （清）馮泉
（清）毛寅初 （清）田柟註 清嘉慶十九年
(1814)集錦堂刻本 二冊

370000－7587－0000378　60408
四書朱子本義匯參四十三卷首四卷 （清）王
步青輯 （清）王士龍編 （清）王維甸
(清)王乃昀校 清敦復堂刻本 三十一冊
存三十九卷(大學本義匯參三卷、首一卷;中
庸本義匯參六卷、首一卷;論語本義匯參一至
十四、十六至二十,首一卷;孟子本義匯參一、
八、十至十四,首一卷)

370000－7587－0000379　60409－1
**重訂王鳳洲先生綱鑑會纂四十六卷續宋元二
十三卷** （明）王世貞纂 （明）陳仁錫訂
(明)呂一經校 **御撰資治通鑑綱目三編二十
卷末一卷** （清）張廷玉等撰 清濰陽寶書堂
刻本 一冊 存二卷(續宋元十二至十三)

370000－7587－0000380　60409－2
**重訂王鳳洲先生綱鑑會纂四十六卷續宋元二
十三卷** （明）王世貞纂 （明）陳仁錫訂
(明)呂一經校 **御撰資治通鑑綱目三編二十
卷末一卷** （清）張廷玉等撰 清慶文堂刻本
一冊 存一卷(重訂王鳳洲先生綱鑑會纂
二十三)

370000－7587－0000381　60409－3
**重訂王鳳洲先生綱鑑會纂四十六卷續宋元二
十三卷** （明）王世貞纂 （明）陳仁錫訂
(明)呂一經校 **御撰資治通鑑綱目三編二十
卷末一卷** （清）張廷玉等撰 清善成堂刻本
一冊 存一卷(重訂王鳳洲先生綱鑑會纂
二十九)

370000－7587－0000382　60412
昭明文選六臣彙註疏解選抄十九卷 （南朝
梁）蕭統撰 （清）顧施禎纂輯 清抄本
八冊

370000－7587－0000383　60420
初學行文語類四卷 （清）孫埏編輯 清嘉慶
十年(1805)三益堂刻本 一冊 存一卷(一)

370000－7587－0000384　60421
御撰資治通鑑綱目三編六卷 （清）張廷玉等
撰 清光緒二十五年(1899)上海著易堂石印
本 一冊 存三卷(一至三)

370000－7587－0000385　60425
詩韻含英十八卷 （清）劉文蔚輯 清刻本
四冊 存十一卷(八至十八)

370000－7587－0000386　60426
詩韻含英十八卷 （清）劉文蔚輯 清刻本
三冊

370000－7587－0000387　60427
文腋類編十卷 （清）劉燕 （清）劉慎樞訂
(清)周岱鑒定 清抄本 四冊

370000－7587－0000388　60428
詩韻集成十卷詞林典腋一卷 （清）余照輯
清同治十一年(1872)三益堂刻本 四冊

370000－7587－0000389　60429
句東律賦四卷 （清）汪芬撰 清道光二年
(1822)刻本 四冊

370000－7587－0000390　60430
詩韻集成十卷詞林典腋一卷 （清）余照輯
清同治六年(1867)德記刻本 五冊

370000－7587－0000391　60431
詩韻集成十卷詞林典腋一卷 （清）余照輯
清光緒十二年(1886)敬文堂刻本 四冊

370000－7587－0000392　60432
詩韻集成十卷詞林典腋一卷 （清）余照輯
清光緒十年(1884)成文信刻本 四冊

370000－7587－0000393　60433
重訂王鳳洲先生綱鑑會纂四十六卷續宋元二

十三卷　(明)王世貞纂　(明)陳仁錫訂　(明)呂一經校　**御撰資治通鑑綱目三編二十卷末一卷**　(清)張廷玉等撰　清慶文堂刻本　三冊　存四卷(重訂王鳳洲先生綱鑑會纂二十五至二十八)

370000－7587－0000394　60434

唐詩不分卷　(□)□□輯　清抄本　一冊

370000－7587－0000395　60435

七家詩選箋註七卷　(清)張熙宇評　(清)張昶註　(清)王廷紹校　清文錦堂刻本　一冊　存一卷(一)

370000－7587－0000396　60436

天崇百篇不分卷　(清)吳懋政評選　清刻本　一冊

370000－7587－0000397　60437

周禮節訓六卷　(清)黃叔琳原本　(清)姚培謙重訂　(清)王永祺參閱　清雍正刻本　一冊　存一卷(一)

370000－7587－0000398　60438

蓬山塾課不分卷　(清)劉清源著　清刻本　一冊

370000－7587－0000399　60439

問可集不分卷　(清)陳善評選　清刻本　一冊

370000－7587－0000400　60440

尚書讀記一卷春秋一得一卷　(清)閻循觀著　清乾隆三十八年(1773)樹滋堂刻本　一冊

370000－7587－0000401　60441

山左試牘得心集一卷　(清)何凌漢撰　清瑞春書屋刻本　一冊

370000－7587－0000402　60442

四書五經音韻集字二卷　(清)董斯孚集　清道光十二年(1832)繡江書院刻本　二冊

370000－7587－0000403　60444

論語集註十卷　(宋)朱熹撰　清中期刻本　一冊　存五卷(六至十)

370000－7587－0000404　60445

論語集註本義匯參二十卷首一卷　(清)王步青撰　清敦復堂刻本　一冊　存二卷(十七至十八)

370000－7587－0000405　60446

金剛般若波羅密經一卷　(後秦)釋鳩摩羅什譯　清刻本　一冊

370000－7587－0000406　60447

宗鏡捷要四卷清一禪師事錄一卷　(清)釋古念撰　清刻本　一冊　存三卷(一至三)

370000－7587－0000407　60448

南華真經正義外篇十五卷　(清)陳壽昌撰　清刻本　一冊　存二卷(一至二)

370000－7587－0000408　60449

二程粹言二卷　(宋)程顥　(宋)程頤撰　(宋)楊時訂定　(宋)張栻編次　清刻本　佚名朱筆題跋　一冊　存一卷(二)

370000－7587－0000409　60450

書經集傳六卷　(宋)蔡沈撰　清刻本　一冊　存一卷(一)

370000－7587－0000410　60451

成均課士詩□卷　(清)□□撰　清刻本　一冊

370000－7587－0000411　60452

讀史論畧一卷　(清)杜詔撰　清光緒三十一年(1905)掃葉山房刻本　一冊

370000－7587－0000412　60453

二十四孝詩一卷　(清)閻湘蕙著　清同治十三年(1874)刻本　一冊

370000－7587－0000413　60454

論語集註十卷　(宋)朱熹撰　清中期刻本　一冊　存五卷(六至十)

370000－7587－0000414　60455

龍樹山珍心經三卷　(清)徐澤醇集註　清咸豐元年(1851)李聚仙刻本　一冊

370000－7587－0000415　60456

左繡三十卷首一卷　(清)馮李驊　(清)陸浩評輯　(清)范允斌等參評　(清)馮張孫等校

山東省濰坊市圖書館等二十二家收藏單位古籍普查登記目錄

輯　清刻本　二冊　存二卷(二十九、二十
九)

370000 – 7587 – 0000416　60457

六齋詩存二卷　(清)丁善寶著　(清)張昭潛
選　(清)柯薗定　清光緒九年(1883)清勤堂
刻本　一冊　存一卷(一)

370000 – 7587 – 0000417　60458

重刻四庫全書辨正通俗文字一卷　(清)陸費
墀撰　(清)王朝梧補　清道光二十五年
(1845)文盛堂書坊刻本　一冊

370000 – 7587 – 0000418　60459

爾雅輯要□卷　題(清)壽臣氏訂　清抄本
一冊

370000 – 7587 – 0000419　60460

唐詩三百首不分卷　(清)薗塘退士(孫洙)編
清光緒十八年(1892)山東高密崔德盛堂書
坊刻本　一冊

370000 – 7587 – 0000420　60461

仁在堂時藝引階合編二卷　(清)路德編
(清)葉錫鳳刪定　清道光二十四年(1844)東
昌葉氏書林刻本　一冊

370000 – 7587 – 0000421　60462

仁在堂時藝引不分卷　(清)路德撰　清道光
二十四年(1844)經餘堂刻本　一冊

370000 – 7587 – 0000422　60463

增訂本草備要四卷　(清)汪昂著輯　清刻本
二冊　存二卷(二至三)

370000 – 7587 – 0000423　60464

新鐫五言千家詩箋註二卷　(清)王相選註
清石印本　一冊

370000 – 7587 – 0000424　60467

贖罪錄一卷　題(清)樂真道人撰　清光緒三
十二年(1906)刻本　一冊

370000 – 7587 – 0000425　60468

鑑畧四字書一卷　(清)王仕雲著　清富文堂
刻本　二冊

370000 – 7587 – 0000426　60469

新鐫五言千家詩會義直解二卷　(清)王相選
註　(清)任福祐重輯　笠翁韻對二卷　(清)
李漁撰　清光緒二十六年(1900)寶書堂刻本
一冊

370000 – 7587 – 0000427　60471

新鐫鑑畧四字書一卷　(清)王仕雲撰　清富
文堂刻本　一冊

370000 – 7587 – 0000428　60472

試律青雲集四卷　(清)楊逢春輯　(清)蕭應
槐　(清)沈景福　(清)徐紹曾參　(清)沈
品金等選　清刻本　二冊　存二卷(三至四)

370000 – 7587 – 0000429　60473

廣治平總論二卷　(清)□□撰　清五柳堂抄
本　二冊

370000 – 7587 – 0000430　60475

山左闈墨□卷　(清)□□撰　清刻本　一冊

370000 – 7587 – 0000431　60476

詩韻集成十卷詞林典腋一卷　(清)余照輯
清光緒十八年(1892)成文信刻本　二冊　存
五卷(一至二、八至十)

370000 – 7587 – 0000432　60478

檉花館試帖□卷　(清)路德著　清刻本　一
冊　存一卷(四)

370000 – 7587 – 0000433　60479

書經揭要六卷　(宋)朱熹撰　清刻本　二冊

370000 – 7587 – 0000434　60480

藝林珠玉四編六卷　(清)玉玲瓏山館主人輯
清道光十九年(1839)刻本　六冊

370000 – 7587 – 0000435　60481

大清律例總類六卷　(清)朱軾　(清)常鼐等
纂　清刻本　一冊　存一卷(二)

370000 – 7587 – 0000436　60482

翰苑分書十三經集字一卷　(清)李鴻藻輯
清光緒六年(1880)刻本　一冊

370000 – 7587 – 0000437　60483

宛委山人詩集十六卷　(清)劉正誼撰　清刻
本　一冊　存四卷(九至十二)

370000－7587－0000438　60484

大乘起信論一卷　（南朝梁）釋真諦撰　清宣統三年(1911)佛學研究會京師事務所鉛印本　一冊

370000－7587－0000439　60485

達尹齋四書文不分卷　（清）王餘倩撰　清道光六年(1826)刻本　一冊

370000－7587－0000440　60486

字彙十二集首一卷末一卷　（明）梅膺祚音釋　清文盛堂刻本　二冊　存二卷(首一卷、末一卷)

370000－7587－0000441　60487

讀史論畧一卷　（清）杜詔撰　清光緒三十一年(1905)掃葉山房刻本　一冊

370000－7587－0000442　60488

聖諭廣訓一卷　（清）世宗胤禛撰　清雍正刻本　一冊

370000－7587－0000443　60489

御纂周易折中二十二卷首一卷　（清）李光地等撰　清刻本　二冊　存四卷(十六至十七、十六至十七)

370000－7587－0000444　60490

六齋詩存二卷　（清）丁善寶著　（清）張昭潛選　（清）柯蘅定　清光緒刻本　一冊　存一卷(二)

370000－7587－0000445　60491

鄉守摘要一卷　（明）崔銑撰　清刻本　一冊

370000－7587－0000446　60492

重刊學堂日記一卷　（清）余治撰　清光緒三年(1877)青州文德友刻字處刻本　一冊

370000－7587－0000447　60493

小學韻語一卷　（清）羅澤南著　清光緒三十年(1904)周村益友堂刻本　一冊

370000－7587－0000448　60494

重訂古文釋義新編八卷　（清）余誠評註　（清）余芝參閱　清刻本　一冊　存一卷(七)

370000－7587－0000449　60495

壇經一卷　（唐）釋慧能說　（唐）釋法海錄　清刻本　一冊

370000－7587－0000450　60496

東牟童試錄初刻不分卷　（清）諸鎮輯　清刻本　四冊

370000－7587－0000451　60497

儀禮約編三卷　（清）汪基鈔撰　清敬堂刻本　一冊　存一卷(上)

370000－7587－0000452　60498

廣事類賦四十卷　（清）華希閔著　（清）鄒升恒參　（清）華希閔重訂　清刻本　一冊　存四卷(三至六)

370000－7587－0000453　60499

註釋槐蔭堂全稿□卷　（清）柏謙撰　（清）王步青編　清刻本　一冊

370000－7587－0000454　60500

濟世之英一卷　（□）□□撰　清抄本　一冊

370000－7587－0000455　60502

山東鄉墨(乙酉科)□卷　（清）陳栻評選　清刻本　一冊

370000－7587－0000456　60503

時文輯要四卷　（清）孫伯龍輯　清光緒十三年(1887)濰縣成文信刻本　一冊　存二卷(一至二)

370000－7587－0000457　60505

五經樓小題拆字不分卷　（清）山仲甫　（清）山璉輯選　清書業德刻本　一冊

370000－7587－0000458　60506

醫學三字經四卷　（清）陳念祖著　清光緒十五年(1889)江左書林刻本　一冊　存二卷(一至二)

370000－7587－0000459　60507

近科考卷不分卷　（清）李錫瓚撰　清三讓堂刻本　三冊

370000－7587－0000460　60508

河間試律矩三卷　（清）紀昀著　（清）林昌評註　清德順堂刻本　一冊　存一卷(上)

370000 – 7587 – 0000461　60509

李東垣先生珍珠囊藥性賦二卷　（金）李杲撰
清刻本　一冊　存一卷（下）

370000 – 7587 – 0000462　60510

鑑略四字書一卷　（清）王仕雲著　清康熙五
年（1666）濰陽聚文堂刻本　一冊

370000 – 7587 – 0000463　60511

新鐫五言千家詩會義直解二卷　（清）王相選
註　（清）任福祐重輯　**笠翁對韻二卷**　（清）
李漁撰　清光緒刻本　一冊

370000 – 7587 – 0000464　60512

山東全墨（光緒癸卯恩科）□卷　（清）尹銘綬
等撰　清光緒二十九年（1903）濰縣實雅書局
鉛印本　一冊

370000 – 7587 – 0000465　60513

直省鄉墨選（光緒壬午科）□卷　（清）黃思永
輯　清光緒九年（1883）京都琉璃廠刻本
一冊

370000 – 7587 – 0000466　60514

試律百篇最詳解不分卷　（清）王澤泩評註
清同治十二年（1873）刻本　二冊

370000 – 7587 – 0000467　60516

新編詳註樊樊山判牘菁華一卷　（清）襟霞閣
主編纂　（清）秋痕廎之評注　清上海東亞書
局鉛印本　二冊

370000 – 7587 – 0000468　60517

群歌密錄一卷　（清）王義訓撰　清光緒刻本
一冊

370000 – 7587 – 0000469　60520

千字文一卷　（南朝梁）周興嗣撰　清刻本
一冊

370000 – 7587 – 0000470　60521

瘟疫明辨四卷末一卷　（清）鄭奠一著　清中
國醫學書局鉛印本　一冊　存四卷（救迷良
方一卷、醫壘元戎一卷、古今醫論一卷，末一
卷）

370000 – 7587 – 0000471　60522

和聲鳴世［文集］□卷　（清）□□輯　清末抄
本　一冊

370000 – 7587 – 0000472　60523

俚言不分卷　（清）劉士魁撰　清光緒二十四
年（1898）章邑洞玄寺刻本　一冊

370000 – 7587 – 0000473　60524

陽宅愛眾篇四卷　（清）張覺正著　（清）張瓚
校閱　清光緒三十年（1904）濰陽翰文齋刻本
一冊　存一卷（一）

370000 – 7587 – 0000474　60525

蘭言詩鈔四卷　（清）李瑞輯　清刻本　一冊
存一卷（二）

370000 – 7587 – 0000475　60526

山東闈墨（光緒庚子辛丑恩正併科）□卷
（清）尹銘綬等撰　（清）支恒榮　（清）陳伯
陶鑒定　清翰文堂刻本　一冊

370000 – 7587 – 0000476　60527

山東闈墨（光緒庚子辛丑恩正併科）□卷
（清）尹銘綬等撰　（清）支恒榮　（清）陳伯
陶鑒定　清翰文堂刻本　一冊

370000 – 7587 – 0000477　60529

詩文匯鈔不分卷　（清）□□輯　清抄本　二
十四冊

370000 – 7587 – 0000478　60530

玉潤珠圓［文集］不分卷　（□）□□輯　清抄
本　七冊

370000 – 7587 – 0000479　60531

史記菁華錄六卷　（漢）司馬遷撰　（清）姚祖
恩摘錄　清光緒二十四年（1898）掃葉山房石
印本　三冊

370000 – 7587 – 0000480　60532

閱微草堂筆記二十四卷　（清）觀弈道人（紀
昀）撰　清刻本　十一冊　存五種二十二卷
（灤陽消夏錄六卷、如是我聞四卷、槐西雜志
一至二、姑妄聽之四卷、灤陽續錄六卷）

370000 – 7587 – 0000481　60533

山東省濰坊市昌樂縣博物館古籍普查登記目錄

花明竹外[文集]不分卷　（□）□□輯　清抄本　四冊

370000－7587－0000482　60534
補註洗冤錄集證四卷附錄一卷　（宋）宋慈撰　清鍾淮刻三色套印本　二冊　存二卷（一至二）

370000－7587－0000483　60535
作吏要言一卷骨圖一卷　（清）葉鎮著　（清）朱椿增　清律例館刻朱墨套印本　一冊

370000－7587－0000484　60537
良方集錦□卷　（□）□□輯　清抄本　一冊

370000－7587－0000485　60538
中醫良方摘抄□卷　（□）□□輯　清抄本　一冊

370000－7587－0000486　60539
鍼灸大成十卷　（明）楊繼洲撰　清廣益書局石印本　一冊　存五卷（八至十二）

370000－7587－0000487　60540
御纂醫宗金鑑九十卷首一卷　（清）吳謙等纂　清石印本　二冊　存二十八卷（一至十六、六十四至七十四,首一卷）

370000－7587－0000488　60541
珍珠囊指掌補遺藥性賦□卷　（金）李杲編輯　（清）王子接重訂　清鉛印本　佚名批註　一冊　存一卷（一）

370000－7587－0000489　60542
增補醫林狀元壽世保元十卷　（明）龔廷賢編　（清）周亮登校　清石印本　三冊　存三卷（四、九至十）

370000－7587－0000490　60543
千金翼方三十卷　（唐）孫思邈著　（宋）林億等校正　清光緒三十四年（1908）上海久敬齋書莊鉛印本　五冊　存二十一卷（一至十五、十七至十八、二十六至二十九）

370000－7587－0000491　60544
唐王燾先生外臺秘要方四十卷　（唐）王燾撰　（宋）林億等上進　（明）鄭康宸校　清鉛印本　五冊　存十三卷（三至十一、十五至十六、十九至二十）

370000－7587－0000492　60545
集驗良方六卷　（清）年希堯輯　清雍正二年（1724）喻義堂刻本　六冊

370000－7587－0000493　60546
四書人物類典串珠四十卷　（清）臧志仁編輯　清刻本　三冊　存十一卷（二十二至三十二）

370000－7587－0000494　60547
康熙字典十二集三十六卷總目一卷檢字一卷辨似一卷等韻一卷備考一卷補遺一卷　（清）張玉書　（清）陳廷敬等纂　（清）奕繪等重修　清道光七年（1827）刻本　三十一冊

370000－7587－0000495　60548
龍文鞭影二卷　（明）蕭良有纂輯　（明）楊臣諍增訂　（明）來集之音註　清刻本　一冊　存一卷（下）

370000－7587－0000496　60549
貫華堂第六才子書西廂記八卷　（元）王實甫撰　（清）金聖歎（金人瑞）評點　清刻本　五冊　存六卷（一至三、五至七）

370000－7587－0000497　60551
詩韻全璧五卷　（清）惜陰主人編　清暢懷書屋石印本　四冊　存四卷（一至三、五）

370000－7587－0000498　60552
大清搢紳全書四卷　（清）□□編　清同治二年（1863）榮錄堂刻本　四冊

370000－7587－0000499　60553
古文觀止十二卷　（清）吳乘權　（清）吳大職錄　（清）吳興祚鑒定　清刻本　二冊　存四卷（七至十）

370000－7587－0000500　60554
東醫寶鑑二十三卷目錄二卷　（朝鮮）許浚撰　清嘉慶元年（1796）江寧敦化堂刻本　九冊　存九卷（內景篇四卷、外形篇二至四,目錄二卷）

山東省濰坊市圖書館等二十二家收藏單位古籍普查登記目錄

370000－7587－0000501　60556

詩經體註嫏嬛說約大全合參八卷　（明）黃文煥纂輯　（清）范翔重訂　清刻本　二冊　存三卷(一至三)

370000－7587－0000502　60557

決定藏論三卷　（南朝梁）釋真諦譯　清刻本　一冊　存一卷(下)

370000－7587－0000503　60558

新訂四書補註備旨十卷　（明）鄧林著　（清）鄧煜編次　（清）祁文友重校　（清）杜定基增訂　清刻本　七冊　存八卷(上論一至二、下論三至四、上孟一至二、下孟三至四)

370000－7587－0000504　60559

龍文鞭影二卷　（明）蕭良有纂輯　（明）楊臣靜增訂　（明）來集之音註　清刻本　一冊　存一卷(上)

370000－7587－0000505　60560

周易本義四卷　（宋）朱熹撰　清刻本　二冊　存二卷(一至二)

370000－7587－0000506　60561

周易本義四卷　（宋）朱熹撰　清刻本　一冊　存一卷(上經)

山東省濰坊市壽光市博物館古籍普查登記目録

全國古籍普查登記目録

國家圖書館出版社

National Library of China Publishing House

370000－7588－0000001　1

北齊書五十卷　（唐）李百藥撰　明萬曆十六年至十七年(1588－1589)南京國子監刻本八冊(一函)

370000－7588－0000002　2

康熙字典十二集三十六卷總目一卷檢字一卷辨似一卷等韻一卷備考一卷補遺一卷　（清）張玉書　（清）陳廷敬等纂　清刻本　四十冊(六函)　存十二集四十卷(子集上、中,丑集三卷,寅集三卷,卯集三卷,辰集三卷,巳集三卷,午集三卷,未集三卷,申集三卷,酉集三卷,戌集中、下,亥集三卷;總目一卷;檢字一卷;辨似一卷;等韻一卷;備考一卷;補遺一卷)

370000－7588－0000003　3

奎壁禮記十卷　（元）陳澔撰　清光緒十三年(1887)刻本　十冊(一函)

370000－7588－0000004　4

史記論文一百三十卷　（漢）司馬遷撰　（清）吳見思評點　（清）吳興祚參訂　清尺木堂刻本　二十四冊(二函)

370000－7588－0000005　5

書經體註大全合參六卷　（清）錢希祥纂輯（清）范翔鑒定　清光緒二十年(1894)濰陽寶書堂刻本　四冊(一函)

370000－7588－0000006　6

唐宋八家文讀本三十卷　（清）沈德潛評點清刻本　十六冊(二函)

370000－7588－0000007　7

周禮註疏刪翼三十卷　（明）王志長輯　（明）葉培恕定　清世德堂刻本　十六冊(二函)

370000－7588－0000008　8

欽定春秋傳說彙纂三十八卷首二卷　（清）王掞等撰　清刻本　二十四冊(四函)

370000－7588－0000009　9

古文尚書十卷尚書逸文二卷　（漢）馬融（漢）鄭玄注　（宋）王應麟撰集　（清）孫星衍補集　清乾隆六十年(1795)蘭陵孫氏刻本

二冊

370000－7588－0000010　10

周禮節訓六卷　（清）黃叔琳原本　（清）姚培謙重訂　（清）王永祺參閱　清乾隆三十二年(1767)刻本　二冊(一函)

370000－7588－0000011　11

唐宋八大家文鈔一百六十六卷　（明）茅坤編清康熙雲林大盛堂刻本　二十八冊(二夾)

370000－7588－0000012　12

古唐詩合解十六卷　（清）王堯衢註　（清）李模　（清）李桓校　清刻本　四冊

370000－7588－0000013　13

古唐詩合解十六卷　（清）王堯衢註　（清）李模　（清）李桓校　清敬文堂刻本　五冊(一函)

370000－7588－0000014　14

國語二十一卷　（三國吳）韋昭解　（宋）宋庠補音　（明）張一鯤　（明）李時成閱　（明）郭子章　（明）周光鎬校　清刻本　四冊(一函)

370000－7588－0000015　15

增補事類統編九十三卷首一卷　（清）黃葆真增輯　（清）何立中校字　清同治八年(1869)潘國珍刻本　三十六冊(六函)

370000－7588－0000016　16

宋黃文節公文集正集三十二卷外集二十四卷別集十九卷首四卷　（宋）黃庭堅撰　伐檀集二卷　（宋）黃庶撰　清乾隆三十年(1765)江右寧州緝香堂刻本　四十八冊(一箱)

370000－7588－0000017　17

康熙字典十二集三十六卷總目一卷檢字一卷辨似一卷等韻一卷備考一卷補遺一卷　（清）張玉書　（清）陳廷敬等纂　清康熙五十五年(1716)刻本　四十冊

370000－7588－0000018　18

御撰資治通鑑綱目三編二十卷　（清）張廷玉等撰　清刻本　四冊

370000－7588－0000019　19

山東省濰坊市壽光市博物館古籍普查登記目錄

春秋左傳五十卷 （晉）杜預 （宋）林堯叟註釋 （唐）陸德明音義 （明）鍾惺 （明）韓范評閱 清芥子園刻本 十六冊（二函）

370000－7588－0000020 20

論語註疏解經二十卷 （三國魏）何晏集解 （宋）邢昺疏 明末毛氏汲古閣刻十三經註疏本 六冊（一函）

370000－7588－0000021 21

左繡三十卷首一卷 （清）馮李驊 （清）陸浩評輯 （清）范允斌等參評 （清）馮張孫等校輯 清光緒二十四年（1898）順和恒刻本 十六冊（二函）

370000－7588－0000022 22

楚辭集註八卷辯證二卷後語六卷 （宋）朱熹撰 清刻本 佚名題跋 四冊 存十四卷（楚辭集註八卷、辯證二卷、後語一至四）

370000－7588－0000023 23

易經大全會解四卷 （清）來爾繩纂輯 清刻本 四冊（一函）

370000－7588－0000024 24

孟子註疏解經十四卷 （漢）趙岐註 （宋）孫奭疏 明末毛氏汲古閣刻十三經註疏本 十二冊（一函）

370000－7588－0000025 25

池北偶談二十六卷 （清）王士禛著 清康熙三十九年至四十年（1700－1701）臨汀郡署刻本 八冊

370000－7588－0000026 26

鼎鍥葉太史彙纂玉堂鑑綱七十二卷 （宋）劉恕外紀 （宋）金履祥前編 （明）葉向高彙纂 （明）李京訂義 （明）劉朝箴精校 明萬曆書林熊沖宇刻本 十八冊（三函）

370000－7588－0000027 27

楚辭十七卷 （漢）劉向編集 （漢）王逸章句 清嘉慶六年（1801）大小雅堂刻本 六冊（一函）

370000－7588－0000028 28

續資治通鑑綱目二十七卷 （明）商輅等撰 （明）陳仁錫評閱 明崇禎三年（1630）陳仁錫刻本 三十冊（一函）

370000－7588－0000029 29

資治通鑑綱目前編二十五卷 （明）南軒撰 （明）陳仁錫評閱 清康熙四十年（1701）王公行刻本 十冊

370000－7588－0000030 30

欽定四庫全書簡明目錄二十卷首一卷 （清）紀昀等編 清省城經韻樓刻本 十二冊（一函）

370000－7588－0000031 31

莊子因六卷 （戰國）莊周撰 （清）林雲銘評述 清康熙五十五年（1716）挹奎樓刻本 六冊（一函）

370000－7588－0000032 32

[康熙]壽光縣志三十二卷 （清）劉有成修 （清）安致遠纂 清康熙三十七年（1698）刻本 四冊

370000－7588－0000033 33

屈騷心印五卷首一卷 （清）夏大霖疏註 清乾隆三十九年（1774）一本堂刻本 四冊（一函）

370000－7588－0000034 34

左繡三十卷首一卷 （清）馮李驊 （清）陸浩評輯 （清）范允斌等參評 （清）馮張孫等校輯 清書業堂刻本 十六冊（二函）

370000－7588－0000035 35

益都金石記四卷 （清）段松苓著錄 清光緒九年（1883）益都丁文田、益都知縣李溙等刻本 四冊（一夾）

370000－7588－0000036 36

御批歷代通鑑輯覽一百二十卷 （清）傅恒等撰 清刻本 六十冊（六函） 存一百十八卷（一至六、九至一百二十）

370000－7588－0000037 37

讀易日鈔八卷 （清）張烈撰 清康熙刻本

山東省濰坊市圖書館等二十三家收藏單位古籍普查登記目錄

八冊

370000－7588－0000038　38

[嘉慶]壽光縣志二十卷　(清)劉翰周修纂
清嘉慶五年(1800)刻本　七冊

370000－7588－0000039　39

戰國策十卷　(漢)高誘注　(明)吳勉學校正
　明吳勉學刻本　四冊

370000－7588－0000040　40

新鐫分類評註文武合編百子金丹十卷　(明)
郭偉選註　(明)王星聚校訂　(明)郭中吉編
次　清刻本　六冊

370000－7588－0000041　41

本草綱目拾遺十卷　(清)趙學敏輯　清光緒
十九年(1893)上海鴻寶齋石印本　十二冊
(二函)

370000－7588－0000042　42

春秋左傳杜注三十卷首一卷　(晉)杜預注
(清)姚培謙輯　清道光七年(1827)洪都漱經
堂刻朱墨套印本　十冊

370000－7588－0000043　43

東萊博議四卷　(宋)呂祖謙撰　清光緒二十
七年(1901)濰陽順和恒刻本　四冊(一函)

370000－7588－0000044　44

重訂古文釋義新編八卷　(清)余誠評註
(清)余芝參閱　清光緒二十年(1894)寶書堂
刻本　八冊(一函)

370000－7588－0000045　45

寒支初集十卷　(明)李世熊撰　清道光刻本
十冊(二函)

370000－7588－0000046　46

後漢書一百二十卷　(南朝宋)范曄撰　(唐)
李賢注　續志　(晉)司馬彪撰　(南朝梁)劉
昭注補　清光緒二十八年(1902)竢實齋石印
二十四史本　八冊(一函)

370000－7588－0000047　47

後漢書一百二十卷　(南朝宋)范曄撰　(唐)
李賢注　續志　(晉)司馬彪撰　(南朝梁)劉
昭注補　清光緒三十年(1904)武林竹簡齋石
印二十四史本　八冊(一函)

370000－7588－0000048　48

康熙字典十二集三十六卷總目一卷檢字一卷
辨似一卷等韻一卷備考一卷補遺一卷　(清)
張玉書　(清)陳廷敬等纂　清光緒二十年
(1894)上海點石齋石印本　六冊(一函)

370000－7588－0000049　49

奎壁詩經八卷　(宋)朱熹撰　清光緒周村益
友堂刻本　四冊(一函)

370000－7588－0000050　50

奎壁書經六卷　(宋)蔡沈撰　清光緒三年
(1877)成文堂刻本　四冊

370000－7588－0000051　51

蘭言詩鈔四卷　(清)李瑞輯　(清)穆騰額註
釋　(清)殷毓校正　清光緒十二年(1886)成
文信記刻本　四冊(一函)

370000－7588－0000052　52

歷代名臣言行錄二十四卷　(清)朱桓編輯
(清)潘永季校定　清光緒二十六年(1900)湖
南書局刻本　三十二冊(四函)

370000－7588－0000053　53

欒城後集二十四卷　(宋)蘇轍撰　(明)王執
禮　(明)顧天敘校　清道光十二年(1832)眉
州三蘇祠刻本　六冊(一函)

370000－7588－0000054　54

孟子集註本義滙參十四卷首一卷　(清)王步
青輯　(清)王士鼇編　(清)王維甸　(清)
王乃昀校　清敦復堂刻本　十六冊(二函)

370000－7588－0000055　55

墨子閒詁十五卷目錄一卷附錄一卷後語二卷
　(清)孫詒讓輯　清光緒埽葉山房石印本
八冊(一函)

370000－7588－0000056　56

南華經直解四卷　(清)徐廷槐抄閱　(清)楊
如瑤參訂　清光緒二十三年(1897)成文信刻
本　四冊(一函)

山東省濰坊市壽光市博物館古籍普查登記目錄

370000 – 7588 – 0000057　57

前漢書一百卷　（漢）班固撰　（唐）顏師古注
清光緒三十年(1904)武林竹簡齋石印二十
四史本　十二冊(二函)

370000 – 7588 – 0000058　59

日本國志四十卷首一卷　（清）黃遵憲編纂
清光緒二十四年(1898)上海圖書集成印書局
鉛印本　十冊(一函)

370000 – 7588 – 0000059　60

三國志六十五卷　（晉）陳壽撰　（南朝宋）裴
松之注　清光緒三十年(1904)武林竹簡齋石
印二十四史本　四冊(一函)

370000 – 7588 – 0000060　61

山海經廣注十八卷　（清）吳任臣注　清刻本
四冊

370000 – 7588 – 0000061　62

**戰國策三十三卷重刻剡川姚氏本戰國策劄記
三卷**　（漢）高誘注　清光緒二十七年(1901)
上海煥文書局石印本　八冊(一函)

370000 – 7588 – 0000062　63

初刻黃維章先生詩經嬋嬽體註八卷　（明）黃
文煥撰　（清）范翔重訂　（清）沈三曾
（清）沈涵參定　清光緒二十年(1894)寶書堂
刻本　四冊(一函)

370000 – 7588 – 0000063　64

初刻黃維章先生詩經嬋嬽體註八卷　（明）黃
文煥撰　（清）范翔重訂　（清）沈三曾
（清）沈涵參定　清光緒十六年(1890)成文信
刻本　四冊(一函)

370000 – 7588 – 0000064　65

史記一百三十卷　（漢）司馬遷撰　（南朝宋）
裴駰集解　（唐）司馬貞索隱　（唐）張守節正
義　清光緒三十年(1904)武林竹簡齋石印二
十四史本　八冊(二函)

370000 – 7588 – 0000065　66

新刻書經備旨善本輯要六卷　（清）馬大猷輯
（清）汪右衡鑒定　清光緒二十二年(1896)
書業德刻本　佚名批註　五冊(一函)

370000 – 7588 – 0000066　67

書經體註大全合參六卷　（清）錢希祥纂輯
（清）范翔鑒定　清光緒十七年(1891)成文信
刻本　四冊(一函)

370000 – 7588 – 0000067　68

書經體註大全合參六卷　（清）錢希祥纂輯
（清）范翔鑒定　清光緒十年(1884)德盛堂刻
本　四冊(一函)

370000 – 7588 – 0000068　69

**四書釋文十九卷四書字辨一卷疑字辨一卷句
辨一卷**　（清）王賡言撰　清道光二年(1822)
諸城王氏家塾刻本　六冊(一函)

370000 – 7588 – 0000069　70

宋元明詩二卷　（清）朱梓　（清）冷昌言編輯
（清）冷鵬參校　清末李光明莊刻上海千頃
堂書局印本　二冊

370000 – 7588 – 0000070　71

唐詩三百首續選二卷　（清）于慶元編　（清）
于闓玉參　（清）于兆元　（清）于鼎元校　清
光緒十九年(1893)書業德刻本　佚名題跋
二冊

370000 – 7588 – 0000071　72

天下郡國利病書一百二十卷　（清）顧炎武輯
（清）龍萬育訂　**讀史方輿紀要一百三十卷
方輿全圖總說五卷**　（清）顧祖禹輯著　清光
緒二十七年(1901)上海圖書集成局鉛印本
六十冊(八函)

370000 – 7588 – 0000072　73

**桐陰論畫二卷首一卷附錄一卷二編二卷三編
二卷**　（清）秦祖永著　清宣統二年(1910)上
海中國書畫會石印本　六冊(一函)

370000 – 7588 – 0000073　74

經餘必讀二卷續編二卷三編二卷　（清）雷琳
（清）錢樹棠　（清）錢樹立輯　清光緒二十
二年(1896)上海圖書集成印書局鉛印本　五
冊(一函)

370000 – 7588 – 0000074　75

性理約編二十六卷　（□）□□撰　清靖江朱

勳刻本　八冊(一函)

370000－7588－0000075　76

御批歷代通鑑輯覽一百二十卷　(清)傅恒等撰　清光緒二十九年(1903)山東慶裕書局刻本　六十冊(十二函)　存一百十八卷(一至三十八、四十一至一百二十)

370000－7588－0000076　77

詩韻集成十卷詞林典腋一卷　(清)余照輯　清光緒九年(1883)萊州文富堂刻本　四冊(一函)

370000－7588－0000077　78

春秋增訂旁訓四卷　(清)徐立綱撰　清匠門書屋刻五經旁訓本　二冊

370000－7588－0000078　79

習苦齋畫絮十卷　(清)戴熙撰　(清)年菱舫編輯　清光緒上海文瑞樓石印本　四冊(一函)

370000－7588－0000079　80

御撰資治通鑑綱目三編二十卷末一卷　(清)張廷玉等撰　清光緒二十九年(1903)刻本　五冊(一函)

370000－7588－0000080　81

古事比五十二卷　(清)方中德輯著　(清)王梓校　清光緒三十年(1904)上海點石齋石印本　六冊(一函)

370000－7588－0000081　83

紀城詩橐四卷　(清)安致遠撰　清康熙刻同治二年(1863)自鉏園修補本　一冊(一函)

370000－7588－0000082　84

紀城文橐四卷　(清)安致遠撰　清康熙刻本　二冊(一函)

370000－7588－0000083　85

螫音一卷　(清)安致遠撰　(清)張會裕(清)張貞評　清康熙四十一年(1702)壽光安箴刻同治二年(1863)自鉏園修補本　一冊

(一函)

370000－7588－0000084　86

綺樹閣詩賦一卷　(清)安箴撰　清康熙刻同治二年(1863)自鉏園修補本　一冊(一函)

370000－7588－0000085　87

吳江旅嘯一卷　(清)安致遠著　(清)葛元福評　清康熙刻同治二年(1863)自鉏園修補本　一冊(一函)

370000－7588－0000086　88

玉碢集四卷　(清)安致遠撰　清康熙四十一年(1702)壽光安箴刻同治二年(1863)自鉏園修補本　二冊(一函)

370000－7588－0000087　89

星橋制藝小題初編二卷　(清)劉清源撰　清咸豐元年(1851)桐蔭書屋刻本　四冊(一函)

370000－7588－0000088　90

重訂王鳳洲先生綱鑑會纂四十六卷續宋元二十三卷　(明)王世貞纂　(明)陳仁錫訂(明)呂一經校　**御撰資治通鑑綱目三編二十卷末一卷**　(清)張廷玉等撰　清光緒二十九年(1903)刻本　四十二冊(七函)　存六十九卷(重訂王鳳洲先生綱鑑會纂四十六卷、續宋元二十三卷)

370000－7588－0000089　91

古文觀止十二卷　(清)吳乘權　(清)吳大職錄　(清)吳興祚鑒定　清光緒三十年(1904)濰陽翰文齋刻本　六冊(一函)

370000－7588－0000090　92

莊子集解八卷　(戰國)莊周撰　王先謙輯清宣統元年(1909)上海埽葉山房石印本　四冊(一函)

370000－7588－0000091　93

狀元易經四卷　(宋)朱熹撰　清光緒十年(1884)濰陽順和堂刻本　四冊

山東省濰坊市安丘市博物館

古籍普查登記目録

全國古籍普查登記目録

國家圖書館出版社
National Library of China Publishing House

370000－7589－0000001　760

南華經十六卷　（晉）郭象註　（宋）林希逸口義　（宋）劉辰翁點校　（明）王世貞評點（明）陳仁錫批注　明刻四色套印本　八冊

370000－7589－0000002　761

元史二百十卷目錄二卷　（明）宋濂　（明）王禕等修　明洪武三年（1370）內府刻明嘉靖、萬曆、崇禎、清順治遞修本　三十一冊　存一百二十三卷（四十八至四十九、六十七至一百、一百六至一百十一、一百十四至一百七十二、一百八十九至二百十）

370000－7589－0000003　762

北齊書五十卷　（唐）李百藥撰　明萬曆十六年至十七年（1588－1589）南京國子監刻清順治十六年（1659）重修本　七冊　存四十四卷（一至四十四）

370000－7589－0000004　763

梁書五十六卷　（唐）姚思廉撰　明萬曆二年至三年（1574－1575）南京國子監刻清順治重修本　八冊

370000－7589－0000005　764

遼史一百十六卷　（元）脫脫等修　明嘉靖八年（1529）南京國子監刻明崇禎、清順治遞修本　六冊　存八十六卷（一至六十一、七十一至九十五）

370000－7589－0000006　765

魏書一百十四卷　（北齊）魏收撰　明萬曆二十四年（1596）南京國子監刻明天啓、崇禎、清順治遞修本　九冊　存三十五卷（六十二至六十七、七十四至八十六、九十九至一百十四）

370000－7589－0000007　766

金史一百三十五卷　（元）脫脫等修　欽定金國語解一卷　明嘉靖八年（1529）南京國子監刻明、清順治遞修本　九冊　存六十六卷（六十三至七十九、八十八至一百三十五，欽定金國語解一卷）

370000－7589－0000008　767

唐書二百二十五卷　（宋）歐陽修　（宋）宋祁撰　釋音二十五卷　（宋）董衝撰　元大德九年（1305）建康路儒學刻明嘉靖、萬曆、崇禎、清順治遞修本　二十七冊　存一百六十八卷（一至四十、四十六至六十四、八十九至一百三十二、一百三十五至一百四十、一百四十二、一百四十四至一百五十一、一百六十七至一百七十三、一百九十六至二百、二百七至二百十一、二百十五至二百二十三，釋音一至二十四）

370000－7589－0000009　768

說文長箋一百卷首二卷解題一卷六書長箋七卷　（漢）許慎說文　（唐）徐鉉韻譜　（明）趙宦光長箋　（明）趙均書篆字　明崇禎四年（1631）趙均小宛堂刻本　二十七冊　存五十八卷（三十三至六十一、七十二至一百）

370000－7589－0000010　769

史記一百三十卷　（漢）司馬遷撰　（南朝宋）裴駰集解　（唐）司馬貞索隱　（唐）張守節正義　明萬曆三年至六年（1575－1578）南京國子監刻本　十七冊　存九十九卷（表十卷，世家三十卷，八書一至四，傳一至五十、六十六至七十）

370000－7589－0000011　770

十七史詳節二百七十三卷　（宋）呂祖謙輯　明嘉靖四十五年至隆慶四年（1566－1570）陝西布政司刻本　七冊　存二種三十七卷（東萊先生史記詳節二十卷，東萊先生北史詳節一至五、十一至二十二）

370000－7589－0000012　771

春秋穀梁傳十二卷　（周）穀梁赤撰　（漢）何休注　（晉）范甯集解　（明）閔齊伋裁注并撰考　明末文林閣唐錦池刻本　四冊

370000－7589－0000013　772

漢魏叢書三十八種二百五十一卷　（明）程榮編　明萬曆二十年（1592）程榮刻本　十冊　存六種三十八卷（說苑二十卷、申鑒五卷、顏氏家訓下、商子五卷、人物志三卷、劉子新論一至四）

370000 – 7589 – 0000014　773

歐陽文忠公全集一百三十五卷　（宋）歐陽修撰　（宋）周必大等纂輯　（明）陳珊編　明嘉靖三十四年(1555)陳珊刻本　十六冊　存九十七卷(一至三十八、七十一至一百三、一百十至一百三十五)

370000 – 7589 – 0000015　774

觀楞伽阿跋多羅寶經記四卷略科一卷　（南朝宋）釋求那跋陀羅譯　（明）釋德清筆記　明萬曆刻本　八冊

370000 – 7589 – 0000016　775

吾學編六十九卷　（明）鄭曉撰　明萬曆二十七年(1599)鄭心材刻本　九冊　存十二種六十一卷(大政紀十卷、遜國記一卷、同姓初王表二卷、同姓諸王傳一卷、名臣記三十卷、遜國臣記八卷、天文述一卷、地理述一卷、三禮述二卷、百官述二卷、四夷考二卷、北虜考一卷)

370000 – 7589 – 0000017　776

南史八十卷　（唐）李延壽撰　明萬曆十年至十九年(1582 – 1591)南京國子監刻明崇禎、清順治遞修本　十七冊　存六十七卷(紀十卷,傳一至三十五、四十一至五十二、六十一至七十)

370000 – 7589 – 0000018　777

魏書一百十四卷　（北齊）魏收撰　明萬曆二十四年(1596)北京國子監刻本　十冊　存四十四卷(一至四十四)

370000 – 7589 – 0000019　778

五代史七十四卷　（宋）歐陽修撰　（宋）徐無黨注　明崇禎三年(1630)琴川毛氏汲古閣刻清順治五年(1648)補緝十七史本　佚名批校　四冊

370000 – 7589 – 0000020　779

渠風集畧七卷　（清）馬長淑校輯　清乾隆八年(1743)輯慶堂刻本　一冊　存四卷(一至四)

370000 – 7589 – 0000021　780

漢書評林一百卷　（漢）班固撰　（唐）顏師古注　（明）凌稚隆輯校　明萬曆九年(1581)凌稚隆刻本　四十五冊　存九十卷(四至六十二、七十至一百)

370000 – 7589 – 0000022　781

晉書一百三十卷　（唐）房玄齡等撰　元刻明正德、嘉靖、萬曆南京國子監補刻明崇禎、清順治遞修本　二十四冊　存六十二卷(紀十卷,志二十卷,傳一至十二、四十二至六十一)

370000 – 7589 – 0000023　782

唐宋八大家文抄一百六十六卷　（明）茅坤編　明崇禎四年(1631)茅著刻本　四十一冊　存七種一百七卷(唐大家韓文忠公文抄二至十六,宋大家蘇文忠公文抄四至二十八,宋大家蘇文定公文抄三至十六,唐大家柳柳州文抄十二卷,宋大家歐陽文忠公文抄三十二卷,宋大家王文公文抄一至三,宋大家曾文定公文抄三至五、八至十)

370000 – 7589 – 0000024　783

世說新語三卷　（南朝宋）劉義慶撰　（南朝梁）劉峻注　（明）王世懋批點　明萬曆九年(1581)喬懋敬刻本　五冊　缺一卷(上之上)

370000 – 7589 – 0000025　784

隋書八十五卷　（唐）魏徵等撰　（明）季道統校閱　明萬曆二十二年至二十三年(1594 – 1595)南京國子監刻清順治十五年(1658)遞修本　十七冊　存七十二卷(紀五卷,志一至八、十二至二十七,傳一至六、十三至三十六、三十八至五十)

370000 – 7589 – 0000026　785

周書五十卷　（唐）令狐德棻等撰　明萬曆十六年(1588)南京國子監刻清順治十六年(1659)重修本　八冊

370000 – 7589 – 0000027　786

宋書一百卷　（南朝梁）沈約撰　明萬曆二十二年(1594)南京國子監刻清順治十六年(1659)重修本　十二冊　存四十卷(紀十卷、志三十卷)

山東省濰坊市圖書館等二十二家收藏單位古籍普查登記目錄

370000 – 7589 – 0000028　787

渠亭山人半部稾五卷 （清）張貞撰　清康熙刻本　六冊　存四卷(初刻渠亭文稾一卷、二刻或語集上、三刻潛州集一卷、四刻娛老集上)

370000 – 7589 – 0000029　788

史記一百三十卷 （漢）司馬遷撰　（南朝宋）裴駰　（唐）司馬貞　（唐）張守節註　（明）黃世康　（明）章斐然　（明）張遂辰等校　明刻本　十五冊　存一百一十二卷(本紀六至十、年表四至十、八書八卷、世家三十卷、列傳一至六十二)

370000 – 7589 – 0000030　789

宋史四百九十六卷 （元）脫脫等修　明嘉靖三十五年至三十六年(1556 – 1557)刻明萬曆、天啓、崇禎、清順治遞修本　七十冊　存三百五十六卷(紀六至九、二十三至二十七、三十三至四十三,志四十八至一百六十、表三十二卷,傳一至五十二、一百五至二百四、二百一至二百一十四、二百三十一至二百五十五)

370000 – 7589 – 0000031　790

北史一百卷 （唐）李延壽撰　明萬曆十九年至二十一年(1591 – 1593)南京國子監刻清順治十六年(1659)重修本　三十冊

370000 – 7589 – 0000032　791

四書集註二十一卷序四卷 （宋）朱熹撰　明崇禎七年(1634)刻本　十冊

370000 – 7589 – 0000033　792

春秋左傳屬事二十卷 （明）傅遜纂并註評　明萬曆十三年(1585)日殖齋刻本　五冊　存十三卷(一至十、十八至二十)

370000 – 7589 – 0000034　793

天史十案十三卷出劫紀畧一卷 （清）丁耀亢著　清煮石草堂石印本　六冊

370000 – 7589 – 0000035　2206

周易述解八卷 （清）劉源淥講意　（清）汶東逸叟編　清嘉慶五年至七年(1800 – 1802)抄本　八冊

370000 – 7589 – 0000036　2207

鄉黨圖考十卷 （清）江永著　清乾隆五十八年(1793)金閶書業堂刻本　六冊

370000 – 7589 – 0000037　2208

渠丘耳夢錄四卷 （清）張貞撰　清康熙四十八年(1709)刻本　二冊

370000 – 7589 – 0000038　2209

莊子因六卷 （戰國）莊周撰　（清）林雲銘評述　清康熙五十五年(1716)挹奎樓刻本　六冊

370000 – 7589 – 0000039　2210

渠亭山人半部稾五卷 （清）張貞撰　清康熙刻本　四冊

370000 – 7589 – 0000040　2211

七經精義七種四十四卷 （清）黃淦纂　清嘉慶十三年(1808)刻本　九冊　存三種十三卷(春秋精義四卷、首一卷,周禮精義六卷、首一卷,儀禮精義一卷)

370000 – 7589 – 0000041　2212

四書朱子本義匯參四十三卷首四卷 （清）王步青輯　（清）王士鼇編　（清）王維甸（清）王乃昀校　清乾隆十年(1745)貴文堂刻本　十八冊　存二十七卷(大學三卷、首一卷,中庸六卷、首一卷,論語十一至二十,孟子七至八、十一至十四)

370000 – 7589 – 0000042　2213

五經異義疏證三卷 （漢）許慎撰　（漢）鄭玄校　（清）陳壽祺疏證　清嘉慶十八年(1813)僊遊王捷南刻本　六冊

370000 – 7589 – 0000043　2214

四書左國輯要四卷 （清）周龍官輯　（清）王楫校錄　（清）周殿蓁校字　清乾隆二十三年(1758)寶樹堂刻本　四冊

370000 – 7589 – 0000044　2215

註釋八銘塾鈔初集六卷論文一卷二集六卷闈試總論一卷 （清）吳懋政編次　清光緒六年(1880)刻本　四冊　存七卷(註釋八銘塾鈔初集六卷、論文一卷)

山東省濰坊市安丘市博物館古籍普查登記目錄

370000－7589－0000045　2216

心遠堂新編小學纂注六卷朱子年譜一卷小學總論一卷小學句讀一卷　（清）高愈編訂（清）王元梓　（清）王邦采校　清乾隆三十三年(1768)金閶書業堂刻本　四冊

370000－7589－0000046　2218

詩韻集成十卷詞林典腋一卷　（清）余照輯　清光緒七年(1881)成文信刻本　四冊

370000－7589－0000047　2219

四書朱子本義匯參四十三卷首四卷　（清）王步青輯　（清）王士鼇編　（清）王維翰（清）王乃昀校　清敦復堂刻本　九冊　存十二卷(論語集註本義匯參十至二十、孟子集註本義匯參三)

370000－7589－0000048　2220

四書便蒙十九卷　（清）俞長城　（清）焦袁熹（清）戴有祺註　清乾隆五十二年(1787)武林顧繼昌刻本　六冊

370000－7589－0000049　2221

增註八銘塾鈔初集六卷論文一卷二集六卷闈試總論一卷　（清）吳懋政編次　（清）李文山註釋　（清）樊慶寅校訂　清成文信刻本　六冊　存十卷(初集大學一卷、中庸一卷、上論一卷、下論一卷、上孟一卷、論文一卷，二集大學一卷、中庸一卷、上孟一卷，闈試總論一卷)

370000－7589－0000050　2222

爾雅注疏二卷　（晉）郭璞注　（宋）邢昺疏　校勘記二卷　（清）阮元撰　清光緒十三年(1887)點石齋石印本　一冊

370000－7589－0000051　2223

七經精義七種四十四卷　（清）黃淦纂　清嘉慶十三年(1808)成錦堂刻本　八冊　存四種二十二卷(詩經精義四卷、首一卷、末一卷，書經精義四卷、首一卷、末一卷，周易精義四卷、首一卷，春秋精義四卷、首一卷)

370000－7589－0000052　2224

東萊先生左氏博議二十五卷　（宋）呂祖謙撰　虛字注釋備考六卷　（清）張文炳點定　清

光緒二十四年(1898)寶書堂刻本　六冊

370000－7589－0000053　2225

增訂四書析疑二十三卷　（清）張權時輯（清）趙作基點定　清乾隆二十一年(1756)文盛堂刻本　九冊　存十三卷(大學一至二，中庸一至四，上論一至二、四至五，下論八至十)

370000－7589－0000054　2226

四書左國輯要四卷　（清）周龍官輯　（清）王楫校錄　（清）周殿生校字　清刻本　四冊

370000－7589－0000055　2227

四書集註十九卷　（宋）朱熹撰　清光緒三十二年(1906)上海商務印書館鉛印本　六冊

370000－7589－0000056　2228

四書集註十九卷　（宋）朱熹撰　清清華書屋刻本　五冊　存十七卷(論語十卷、孟子七卷)

370000－7589－0000057　2229

經餘必讀八卷　（清）雷琳　（清）錢樹棠（清）錢樹立輯　清嘉慶八年(1803)大中堂刻本　四冊

370000－7589－0000058　2230

監本詩經八卷　（宋）朱熹撰　清宣統元年(1909)承文信刻本　四冊

370000－7589－0000059　2231

批點四書十九卷　（宋）朱熹集註　清宣統三年(1911)成和堂刻本　六冊

370000－7589－0000060　2232

初刻黃維章先生詩經嬝嬛體註八卷　（明）黃文煥撰　（清）范翔重訂　（清）沈三曾（清）沈涵參定　清光緒十六年(1890)成文堂刻本　四冊

370000－7589－0000061　2233

掃葉山房四書體註合講十九卷圖說一卷（清）翁復編次　（清）詹文煥參訂　清光緒九年(1883)掃葉山房刻本　六冊

370000－7589－0000062　2234

掃葉山房四書體註合講十九卷圖說一卷

山東省濰坊市圖書館等二十二家收藏單位古籍普查登記目錄

（清）翁復編次　（清）詹文煥參訂　清光緒九年（1883）掃葉山房刻本　六冊

370000－7589－0000063　2235

尚書離句六卷　（清）錢在培輯解　（清）程川訂　清光緒四年（1878）京都文成堂刻本　四冊

370000－7589－0000064　2236

詩經融註大全體要八卷　（清）高朝瓔定（清）沈世楷輯　清乾隆五十四年（1789）金閶書業堂刻本　四冊

370000－7589－0000065　2237

禮記章句十卷　（清）汪紱著　（清）程夢元（清）汪鑣　（清）盧葆辰　（清）余家鼎校字　清光緒二十一年（1895）刻本　八冊　存八卷（一至五、八至十）

370000－7589－0000066　2238

周禮精華六卷　（清）陳龍標編輯　清光緒二十二年（1896）寶書堂刻本　六冊

370000－7589－0000067　2239

六書故三十三卷六書通釋一卷　（宋）戴侗著　（清）李鼎元校　清乾隆四十九年（1784）李鼎元刻本　十六冊

370000－7589－0000068　2240

左繡三十卷首一卷　（清）馮李驊　（清）陸浩評輯　（清）范允斌等參評　（清）馮張孫等校輯　清光緒二十五年（1899）濰陽成文信記刻本　八冊　存十五卷（一至十四、首一卷）

370000－7589－0000069　2241

周禮精華六卷　（清）陳龍標編輯　清光緒十一年（1885）成文堂刻本　六冊

370000－7589－0000070　2242

曲江書屋新訂批註左傳快讀十八卷首一卷（晉）杜預原註　（唐）陸德明音義　（宋）林堯叟　（宋）朱申參註　（清）馮李驊　（清）陸浩批評　（清）李紹崧選訂　清京都聿雅堂刻本　十六冊

370000－7589－0000071　2243

字彙十二集首一卷末一卷　（明）梅膺祚音釋　清光緒十年（1884）濰陽成文信刻本　十四冊

370000－7589－0000072　2244

左通補釋三十二卷　（清）梁履繩撰　清道光六年（1826）杭州愛日軒陸貞一刻本　十二冊

370000－7589－0000073　2245

欽定書經傳說彙纂二十一卷首二卷書序一卷　（清）王頊齡等撰　清刻本　八冊　存十二卷（一至十、首二卷）

370000－7589－0000074　2246

廣增四書典腋二十卷　（清）松軒主人編　清刻本　四冊　存十三卷（八至二十）

370000－7589－0000075　2247

春秋集傳十六卷首一卷末一卷　（清）汪紱纂　清光緒二十一年（1895）刻本　四冊

370000－7589－0000076　2248

分類詩腋八卷　（清）李楨編　清道光八年（1828）刻本　六冊

370000－7589－0000077　2249

奎璧易經四卷　（宋）朱熹撰　清光緒十七年（1891）成文信刻本　四冊

370000－7589－0000078　2250

奎璧易經四卷　（宋）朱熹撰　清光緒十七年（1891）成文信刻本　二冊

370000－7589－0000079　2252

御纂春秋直解十二卷　（清）傅恒等撰　清刻本　六冊

370000－7589－0000080　2253

周易說略四卷　（明）張爾岐著　（清）張孝寬等校　清嘉慶十年（1805）文錦堂刻本　四冊

370000－7589－0000081　2254

狀元書經六卷　（宋）蔡沈撰　清光緒二十八年（1902）翰文齋刻本　四冊

370000－7589－0000082　2255

五經類編二十八卷諸經略說一卷經義辨訛一卷辨疑一卷　（清）周世樟編輯　清康熙毅詒

山東省濰坊市安丘市博物館古籍普查登記目錄

堂刻本　八冊

370000－7589－0000083　2256

春秋公羊傳十二卷　（周）公羊高撰　（漢）何休注　（晉）范甯集解　（明）閔齊伋裁注并撰考　明末文林閣唐錦池刻本　四冊

370000－7589－0000084　2257

儀禮章句易讀十七卷　（清）馬駉輯　（清）詹國瑞　（清）金尚濂校　清乾隆三十八年（1773）悅六齋刻本　四冊

370000－7589－0000085　2258

易經大全會解四卷　（清）來爾繩纂輯　清嘉慶二十二年（1817）金閶書業堂刻本　四冊

370000－7589－0000086　2259

酌雅齋四書遵註合講十九卷圖考一卷　（清）翁復編次　（清）詹文煥參定　清乾隆四十五年（1780）金閶書業堂刻　六冊

370000－7589－0000087　2260

詩經精華十卷　（清）薛嘉穎輯　清刻本　五冊　存八卷（三至十）

370000－7589－0000088　2261

大廣益會玉篇三十卷　（南朝梁）顧野王撰　（唐）孫強增字　（宋）陳彭年等重修　清康熙四十三年（1704）張士俊刻澤存堂五種本　四冊

370000－7589－0000089　2262

狀元書經六卷　（宋）蔡沈撰　清光緒十四年（1888）四寶堂刻本　四冊

370000－7589－0000090　2263

重訂申文定公書經講義會編十二卷　（明）申時行輯　（明）申用懋　（明）申用嘉　（明）申紹芳校訂　清金陵映旭齋刻本　十二冊

370000－7589－0000091　2264

樂經或問三卷　（清）汪紱著　（清）程夢元　（清）戴彭　（清）盧葆辰　（清）余家鼎校　清刻本　三冊

370000－7589－0000092　2265

吳文正公三禮攷註六十四卷首一卷　（元）吳

澄考定　（明）羅倫校正　清刻本　十冊　存五十四卷（一至五十三、首一卷）

370000－7589－0000093　2266

大宋重修廣韻五卷　（宋）陳彭年　（宋）邱雍等撰　清康熙四十三年（1704）張士俊刻澤存堂五種本　四冊

370000－7589－0000094　2267

儀禮鄭註句讀十七卷儀禮監本正誤一卷儀禮石本誤字一卷　（漢）鄭玄註　（明）張爾岐句讀　清同治十一年（1872）山東書局刻本　六冊

370000－7589－0000095　2268

禮記易讀二卷　（清）志遠堂主人輯　清光緒十八年（1892）寶書堂刻本　二冊

370000－7589－0000096　2269

書經精華六卷　（清）薛嘉穎輯　清同治五年（1866）光韠堂刻本　五冊

370000－7589－0000097　2270

禮記疏意二十三卷　（明）袁黃刪定　（明）秦繼宗集　清道光十九年（1839）蘊輝堂刻本　六冊

370000－7589－0000098　2271

四書釋文十九卷四書字辨一卷疑字辨一卷句辨一卷　（清）王賡言輯　清光緒七年（1881）諸城王氏家塾刻本　六冊

370000－7589－0000099　2272

八銘塾鈔初集六卷論文一卷　（清）吳懋政編次　（清）李文山註釋　清光緒寶書堂刻本　五冊

370000－7589－0000100　2273

十三經註疏三百三十三卷　（明）毛晉編　明崇禎元年至十二年（1628－1639）古虞毛氏汲古閣刻本　六十冊　存六種九十四卷（毛詩註疏一、二之三、三至十一、十二之三、十三至十五、十六之五、十七之一，尚書註疏三至四、九至十、十三至十五，周禮註疏一至九、十八至二十一，春秋穀梁傳註疏一至五、八至十七，孟子註疏解經三至十四，春秋左傳註疏七

山東省濰坊市圖書館等二十二家收藏單位古籍普查登記目錄

至十六、十九至二十、二十三至二十四、三十五至四十、四十三至四十六、五十一至五十六）

370000－7589－0000101　2274

禮記集說十卷　（元）陳澔撰　清金陵奎璧齋刻本　八冊　存八卷（一至二、四至六、八至十）

370000－7589－0000102　2275

康熙字典十二集三十六卷總目一卷檢字一卷辨似一卷等韻一卷備考一卷補遺一卷　（清）張玉書　（清）陳廷敬等纂　清刻本　九冊　存四集九卷（辰集下，巳集中、下，午集三卷，未集三卷）

370000－7589－0000103　2276

新鐫增補周易備旨一見能解六卷圖考一卷（明）黃淳耀撰　（清）嚴而寬增補　（清）壽國　（清）蔣先庚參補　清慎遠堂刻本　六冊

370000－7589－0000104　2277

字彙十二集首一卷末一卷　（明）梅膺祚音釋　清康熙金閶書業堂刻本　十三冊　缺二卷（巳集一卷、末一卷）

370000－7589－0000105　2278

新定三禮圖二十卷　（宋）聶崇義集註　清康熙十五年（1676）通志堂刻本　二冊

370000－7589－0000106　2279

康熙字典十二集三十六卷總目一卷檢字一卷辨似一卷等韻一卷備考一卷補遺一卷　（清）張玉書　（清）陳廷敬等纂　清刻本　二冊　存一集二卷（未集上、下）

370000－7589－0000107　2280

異同韻辨六卷　（清）王籌輯　（清）王彥侗補　清光緒十三年（1887）槐音堂刻本　六冊

370000－7589－0000108　2281

奎璧禮記十卷　（元）陳澔撰　清光緒十三年（1887）子雲堂記刻本　十冊

370000－7589－0000109　2282

來瞿唐先生易註十五卷首一卷末一卷諸圖一

卷補遺一卷　（明）來知德撰　清嘉慶十四年（1809）寧遠堂刻本　二十冊

370000－7589－0000110　2283

新訂四書補註備旨十卷　（明）鄧林著　（清）鄧煜編次　（清）祁文友重校　（清）杜定基增訂　清光緒十一年（1885）成文信記刻本　六冊　存八卷（大學一卷、中庸一卷、上論一至二、下論四、上孟一至二、下孟四）

370000－7589－0000111　2284

新訂四書補註備旨十卷　（明）鄧林著　（清）鄧煜編次　（清）祁文友重校　（清）杜定基增訂　清乾隆五十三年（1788）金閶書業堂刻本　七冊　存九卷（大學一卷、中庸一卷、論語四卷、孟子一至三）

370000－7589－0000112　2285

字彙十二集首一卷末一卷　（明）梅膺祚音釋　清書林簡菴氏關西刻本　十二冊　存十二卷（子集一卷、丑集一卷、寅集一卷、卯集一卷、辰集一卷、巳集一卷、午集一卷、未集一卷、申集一卷、酉集一卷、戌集一卷、亥集一卷）

370000－7589－0000113　2286

四書題鏡十九卷總論一卷　（清）汪鯉翔纂述　清乾隆五十一年（1786）書業堂刻本　四冊　存十二卷（大學一卷、論語十卷，總論一卷）

370000－7589－0000114　2287

四書題鏡十九卷總論一卷　（清）汪鯉翔纂述　清乾隆九年（1744）刻本　五冊　存十四卷（大學一卷、論語一至五、孟子七卷，總論一卷）

370000－7589－0000115　2288

字彙十二集首一卷末一卷　（明）梅膺祚音釋　清康熙丹山堂刻本　十四冊

370000－7589－0000116　2289

康熙字典十二集三十六卷總目一卷檢字一卷辨似一卷等韻一卷備考一卷補遺一卷　（清）張玉書　（清）陳廷敬等纂　清刻本　一冊　存一集一卷（午集上）

山東省濰坊市安丘市博物館古籍普查登記目錄

370000 – 7589 – 0000117　2290

詩經喈鳳詳解八卷圖說一卷　（清）陳抒孝輯
著　（清）汪基增訂　清刻本　六冊

370000 – 7589 – 0000118　2291

奎壁詩經八卷　（宋）朱熹撰　清光緒七年
(1881)怡翰齋刻本　四冊

370000 – 7589 – 0000119　2292

字彙十二集首一卷末一卷　（明）梅膺祚音釋
　清乾隆四十三年(1778)金閶寶翰樓刻本
十四冊

370000 – 7589 – 0000120　2293

四書朱子本義匯參四十三卷首四卷　（清）王
步青輯　（清）王士鼇編　（清）王維翰
（清）王乃昀校　清敦復堂刻本　一冊　存四
卷(大學三卷、首一卷)

370000 – 7589 – 0000121　2294

四書羽儀十九卷　（清）周冕　（清）劉景周纂
　（清）張柱參訂　清刻本　三冊　存七卷
(孟子七卷)

370000 – 7589 – 0000122　2295

爾雅註疏十一卷　（晉）郭璞註　（宋）邢昺疏
　清乾隆四十三年(1778)三樂齋刻本　四冊

370000 – 7589 – 0000123　2296

春秋穀梁傳十二卷　（周）穀梁赤撰　清刻本
　三冊　存七卷(三至九)

370000 – 7589 – 0000124　2297

六書通十卷　（明）閔齊伋撰　（清）畢弘述篆
訂　（清）閔章　（清）程昌燁校　清康熙五十
九年(1720)刻本　四冊　存八卷(一至八)

370000 – 7589 – 0000125　2299

禮記省度四卷　（清）彭頤纂　（清）許國瑶等
參　清金陵文治堂、翊聖堂、孝友堂刻朱墨套
印本　一冊　存一卷(一)

370000 – 7589 – 0000126　2300

四書朱子本義匯參四十三卷首四卷　（清）王
步青輯　（清）王士鼇編　（清）王維翰
（清）王乃昀校　清敦復堂刻本　三冊　存七

卷(論語集註本義匯參十八至二十;孟子集註
本義匯參一至二、二十三,首一卷)

370000 – 7589 – 0000127　2301

六禮或問十二卷首一卷末一卷　（清）汪紱著
　（清）程夢元　（清）俞霖瑞　（清）余家鼎
　（清）盧葆辰　（清）戴彭校　清光緒二十一
年(1895)刻本　四冊

370000 – 7589 – 0000128　2302

新訂四書補註備旨十卷　（明）鄧林著　（清）
鄧煜編次　（清）祁文友重校　（清）杜定基增
訂　清刻本　二冊　存三卷(上孟一、下孟三
至四)

370000 – 7589 – 0000129　2303

漱芳軒合纂禮記體註四卷　（清）范翔參訂
（清）吳有文　（清）朱光斗　（清）范應兆等
校　清光緒三十年(1904)翰文齋書坊刻本
四冊

370000 – 7589 – 0000130　2304

四書朱子大全精言四十一卷　（清）周大璋編
輯　清寶旭齋刻本　十一冊　存十七卷(論
語六、九至十、十八至二十,孟子六、八至十
四、十八至二十)

370000 – 7589 – 0000131　2305

書經體註大全合參六卷圖一卷　（清）錢希祥
纂輯　（清）范翔鑒定　清光緒十四年(1888)
成文堂刻本　四冊

370000 – 7589 – 0000132　2306

四書會解二十七卷　（宋）朱熹集註　（清）縈
禮輯　清嘉慶五年(1800)還醇堂刻本　十二
冊　存十二卷(大學一,中庸二卷,論語一至
三、五至十)

370000 – 7589 – 0000133　2307

御纂詩義折中二十卷　（清）傅恒等撰　清刻
本　二十冊

370000 – 7589 – 0000134　2308

御纂詩義折中二十卷　（清）傅恒等撰　清成
文堂刻本　四冊

370000－7589－0000135　2309

四書集註十九卷　（宋）朱熹撰　清刻本　三冊　存七卷(孟子七卷)

370000－7589－0000136　2310

四書集註十九卷　（宋）朱熹撰　清刻本　三冊　存七卷(孟子七卷)

370000－7589－0000137　2311

說文解字句讀三十卷　（漢）許慎記　（清）王筠撰集　（清）陳山嵋　（清）陳慶鏞訂正（清）蔣其嵋書篆　**句讀補正三十卷**　（清）王筠撰　（清）王彥侗　（清）孫藍田校　清咸豐四年(1854)安邱王筠與山西曲沃邑人襄陵刻本(句讀補正爲清咸豐九年安邱王彥侗刻本)　十六冊

370000－7589－0000138　2312

說文釋例二十卷　（清）王筠撰　**釋例補正二十卷**　（清）王筠續纂　清道光二十八年(1848)安邱王筠徐溝刻本(釋例補正爲清咸豐二年安邱王筠鄉寧刻本)　十冊　存二十卷(說文釋例二十卷)

370000－7589－0000139　2313

說文釋例二十卷　（清）王筠撰　**釋例補正二十卷**　（清）王筠續纂　清道光二十八年(1848)安邱王筠徐溝刻本(釋例補正爲清咸豐二年安邱王筠鄉寧刻本)　十冊　存二十卷(說文釋例二十卷)

370000－7589－0000140　2314

說文釋例二十卷　（清）王筠撰　**釋例補正二十卷**　（清）王筠續纂　清道光二十八年(1848)安邱王筠徐溝刻本(釋例補正爲清咸豐二年安邱王筠鄉寧刻本)　十冊　存二十卷(說文釋例二十卷)

370000－7589－0000141　2315

說文解字句讀三十卷　（漢）許慎記　（清）王筠撰集　（清）陳山嵋　（清）陳慶鏞訂正（清）蔣其嵋書篆　**句讀補正三十卷**　（清）王筠撰　（清）王彥侗　（清）孫藍田校　清咸豐四年(1854)安邱王筠與山西曲沃邑人襄陵刻本(句讀補正爲清咸豐九年安邱王彥侗刻本)

十七冊

370000－7589－0000142　2316

說文解字句讀三十卷　（漢）許慎記　（清）王筠撰集　（清）陳山嵋　（清）陳慶鏞訂正（清）蔣其嵋書篆　**句讀補正三十卷**　（清）王筠撰　（清）王彥侗　（清）孫藍田校　清咸豐四年(1854)安邱王筠與山西曲沃邑人襄陵刻本(句讀補正爲清咸豐九年安邱王彥侗刻本)　十五冊　存三十卷(說文解字句讀三十卷)

370000－7589－0000143　2317

說文解字句讀三十卷　（漢）許慎記　（清）王筠撰集　（清）陳山嵋　（清）陳慶鏞訂正（清）蔣其嵋書篆　**句讀補正三十卷**　（清）王筠撰　（清）王彥侗　（清）孫藍田校　清咸豐四年(1854)安邱王筠與山西曲沃邑人襄陵刻本(句讀補正爲清咸豐九年安邱王彥侗刻本)　十六冊

370000－7589－0000144　2318

說文解字句讀三十卷　（漢）許慎記　（清）王筠撰集　（清）陳山嵋　（清）陳慶鏞訂正（清）蔣其嵋書篆　**句讀補正三十卷**　（清）王筠撰　（清）王彥侗　（清）孫藍田校　清咸豐四年(1854)安邱王筠與山西曲沃邑人襄陵刻本(句讀補正爲清咸豐九年安邱王彥侗刻本)　十七冊

370000－7589－0000145　2319

說文釋例二十卷　（清）王筠撰　**釋例補正二十卷**　（清）王筠續纂　清道光二十八年(1848)安邱王筠徐溝刻本(釋例補正爲清咸豐二年安邱王筠鄉寧刻本)　十四冊　存二十卷(說文釋例二十卷)

370000－7589－0000146　2320

說文釋例二十卷　（清）王筠撰　**釋例補正二十卷**　（清）王筠續纂　清道光二十八年(1848)安邱王筠徐溝刻本(釋例補正爲清咸豐二年安邱王筠鄉寧刻本)　十一冊

370000－7589－0000147　2321

說文繫傳校錄三十卷附一卷　（清）王筠撰（清）劉燿椿參訂　（清）孫藍田　（清）宋翔

山東省濰坊市安丘市博物館古籍普查登記目錄

南 （清）王璿 （清）王彥侗校 清咸豐七年
(1857)刻本 二冊

370000－7589－0000148 2322
說文繫傳校錄三十卷附一卷 （清）王筠撰
（清）劉燿椿參訂 （清）孫藍田 （清）宋翔
南 （清）王璿 （清）王彥侗校 清咸豐七年
(1857)刻本 四冊

370000－7589－0000149 2323
文字蒙求四卷 （清）王筠撰 清道光二十六
年(1846)刻本 一冊

370000－7589－0000150 2324
新訂四書補註備旨十卷 （明）鄧林著 （清）
鄧煜編次 （清）祁文友重校 （清）杜定基增
訂 清刻本 一冊 存一卷(孟子三)

370000－7589－0000151 2326
說文解字句讀三十卷 （漢）許慎記 （清）王
筠撰集 （清）陳山嵋 （清）陳慶鏞訂正
（清）蔣其崙書篆 句讀補正三十卷 （清）王
筠撰 （清）王彥侗 （清）孫藍田校 清咸豐
四年(1854)安邱王筠與山西曲沃邑人襄陵刻
本(句讀補正爲清咸豐九年安邱王彥侗刻本)
十四冊 存五十六卷(說文解字句讀一至
十八、二十一至二十二、二十五至三十,句讀
補正三十卷)

370000－7589－0000152 2327
說文解字句讀三十卷 （漢）許慎記 （清）王
筠撰集 （清）陳山嵋 （清）陳慶鏞訂正
（清）蔣其崙書篆 句讀補正三十卷 （清）王
筠撰 （清）王彥侗 （清）孫藍田校 清咸豐
四年(1854)安邱王筠與山西曲沃邑人襄陵刻
本(句讀補正爲清咸豐九年安邱王彥侗刻本)
十二冊 存五十二卷(說文解字句讀一至
十四、十七至十八、二十三至二十六、二十九
至三十,句讀補正三十卷)

370000－7589－0000153 2328
說文釋例二十卷 （清）王筠撰 釋例補正二
十卷 （清）王筠續纂 清道光二十八年
(1848)安邱王筠徐溝刻本(釋例補正爲清咸
豐二年安邱王筠鄉寧刻本) 五冊 存十卷

(說文釋例三至四、九至十、十三至十八)

370000－7589－0000154 2329
四書朱子本義匯參四十三卷首四卷 （清）王
步青輯 （清）王士竈編 （清）王維甸
（清）王乃昀校 清敦復堂刻本 七冊 存八
卷(大學三卷、首一卷,中庸二至四、六)

370000－7589－0000155 2330
朱子周易本義啟蒙十六卷首一卷 （宋）朱熹
撰 （清）吳世尚重訂 清雍正十二年(1734)
光德堂刻本 五冊 存十六卷(易學啟蒙四
卷、周易經下、周易傳十卷,首一卷)

370000－7589－0000156 2331
四書會解二十七卷 （宋）朱熹集註 （清）綦
澧輯 清咸豐二年(1852)金閶會文堂刻本
八冊 存十一卷(大學一卷,中庸二卷,論語
一至四,孟子一至二、八、十四)

370000－7589－0000157 2332
周禮精華六卷 （清）陳龍標編輯 清同治五
年(1866)崇德堂刻本 六冊

370000－7589－0000158 2333
四書大全四十卷 （清）汪份輯 清刻本 六
冊 存八卷(中庸章句下、中庸或問下,孟子
一、三至四、九至十、十三)

370000－7589－0000159 2334
慎詒堂詩經八卷 （宋）朱熹撰 圖說一卷句
辨一卷字考一卷 清山左書業德刻朱墨套印
本 四冊

370000－7589－0000160 2335
說文繫傳校錄三十卷附一卷 （清）王筠撰
（清）劉燿椿參訂 （清）孫藍田 （清）宋翔
南 （清）王璿 （清）王彥侗校 清咸豐七年
(1857)刻本 二冊

370000－7589－0000161 2336
說文釋例二十卷 （清）王筠撰 釋例補正二
十卷 （清）王筠續纂 清道光二十八年
(1848)安邱王筠徐溝刻本(釋例補正爲清咸
豐二年安邱王筠鄉寧刻本) 九冊 存十八
卷(說文釋例一至十二、十五至二十)

370000－7589－0000162　2337

說文繫傳校錄三十卷附一卷　（清）王筠撰
（清）劉燿椿參訂　（清）孫藍田　（清）宋翔
南　（清）王璿　（清）王彥侗校　清咸豐七年
（1857）刻本　一冊　存十六卷（一至十五、附
一卷）

370000－7589－0000163　2338

四書人物類典串珠四十卷　（清）臧志仁編輯
　　清光緒九年（1883）德盛堂刻本　十二冊

370000－7589－0000164　2339

四書味根錄三十七卷　（清）金澂撰　清刻本
　　七冊　存十六卷（論語十七至二十、孟子三
至十四）

370000－7589－0000165　2340

康熙字典十二集三十六卷總目一卷檢字一卷
辨似一卷等韻一卷備考一卷補遺一卷　（清）
張玉書　（清）陳廷敬等纂　清刻本　二十五
冊　存八集二十五卷（寅集三卷、卯集三卷、
辰集三卷、巳集三卷、午集三卷、未集三卷、申
集三卷、酉集三卷,等韻一卷）

370000－7589－0000166　2341

詩韻合璧五卷詩腋一卷詞林典腋一卷　（清）
湯文潞輯　虛字韻籔一卷　（清）潘維城輯
清光緒十三年（1887）廣百宋齋鉛印本　五冊

370000－7589－0000167　2344

康熙字典十二集三十六卷總目一卷檢字一卷
辨似一卷等韻一卷備考一卷補遺一卷　（清）
張玉書　（清）陳廷敬等纂　清刻本　四十冊

370000－7589－0000168　2345

康熙字典十二集三十六卷總目一卷檢字一卷
辨似一卷等韻一卷備考一卷補遺一卷　（清）
張玉書　（清）陳廷敬等纂　（清）奕繪等重修
　　清道光七年（1827）刻本　三十二冊　缺二
集六卷（戌集三卷、亥集三卷）

370000－7589－0000169　2346

康熙字典十二集三十六卷總目一卷檢字一卷
辨似一卷等韻一卷備考一卷補遺一卷　（清）
張玉書　（清）陳廷敬等纂　清光緒十六年

（1890）上海鴻文書局石印本　六冊

370000－7589－0000170　2347

康熙字典十二集三十六卷總目一卷檢字一卷
辨似一卷等韻一卷備考一卷補遺一卷　（清）
張玉書　（清）陳廷敬等纂　清上海鴻寶書局
石印本　六冊

370000－7589－0000171　2348

康熙字典十二集三十六卷總目一卷檢字一卷
辨似一卷等韻一卷備考一卷補遺一卷　（清）
張玉書　（清）陳廷敬等纂　清光緒三十二年
（1906）上海商務印書館石印本　六冊

370000－7589－0000172　2349

康熙字典十二集三十六卷總目一卷檢字一卷
辨似一卷等韻一卷備考一卷補遺一卷　（清）
張玉書　（清）陳廷敬等纂　清光緒二十年
（1894）上海點石齋石印本　六冊

370000－7589－0000173　2350

康熙字典十二集三十六卷總目一卷檢字一卷
辨似一卷等韻一卷備考一卷補遺一卷　（清）
張玉書　（清）陳廷敬等纂　清光緒十六年
（1890）上洋鴻寶齋石印本　六冊

370000－7589－0000174　2351

康熙字典十二集三十六卷總目一卷檢字一卷
辨似一卷等韻一卷備考一卷補遺一卷　（清）
張玉書　（清）陳廷敬等纂　清光緒十六年
（1890）上洋鴻寶齋石印本　六冊

370000－7589－0000175　2352

康熙字典十二集十二卷總目一卷檢字一卷辨
似一卷等韻一卷備考一卷補遺一卷　（清）張
玉書　（清）陳廷敬等纂　清光緒十四年
（1888）上海圖書集成印書局鉛印本　七冊
存七集九卷（子集一卷、丑集一卷、寅集一卷、
卯集一卷、辰集一卷、巳集一卷、午集一卷,辨
似一卷,等韻一卷）

370000－7589－0000176　2353

康熙字典十二集三十六卷總目一卷檢字一卷
辨似一卷等韻一卷備考一卷補遺一卷　（清）
張玉書　（清）陳廷敬等纂　清末石印本　六

山東省濰坊市安丘市博物館古籍普查登記目録

冊　缺一集三卷(申集三卷)

370000 – 7589 – 0000177　2356

康熙字典十二集三十六卷總目一卷檢字一卷辨似一卷等韻一卷備考一卷補遺一卷　（清）張玉書　（清）陳廷敬等纂　清光緒十一年(1885)上海同文書局石印本　六冊

370000 – 7589 – 0000178　2359

文字蒙求四卷　（清）王筠撰　清道光二十六年(1846)刻本　二冊

370000 – 7589 – 0000179　2360

康熙字典十二集三十六卷總目一卷檢字一卷辨似一卷等韻一卷備考一卷補遺一卷　（清）張玉書　（清）陳廷敬等纂　清道光七年(1827)刻本　三十二冊

370000 – 7589 – 0000180　2361

康熙字典十二集三十六卷總目一卷檢字一卷辨似一卷等韻一卷備考一卷補遺一卷　（清）張玉書　（清）陳廷敬等纂　（清）奕繪等重修　清道光七年(1827)刻本　四十冊

370000 – 7589 – 0000181　2362

康熙字典十二集三十六卷總目一卷檢字一卷辨似一卷等韻一卷備考一卷補遺一卷　（清）張玉書　（清）陳廷敬等纂　（清）奕繪等重修　清道光七年(1827)刻本　六冊　存三集六卷(午集中、下,未集三卷,申集上)

370000 – 7589 – 0000182　2363

康熙字典十二集三十六卷總目一卷檢字一卷辨似一卷等韻一卷備考一卷補遺一卷　（清）張玉書　（清）陳廷敬等纂　清刻本　三十九冊　缺一卷(等韻一卷)

370000 – 7589 – 0000183　2364

字彙四集　（明）梅膺祚音釋　清光緒十年(1884)文英堂刻本　四冊

370000 – 7589 – 0000184　2365

詩韻集成十卷詞林典腋一卷　（清）余照輯　清光緒九年(1883)萊州四寶堂刻本　四冊

370000 – 7589 – 0000185　2366

韻字鑑四卷　（清）翟云升撰　清刻本　三冊　存三卷(二至四)

370000 – 7589 – 0000186　2367

左傳易讀六卷　（清）司徒修輯　清同治五年(1866)聚盛堂刻本　六冊

370000 – 7589 – 0000187　2368

康熙字典十二集三十六卷總目一卷檢字一卷辨似一卷等韻一卷備考一卷補遺一卷　（清）張玉書　（清）陳廷敬等纂　清上海鴻寶書局石印本　六冊

370000 – 7589 – 0000188　2369

五經備旨四十五卷　（清）鄒聖脈纂輯　（清）鄒廷猷編次　（清）鄒景揚　（清）鄒景鴻　（清）鄒景章訂　清光緒十五年(1889)上海積山書局石印本　十二冊

370000 – 7589 – 0000189　2370

墨選奪元八卷　（清）京都琉璃廠編　清同治三年(1864)京都琉璃廠刻本　七冊　存七卷(一至六、八)

370000 – 7589 – 0000190　2371

四書人物類典串珠四十卷　（清）臧志仁編輯　清汲綆齋刻本　八冊　存十七卷(一至十七)

370000 – 7589 – 0000191　2372

詩韻合璧五卷詩腋一卷詞林典腋一卷　（清）湯文璐輯　**虛字韻籔一卷**　（清）潘維城輯　清光緒四年(1878)上海淞隱閣鉛印本　二冊　存三卷(詩韻合璧三、五,虛字韻籔一卷)

370000 – 7589 – 0000192　2375

五經備旨四十五卷　（清）鄒聖脈纂輯　（清）鄒廷猷編次　（清）鄒景揚　（清）鄒景鴻　（清）鄒景章訂　清光緒十五年(1889)上海書局石印本　十二冊

370000 – 7589 – 0000193　2376

商務書館華英字典　（清）上海商務印書館編　清宣統元年(1909)上海商務印書館鉛印本　一冊

370000 – 7589 – 0000194　2377

監本易經四卷圖一卷 （宋）朱熹撰　清光緒三年(1877)德盛堂刻本　三冊

370000 – 7589 – 0000195　2378

增注八銘塾鈔初集六卷論文一卷二集六卷闈試總論一卷 （清）吳懋政編次　（清）李文山註釋　（清）樊慶寅校訂　清光緒寶書堂刻本　六冊　存八卷(增注八銘塾鈔初集上孟一卷、二集六卷、闈試總論一卷)

370000 – 7589 – 0000196　2379

塾課小題正鵠初集不分卷二集不分卷三集不分卷 （清）李元度編輯　（清）李傳敏鑒定　訓蒙草一卷　（清）路德著　清光緒十二年(1886)上海著易堂刻本　四冊

370000 – 7589 – 0000197　2380

八銘塾鈔初集六卷闈試總論一卷 （清）吳懋政編次　（清）李文山註釋　清嘉慶二十四年(1819)慶餘堂刻本　四冊

370000 – 7589 – 0000198　2381

四書釋文十九卷四書字辨一卷疑字辨一卷句辨一卷 （清）王廣言輯　清光緒七年(1881)諸城王氏家塾刻本　六冊

370000 – 7589 – 0000199　2382

四書朱子本義滙參四十三卷首四卷 （清）王步青輯　（清）王士鼇編　（清）王維甸(清)王乃昀校　清敦復堂刻本　六冊　存八卷(孟子集註本義滙參六至十三)

370000 – 7589 – 0000200　2383

增補四書精繡圖像人物備考十二卷 （明）薛應旂彙輯　（明）陳仁錫增定　（明）陳義錫重校　清文盛堂刻本　一冊　存二卷(上論五至六)

370000 – 7589 – 0000201　2384

康熙字典十二集三十六卷總目一卷檢字一卷辨似一卷等韻一卷備考一卷補遺一卷 （清）張玉書　（清）陳廷敬等纂　清刻本　三十二冊　存十集三十四卷(子集三卷,丑集三卷,寅集三卷,卯集三卷,辰集三卷,巳集中、下,

申集三卷,酉集三卷,戌集三卷,亥集三卷;總目一卷;檢字一卷;辨似一卷;等韻一卷;補遺一卷)

370000 – 7589 – 0000202　2385

康熙字典十二集三十六卷總目一卷檢字一卷辨似一卷等韻一卷備考一卷補遺一卷 （清）張玉書　（清）陳廷敬等纂　清刻本　三十三冊　存十二集三十三卷(子集上、中,丑集三卷,寅集上、下,卯集中、下,辰集三卷,巳集上、下,午集三卷,未集三卷,申集三卷,酉集三卷,戌集三卷,亥集三卷;辨似一卷)

370000 – 7589 – 0000203　2386

監本易經四卷圖說一卷 （宋）朱熹撰　清步月樓刻本　一冊　存二卷(一、圖說一卷)

370000 – 7589 – 0000204　2387

樂經集註二卷 （清）張鳳翔撰　清順治刻本　一冊

370000 – 7589 – 0000205　2388

酌雅齋四書遵註合講十九卷圖考一卷 （清）翁復編次　（清）詹文煥參定　清嘉慶十五年(1810)酌雅齋刻本　一冊　存三卷(大學一卷、中庸一卷,圖考一卷)

370000 – 7589 – 0000206　2389

書經體註大全合參六卷圖一卷 （清）錢希祥纂輯　（清）范翔鑒定　清嘉慶二十一年(1816)金閶書業堂刻本　四冊

370000 – 7589 – 0000207　2391

詩韻題解十卷 （清）甘蘭友輯　清刻本　一冊　存二卷(三至四)

370000 – 7589 – 0000208　2392

四書集註十九卷 （宋）朱熹撰　清刻本　一冊　存二卷(孟子六至七)

370000 – 7589 – 0000209　2393

文字蒙求刪本三卷 （清）王筠撰　清刻本　一冊

370000 – 7589 – 0000210　2394

監本書經六卷 （宋）蔡沈撰　清三益堂刻本

山東省濰坊市安丘市博物館古籍普查登記目録

三冊　存四卷(一至四)

370000－7589－0000211　2395
**康熙字典十二集十二卷總目一卷檢字一卷辨
似一卷等韻一卷備考一卷補遺一卷**　(清)張
玉書　(清)陳廷敬等纂　清光緒十四年
(1888)上海圖書集成印書局鉛印本　五冊
存五集七卷(未集一卷、申集一卷、酉集一卷、
戌集一卷、亥集一卷,備考一卷,補遺一卷)

370000－7589－0000212　2396
詩韻合璧五卷詩腋一卷詞林典腋一卷　(清)
湯文潞輯　**虛字韻籔一卷**　(清)潘維城輯
清光緒四年(1878)上海淞隱閣鉛印本　五冊

370000－7589－0000213　2397
詩韻集成十卷詞林典腋一卷　(清)余照輯
清刻本　二冊　存六卷(五至十)

370000－7589－0000214　2398
禹貢正字一卷　(清)王筠撰　清道光二十九
年(1849)刻本　一冊

370000－7589－0000215　2399
周官精義十二卷　(清)連斗山編次　清嘉慶
元年(1796)金閶書業堂刻本　六冊

370000－7589－0000216　2401
御纂周易述義十卷　(清)傅恒等撰　清刻本
六冊

370000－7589－0000217　2402
史記一百三十卷　(漢)司馬遷撰　(南朝宋)
裴駰集解　(唐)司馬貞索隱　(唐)張守節正
義　清同治五年至九年(1866－1870)金陵書
局刻二十四史本　十四冊　存一百二卷(八
至十二、十五至十七、二十至六十六、七十四
至八十三、九十四至一百三十)

370000－7589－0000218　2404
歷朝綱鑑會纂三十九卷首一卷　(明)王世貞
編　清刻本　四十冊

370000－7589－0000219　2405
路史四十七卷　(宋)羅泌撰　(宋)羅苹註
(明)喬可傳校　清刻本　十冊　存二十四卷

(後紀九至十三,餘論十卷,發揮三至六,國姓
衍慶紀原一卷,大衍說一卷,國名記甲、乙、
信)

370000－7589－0000220　2406
廣輿記二十四卷　(明)陸應陽原纂　(清)蔡
方炳增輯　清刻本　十冊　存十四卷(十一
至二十四)

370000－7589－0000221　2407
廿一史約編八卷首一卷　(清)鄭元慶述　清
上洋江左書林刻本　八冊

370000－7589－0000222　2408
歐陽文忠公五代史抄二十卷　(明)茅坤批評
(明)茅著重訂　明茅著刻本　三冊　存十
卷(七至十二、十七至二十)

370000－7589－0000223　2409
綱鑑擇言補註十卷　(清)司徒修選輯　(清)
李嘉樹補註　(清)沈士荃　(清)葉道垠參校
清道光二十七年(1847)書業德刻本　四冊
存八卷(一至四、七至十)

370000－7589－0000224　2410
南遊記一卷　(清)孫嘉淦撰　清嘉慶十年
(1805)守意龕刻本　一冊

370000－7589－0000225　2411
乾隆府廳州縣圖志五十卷　(清)洪亮吉撰
清刻本　九冊　存三十九卷(四至二十七、三
十二至四十六)

370000－7589－0000226　2412
史緯三百三十卷首一卷　(清)陳允錫刪修
清刻本　八冊　存十七卷(二百四十二至二
百五十八)

370000－7589－0000227　2413
御批歷代通鑑輯覽一百二十卷　(清)傅恒等
撰　清光緒二十四年(1898)上海圖書集成局
鉛印本　二十四冊

370000－7589－0000228　2414
于文定公讀史漫錄二十卷　(明)于慎行撰
(清)黃恩彤參訂　(清)彭昱堯校字　清道光

山東省濰坊市圖書館等二十二家收藏單位古籍普查登記目錄

二十六年(1846)存素齋刻本　十冊

370000－7589－0000229　2415

尺木堂綱鑑易知錄九十二卷　（清）吳乘權
（清）周之炯　（清）周之燦輯　**尺木堂明鑑易
知錄十五卷**　（清）朱國標鈔　（清）吳乘權
（清）周之炯　（清）周之燦輯　清光緒二十七
年(1901)上海鑄史齋鉛印本　十三冊　存八
十九卷(尺木堂綱鑑易知錄五至三十二、四十
七至九十二,尺木堂明鑑易知錄十五卷)

370000－7589－0000230　2416

中東戰紀本末八卷首一卷末一卷　（美國）林
樂知著譯　蔡爾康纂輯　清光緒二十二年
(1896)上海圖書集成局鉛印本　八冊

370000－7589－0000231　2418

前漢書一百卷　（漢）班固撰　（唐）顏師古注
　清同治十二年(1873)嶺東使署刻本　十二
冊　存八十卷(一至十五、二十一至二十五、
二十八至四十、四十五至八十二、九十二至一
百)

370000－7589－0000232　2419

歷代名臣言行錄二十四卷　（清）朱桓編輯
（清）潘永季校定　（清）沈維墭重校　清末鉛
印本　六冊　存十一卷(十四至二十四)

370000－7589－0000233　2420

歷代史論十二卷　（明）張溥論正　（清）孫琮
評　**宋史論三卷**　（明）張溥論正　**元史論一
卷**　（明）張溥論正　**左傳史論二卷**　（清）高
士奇論正　**明史論四卷**　（清）谷應泰論正
清光緒十三年(1887)埽葉山房刻本　十冊

370000－7589－0000234　2421

歷代史論十二卷　（明）張溥論正　（清）孫琮
評　**宋史論三卷**　（明）張溥論正　**元史論一
卷**　（明）張溥論正　**左傳史論二卷**　（清）高
士奇論正　**明史論四卷**　（清）谷應泰論正
清光緒十三年(1887)埽葉山房刻本　八冊

370000－7589－0000235　2422

史記論文一百三十卷　（漢）司馬遷撰　（清）
吳見思評點　（清）吳興祚參訂　清刻本　六

冊　存三十四卷(八十一至八十八、九十二至
一百三、一百十七至一百三十)

370000－7589－0000236　2423

春秋三十卷　（宋）胡安國傳　清致和堂刻本
　八冊

370000－7589－0000237　2424

重訂路史全本四十七卷　（宋）羅泌著　（明）
吳培昌閱　（明）吳弘基　（明）吳百朋訂　清
刻本　七冊　存十卷(餘論四至七、發揮六
卷)

370000－7589－0000238　2425

唐陸宣公集二十二卷　（唐）陸贄撰　（清）年
羹堯重訂　（清）王汝驤　（清）張泰基校　清
光緒二十七年(1901)上海煥文書局石印本
四冊

370000－7589－0000239　2426

金石索十二卷首一卷　（清）馮雲鵬　（清）馮
雲鵷輯　清光緒三十三年(1907)上海文新局
石印本　二十四冊

370000－7589－0000240　2427

御批歷代通鑑輯覽一百二十卷　（清）傅恒等
撰　清鉛印本　九冊　存四十五卷(六十一
至一百、一百六至一百十)

370000－7589－0000241　2428

尺木堂綱鑑易知錄九十二卷　（清）吳乘權
（清）周之炯　（清）周之燦輯　**尺木堂明鑑易
知錄十五卷**　（清）朱國標鈔　（清）吳乘權
（清）周之炯　（清）周之燦輯　清光緒二十六
年(1900)上海圖書集成印書局鉛印本　十
六冊

370000－7589－0000242　2429

尺木堂綱鑑易知錄九十二卷　（清）吳乘權
（清）周之炯　（清）周之燦輯　**尺木堂明鑑易
知錄十五卷**　（清）朱國標鈔　（清）吳乘權
（清）周之炯　（清）周之燦輯　清光緒三十年
(1904)上海校經山房鉛印本　十六冊

370000－7589－0000243　2430

袁王綱鑑合編三十九卷首一卷　（明）袁黃輯

（明）王世貞編　**明紀綱目二十卷**　（清）張廷玉等撰　清光緒三十年(1904)上海商務印書館鉛印本　十六冊

370000－7589－0000244　2431

東華錄三十二卷　（清）蔣良騏輯　清刻本　五冊　存十四卷(七至十二、十五至二十、三十一至三十二)

370000－7589－0000245　2432

東華錄三十二卷　（清）蔣良騏輯　清刻本　十六冊

370000－7589－0000246　2433

讀史偶吟二卷　（清）孫玉甲纂　（清）吳如珩註　（清）吳文浩　（清）王士佳　（清）孫師奭校　清乾隆五年(1740)世濟堂刻本　二冊

370000－7589－0000247　2434

歷代史論二卷　（明）顧充著　（清）庚祖山（清）曹肇周　（清）賴劍校　清光緒十三年(1887)埽葉山房刻本　二冊

370000－7589－0000248　2435

[宣統]山東通志二百卷首九卷目錄一卷附錄一卷補遺一卷末一卷　（清）楊士驤修　（清）孫葆田等纂　清刻本　十二冊　存五十卷(十五至六十四)

370000－7589－0000249　2437

文獻通考二十四卷首一卷　（元）馬端臨著　清光緒二十五年(1899)上海點石齋石印本　二十二冊　存二十四卷(一至十四、十六至二十四,首一卷)

370000－7589－0000250　2439

尺木堂綱鑑易知錄九十二卷　（清）吳乘權（清）周之炯　（清）周之燦輯　**尺木堂明鑑易知錄十五卷**　（清）朱國標鈔　（清）吳乘權（清）周之炯　（清）周之燦輯　清光緒二十七年(1901)上海鑄史齋鉛印本　十六冊

370000－7589－0000251　2440

御批歷代通鑑輯覽一百二十卷　（清）傅恒等撰　清石印本　十二冊　存六十卷(三十二至六十、九十至一百二十)

370000－7589－0000252　2442

重訂王鳳洲先生綱鑑會纂四十六卷續宋元二十三卷　（明）王世貞纂　（明）陳仁錫訂（明）呂一經校　**御撰資治通鑑綱目三編二十卷末一卷**　（清）張廷玉等撰　清光緒二十九年(1903)慶文堂刻本　四十八冊

370000－7589－0000253　2443

資治新書二集二十卷　（清）李漁蒐輯　（清）沈心友訂　清文光堂刻本　五冊

370000－7589－0000254　2444

讀通鑑論十六卷宋論十五卷　（清）王夫之撰　清光緒三十年(1904)上海商務印書館鉛印本　五冊　存十卷(讀通鑑論一至二、七至十四)

370000－7589－0000255　2445

讀通鑑論十六卷宋論十五卷　（清）王夫之撰　清光緒三十年(1904)上海商務印書館鉛印本　四冊　存十八卷(讀通鑑論八至九、十四,宋論十五卷)

370000－7589－0000256　2446

御批歷代通鑑輯覽一百二十卷　（清）傅恒等撰　清刻本　十三冊　存五十三卷(三十四至五十一、五十六至九十)

370000－7589－0000257　2447

史記論文一百三十卷　（漢）司馬遷撰　（清）吳見思評點　（清）吳興祚參訂　清乾隆四十五年(1780)尺木堂刻本(卷四十一至四十三、七十一至七十七爲抄配)　二十三冊

370000－7589－0000258　2448

史記論文一百三十卷　（漢）司馬遷撰　（清）吳見思評點　（清）吳興祚參訂　清尺木堂刻本　十二冊　存六十五卷(一至六十五)

370000－7589－0000259　2449

歷代名臣言行錄二十四卷　（清）朱桓編輯（清）潘永季校定　（清）邱與久重校　清光緒二十八年(1902)鴻寶書局石印本　十二冊

370000－7589－0000260　2450

歷代名臣言行錄二十四卷　（清）朱桓編輯

山東省濰坊市圖書館等二十二家收藏單位古籍普查登記目錄

（清）潘永季校定　（清）邱與久重校　清光緒
二十八年（1902）上海煥文書局石印本　八冊

370000－7589－0000261　2451
史記論文一百三十卷　（漢）司馬遷撰　（清）
吳見思評點　清抄本　十六冊

370000－7589－0000262　2452
國朝論策類編六卷經義一卷　（清）朱鍾琪編
　　清光緒二十四年（1898）識小社刻本　四冊

370000－7589－0000263　2453
歷代名臣言行錄二十四卷　（清）朱桓編輯
（清）潘永季校定　（清）許時庚重校　清光緒
二十九年（1903）濰陽寶書堂刻本　二十二冊
　　存二十二卷（一至二、四至七、九至二十四）

370000－7589－0000264　2454
金史紀事本末五十二卷首一卷末一卷　（清）
李有棠編纂　清石印本　六冊

370000－7589－0000265　2455
少微通鑑節要五十卷　（宋）江贄撰　明正德
内府刻本　十四冊　存三十七卷（一至三、六
至十七、二十一至二十三、二十九至三十八、
四十二至五十）

370000－7589－0000266　2456
廣輿記二十四卷圖一卷　（明）陸應陽原纂
（清）蔡方炳增輯　清康熙四十六年（1707）刻
本　五冊　存十九卷（一至七、十四至二十
四,圖一卷）

370000－7589－0000267　2457
前漢書一百卷　（漢）班固撰　（唐）顏師古注
　　清同治八年（1869）金陵書局刻二十四史本
　　十二冊　存六十卷（一至三十二、七十三至
一百）

370000－7589－0000268　2458
**重訂王鳳洲先生綱鑑會纂四十六卷續宋元二
十三卷**　（明）王世貞纂　（明）陳仁錫訂
（明）呂一經校　**御撰資治通鑑綱目三編二十
卷末一卷**　（清）張廷玉等撰　清光緒二十八
年（1902）益友堂刻本　四十八冊

370000－7589－0000269　2459
漢書一百卷　（漢）班固撰　（唐）顏師古注
清光緒二十四年（1898）上海點石齋石印本
八冊

370000－7589－0000270　2460
後漢書一百二十卷　（南朝宋）范曄撰　（唐）
李賢注　**續志**　（晉）司馬彪撰　（南朝梁）劉
昭注補　清光緒九年（1883）上海點石齋石印
本　四冊

370000－7589－0000271　2461
後漢書一百二十卷　（南朝宋）范曄撰　（唐）
李賢注　**續志**　（晉）司馬彪撰　（南朝梁）劉
昭注補　清光緒二十四年（1898）上海點石齋
石印本　六冊

370000－7589－0000272　2463
後漢書一百二十卷　（南朝宋）范曄撰　（唐）
李賢注　**續志**　（晉）司馬彪撰　（南朝梁）劉
昭注補　清同治八年（1869）金陵書局刻二十
四史本　四冊　存二十七卷（五十四至八十）

370000－7589－0000273　2464
後漢書一百二十卷　（南朝宋）范曄撰　（唐）
李賢注　**續志**　（晉）司馬彪撰　（南朝梁）劉
昭注補　清光緒十三年（1887）金陵書局刻二
十四史本　四冊　存二十三卷（一至二十三）

370000－7589－0000274　2465
後漢書一百二十卷　（南朝宋）范曄撰　（唐）
李賢注　**續志**　（晉）司馬彪撰　（南朝梁）劉
昭注補　清同治十二年（1873）嶺東使署刻本
　　八冊　存六十四卷（五至十、十八至二十
五、三十二至三十九、五十四至六十七、八十
一至九十,續志十三至三十）

370000－7589－0000275　2466
尺木堂明鑑易知錄十五卷明亡諸王一卷
（清）朱國標鈔　（清）吳乘權　（清）周之炯
（清）周之燦輯　清尺木堂刻本　八冊

370000－7589－0000276　2467
欽定科場條例六十卷首一卷　（清）禮部纂修
　　清刻本　六冊　存十六卷（四至五、七至

山東省濰坊市安丘市博物館古籍普查登記目錄

九、二十至二十三、二十七至二十八、三十六至三十九、五十一）

370000－7589－0000277　2468
廿二史劄記三十六卷補遺一卷　（清）趙翼撰
清光緒二十六年（1900）上海書局石印本
六冊　存二十八卷（一至四、十至二十八、三十三至三十六，補遺一卷）

370000－7589－0000278　2469
御批歷代通鑑輯覽一百二十卷　（清）傅恒等撰　清光緒三十年（1904）上海錦章書局石印本　二十七冊　存一百十六卷（一至七十八、八十三至一百二十）

370000－7589－0000279　2470
重訂王鳳洲先生綱鑑會纂四十六卷續宋元二十三卷　（明）王世貞纂　（明）陳仁錫訂（明）呂一經校　御撰資治通鑑綱目三編二十卷末一卷　（清）張廷玉等撰　清光緒二十九年（1903）刻本　四十八冊

370000－7589－0000280　2471
重訂王鳳洲先生綱鑑會纂四十六卷續宋元二十三卷　（明）王世貞纂　（明）陳仁錫訂（明）呂一經校　御撰資治通鑑綱目三編二十卷末一卷　（清）張廷玉等撰　清光緒二十六年（1900）善成堂刻本　四十五冊

370000－7589－0000281　2472
重訂王鳳洲先生綱鑑會纂四十六卷續宋元二十三卷　（明）王世貞纂　（明）陳仁錫訂（明）呂一經校　御撰資治通鑑綱目三編二十卷末一卷　（清）張廷玉等撰　清善成堂刻本　六冊　存十卷（續宋元一、三至十一）

370000－7589－0000282　2473
御批歷代通鑑輯覽一百二十卷　（清）傅恒等撰　清上海埽葉山房石印本　十一冊　存六十六卷（四十三至四十八、六十一至一百二十）

370000－7589－0000283　2474
御批歷代通鑑輯覽一百二十卷勘誤記一卷
（清）傅恒等撰　清光緒三十一年（1905）上海

商務印書館石印本　三十六冊　存一百十二卷（一至九十九、一百六至一百七、一百十一至一百二十，勘誤記一卷）

370000－7589－0000284　2475
御批歷代通鑑輯覽一百二十卷　（清）傅恒等撰　清石印本　八冊　存五十七卷（六十四至一百二十）

370000－7589－0000285　2476
御批歷代通鑑輯覽一百二十卷勘誤記一卷
（清）傅恒等撰　清光緒三十一年（1905）上海商務印書館石印本　十六冊　存八十五卷（一至六十、九十六至一百二十）

370000－7589－0000286　2477
御批歷代通鑑輯覽一百二十卷　（清）傅恒等撰　清石印本　六冊　存二十九卷（三十四至六十二）

370000－7589－0000287　2478
御批歷代通鑑輯覽一百二十卷　（清）傅恒等撰　清光緒二十九年（1903）山東慶裕書局刻本　七十二冊

370000－7589－0000288　2479
御批歷代通鑑輯覽一百二十卷　（清）傅恒等撰　清光緒二十四年（1898）上洋圖書集成局石印本　二十三冊　存一百十五卷（一至二十五、三十一至一百二十）

370000－7589－0000289　2480
重訂王鳳洲先生綱鑑會纂四十六卷續宋元二十三卷　（明）王世貞纂　（明）陳仁錫訂（明）呂一經校　御撰資治通鑑綱目三編二十卷末一卷　（清）張廷玉等撰　清濰陽寶書堂刻本　六冊　存十一卷（續宋元一至十一）

370000－7589－0000290　2481
綱鑑會纂摘抄不分卷　（明）王世貞纂　清抄本　四冊

370000－7589－0000291　2482
尺木堂綱鑑易知錄九十二卷　（清）吳乘權
（清）周之炯　（清）周之燦輯　尺木堂明鑑易知錄十五卷　（清）朱國標鈔　（清）吳乘權

山東省濰坊市圖書館等二十二家收藏單位古籍普查登記目錄

(清)周之炯　（清)周之燦輯　清光緒二十七年(1901)上海商務印書館鉛印本　十六冊

370000－7589－0000292　2483

重訂王鳳洲先生綱鑑會纂四十六卷續宋元二十三卷　（明)王世貞纂　（明)陳仁錫訂（明)呂一經校　**御撰資治通鑑綱目三編二十卷末一卷**　（清)張廷玉等撰　清尺木堂刻本　七冊　存十八卷(御撰資治通鑑綱目三編一至六、九至二十)

370000－7589－0000293　2484

尺木堂綱鑑易知錄九十二卷　（清)吳乘權（清)周之炯　（清)周之燦輯　**尺木堂明鑑易知錄十五卷**　（清)朱國標鈔　（清)吳乘權（清)周之炯　（清)周之燦輯　清刻本　三十冊　存七十卷(十九至五十四、五十七至八十三、八十六至九十二)

370000－7589－0000294　2485

尺木堂綱鑑易知錄九十二卷　（清)吳乘權（清)周之炯　（清)周之燦輯　**尺木堂明鑑易知錄十五卷**　（清)朱國標鈔　（清)吳乘權（清)周之炯　（清)周之燦輯　清光緒二十七年(1901)上海鑄史齋鉛印本　十七冊

370000－7589－0000295　2486

重訂王鳳洲先生綱鑑會纂四十六卷續宋元二十三卷　（明)王世貞纂　（明)陳仁錫訂（明)呂一經校　清維新堂刻本　七冊　存十卷(重訂王鳳洲先生綱鑑會纂三十四至四十一、四十三至四十四)

370000－7589－0000296　2487

廿二史劄記三十六卷補遺一卷　（清)趙翼撰　清光緒二十六年(1900)上海書局石印本　八冊

370000－7589－0000297　2494

[康熙]日照縣志十二卷　（清)楊士雄修（清)丁昇等纂　清康熙十二年(1673)刻本　一冊　存五卷(六至十)

370000－7589－0000298　2495

[光緒]益都縣圖志五十四卷首一卷　（清)張

承爕　（清)李祖年修　（清)法偉堂纂　清光緒三十三年(1907)益都官舍刻本　十六冊

370000－7589－0000299　2496

[乾隆]諸城縣志四十六卷　（清)宮懋讓修（清)李文藻等纂　清乾隆二十九年(1764)刻本　八冊

370000－7589－0000300　2497

齊雲山志五卷　（明)魯點編輯　（明)顧懋宏（明)吳芊　（明)丁惟暄校　清康熙五年(1666)刻本　五冊

370000－7589－0000301　2501

靈巖志六卷　（清)李興祖　（清)孟光宗鑒定（清)王弘任敍次　（清)馬大相編輯（清)韓毓桐　（清)盧治巳校正　清康熙三十五年(1696)刻本　四冊

370000－7589－0000302　2507

[康熙]續安邱縣志二十五卷　（清)王訓撰清抄本　二冊

370000－7589－0000303　2515

三國志六十五卷　（晉)陳壽撰　（南朝宋)裴松之注　清同治九年(1870)金陵書局刻二十四史本　六冊　存四十五卷(六至三十、四十六至六十五)

370000－7589－0000304　2517

海岱史略一百四十卷附錄十一卷　（清)王馭超編　（清)王筠　（清)王簡　（清)王簹（清)王範校　清光緒二十二年至二十三年(1896－1897)安邱王氏家刻本　二十四冊

370000－7589－0000305　2520

[康熙]青州府志二十二卷　（清)陶錦修（清)王昌學　（清)王樫纂　清刻本　八冊

370000－7589－0000306　2524

[康熙]青州府志二十二卷　（清)陶錦修（清)王昌學　（清)王樫纂　清刻本　五冊存十五卷(一至十、十三至十七)

370000－7589－0000307　2525

南征紀略二卷　（清)孫廷銓纂　清順治九年

山東省濰坊市安丘市博物館古籍普查登記目錄

(1652)刻本　二册

370000 – 7589 – 0000308　2526

[山東安邱]劉氏家紀八卷　（清）劉瑋等纂
清宣統元年(1909)刻本　一册

370000 – 7589 – 0000309　2527

[山東安邱]劉氏家紀八卷　（清）劉瑋等纂
清宣統元年(1909)刻本　一册

370000 – 7589 – 0000310　2528

劉璞奏疏一卷　（明）劉璞撰　清乾隆十七年
(1752)刻本　一册

370000 – 7589 – 0000311　2529

[萬曆]安邱縣志二十八卷　（明）馬文煒撰
清抄本　二册

370000 – 7589 – 0000312　2532

[山東安邱]峰山李氏族譜不分卷　（清）□□
撰　清刻本　一册

370000 – 7589 – 0000313　2533

[光緒]濰縣鄉土志不分卷　（清）宋朝楨總纂
（清）陳傳弼等分纂　清光緒石印本　一册

370000 – 7589 – 0000314　2534

[光緒]山東郡縣圖考不分卷　（清）任道鎔輯
清光緒八年(1882)刻本　一册

370000 – 7589 – 0000315　2535

泰山小史不分卷　（明）蕭協中著　清乾隆五
十四年(1789)刻本　一册

370000 – 7589 – 0000316　2536

航海瑣記四卷　（清）余思詒撰　清光緒三十
二年(1906)山東官印書局鉛印本　一册　存
一卷(樓船日記上)

370000 – 7589 – 0000317　2538

平叛記二卷　（清）毛霦編　（清）毛貢
（清）毛贄　（清）毛賀　（清）毛賡校字　清
康熙五十五年(1716)東萊毛氏刻本　二册

370000 – 7589 – 0000318　2539

前漢書菁華錄四卷後漢書菁華錄二卷蜀漢一
卷　（清）高嶠撰　清光緒二十六年(1900)上
海書局石印本　三册　存三卷(前漢書菁華

錄一、三至四)

370000 – 7589 – 0000319　2540

重訂王鳳洲先生綱鑑會纂四十六卷續宋元二
十三卷　（明）王世貞纂　（明）陳仁錫訂
（明）呂一經校　御撰資治通鑑綱目三編二十
卷末一卷　（清）張廷玉等撰　清聚和堂刻本
　六册　存十卷(重訂王鳳洲先生綱鑑會纂
二十三、二十八、三十至三十三、四十至四十
一,續宋元十四至十五)

370000 – 7589 – 0000320　2542

史論正鵠初集四卷二集四卷三集八卷　（清）
王樹敏評點　清光緒二十七年(1901)上海久
敬齋石印本　十六册

370000 – 7589 – 0000321　2543

史論正鵠初集四卷二集四卷三集八卷　（清）
王樹敏評點　清光緒二十七年(1901)上海久
敬齋石印本　八册　存八卷(史論正鵠初集
四卷、二集四卷)

370000 – 7589 – 0000322　2544

史事論戊編十卷　雷瑨編輯　清光緒三十一
年(1905)硯耕山莊石印本　二册　存五卷
(一至二、八至十)

370000 – 7589 – 0000323　2545

史翼三十六卷　（清）王紹翰編輯　（清）趙煦
校訂　清光緒二十九年(1903)支那新書局石
印本　八册

370000 – 7589 – 0000324　2546

尺木堂綱鑑易知錄九十二卷　（清）吳乘權
（清）周之炯　（清）周之燦輯　尺木堂明鑑易
知錄十五卷　（清）朱國標鈔　（清）吳乘權
（清）周之炯　（清）周之燦輯　清光緒三十年
(1904)上海點石齋書局鉛印本　八册　存五
十四卷(一至五十四)

370000 – 7589 – 0000325　2547

史鑑綱目新論十卷　（明）王世貞鑒定　（清）
譚奇編次　清光緒二十七年(1901)詞源閣石
印本　十册

370000 – 7589 – 0000326　2548

山東省濰坊市圖書館等二十二家收藏單位古籍普查登記目錄

[道光]潁上縣志十三卷備采一卷首一卷
(清)劉燿椿修 (清)李同纂 清道光六年
(1826)刻本 七冊

370000－7589－0000327 2549

金石索十二卷首一卷 (清)馮雲鵬 (清)馮
雲鵷輯 清刻本 二冊 存二卷(金索三上、
石索六下)

370000－7589－0000328 2550

逆臣傳四卷 (清)國史館編 清刻本 二冊

370000－7589－0000329 2551

海上治兵官書二卷海南燼餘錄二卷 (清)劉
燿椿著 清道光劉燿椿稿本 四冊

370000－7589－0000330 2552

東周列國全志二十三卷 (明)馮夢龍撰
(清)蔡奡評點 清刻本 十二冊 存十二卷
(十二至二十三)

370000－7589－0000331 2553

子史精華一百六十卷 (清)允祿 (清)張廷
玉等編 清光緒二十二年(1896)上海寶文書
局石印本 八冊

370000－7589－0000332 2554

二如亭群芳譜四部三十卷首十三卷 (明)王
象晉纂輯 (明)毛晉 (明)陳繼儒 (明)
姚元台校 清康熙刻本 八冊 存十三卷
(亨部果譜四;利部茶譜一卷、首一卷,竹譜一
卷、首一卷,桑麻葛譜一卷、棉譜一卷,藥譜三
卷、首一卷,木譜一、首一卷)

370000－7589－0000333 2555

二如亭群芳譜四部三十卷首十三卷 (明)王
象晉纂輯 (明)毛晉 (明)陳繼儒 (明)
姚元台校 明崇禎刻本 八冊 存十二卷
(元部天譜一至二、首一卷,歲譜四卷、首一
卷;亨部穀譜一卷、首一卷,果譜四;首一卷)

370000－7589－0000334 2556

世說新語補四卷 (明)何良俊撰補 (明)王
世貞刪定 (明)張文柱校註 (明)凌濛初攷
訂 **世說新語三卷** (南朝宋)劉義慶撰
(南朝梁)劉峻注 (明)凌濛初訂 清康熙十

五年(1676)承德堂刻本 十冊

370000－7589－0000335 2557

圖繪寶鑑八卷補遺一卷 (元)夏文彥纂
(元)吳麒錄 (明)毛大倫增補 (清)藍瑛
(清)馮仙湜 (清)張振嶽 (清)謝彬
(清)顧銘重訂 清借綠草堂刻本 四冊

370000－7589－0000336 2558

**大佛頂如來密因修證了義諸菩薩萬行首楞嚴
經十卷** (天竺)釋般刺密帝譯 (烏萇)釋彌
伽釋迦譯語 (唐)房融筆受 (清)吳芝瑛寫
經 清光緒三十四年至宣統元年(1908－
1909)文寶書局石印本 二冊

370000－7589－0000337 2559

**圖繪全像山海經廣注十八卷圖五卷讀山海經
語一卷雜述一卷** (清)吳任臣注 清聚錦堂
刻本 七冊 存二十三卷(圖繪全像山海經
廣注三至十八、圖五卷、讀山海經語一卷、雜
述一卷)

370000－7589－0000338 2560

二十二子三百三十九卷 (清)浙江書局輯
清光緒元年至三年(1875－1877)浙江書局刻
本 七十二冊 存二十種三百九卷(莊子十
卷,管子一至四、九至二十四,荀子十八至二
十,尸子二卷、尸子存疑一卷,孫子十家注十
三卷、遺說一卷、敘錄一卷,孔子集語十七卷,
晏子春秋七卷、音義二卷、校勘二卷,呂氏春
秋二十六卷、附考一卷,賈誼新書十卷,春秋
繁露十七卷,揚子法言十三卷、音義十三卷,
文子纘義十二卷,黃帝内經素問二十四卷、遺
篇一卷,黃帝内經靈樞十二卷,竹書紀年統箋
十二卷、前編一卷、雜述一卷,商君書五卷、附
考一卷,韓非子二十卷、識誤三卷,淮南子二
十一卷、敘目一卷,文中子中說十卷,山海經
十八卷,列子八卷)

370000－7589－0000339 2561

東周列國全志八卷一百八回 (明)馮夢龍撰
(清)蔡奡評點 清末石印本 六冊 存六
卷(三至八)

370000－7589－0000340 2562

山東省濰坊市安丘市博物館古籍普查登記目錄

近思錄集註十四卷 （宋）朱熹輯選 （清）江永集註 考訂朱子世家一卷校勘記一卷 （清）江永著 清光緒二十七年(1901)書業德刻本 三冊 存十三卷(一至十三)

370000－7589－0000341 2563

淮南許注異同詁四卷補遺一卷 （清）陶方琦述 （清）張熙仁校字 清光緒七年(1881)湘南使院刻本(補遺爲清光緒八年刻本) 三冊

370000－7589－0000342 2564

重訂廣事類賦四十卷 （清）華希閔著 （清）鄒升恒參 （清）華希閔重訂 清乾隆五十九年(1794)劍光閣刻本 九冊 存三十六卷(一至三、八至四十)

370000－7589－0000343 2565

事類賦三十卷 （宋）吳淑撰註 明劍光閣刻本 六冊

370000－7589－0000344 2566

重訂廣事類賦四十卷 （清）華希閔著 （清）鄒升恒參 （清）華希閔重訂 清乾隆五十九年(1794)劍光閣刻本 十二冊

370000－7589－0000345 2567

廣事類賦四十卷 （清）華希閔著 （清）鄒兆升參 清積秀堂刻本 十冊

370000－7589－0000346 2568

秘傳花鏡六卷圖一卷 （清）陳淏子輯 清金閶書業堂刻本 五冊 存六卷(一至四、六，圖一卷)

370000－7589－0000347 2569

子史輯要詩賦題解四卷續編四卷 （清）胡本淵編輯 清嘉慶十七年(1812)山淵堂刻本 四冊

370000－7589－0000348 2570

芥子園畫傳二集九卷 （清）王概 （清）王蓍 （清）王臬摹古 清光緒十四年(1888)鴻文書局石印本 四冊

370000－7589－0000349 2571

增訂詳註廣日記故事二卷圖一卷 （清）王相

山東省濰坊市圖書館等二十二家收藏單位古籍普查登記目錄

296

增註 清同治七年(1868)授經堂刻本 二冊

370000－7589－0000350 2572

重訂廣事類賦四十卷 （清）華希閔著 （清）鄒升恒參 （清）華希閔重訂 清大文堂刻本 八冊

370000－7589－0000351 2573

新鐫註釋故事白眉十卷 （明）許以忠纂集 （清）燃藜閣重校 清乾隆十八年(1753)聚錦堂刻本 六冊

370000－7589－0000352 2574

淵鑑類函四百五十卷目錄四卷 （清）張英 （清）王士禛等撰 清刻本 六冊 存二十五卷(三百九十四至四百四、四百八至四百十一、四百十六至四百二十五)

370000－7589－0000353 2575

孔子家語十卷 （三國魏）王肅注 清步月樓刻本 六冊

370000－7589－0000354 2576

子史輯要詩賦題解四卷續編四卷 （清）胡本淵編輯 清聚瀛堂刻本 四冊

370000－7589－0000355 2577

大佛頂如來密因修證了義諸菩薩萬行首楞嚴經十卷 （天竺）釋般刺密帝譯 （烏萇）釋彌伽釋迦譯語 （唐）房融筆受 （宋）釋思坦集註 （明）釋慧基重校訂 （明）霍達參閱錄 釋題一卷 （宋）釋宗印述 （宋）釋本無略錄 清刻本 四冊 存七卷(五至十、釋題一卷)

370000－7589－0000356 2578

註釋白眉故事十卷 （明）許以忠集 清刻本 三冊 存五卷(三至六、九)

370000－7589－0000357 2579

修辭指南二十卷 （明）浦南金編次 明嘉靖三十六年(1557)浦氏五樂堂刻本 二冊 存三卷(四至五、十一下)

370000－7589－0000358 2580

格致啟蒙四卷 （英國）羅斯古等撰 （美國）

林樂知　（清）鄭昌棪譯　清光緒江南機器製造総局刻本　四冊

370000－7589－0000359　2581
重訂事類賦三十卷　（宋）吳淑撰註　**重訂廣事類賦四十卷**　（清）華希閔著　（清）鄒升恒參　（清）華希閔重訂　清成文信刻本　八冊　存四十二卷(重訂事類賦三十卷、重訂廣事類賦二十九至四十)

370000－7589－0000360　2582
重訂事類賦三十卷　（宋）吳淑撰註　清三讓堂刻本　八冊

370000－7589－0000361　2583
新刻時用繪意雲箋四卷　（清）蔣守誠編輯（清）王相參訂　清秋實堂刻本　二冊　存二卷(一至二)

370000－7589－0000362　2584
隸法瑣言一卷篆印心法一卷隸書考一卷（清）張在辛撰　清抄本　一冊

370000－7589－0000363　2585
本草綱目五十二卷圖三卷　（明）李時珍著
本草萬方鍼線八卷　（清）蔡烈先輯　清乾隆三十二年(1767)刻本　二十四冊　存二十八卷(本草綱目一至十七、圖三卷,本草萬方鍼線八卷)

370000－7589－0000364　2586
本草綱目五十二卷圖三卷　（明）李時珍著
本草萬方鍼線八卷　（清）蔡烈先輯　清乾隆四十九年(1784)金閶書業堂刻本　五冊　存九卷(本草綱目四十六至四十八、五十二、圖下;本草萬方鍼線一至四)

370000－7589－0000365　2587
本草綱目五十二卷圖三卷　（明）李時珍著
本草萬方鍼線八卷　（清）蔡烈先輯　清金閶書業堂刻本　九冊　存十二卷(本草綱目二、圖三卷,本草萬方鍼線八卷)

370000－7589－0000366　2588
景岳全書二十四集六十四卷　（明）張介賓著　（清）賈棠訂　清康熙四十九年(1710)聚錦

堂刻本　十二冊　存四十卷(一至三十七、四十至四十二)

370000－7589－0000367　2589
景岳全書二十四集六十四卷　（明）張介賓著　（清）雲志高訂　清修文堂刻本　十一冊　存十八卷(一至七、十二至十三、十八至二十二、四十五至四十六、六十、六十三)

370000－7589－0000368　2590
濟陰綱目十四卷　（明）武之望輯著　（清）汪淇箋釋　（清）張志聰訂正　（清）查望參閱　清上洋埽葉山房刻本　八冊

370000－7589－0000369　2591
濟陰綱目十四卷　（明）武之望輯著　（清）汪淇箋釋　（清）張志聰訂正　（清）查望參閱　清上洋埽葉山房刻本　八冊

370000－7589－0000370　2592
東醫寶鑑二十三卷總目一卷目錄二卷　（朝鮮）許浚撰　清嘉慶元年(1796)英德堂刻本　十五冊　存十六卷(內景四,外形一、三至四,雜病六至十一,湯液三卷,鍼灸一卷;總目一卷;目錄上)

370000－7589－0000371　2593
本草從新十八卷　（清）吳儀洛撰　清光緒十二年(1886)成文信刻本　六冊

370000－7589－0000372　2594
本草從新十八卷　（清）吳儀洛撰　清同治九年(1870)瓶花書屋刻本　六冊

370000－7589－0000373　2595
增訂本草備要四卷　（清）汪昂著輯　（清）汪桓參訂　（清）鄭曾慶同訂　（清）汪端（清）汪惟寵　（清）仇澐校　**改正內景五臟六腑經絡圖說一卷　經絡歌訣一卷**　（清）汪昂輯著　（清）汪端校　**醫方湯頭歌訣一卷**（清）汪昂編輯　（清）汪端校　**瀕湖二十七脈歌一卷**　（清）李時珍撰　清光緒七年(1881)掃葉山房刻本　六冊

370000－7589－0000374　2596
詳校醫宗必讀十卷　（明）李中梓著　（明）吳

肇廣參 （明)李廷芳訂 清掃葉山房刻本
六冊

370000－7589－0000375 2597

詳校醫宗必讀十卷 （明)李中梓著 （明)吳
肇廣參 （明)李廷芳訂 清掃葉山房刻本
五冊

370000－7589－0000376 2598

重訂外科正宗十二卷 （明)陳實功著 清光
緒元年(1875)掃葉山房刻本 清光緒二十五
年佚名題跋 四冊

370000－7589－0000377 2599

醫宗金鑑九十卷首一卷 （清)吳謙等纂 清
上海錦章圖書局石印本 十二冊 存五十六
卷(內科一至十六、二十一至四十四、五十五
至五十八、六十四至七十四,首一卷)

370000－7589－0000378 2600

四聖懸樞五卷 （清)黃元御著 清爕穌精舍
刻本 二冊

370000－7589－0000379 2601

四聖心源十卷 （清)黃元御著 清道光二十
九年(1849)諸城李璋煜潮州刻本 三冊 存
八卷(三至十)

370000－7589－0000380 2602

御纂醫宗金鑑九十卷首一卷 （清)吳謙等纂
清光緒三十二年(1906)商務印書館鉛印本
十七冊 存六十二卷(內科二十六至七十
四,外科一至七、十一至十六)

370000－7589－0000381 2603

御纂醫宗金鑑九十卷首一卷 （清)吳謙等纂
清宣統元年(1909)簡青齋書局石印本
十冊

370000－7589－0000382 2604

御纂醫宗金鑑九十卷首一卷 （清)吳謙等纂
清刻本 十六冊 存十六卷(外科十六卷)

370000－7589－0000383 2605

增訂本草備要四卷 （清)汪昂著輯 （清)汪
桓參訂 （清)鄭曾慶同訂 （清)汪端

（清)汪惟寵 （清)仇澐校 **經絡歌訣一卷**
（清)汪昂輯著 （清)汪端校 **醫方湯頭歌訣
一卷** （清)汪昂編輯 （清)汪端校 清光緒
七年(1881)掃葉山房刻本 五冊

370000－7589－0000384 2606

御纂醫宗金鑑九十卷首一卷 （清)吳謙等纂
清末鉛印本 十一冊 存四十五卷(內科
二十六至六十二、六十七至七十四)

370000－7589－0000385 2607

四聖心源十卷 （清)黃元御著 清道光二十
九年(1849)諸城李璋煜潮州刻本 四冊

370000－7589－0000386 2608

溫病條辨六卷首一卷 （清)吳瑭著 清咸豐
十年(1860)萬縣亦草堂刻本 八冊

370000－7589－0000387 2610

黃帝內經靈樞十二卷素問二十四卷 （唐)王
冰注 （宋)林億 （宋)孫奇 （宋)高保衡
等校正 （宋)孫兆重改誤 清末上海錦章圖
書局石印本 四冊

370000－7589－0000388 2611

醫方集解三卷 （清)汪昂著輯 （清)汪桓參
閱 （清)汪端 （清)汪惟寵校 清敬文堂刻
本 佚名批校 三冊

370000－7589－0000389 2614

丹溪先生胎產秘書三卷 （元)朱震亨撰
（清)紫陽一峰山人校閱 **達生編一卷增廣達
生編一卷急救須知一卷慈幼編一卷** （清)紫
陽一峰山人校閱 清道光六年(1826)營陵陳
子儀刻本 二冊

370000－7589－0000390 2615

胎產心法三卷總目一卷 （清)閻純璽撰 清
抄本 五冊

370000－7589－0000391 2616

黃氏醫書八種七十七卷首二卷 （清)黃元御
撰 清光緒二十年至三十年(1894－1904)上
海圖書集成印書局鉛印本 十二冊

370000－7589－0000392 2617

金匱懸解二十二卷　（清）黃元御著　清燮穌
精舍刻本　五冊

370000－7589－0000393　2618

御纂醫宗金鑑九十卷首一卷　（清）吳謙等纂
清末商務印書館鉛印本　十二冊　存三十
八卷(外科十六卷,內科五十至五十二、五十
六至七十四)

370000－7589－0000394　2619

御纂醫宗金鑑外科十六卷　（清）吳謙等纂
清鉛印本　六冊

370000－7589－0000395　2620

醫門法律四種十五卷　（清）喻昌著　清光緒
二十六年(1900)上海老掃葉山房石印本
六冊

370000－7589－0000396　2621

傅氏眼科審視瑤函六卷首一卷　（明）傅仁宇
纂輯　（明）林長生校補　（清）張秀徵訂正
（清）張文凱參閱　（清）傅維藩編集　清宣統
元年(1909)上海普通書局石印本　六冊

370000－7589－0000397　2624

六科準繩四十四卷　（明）王肯堂輯　（清）程
永培校　清光緒十八年(1892)上海圖書集成
印書局鉛印本　四十八冊

370000－7589－0000398　2625

傷寒論選註十卷首一卷　（漢）張機撰　（清）
臧應詹編集　清抄本　五冊

370000－7589－0000399　2626

張仲景金匱要略論註二十四卷　（清）徐彬著
（清）朱酻校　清刻本　八冊

370000－7589－0000400　2627

救急良方不分卷　（清）□□輯　清抄本
二冊

370000－7589－0000401　2628

四聖心源十卷　（清）黃元御著　清燮穌精舍
刻本　三冊

370000－7589－0000402　2629

御纂醫宗金鑑九十卷首一卷　（清）吳謙等纂

清末承文信刻本　六冊　存六卷(七十五
至八十)

370000－7589－0000403　2630

御纂醫宗金鑑九十卷首一卷　（清）吳謙等纂
清刻本　十二冊　存十二卷(七十五至八
十六)

370000－7589－0000404　2631

御纂醫宗金鑑九十卷首一卷　（清）吳謙等纂
清刻本　十二冊　存十二卷(七十五至八
十六)

370000－7589－0000405　2632

御纂醫宗金鑑九十卷首一卷　（清）吳謙等纂
清刻本　六冊　存六卷(七十五至八十)

370000－7589－0000406　2634

御纂醫宗金鑑九十卷首一卷　（清）吳謙等纂
清刻本　十四冊　存二十六卷(二十二至
二十七、三十至三十一、三十四、三十六至三
十七、五十一至五十三、五十六、五十八至六
十、八十至八十二、八十六至九十)

370000－7589－0000407　2635

子書二十五種三百三十四卷　（清）育文書局
輯　清光緒三十年(1904)上海育文書局石印
本　三十二冊

370000－7589－0000408　2636

孔氏家語十卷　（三國魏）王肅注　清乾隆四
十六年(1781)書業堂刻本　四冊

370000－7589－0000409　2637

增補註釋白眉故事十卷　（明）許以忠集
(清)許國球校　清刻本　三冊　存三卷(四
至六)

370000－7589－0000410　2640

繪圖四千字文一卷　（清）□□著　清光緒三
十一年(1905)浙紹奎照樓石印本　一冊

370000－7589－0000411　2641

蓬山塾課不分卷　（清）劉清源著　清刻本
一冊

370000－7589－0000412　2642

國朝畫徵錄三卷　（清）張庚著　清蔣泰、湯之昱刻本　二冊

370000－7589－0000413　2643
國朝畫徵錄三卷　（清）張庚著　清光緒十三年(1887)校經山房刻本　一冊　存二卷(上、中)

370000－7589－0000414　2645
寄傲山房塾課新增幼學故事瓊林四卷首一卷　（明）程登吉撰　（清）鄒聖脈增補　（清）謝梅林　（清）鄒可庭參訂　清同治十年(1871)文盛堂刻本　二冊

370000－7589－0000415　2646
龍文鞭影二卷　（明）蕭良有著　（明）楊臣諍增訂　龍文鞭影二集二卷　（清）李暉吉（清）徐澩輯　清光緒三年(1877)掃葉山房刻本　四冊

370000－7589－0000416　2647
徐氏三種三卷　（清）徐士業校　清同治六年(1867)三益堂刻本　三冊

370000－7589－0000417　2648
讀書作文譜十二卷父師善誘法二卷　（清）唐彪輯著　（清）唐正心　（清）唐正志　（清）唐正紀校　清嘉慶十九年(1814)刻本　四冊

370000－7589－0000418　2649
澄衷蒙學堂字課圖說四卷　（清）劉樹屏輯（清）吳子城繪圖　清光緒二十九年(1903)澄衷學堂印書處石印本　八冊

370000－7589－0000419　2651
鄭谷口藏古印譜一卷　（清）鄭簠輯　清鈐印本　一冊

370000－7589－0000420　2654
印存初集四卷　（明）胡正言篆　清順治四年(1647)胡氏十竹齋刻鈐印本　一冊　存二卷(一至二)

370000－7589－0000421　2655
石坡印譜不分卷　（清）韓迪篆　清刻鈐印本　一冊

370000－7589－0000422　2656
集注太玄十卷　（宋）司馬光撰　清嘉慶三年(1798)五柳居刻本　六冊

370000－7589－0000423　2657
讀書日記六卷　（清）劉源淥著　（清）陸師定（清）馬長淑校　補編二卷　（清）劉源淥著（清）李濚　（清）孫自務鈔撮　（清）秦勸校正　清宣統二年(1910)安邱劉氏刻本　四冊

370000－7589－0000424　2658
讀書日記六卷　（清）劉源淥著　（清）陸師定（清）馬長淑校　補編二卷　（清）劉源淥著（清）李濚　（清）孫自務鈔撮　（清）秦勸校正　清雍正五年(1727)安邱劉氏刻本　四冊

370000－7589－0000425　2659
中西匯通醫書五種二十八卷首一卷　唐宗海撰　清光緒三十四年(1908)千頃堂書局石印本　十一冊　存五種二十六卷(傷寒論淺注補正七卷、首一卷,金匱要略淺注補正一至三、七至九,本草問答二卷,血證論八卷,中西匯通醫經精義二卷)

370000－7589－0000426　2660
新刻萬法歸宗五卷　（唐）李淳風　（唐）袁天罡著補　清上海普通書局石印本　四冊

370000－7589－0000427　2661
初學行文語類二卷　（清）孫埏編輯　清嘉慶二年(1797)書業堂刻本　二冊

370000－7589－0000428　2662
御製詩初集四十四卷目錄四卷御製詩二集九十卷目錄十卷　（清）高宗弘曆撰　（清）蔣溥等編　御製文初集三十卷目錄二卷　（清）高宗弘曆撰　（清）于敏中等編　清乾隆刻本五十六冊　存一百二十四卷(御製詩初集一至二十、三十三至三十四、三十九至四十四;御製詩二集一至四、十至五十九、七十五至九十,目錄七、十;御製文初集一至四、七至十二、十七至二十二、二十五至三十,目錄二卷)

370000－7589－0000429　2663

七種古文選□□卷　（清）儲欣評　（清）儲芝
參述　（清）徐永勳　（清）吳振乾　（清）董
南紀　（清）儲掌文校訂　清乾隆三十八年
(1773)同文堂刻本　八冊　存二種十卷(史
記選六卷、西漢文選四卷)

370000－7589－0000430　2664

善成堂重訂古文釋義新編八卷　（清）余誠評
註　（清）余芝參閱　清光緒十年(1884)德盛
堂刻本　八冊

370000－7589－0000431　2665

東坡禪喜集十四卷　（明）馮夢禎批點　（明）
淩濛初增輯　明刻朱墨套印本　一冊　存四
卷(十一至十四)

370000－7589－0000432　2667

南阜山人詩集類稿七卷　（清）高鳳翰撰
（清）宋弼選　清乾隆二十八年(1763)高元質
刻本　清丁酉年古渠邱長年題跋　二冊

370000－7589－0000433　2668

庚子山集十六卷　（北周）庾信著　（清）倪璠
註釋　題辭一卷總釋一卷　（清）倪璠撰　年
譜一卷庾氏世系圖一卷　（清）倪璠編　本傳
一卷　（清）倪璠註釋　清道光十九年(1839)
善成堂刻本　十六冊

370000－7589－0000434　2669

唐宋十大家全集錄五十一卷　（清）儲欣錄
清刻本　三冊　存三卷(昌黎先生全集錄六
至八)

370000－7589－0000435　2670

王荆石先生批評韓文十卷　（唐）韓愈撰
（明）王錫爵評點　明刻本　二冊　存四卷
(一至四)

370000－7589－0000436　2671

古文觀止十二卷　（清）吳乘權　（清）吳大職
錄　（清）吳興祚鑒定　清光緒二十九年
(1903)慶裕書局刻本　六冊

370000－7589－0000437　2672

古文觀止十二卷　（清）吳乘權　（清）吳大職

錄　（清）吳興祚鑒定　清光緒二十四年
(1898)膠州成文堂刻本　六冊

370000－7589－0000438　2673

式訓集十六卷　（清）張柏恒撰　清道光二十
一年(1841)濰縣郭夢齡湖北刻本　三冊　存
十二卷(五至十六)

370000－7589－0000439　2674

十種唐詩選十七卷唐人萬首絕句選七卷唐賢
三昧集三卷　（清）王士禎刪纂　清康熙刻本
八冊

370000－7589－0000440　2675

元城語錄二卷　（宋）馬永卿編　（明）王惟新
校訂　清光緒二十一年(1895)貴鄉書院刻本
二冊

370000－7589－0000441　2676

白雲廬詩四卷　（清）王壽長著　清乾隆三十
二年(1767)刻本　二冊

370000－7589－0000442　2677

魏叔子文集外篇二十二卷　（清）魏禧著
（清）魏世傑編次　清刻本　一冊　存三卷
(三至五)

370000－7589－0000443　2679

第六才子書八卷　（元）王實甫撰　（清）金聖
歎(金人瑞)批　清刻本　二冊　存二卷(六
至七)

370000－7589－0000444　2680

漁洋山人詩集續集十六卷　（清）王士禎撰
清康熙二十三年(1684)刻本　三冊　存十二
卷(一至八、十三至十六)

370000－7589－0000445　2681

合諸名家評註三蘇文選十八卷　（明）楊慎選
（明）李維楨評註　（明）袁宏道參閱　清乾
隆二年(1737)積秀堂刻本　十六冊

370000－7589－0000446　2682

蘇文忠詩合註五十卷首一卷　（宋）蘇軾著
（清）馮應榴輯訂　清刻本　十二冊　存三十
九卷(一至三十八、首一卷)

山東省濰坊市安丘市博物館古籍普查登記目録

370000 – 7589 – 0000447　2683

寵壽堂詩集三十卷　（清）張競光著　清石鏡
山房刻本　五冊　存十八卷（一至八、十二至
二十一）

370000 – 7589 – 0000448　2684

渠風集畧七卷　（清）馬長淑校輯　清乾隆八
年（1743）輯慶堂刻本　三冊　存五卷（一至
二、五至七）

370000 – 7589 – 0000449　2688

文選六十卷　（南朝梁）蕭統撰　（唐）李善等
注　清乾隆二十六年（1761）文盛堂刻本　十
六冊

370000 – 7589 – 0000450　2689

古唐詩合解十六卷　（清）王堯衢註　（清）李
模　（清）李桓校　清光緒二十年（1894）成文
信刻本　五冊　存十三卷（唐詩一至六、十至
十二,古詩四卷）

370000 – 7589 – 0000451　2690

古唐詩合解十六卷　（清）王堯衢註　（清）李
模　（清）李桓校　清光緒十一年（1885）膠州
成文堂刻本　六冊

370000 – 7589 – 0000452　2691

古唐詩合解十六卷　（清）王堯衢註　（清）李
模　（清）李桓校　清光緒十年（1884）順和堂
刻本　六冊

370000 – 7589 – 0000453　2692

古唐詩合解十六卷　（清）王堯衢註　（清）李
模　（清）李桓校　清敬文堂刻本　四冊

370000 – 7589 – 0000454　2693

重刊五百家註音辯昌黎先生文集四十卷
（唐）韓愈撰　清上海文瑞樓石印本　六冊

370000 – 7589 – 0000455　2694

居易錄三十四卷　（清）王士禛撰　清康熙四
十年（1701）刻本　八冊

370000 – 7589 – 0000456　2695

重訂文選集評十五卷首一卷末一卷　（南朝
梁）蕭統撰　（清）于光華編次　清刻本　十

冊　存十一卷（一至四、八、十至十二、十四至
十五,末一卷）

370000 – 7589 – 0000457　2696

全唐詩鈔八十卷補遺十六卷　（清）吳成儀輯
　清刻本　八冊　存二十六卷（二十七至五
十二）

370000 – 7589 – 0000458　2697

重訂古文釋義新編八卷　（清）余誠評註
（清）余芝參閱　清光緒二十九年（1903）成文
堂刻本　八冊

370000 – 7589 – 0000459　2698

寄興草五卷　（清）馬秀儒撰　清咸豐五年
（1855）四川臬署刻本　四冊　存四卷（一至
二、四至五）

370000 – 7589 – 0000460　2703

**存誠堂詩集二十五卷應制詩五卷書經衷論四
卷易經衷論二卷**　（清）張英撰　清康熙四十
三年（1704）刻本　八冊

370000 – 7589 – 0000461　2704

御選唐宋文醇五十八卷　（清）高宗弘曆選
（清）允祿校　清尊經閣刻本　二十四冊

370000 – 7589 – 0000462　2706

味蘭軒百篇賦鈔四卷　（清）張世燾　（清）彭
克惠編輯　清刻本　四冊

370000 – 7589 – 0000463　2707

文選六十卷　（南朝梁）蕭統撰　（唐）李善等
注　**文選考異十卷**　（清）胡克家撰　清宣統
三年（1911）上海會文堂粹記石印本　十六冊

370000 – 7589 – 0000464　2708

六一居士全集錄五卷六一居士外集錄二卷
（宋）歐陽修撰　（清）儲欣錄　（清）吳蔚起
參校　清刻本　八冊

370000 – 7589 – 0000465　2710

式訓集十六卷　（清）張柏恒撰　清道光二十
一年（1841）濰縣郭夢齡湖北刻本　四冊

370000 – 7589 – 0000466　2711

文選六十卷　（南朝梁）蕭統撰　（唐）李善等

山東省濰坊市圖書館等二十二家收藏單位古籍普查登記目錄

注　文選考異十卷　（清）胡克家撰　清末上海錦章圖書局石印本　十六冊

370000－7589－0000467　2712

長生殿傳奇二卷　（清）洪昇填詞　（清）吳人論文　（清）徐麟樂句　清刻本　一冊　存一卷(上)

370000－7589－0000468　2713

詳批律賦標準四卷　（清）葉祺昌編次　清同治十二年(1873)書業德記刻本　四冊

370000－7589－0000469　2714

唐宋八大家類選十四卷　（清）儲欣評　（清）儲芝參述　（清）徐永勲　（清）吳振乾　(清)董南紀　（清）儲掌文校訂　清光緒二十八年(1902)翰文堂刻本　十二冊　存八卷（一至八）

370000－7589－0000470　2715

八家四六文註八卷首一卷　（清）吳鼐輯　補註八卷補註增訂一卷補註校勘一卷　陳衍撰　清光緒十年(1884)著易堂鉛印本　七冊　缺一卷(八上)

370000－7589－0000471　2716

唐宋八大家類選十四卷　（清）儲欣評　（清）儲芝參述　（清）徐永勲　（清）吳振乾　(清)董南紀　（清）儲掌文校訂　清光緒二十八年(1902)慶文堂刻本　十二冊　存八卷（一至八）

370000－7589－0000472　2717

顧亭林先生遺書二十二種　（清）顧炎武著　附錄三種　清末上海文瑞樓石印本　六冊　存十二種二十六卷(亭林文集六卷、亭林詩集五卷、亭林餘集一卷、亭林軼詩一卷、金石文字記六卷、石經考一卷、菰中隨筆一卷、救文格論一卷、亭林雜錄一卷,顧亭林先生年譜一卷,亭林先生神道表一卷,同志贈言一卷)

370000－7589－0000473　2718

呂新吾先生去偽齋文集十卷　（明）呂坤著　清康熙十三年(1674)呂慎多刻本　十冊

370000－7589－0000474　2720

重訂文選集評十五卷首一卷末一卷　（南朝梁）蕭統撰　（清）于光華編次　清漁古山房刻本　十六冊

370000－7589－0000475　2721

東坡集八十四卷目錄二卷　（宋）蘇軾著　清上海掃葉山房石印三蘇全集本　十七冊　存六十一卷(一至四十一、四十六至六十、六十四至六十六,目錄二卷)

370000－7589－0000476　2722

帖體詩存註釋八卷　（清）宓如椿著　（清）吳傳鍇註　清嘉慶二十五年(1820)賦梅書屋刻本　六冊

370000－7589－0000477　2724－1

綠野齋前後合集六卷　（清）劉鴻翔著　（清）劉曦校字　（清）劉鍾慶　（清）劉篤慶編次　清道光二十四年(1844)濰縣劉鴻翔福建刻本　六冊

370000－7589－0000478　2724－2

綠野齋制藝一卷　（清）劉鴻翔著　（清）劉曦校字　（清）劉鍾慶　（清）劉篤慶編次　清道光二十四年(1844)濰縣劉鴻翔福建刻本　一冊

370000－7589－0000479　2724－3

綠野齋太湖詩草一卷　（清）劉鴻翔著　（清）朱蘭坡評　（清）劉曦校字　（清）劉鍾慶　(清)劉篤慶編次　清道光二十四年(1844)濰縣劉鴻翔福建刻本　一冊

370000－7589－0000480　2725

六十種曲□□卷　（明）毛晉輯　明刻本　十冊　存六種十卷(西樓記下、四喜記二卷、西廂記二卷、繡襦記二卷、雙烈記二卷、殺狗記上)

370000－7589－0000481　2726

分韻試帖青雲集合註四卷　（清）楊逢春輯　(清)蕭應樾　（清）沈景福　（清）徐紹曾參　（清）沈品金等註　（清）葉祺昌合註　(清)沈錫慶校正　清光緒十三年(1887)濰陽成文信刻本　四冊

山東省濰坊市安丘市博物館古籍普查登記目錄

370000－7589－0000482　2727

[唐宋詩鈔]□□卷　（□）□□輯　清抄本
四冊　存三種八卷(太白詩錄一至二、少陵詩
鈔一至二、東坡詩鈔一至四)

370000－7589－0000483　2728

續古文辭類纂二十八卷　（清）黎庶昌輯
（清）蔣子蕃校　清刻本　四冊　存九卷(二
十至二十八)

370000－7589－0000484　2729

文選六十卷　（南朝梁）蕭統撰　（唐）李善等
注　清刻本　佚名批校題跋　九冊　存三十
四卷(一至三、三十至六十)

370000－7589－0000485　2730

篤素堂文集十六卷詩集七卷　（清）張英著
清康熙刻本　八冊

370000－7589－0000486　2731

白香山詩長慶集二十卷後集十七卷別集一卷
補遺二卷　（唐）白居易撰　（清）汪立名編訂
　年譜一卷　（清）汪立名編　年譜舊本一卷
（宋）陳振孫撰　清康熙四十一年至四十二
年(1702－1703)汪立名一隅草堂刻本　十
二冊

370000－7589－0000487　2732

鄭板橋全集六編　（清）鄭燮著　清末鑄記書
局石印本　四冊

370000－7589－0000488　2733

七家試帖輯註彙鈔九卷　（清）張熙宇輯評
（清）王植桂輯註　清同治九年(1870)京師琉
璃廠刻本　八冊　存七種九卷(澹香齋試帖
輯註一卷、桐雲閣試帖輯註二卷、尚絅堂試帖
輯註一卷、樨花館試帖輯註一卷、簡學齋試帖
輯註一卷、西漚試帖輯註二卷、修竹齋試帖輯
註一卷)

370000－7589－0000489　2734

重刊五百家註音辯昌黎先生文集四十卷
（唐）韓愈撰　清上海文瑞樓石印本　十冊
存三十四卷(一至七、十一至三十七)

370000－7589－0000490　2735

批點七家詩合註七卷　（清）張熙宇評　（清）
申珠　（清）杜炳南　（清）王植桂補註　清光
緒六年(1880)成文信記刻本　八冊

370000－7589－0000491　2736

批點七家詩合註七卷　（清）張熙宇評　（清）
申珠　（清）杜炳南　（清）王植桂補註　清光
緒十八年(1892)成文信記刻本　八冊

370000－7589－0000492　2737

賴古堂名賢尺牘新鈔十二卷　（清）高阜
（清）羅燿選　（清）周在浚　（清）周在梁抄
　清康熙元年(1662)賴古堂刻本　二冊　存
四卷(一至二、九至十)

370000－7589－0000493　2738

[山東濰縣]北海劉氏貢舉文集不分卷　（清）
劉壽林輯　（清）劉熙南　（清）劉燾南等校
清光緒七年(1881)刻本　一冊

370000－7589－0000494　2739

西琅館詩集一卷續集一卷　（清）馬天撰著
清乾隆九年(1744)馬長淑刻本　一冊

370000－7589－0000495　2740

南阜山人詩集類稿七卷　（清）高鳳翰撰
（清）宋弼選　清乾隆二十八年(1763)高元質
刻同治元年(1862)高業偉補刻本　二冊

370000－7589－0000496　2741

古唐詩合解十六卷　（清）王堯衢註　（清）李
模　（清）李桓校　清成文信刻本　一冊　存
三卷(唐詩十至十二)

370000－7589－0000497　2742

古唐詩合解十六卷　（清）王堯衢註　（清）李
模　（清）李桓校　清光緒十年(1884)順和堂
刻本　四冊　存九卷(唐詩一至九)

370000－7589－0000498　2743

芑山先生文集二十四卷　（明）張自烈著　清
刻本　九冊　存二十三卷(二至二十四)

370000－7589－0000499　2744

虞初新志二十卷　（清）張潮輯　清咸豐元年
(1851)小嬛嬛山館刻本　五冊　存十三卷

山東省濰坊市圖書館等二十二家收藏單位古籍普查登記目錄

（一至七、十一至十六）

370000－7589－0000500　2745

盛世危言六卷　鄭觀應輯著　**盛世危言二編四卷**　（清）杞憂生輯著　**盛世危言三編六卷**　鄭觀應輯著　清光緒二十四年（1898）圖書集成局鉛印本　六冊

370000－7589－0000501　2746

皇朝經世文編一百二十卷姓名總目二卷　（清）賀長齡輯　清光緒二十八年（1902）上海煥文書局鉛印本　十九冊　存九十七卷（一至四、三十至一百二十,姓名總目二卷）

370000－7589－0000502　2747

皇朝經世文三編八十卷　（清）陳忠倚輯　清光緒二十四年（1898）寶文書局石印本　五冊　存三十卷（一至三十）

370000－7589－0000503　2748

皇朝經世文三編八十卷　（清）陳忠倚輯　清光緒二十八年（1902）上海書局石印本　八冊　存四十卷（一至四十）

370000－7589－0000504　2749

海南歸櫂詞二卷續一卷　（清）劉燿椿填　（清）花壽山輯　清咸豐五年（1855）刻本　一冊

370000－7589－0000505　2750

海南歸櫂詞二卷續一卷　（清）劉燿椿填　（清）花壽山輯　清咸豐五年（1855）刻本　一冊

370000－7589－0000506　2751

海南歸櫂詞二卷續一卷　（清）劉燿椿填　（清）花壽山輯　清咸豐五年（1855）刻本　一冊

370000－7589－0000507　2752

海南歸櫂詞二卷續一卷　（清）劉燿椿填　（清）花壽山輯　清咸豐五年（1855）刻本　一冊

370000－7589－0000508　2753

海南歸櫂詞二卷續一卷　（清）劉燿椿填　（清）花壽山輯　清咸豐五年（1855）刻本　一冊

370000－7589－0000509　2754

海南歸櫂詞二卷續一卷　（清）劉燿椿填　（清）花壽山輯　清咸豐五年（1855）刻本　一冊

370000－7589－0000510　2755

海南歸櫂詞二卷續一卷　（清）劉燿椿填　（清）花壽山輯　清抄本　一冊

370000－7589－0000511　2756

程墨所見集六卷　（清）王步青輯　清刻本　七冊　存四卷（三至六）

370000－7589－0000512　2757

珂雪集一卷　（清）曹貞吉撰　（清）曹申吉訂　（清）王士禎評　**珂雪二集**　（清）曹貞吉撰　（清）曹申吉校　清康熙十一年（1672）刻本　二冊

370000－7589－0000513　2758

十二種文萃十二集　（清）丁善寶輯　清同治九年（1870）丁善寶六齋刻本　三冊　存三集（三至四、九）

370000－7589－0000514　2759

皇朝經世文編一百二十卷　（清）賀長齡輯　清光緒二十八年（1902）上海商務印書局石印本　二十四冊

370000－7589－0000515　2760

雞蹠賦續刻三十卷　（清）應泰泉等編輯　清光緒十一年（1885）文英堂刻本　八冊　存十卷（一至十）

370000－7589－0000516　2762

[康熙]青州府志二十二卷　（清）陶錦修　（清）王昌學　（清）王樨纂　清刻本　一冊　存二卷（一至二）

370000－7589－0000517　2763

批點四書十九卷　（宋）朱熹集註　清光緒二十三年（1897）德盛堂刻本　四冊　存十四卷（大學一卷、中庸一卷、論語十卷、孟子一至

山東省濰坊市安丘市博物館古籍普查登記目錄

二)

370000－7589－0000518　2764

孟子集註七卷　（宋）朱熹撰　清自怡軒刻本
二冊　存四卷(四至七)

370000－7589－0000519　2765

讀書日記六卷　（清）劉源淥著　（清）陸師定
（清）馬長淑校　**補編二卷**　（清）劉源淥著
（清）李濰　（清）孫自務鈔撮　（清）秦勷
校正　清宣統二年(1910)安邱劉氏刻本　三
冊　存六卷(讀書日記三至六、補編二卷)

370000－7589－0000520　2766

近思錄集註十四卷　（宋）朱熹輯選　（清）江
永集註　**考訂朱子世家一卷校勘記一卷**
（清）江永著　清光緒二十七年(1901)書業德
刻本　一冊　存六卷(七至十二)

370000－7589－0000521　2767

仁在堂時藝引階合編二卷　（清）路德編
（清）葉錫鳳刪定　清同治十二年(1873)書業
德刻本　二冊

370000－7589－0000522　2768

應酬彙選新集八卷　（清）陸九如纂輯　清光
緒十一年(1885)成文信刻本　二冊

370000－7589－0000523　2769

[咸豐]青州府志六十四卷　（清）毛永柏修
（清）李圖　（清）劉耀椿纂　清咸豐九年
(1859)刻本　一冊　存一卷(十一下)

370000－7589－0000524　2770

文獻通考紀要二卷　（清）尹會一纂　清光緒
二十八年(1902)濟南大學堂刻本　二冊

370000－7589－0000525　2771

新訂四書補註備旨十卷　（明）鄧林著　（清）
鄧煜編次　（清）祁文友重校　（清）杜定基增
訂　清道光二十六年(1846)琴川□刻本
六冊

370000－7589－0000526　2772

易經大全會解四卷　（清）來爾繩纂輯　清嘉
慶二十四年(1819)蕭山裕文堂刻本　三冊

存二卷(一至二)

370000－7589－0000527　2773

四書合講十九卷　（清）翁復編次　（清）詹文
煥參定　清光緒六年(1880)善成堂刻本
六冊

370000－7589－0000528　2774

文苑集成三十三卷目錄一卷　（清）京都琉璃
廠編　清末京都琉璃廠刻本　十八冊　存十
八卷(大學三卷、中庸六卷、上論六卷、下論一
至二,目錄一卷)

370000－7589－0000529　2775

南行日記不分卷　（清）曹申吉撰　清刻本
一冊

370000－7589－0000530　2776

新刊纂圖元亨療馬集六卷　（明）喻仁　（明）
喻傑著　**圖像水黃牛經合併大全二卷駝經一
卷**　（明）喻仁　（明）喻傑集　清同治五年
(1866)興文堂刻本　三冊　存三卷(一、三、
六)

370000－7589－0000531　2777

詳批律賦標準二集四卷　（清）葉祺昌編次
清光緒二年(1876)書業德記刻本　二冊

370000－7589－0000532　2778

唐詩金粉十卷　（清）沈炳震纂輯　（清）沈生
偉　（清）沈生霖訂正　（清）沈華錦校　清雍
正二年(1724)冬讀書齋刻本　二冊　存五卷
(三至五、九至十)

370000－7589－0000533　2779

南唐書十八卷　（宋）陸游撰　**音釋一卷**
（元）戚光音釋　清抄本　一冊　存五卷(一
至五)

370000－7589－0000534　2781

山東科場條約不分卷　（清）高宗弘曆編　清
刻本　一冊

370000－7589－0000535　2783

蓼亭馬先生稿不分卷　（清）馬長淑撰　清輯
慶堂刻本　一冊

370000－7589－0000536　2784

太平廣記五百卷目錄十卷　（宋）李昉等編纂
清掃葉山房石印本　二冊　存二十五卷
（三百四十四至三百五十六、三百六十九至三
百八十）

370000－7589－0000537　2785

酌雅齋四書遵註合講十九卷圖考一卷　（清）
翁復編次　（清）詹文煥參定　清嘉慶十三年
（1808）五柳居刻本　六冊

370000－7589－0000538　2786

增訂龍門四書圖像人物備考十二卷圖一卷
（明）陳仁錫增定　（明）陳義錫　（明）陳禮
錫　（明）陳智錫參訂　清康熙五十六年
（1717）古吳三樂齋刻本　六冊

370000－7589－0000539　2787

爾雅註疏十一卷　（晉）郭璞註　（宋）邢昺疏
清光緒十三年（1887）刻本　四冊

370000－7589－0000540　2789

古唐詩合解十六卷　（清）王堯衢註　（清）李
模　（清）李桓校　清益友堂刻本　一冊　存
三卷（唐詩七至九）

370000－7589－0000541　2790

紀年印存一卷　（清）張貞篆　清相印軒刻鈐
印本　一冊

370000－7589－0000542　2791

古今印則四卷　（明）程遠摹選　（明）項夢原
校正　明何之瀚刻朱印本　二冊　存二卷
（三至四）

370000－7589－0000543　2792

歷科程墨刪翼□□卷　（明）闇齋選　清刻本
二冊　存四卷（一至二、六下、七上）

370000－7589－0000544　2794

印適二卷　（明）朱敏樹篆　（明）梁褧校閱
明刻鈐印本　二冊

370000－7589－0000545　2795

讀書日記六卷　（清）劉源淥著　（清）陸師定
（清）馬長淑校　**補編二卷**　（清）劉源淥著

（清）李灅　（清）孫自務鈔撮　（清）秦勷
校正　清雍正五年（1727）安邱劉氏刻本　一
冊　存二卷（讀書日記一至二）

370000－7589－0000546　2796

續博物志十卷　（宋）李石撰　（清）汪士漢校
清刻本　一冊

370000－7589－0000547　2797

綱鑑擇言補註十卷　（清）司徒修選輯　（清）
李嘉樹補註　（清）沈士荃　（清）葉道垠參校
清同治九年（1870）書業德記刻本　二冊

370000－7589－0000548　2798

九數通考十一卷首一卷末一卷　（清）屈曾發
輯　清光緒十四年（1888）上海點石齋石印本
五冊

370000－7589－0000549　2799

困學紀聞注二十卷首一卷　（宋）王應麟撰
（清）翁元圻輯注　清光緒二十五年（1899）上
海煥文書局石印本　六冊

370000－7589－0000550　2801

春秋左傳五十卷　（晉）杜預　（宋）林堯叟註
釋　（唐）陸德明音義　（明）孫鑛　（明）鍾
惺　（明）韓范評點　清刻本　五冊　存十五
卷（一至三、十五至十七、二十四至二十九、三
十八至四十）

370000－7589－0000551　2802

奎壁詩經八卷　（宋）朱熹撰　清光緒七年
（1881）成文信刻本　四冊

370000－7589－0000552　2803

儀禮經集註十七卷　（清）張鳳翔著　清順治
刻本　七冊

370000－7589－0000553　2804

古印集成不分卷　（清）□□輯　清刻鈐印本
一冊

370000－7589－0000554　2806

重訂事類賦三十卷　（宋）吳淑撰註　清道光
二十七年（1847）善成堂刻本　六冊

370000－7589－0000555　2807

山東省濰坊市安丘市博物館古籍普查登記目錄

直省闈墨(光緒癸卯恩科)六卷　（清）京都大
　學堂評選　清末上海煥文書局石印本　五冊
　　存五卷(二至六)

370000－7589－0000556　2808

碧琅玕館詩鈔二卷詞草一卷　（清）李湘茞著
　清咸豐六年(1856)刻同治二年(1863)昌樂
　陳槩印本　二冊

370000－7589－0000557　2809

故事俗說百課二卷　（清）潘清蔭撰　清末鉛
　印本　一冊　存一卷(下)

370000－7589－0000558　2810

鑑撮四卷　（清）曠敏本輯　清刻本　四冊
　存四卷(一下、二、三上、四)

370000－7589－0000559　2811

杜律通解四卷　（清）李文煒箋釋　（清）趙世
　錫攷訂　（清）趙弘訓分校　清雍正三年
　(1725)湖郡潘尚文刻本　三冊　存三卷(一、
　三至四)

370000－7589－0000560　2812

詩韻含英四卷　（清）劉文蔚輯　清敬文堂刻
　本　四冊

370000－7589－0000561　2813

綱鑑總論二卷　（清）周道卿編　清光緒二十
　九年(1903)濰陽翰文齋局石印本　佚名批註
　　二冊

370000－7589－0000562　2814

甌鉢羅室書畫過目攷四卷首一卷附卷一卷
　（清）李玉棻編輯　清上海江南圖書局石印本
　　四冊

370000－7589－0000563　2815

史論正鵠初集四卷二集四卷三集八卷　（清）
　王樹敏評點　清光緒二十七年(1901)上海久
　敬齋石印本　十四冊　存十四卷(初集四卷,
　二集四卷,三集一至五、七)

370000－7589－0000564　2816

塾課小題分編八集　（清）王步青評　（清）王
　士鼇編　（清）王維甸　（清）王乃昀校　清敦

復堂刻本　十二冊　存四種八卷(五集精詣
　二卷、六集大觀二卷、七集老境二卷、八集別
　情二卷)

370000－7589－0000565　2817

分韻試帖青雲集合註四卷　（清）楊逢春輯
　（清）蕭應樞　（清）沈景福　（清）徐紹曾參
　　（清）沈品金等註　（清）葉祺昌合註
　（清）沈錫慶校正　清光緒十三年(1887)濰陽
　成文信刻本　三冊

370000－7589－0000566　2818

江左校士錄四卷　（清）黃體芳輯　清光緒三
　十一年(1905)上海書局石印本　四冊

370000－7589－0000567　2819

江左校士錄四卷　（清）黃體芳輯　清光緒三
　十年(1904)上海書局石印本　二冊　存二卷
　(一、三)

370000－7589－0000568　2820

玉堂清課賦鈔四卷　（清）龍瑛輯　（清）錢道
　亨箋註　（清）孔義立校字　清道光二十八年
　(1848)書業德記刻本　六冊

370000－7589－0000569　2821

瀛海探驪集八卷　（清）朱埏之輯　（清）馮泉
　　（清）毛寅初　（清）田枏註　清刻本　二冊
　　存四卷(三至六)

370000－7589－0000570　2822

瀛海探驪集八卷　（清）朱埏之輯　（清）馮泉
　　（清）毛寅初　（清）田枏註　清嘉慶十九年
　(1814)集錦堂刻本　二冊　存三卷(四至六)

370000－7589－0000571　2823

隨園詩話十六卷　（清）袁枚著　清道光二十
　四年(1844)聚盛堂刻本　五冊　存十卷(一
　至十)

370000－7589－0000572　2824

高士傳三卷　（晉）皇甫謐撰　（清）汪士漢校
　　清刻本　一冊

370000－7589－0000573　2825

詩經精華十卷　（清）薛嘉穎輯　清刻本　一

山東省濰坊市圖書館等二十二家收藏單位古籍普查登記目錄

冊　存一卷(八)

370000－7589－0000574　2826

近科制藝春霆集□卷國朝銘文春霆集□卷
(清)李鳴謙　(清)吳承緒選　清道光九年
(1829)三讓堂刻本　五冊　存七卷(近科制
藝春霆集大學一卷、中庸一卷、論語一卷、國
朝銘文春霆集大學一卷、中庸一卷、論語一
卷、孟子一卷)

370000－7589－0000575　2827

策論探源四卷　(宋)蘇洵　(宋)蘇軾
(宋)蘇轍著　(清)王登庸編　清刻本　四冊

370000－7589－0000576　2828

山東全墨(光緒癸卯恩科)□卷　(清)尹銘綬
等撰　清光緒二十九年(1903)濰縣實雅書局
鉛印本　三冊　存三卷(一至二、五)

370000－7589－0000577　2829

楊忠烈公文集五卷　(明)楊漣著　清宣統三
年(1911)文盛書局石印本　四冊

370000－7589－0000578　2830

淮南鴻烈解二十一卷　(漢)劉安撰　(漢)高
誘注　清刻本　二冊　存六卷(九至十一、十
五至十七)

370000－7589－0000579　2831

潑墨軒集六卷　(清)戴鑑著　清道光二十三
年(1843)慎餘堂刻本　一冊　存三卷(四至
六)

370000－7589－0000580　2832

玉磑集四卷　(清)安致遠撰　清康熙刻本
一冊　存二卷(一至二)

370000－7589－0000581　2833

四書說略四卷教童子法一卷　(清)王筠撰
(清)孫藍田校　清刻本　二冊

370000－7589－0000582　2834

四書會解二十七卷　(宋)朱熹集註　(清)綦
澧輯　清刻本　七冊　存九卷(論語二至三,
孟子三至四、九至十三)

370000－7589－0000583　2836

管子二十四卷　(周)管仲撰　(唐)房玄齡注
(明)劉績補　清光緒三十年(1904)上海廣
益書局石印本　四冊

370000－7589－0000584　2837

二十五子彙函　(清)鴻文書局輯　清光緒十
九年(1893)上海鴻文書局石印本　一冊　存
二種二十三卷(荀子二十卷、校勘補遺一卷,
尸子二卷)

370000－7589－0000585　2838

重訂文選集評十五卷首一卷末一卷　(南朝
梁)蕭統撰　(清)于光華編次　清刻本　三
冊　存三卷(二、四、七)

370000－7589－0000586　2839

瀛環志略十卷　(清)徐繼畬輯著　(清)陳慶
偕　(清)鹿澤長參訂　(清)崔明高採譯　清
光緒二十一年(1895)上海寶文局石印本
四冊

370000－7589－0000587　2840

墨體正規四卷　(清)□□輯　清抄本　四冊

370000－7589－0000588　2841

**重訂王鳳洲先生綱鑑會纂四十六卷續宋元二
十三卷**　(明)王世貞纂　(明)陳仁錫訂
(明)呂一經校　**御撰資治通鑑綱目三編二十
卷末一卷**　(清)張廷玉等撰　清善成堂刻本
九冊　存十五卷(重訂王鳳洲先生綱鑑會
纂十五至十六、四十二,續宋元一至六、十四
至十七、二十二至二十三)

370000－7589－0000589　2842

唐宋八大家類選十四卷　(清)儲欣評　(清)
儲芝參述　(清)徐永勳　(清)吳振乾
(清)董南紀　(清)儲掌文校訂　清光緒二十
八年(1902)慶文堂刻本　九冊　存七卷(一、
三至八)

370000－7589－0000590　2843

新訂四書補註備旨十卷　(明)鄧林著　(清)
鄧煜編次　(清)祁文友重校　(清)杜定基增
訂　清同治三年(1864)姑蘇掃葉山房刻本
二冊　存三卷(大學一卷、中庸一卷、下孟四)

370000－7589－0000591　2844

新增詩經補註附考備旨八卷　（清）鄒聖脈纂輯　（清）鄒廷猷編次　（清）鄒景揚等訂　清道光三十年(1850)敬文堂刻本　二冊　存二卷(一、八)

370000－7589－0000592　2845

狀元書經六卷　（宋）蔡沈撰　清怡翰齋刻本　一冊　存一卷(一)

370000－7589－0000593　2846

監本易經四卷圖一卷　（宋）朱熹撰　清光緒二十二年(1896)德盛堂刻本　四冊

370000－7589－0000594　2847

板橋詩鈔二卷　（清）鄭燮著　清乾隆刻本　一冊

370000－7589－0000595　2848

蔜友蛾術編二卷　（清）王筠撰　（清）孫藍田校　清咸豐十年(1860)安邱王彥侗刻本　二冊

370000－7589－0000596　2849

蔜友蛾術編二卷　（清）王筠撰　（清）孫藍田校　清咸豐十年(1860)安邱王彥侗刻本　二冊

370000－7589－0000597　2850

怡柯草堂詩鈔六卷　（清）姚錫華著　清刻本　一冊　存四卷(三至六)

370000－7589－0000598　2851

書經體註大全合參六卷圖一卷　（清）錢希祥纂輯　（清）范翔鑒定　清嘉慶八年(1803)金閶函三堂刻本　一冊　存二卷(一、圖一卷)

370000－7589－0000599　2852

大伾集三卷　（明）王璜著　明嘉靖董世彥刻本　二冊　存二卷(一至二)

370000－7589－0000600　2853

大清律例四十卷　（清）三泰等編纂　清刻本　二冊　存五卷(二十七至二十九、三十五至三十六)

370000－7589－0000601　2854

御纂周易折中二十二卷首一卷　（清）李光地等撰　清刻本　一冊　存三卷(二至四)

370000－7589－0000602　2855

分甘餘話四卷　（清）王士禛著　清刻本　一冊

370000－7589－0000603　2856

十三經讀本附校刊記　（清）丁寶楨等校　清同治十一年(1872)山東書局刻民國十四年(1925)印本　二十四冊　存七種三十五卷(春秋左傳一至二、二十九至三十，春秋公羊傳四至八，春秋穀梁傳四至十二，周禮二、四至五，禮記十卷，爾雅中，書經四至六)

370000－7589－0000604　2857

綱鑑擇言補註十卷　（清）司徒修選輯　（清）李嘉樹補註　（清）沈士荃　（清）葉道垠參校　清光緒二十八年(1902)濟南雙和堂刻本　五冊　存八卷(一至八)

370000－7589－0000605　2859

袁太僕訓子書不分卷　（清）袁熊山著　清宣統元年(1909)石印本　一冊

370000－7589－0000606　2860

金湯借箸十二籌十二卷　（明）李盤　（明）周鑑　（明）韓霖撰　清抄本　二冊　存二卷(四、七)

370000－7589－0000607　2861

聖宋名賢四六叢珠一百卷目錄一卷　（宋）葉蕡輯　明抄本　一冊　存一卷(目錄一卷)

370000－7589－0000608　2862

禮記集說十卷　（元）陳澔撰　清刻本　一冊　存一卷(二)

370000－7589－0000609　2864

制藝簡摩集四卷　（清）司徒修輯　舉業度針一卷　（清）司徒德進撰　清道光二十五年至二十六年(1845－1846)東昌葉氏書林刻本　五冊

370000－7589－0000610　2865

皇朝事略一卷　（清）直隸學校司編譯處輯

山東省濰坊市圖書館等二十二家收藏單位古籍普查登記目錄

清光緒二十九年(1903)山東印書局石印本
一冊

370000－7589－0000611　2866

皇朝政典挈要八卷　(日本)增田貢著　(清)
毛淦補編　(清)汪厚昌　(清)顧梓田訂正
清山東書局鉛印本　二冊　存二卷(七至八)

370000－7589－0000612　2867

善卷堂四六十卷　(清)陸繁弨撰　(清)吳自
高注　清道光二年(1822)金閶步月樓刻本
四冊

370000－7589－0000613　2868

國朝先正事略六十卷首一卷　(清)李元度纂
國朝先正事略續編三十卷　朱孔彰撰　清
光緒二十七年(1901)上海千頃堂石印本(國
朝先正事略續編爲清光緒二十六年石印本)
八冊　存四十六卷(國朝先正事略一至二
十六、四十六至六十,首一卷;國朝先正事略
續編一至四)

370000－7589－0000614　2869

玉礎集四卷　(清)安致遠撰　清康熙刻本
四冊

370000－7589－0000615　2870

**康熙字典十二集三十六卷總目一卷檢字一卷
辨似一卷等韻一卷備考一卷補遺一卷**　(清)
張玉書　(清)陳廷敬等纂　清刻本　二十一
冊　存十一集二十八卷(丑集中、下,寅集三
卷,卯集三卷,辰集上、下,巳集中、下,午集三
卷,未集三卷,申集中、下,酉集三卷,戌集中、
下,亥集中;備考一卷;補遺一卷)

370000－7589－0000616　2871

四書說略四卷教童子法一卷　(清)王筠撰
(清)孫藍田校　清刻本　一冊

370000－7589－0000617　2872

泫署日記彙鈔一卷　(清)韓仲荆著　清抄本
一冊

370000－7589－0000618　2873

釃江詩草二十六卷　(清)蘇宗經著　(清)蘇
玉霖　(清)蘇龍愉　(清)蘇龍恂校　清光緒

十八年(1892)刻本　一冊　存三卷(十至十
二)

370000－7589－0000619　2874

類聯集古二編十二卷　(清)劉慶觀編輯
(清)劉聘書參訂　(清)劉汝霖　(清)劉汝
梅校字　清乾隆三十五年(1770)九如堂刻本
三冊　存八卷(一至四、七至十)

370000－7589－0000620　2875

增註四書人物類典串珠四十卷　(清)臧志仁
編輯　清末上洋珍藝書局鉛印本　六冊

370000－7589－0000621　2876

四書味根錄三十七卷　(清)金澂撰　清光緒
五年(1879)三餘堂刻本　八冊　存二十三卷
(大學一卷、中庸一至二、論語二十卷)

370000－7589－0000622　2877

批點七家詩合註七卷　(清)張熙宇評　(清)
申珠　(清)杜炳南　(清)王植桂補註　清光
緒十九年(1893)寶書堂刻本　八冊

370000－7589－0000623　2878

雲林別墅新輯酬世錦囊全集十九卷　(清)謝
梅林　(清)鄒可庭定　(清)鄒景揚輯　清光
緒二十六年(1900)石印本　六冊

370000－7589－0000624　2880

四書會解二十七卷　(宋)朱熹集註　(清)綦
澧輯　清道光十四年(1834)三益堂刻本　七
冊　存十二卷(大學一卷、論語十卷、孟子一)

370000－7589－0000625　2881

縮本增選多寶船八卷　(清)點石齋輯　清光
緒十九年(1893)上海點石齋石印本　七冊
存七卷(一至二、四至八)

370000－7589－0000626　2882

近三十六科鄉會墨二卷補續二卷　(清)榴紅
書屋輯　清光緒二年(1876)榴紅書屋刻本
十二冊

370000－7589－0000627　2883

六書通十卷　(明)閔齊伋撰　(清)畢弘述篆
訂　(清)閔章　(清)程昌燁校　**續集十卷**

山東省濰坊市安丘市博物館古籍普查登記目錄

（清）畢星海原輯　（清）葛時徵校　（清）陳晉蕃重校　清光緒二十一年(1895)上海鴻寶齋石印本　六冊

370000－7589－0000628　2884

五經備旨四十五卷　（清）鄒聖脈纂輯　（清）鄒廷猷編次　（清）鄒景揚　（清）鄒景鴻　（清）鄒景章訂　清光緒十九年(1893)上海蜚英館鉛印本　十二冊

370000－7589－0000629　2885

詩賦類聯鏤金八卷　（清）李佐賢輯　清道光二十九年(1849)文裕堂刻本　五冊　存七卷（一至五、七至八）

370000－7589－0000630　2886

策學纂要十六卷　（清）戴朋　（清）黃卷輯　清刻本　五冊　存十三卷（一至二、六至十六）

370000－7589－0000631　2887

小題萬斛珠璣□□卷　（清）□□輯　清袖海山房刻本　十三冊　存十三卷（十二至二十四冊）

370000－7589－0000632　2888

欽定國朝詩別裁集三十二卷　（清）沈德潛纂評　清刻本　七冊　存十五卷（十八至三十二）

370000－7589－0000633　2889

詩韻合璧五卷詩腋一卷詞林典腋一卷　（清）湯文潞輯　虛字韻藪一卷　（清）潘維城輯　初學檢韻袖珍一卷　（清）錢大昕鑒定　（清）姚文登輯　（清）姚炳章校　清光緒十三年(1887)上海鴻文書局石印本　六冊

370000－7589－0000634　2890

增廣詩句題解彙編四卷　（清）陳劍之等編　清光緒十九年(1893)上海寶文書局石印本　四冊

370000－7589－0000635　2891

增廣賦海大全三十卷首一卷　（清）張承臚編　清石印本　五冊　存十九卷（十至十三、十六至三十）

山東省濰坊市圖書館等二十二家收藏單位古籍普查登記目錄

370000－7589－0000636　2892

[光緒]高唐州志八卷首一卷末一卷　（清）周家齊修　（清）莒建章纂　清刻本　一冊　存一卷(二)

370000－7589－0000637　2893

蜃音一卷　（清）安致遠撰　（清）張會裕　（清）張貞評　綺樹閣賦彙一卷　（清）安箕撰　清康熙刻本　一冊

370000－7589－0000638　2894

正字略定本不分卷　（清）王筠著　清道光二十五年(1845)刻本　一冊

370000－7589－0000639　2895

正字略定本不分卷　（清）王筠著　清道光二十五年(1845)刻本　一冊

370000－7589－0000640　2896

五經文府不分卷　（清）□□輯　清石印本　八冊

370000－7589－0000641　2897

日知錄集釋三十二卷首一卷刊誤二卷　（清）顧炎武著　（清）黃汝成集釋　清光緒二十一年(1895)上海點石齋石印本　六冊

370000－7589－0000642　2898

策府統宗六十五卷　（清）劉昌齡輯　清鉛印本　二冊　存四卷（一至二、四至五）

370000－7589－0000643　2899

詩料集錦詳註六卷　（清）伴鶴居士輯釋　清刻本　四冊　存四卷（一至四）

370000－7589－0000644　2900

趙文穎陽穀殉難事實一卷　趙爾巽編　清光緒三十三年(1907)石印本　一冊

370000－7589－0000645　2901

趙文穎陽穀殉難事實一卷　趙爾巽編　清光緒三十三年(1907)石印本　一冊

370000－7589－0000646　2902

西澗草堂詩集四卷　（清）閻循觀著　清乾隆三十八年(1773)樹滋堂刻本　一冊

370000－7589－0000647　2903

尚書讀記一卷春秋一得一卷困勉齋私記四卷
（清）閻循觀著　清乾隆三十八年（1773）樹
滋堂刻本　一冊

370000－7589－0000648　2904
唐律賦鈔一卷論賦集鈔一卷　（清）潘霨編
清同治八年（1869）濟南中和堂鮑連元刻本
一冊

370000－7589－0000649　2905
秘書二十一種九十四卷　（清）汪士漢輯　清
文盛堂刻本　五冊　存六種二十一卷（汲塚
周書十卷、劍俠傳四卷、楚史檮杌一卷、晉史
乘一卷、三墳一卷、風俗通四卷）

370000－7589－0000650　2906
用筆如錐用墨如飛［文集］不分卷　（清）□□
抄　清抄本　一冊

370000－7589－0000651　2907
正字略定本不分卷　（清）王筠著　清道光二
十五年（1845）刻本　一冊

370000－7589－0000652　2908
正字略定本不分卷　（清）王筠著　清道光二
十五年（1845）刻本　一冊

370000－7589－0000653　2909
正字略定本不分卷　（清）王筠著　清道光十
九年（1839）刻本　一冊

370000－7589－0000654　2910
正字略定本不分卷　（清）王筠著　清道光二
十五年（1845）刻本　一冊

370000－7589－0000655　2911
正字略定本不分卷　（清）王筠著　清道光二
十五年（1845）刻本　一冊

370000－7589－0000656　2912
詩經融註大全體要八卷　（清）高朝瓔定
（清）沈世楷輯　清刻本　一冊　存二卷（四
至五）

370000－7589－0000657　2913
［道光］文登縣志十卷　（清）蔡培　（清）歐
文等纂修　（清）林汝謨等分纂　清道光十九

年（1839）刻本　一冊　存二卷（一至二）

370000－7589－0000658　2914
廣輿記二十四卷　（明）陸應陽輯　清刻本
三冊　存七卷（二至三、十三至十七）

370000－7589－0000659　2915
秘書二十一種九十四卷　（清）汪士漢輯　清
文盛堂刻本　十冊　存五種四十六卷（汲塚
周書十卷、吳越春秋六卷、拾遺記十卷、白虎
通二卷、山海經十八卷）

370000－7589－0000660　2916
秘書二十一種九十四卷　（清）汪士漢輯　清
嘉慶三年（1798）菁華書屋刻本　十冊　存八
種五十二卷（汲塚周書一至五、吳越春秋四至
六、拾遺記十卷、白虎通二卷、山海經十八卷、
博物志十卷、古今注三卷、三墳一卷）

370000－7589－0000661　2917
滇南集一卷臥象山房詩集□□卷　（清）李澄
中著　（清）田雯評　清刻本　一冊　存三卷
（滇南集一卷、臥象山房詩集二十二至二十三）

370000－7589－0000662　2918
唐代叢書十二集　（清）陳世熙輯　清宣統三
年（1911）上海天寶書局石印本　十冊　存十
集（一至六、八、十至十二）

370000－7589－0000663　2919
棟亭藏書二十一種三十卷　（清）曹寅輯　清
抄本　八冊

370000－7589－0000664　2920
戴氏遺書　（清）戴震撰　清乾隆曲阜孔氏微
波榭刻本　十冊　存八種十九卷（毛鄭詩考
正四卷、首一卷、杲溪詩經補注二卷、續天文
略上、中，考工記圖二卷，孟子字義疏證三卷，
原善三卷，原象一卷，策算一卷）

370000－7589－0000665　2921
鄂宰四稿四卷　（清）王筠撰　清咸豐二年
（1852）刻本　二冊

370000－7589－0000666　2922
鄂宰四稿四卷　（清）王筠撰　清咸豐二年
（1852）刻本　二冊

山東省濰坊市安丘市博物館古籍普查登記目錄

370000－7589－0000667　2923

鄂宰四稿四卷　（清）王筠撰　清咸豐二年（1852）刻本　二冊

370000－7589－0000668　2924

明墨弋不分卷　（清）□□輯　清刻本　四冊

370000－7589－0000669　2925

歷科程墨勝觀百一全集不分卷　（清）李兆昌彙訂　清康熙金閶張體貞、黃睿卿刻本　一冊

370000－7589－0000670　2926

唐荊川先生傳稿不分卷　（明）唐順之著（清）呂留良評點　清康熙二十年（1681）天蓋樓刻本　一冊　存上論、下論

370000－7589－0000671　2927

陳介眉先生傳稿不分卷　（清）陳錫嘏撰（清）徐秉義鑒定　（清）仇兆鰲評選　清康熙刻本　一冊　存上論、下論

370000－7589－0000672　2928

讀書日記六卷　（清）劉源淥著　（清）陸師定（清）馬長淑校　補編二卷　（清）劉源淥著（清）李瀞　（清）孫自務鈔撮　（清）秦勷校正　清宣統二年（1910）安邱劉氏刻本　三冊　存六卷（讀書日記三至六、補編二卷）

370000－7589－0000673　2929

歷代史論一編四卷　（明）張溥著　清石印本　一冊

370000－7589－0000674　2930

歷代史論十二卷　（明）張溥論正　（清）孫琮評　宋史論三卷　（明）張溥論正　元史論一卷　（明）張溥論正　左傳史論二卷　（清）高士奇論正　明史論四卷　（清）谷應泰論正　清石印本　二冊　存十一卷（歷代史論七至十二、元史論一卷、明史論四卷）

370000－7589－0000675　2931

史論正鵠初集四卷史論觀止二集四卷　（清）王樹敏評點　張謇重校　清光緒二十七年（1901）上海石印本　六冊　存六卷（初集四卷、二集二至三）

370000－7589－0000676　2932

史論正鵠三集八卷　（清）王樹敏評點　（清）錢卿衡校　清石印本　一冊　存一卷（六）

370000－7589－0000677　2933

御撰通鑑綱目三編二十卷末一卷　（清）張廷玉等撰　清善成堂刻本　二冊　存五卷（十七至二十、末一卷）

370000－7589－0000678　2934

尺木堂綱鑑易知錄九十二卷　（清）吳乘權（清）周之炯　（清）周之燦輯　清尺木堂鉛印本　一冊　存七卷（十五至二十一）

370000－7589－0000679　2935

尺木堂綱鑑易知錄九十二卷　（清）吳乘權（清）周之炯　（清）周之燦輯　清尺木堂鉛印本　七冊　存四十六卷（一至二十五、三十三至五十三）

370000－7589－0000680　2936

尺木堂綱鑑易知錄九十二卷　（清）吳乘權（清）周之炯　（清）周之燦輯　清尺木堂鉛印本　五冊　存三十四卷（二十至二十六、四十二至五十四、六十一至七十四）

370000－7589－0000681　2937

重訂文選集評十五卷首一卷末一卷　（南朝梁）蕭統撰　（清）于光華編次　清善成堂刻本　二冊　存三卷（一、十五，末一卷）

370000－7589－0000682　2938

四書人物類典串珠四十卷　（清）臧志仁編輯　清刻本　二冊　存五卷（一至五）

370000－7589－0000683　2939

步雲閣新刻舉筆須知寫帖款式二卷　（清）王相彙選　清光緒十二年（1886）成文堂刻本　一冊

370000－7589－0000684　2940

金剛般若波羅蜜經一卷　（後秦）釋鳩摩羅什譯　清同治十一年（1872）東武王汝臨刻本　一冊

370000－7589－0000685　2941

山東省濰坊市圖書館等二十二家收藏單位古籍普查登記目錄

三蘇策論十二卷 （宋）蘇洵 （宋）蘇軾 （宋）蘇轍著 清光緒二十七年(1901)鴻寶書局石印本 四冊 存八卷(一至六、十一至十二)

370000－7589－0000686 2942

右台仙館筆記十六卷 （清）俞樾著 清石印本 一冊 存二卷(五至六)

370000－7589－0000687 2943

思樂書屋截搭課存二卷 （清）李應詔撰 清刻本 一冊 存一卷(下)

370000－7589－0000688 2944

寄傲山房塾課纂輯五經備旨五種四十五卷 （清）鄒聖脈纂輯 （清）鄒廷猷編次 （清）鄒景揚 （清）鄒景鴻 （清）鄒景章訂 清光緒十九年(1893)上海蜚英館鉛印本 三冊 存三種十一卷(易經備旨一至三、詩經備旨一至四、春秋備旨五至八)

370000－7589－0000689 2945

古詩源十四卷 （清）沈德潛選 清芥子園刻本 五冊 存十二卷(一至五、八至十四)

370000－7589－0000690 2946

四書味根錄三十七卷 （清）金澂撰 清上海文盛書局石印本 六冊

370000－7589－0000691 2947

四書合纂大成三十七卷首二卷 （清）沈祖燕輯纂 清光緒二十九年(1903)上海鴻寶齋石印本 一冊 存四卷(論語一至三、首一卷)

370000－7589－0000692 2948

文料大成四十卷補編二卷 （清）冷香子撰 清光緒十年(1884)刻本 八冊 存三十三卷(一至二十四、二十八至三十四,補編二卷)

370000－7589－0000693 2949

近科館課分韻詩鈔二卷目錄二卷 王先謙原編 （清）陳漢章增注 （清）范多鈺重編 （清）范多琮校字 清刻本 四冊 存二卷(下、目錄下)

370000－7589－0000694 2950

利試文格四卷 （清）鍾運堯輯 清存養山房刻本 四冊

370000－7589－0000695 2951

廣增四書典腋二十卷 （清）松軒主人編 清同治五年(1866)京都琉璃廠刻本 二冊 存七卷(一至七)

370000－7589－0000696 2952

鑄史駢言十二卷 （清）孫玉田編定 清光緒二年(1876)四明陳氏銀藤花館刻本 三冊 存六卷(一至四、七至八)

370000－7589－0000697 2953

兩懷草一卷 （清）馬澄著 清抄本 一冊

370000－7589－0000698 2954

鳳山塾課□□卷 （清）管廷鶚鑒定 （清）管廷綱參校 （清）管象頤 （清）管象勛 （清）管象晉校錄 清刻本 一冊 存一卷(四)

370000－7589－0000699 2955

孫子十家註十三卷 （周）孫武撰 （宋）吉天保集 （清）孫星衍註 （清）吳人驥校 敘錄一卷 （清）畢以珣撰 遺說一卷 （宋）鄭友賢撰 清光緒二十三年(1897)文瑞樓鉛印本 四冊

370000－7589－0000700 2956

七家詩合註七卷 （清）張熙宇評 （清）申珠 （清）杜炳南 （清）王植桂補註 清刻本 一冊 存一卷(五下)

370000－7589－0000701 2957

海棠華館七家詩合註七卷 （清）張熙宇評 （清）申珠 （清）杜炳南補註 清刻本 一冊 存二種二卷(簡學齋試帖補註一卷、西漚試帖補註一卷)

370000－7589－0000702 2958

正字略定本不分卷 （清）王筠著 清道光二十五年(1845)刻本 一冊

370000－7589－0000703 2959

明文輯要□□卷 （清）孫伯龍輯 （清）孫怡

荀　（清）孫怡荷　（清）孫怡華編次　清光緒
三年（1877）書業德刻本　一冊　存一卷（上
論）

370000－7589－0000704　2960
有正味齋試帖詩註八卷　（清）吳錫麒著
（清）吳清學　（清）吳清漣　（清）吳清皐
（清）吳清鵬註釋　清婺源孫洪琦、孫洪瑞刻
本　一冊　存二卷（五至六）

370000－7589－0000705　2961
會試闈墨（光緒甲辰恩科）二卷　（清）濰陽實
雅書局輯　清光緒三十年（1904）濰陽實雅書
局鉛印本　一冊　存一卷（上）

370000－7589－0000706　2962
山東鄉試闈墨（光緒癸卯恩科）不分卷　郭曾
炘　吳懷清鑒定　清光緒二十九年（1903）刻
本　一冊

370000－7589－0000707　2963
安邱王氏叢書目錄一卷王笏棚聯一卷王簡棚
聯一卷王範棚聯一卷　（清）王式荣錄　清光
緒十二年（1886）王式荣抄本　一冊

370000－7589－0000708　2964
讀禮竊注不分卷　（清）孫自務著　清乾隆二
十一年（1756）花石山房刻本　一冊

370000－7589－0000709　2965
讀禮竊注不分卷　（清）孫自務著　清乾隆二
十一年（1756）花石山房刻本　一冊

370000－7589－0000710　2966
朱子家訓衍義不分卷　（清）朱鳳鳴註　清宣
統二年（1910）京口善化堂刻本　一冊

370000－7589－0000711　2967
朱子家訓衍義不分卷　（清）朱鳳鳴註　清宣
統二年（1910）京口善化堂刻本　一冊

370000－7589－0000712　2968
張氏印譜不分卷　（清）張在辛篆　清刻鈐印
本　一冊

370000－7589－0000713　2969
犢山文稿□□卷　（清）周鎬撰　清刻本

一冊

370000－7589－0000714　2970
九洲山水歌不分卷　（清）□□輯　清抄本
一冊

370000－7589－0000715　2971
龍山社讖一卷　（清）賦筍齋主人輯　清光緒
六年（1880）刻本　一冊

370000－7589－0000716　2972
策學纂要十六卷　（清）戴朋　（清）黃卷輯
清刻本　一冊　存三卷（九至十一）

370000－7589－0000717　2973
歷下記遊詩二卷　（清）張善恒著　清光緒二
十八年（1902）張介祿刻本　一冊

370000－7589－0000718　2974
國語二十一卷　（三國吳）韋昭解　清光緒二
十二年（1896）上海鴻寶齋石印本　一冊　存
六卷（一至六）

370000－7589－0000719　2975
鄂宰四稿四卷　（清）王筠撰　清咸豐二年
（1852）刻本　二冊

370000－7589－0000720　2976
鄂宰四稿四卷　（清）王筠撰　清咸豐二年
（1852）刻本　一冊　存二種二卷（毛詩重言
一卷、毛詩雙聲疊韻說一卷）

370000－7589－0000721　2977
說劍山房詩草初編四卷　（清）李湘荣撰　清
道光刻本　一冊

370000－7589－0000722　2978
說劍山房詩草初編四卷　（清）李湘荣撰　清
道光刻本　民國十五年蟄盦主人題跋　一冊

370000－7589－0000723　2979
正字略定本不分卷　（清）王筠著　清道光二
十五年（1845）刻本　一冊

370000－7589－0000724　2982
七篇指略七卷孟子字學考一卷　（清）王訓著
清康熙十二年（1673）金陵繆氏刻本　二冊

370000－7589－0000725　2984

郎鄉徵實詩一卷　（清）張芝楣編　清咸豐元年(1851)書院刻本　一冊

370000－7589－0000726　2985

讀史論署一卷　（清）杜詔撰　清光緒三十一年(1905)掃葉山房刻本　一冊

370000－7589－0000727　2986

飴山詩集二十卷　（清）趙執信撰　清刻本　一冊　存九卷(十二至二十)

370000－7589－0000728　2987

仁在堂時藝引階合編二卷　（清）路德編　（清）葉錫鳳增刪　清同治十三年(1874)敬文堂刻本　一冊　存一卷(一上)

370000－7589－0000729　2988

舊約聖書詩篇一百五十篇　（美國）聖經會編　清宣統二年(1910)大美國聖經會鉛印本　一冊

370000－7589－0000730　2989

談龍錄一卷　（清）趙執信撰　清刻本　辛未年綠蘿書屋題跋　一冊

370000－7589－0000731　2990

穀梁傳選二卷　（清）儲欣評　（清）儲芝參述　（清）徐永　（清）徐遇仙　（清）史章期　（清）任環　（清）儲掌文校　清二南堂刻本　一冊

370000－7589－0000732　2991

字彙十二集首一卷末一卷　（明）梅膺祚音釋　（明）劉永懋重訂　清刻本　二冊　存二卷(卯集一卷、末一卷)

370000－7589－0000733　2992

續增洗冤錄辨正三卷補刊一卷　（清）瞿中溶撰　（清）李璋煜重訂　（清）文晟　（清）史樸　（清）陸孫鼎校　清光緒三十三年(1907)上海書局石印本　一冊

370000－7589－0000734　2993

思樂書屋截搭課存二卷　（清）李應詔撰　清同治十一年(1872)三盛堂刻本　佚名題跋　一冊　存一卷(上)

370000－7589－0000735　2994

姑孰集一卷　張毓寶撰　浙東吟一卷　鞠淩九撰　清光緒五年(1879)抄本(浙東吟爲民國十七年抄本)　一冊

370000－7589－0000736　2995

分體利試詩法入門十九卷　（清）鄭錫瀛輯　（清）葉錫麟訂　清刻本　一冊　存八卷(十二至十九)

370000－7589－0000737　2997

御批歷代通鑑輯覽一百二十卷　（清）傅恒等撰　清石印本　二冊　存十卷(四十四至五十三)

370000－7589－0000738　2998

御批歷代通鑑輯覽一百二十卷　（清）傅恒等撰　清石印本　一冊　存五卷(八十至八十四)

370000－7589－0000739　2999

四書味根錄三十七卷　（清）金澂撰　清刻本　一冊　存二卷(論語十一至十二)

370000－7589－0000740　3000

渠丘耳夢錄四卷　（清）張貞撰　清抄本　一冊

370000－7589－0000741　3001

日省齋印譜不分卷　（清）□□輯　清鈐印本　一冊

370000－7589－0000742　3002

秋闈日記一卷　（清）孫鳳藻撰　清道光十六年(1836)抄本　一冊

370000－7589－0000743　3003

四聲纂句不分卷　（清）王鑒輯　清抄本　一冊

370000－7589－0000744　3004

重訂王鳳洲先生綱鑑會纂四十六卷續宋元二十三卷　（明）王世貞纂　（明）陳仁錫訂　（明）呂一經校　御撰資治通鑑綱目三編二十卷末一卷　（清）張廷玉等撰　清刻本　一冊

山東省濰坊市安丘市博物館古籍普查登記目錄

存二卷(重訂王鳳洲先生綱鑑會纂十六至十七)

370000－7589－0000745　3006

新塘吟一卷擬古樂府一卷　（清）董思恭撰（清）羅時暄評　清乾隆刻本　一冊

370000－7589－0000746　3007

四書題鏡十九卷總論一卷　（清）汪鯉翔纂述　清刻本　一冊　存一卷(上孟一卷)

370000－7589－0000747　3008

佩文韻府提綱二卷　（清）蝸廬主人(王士瑗)輯　清刻本　一冊　存一卷(上)

370000－7589－0000748　3011

聊齋志異注十六卷注補一卷　（清）呂湛恩輯（清）于書佃　（清）王延慶訂　（清）呂應選　（清）呂應奎校　清刻本　一冊　存四卷(十四至十六、注補一卷)

370000－7589－0000749　3012

康熙字典十二集三十六卷總目一卷檢字一卷辨似一卷等韻一卷備考一卷補遺一卷　（清）張玉書　（清）陳廷敬等纂　清文盛堂石印本　二冊　存五集十五卷(寅集三卷、卯集三卷、辰集三卷、未集三卷、申集三卷)

370000－7589－0000750　3013

曠視山房課幼編二卷　（清）丁守存撰　清光緒七年(1881)刻本　一冊

370000－7589－0000751　3015

批註搭題易讀不分卷　（清）史鑑輯　（清）齊克獻　（清）李毓坤等訂　清刻本　一冊

370000－7589－0000752　3016

江左校士錄四卷　（清）黃體芳輯　清光緒二十九年(1903)上海書局石印本　一冊　存一卷(一)

370000－7589－0000753　3017

流水今日[文集]一卷　（□）□□輯　清抄本　一冊

370000－7589－0000754　3019

擲地當作金石聲[文集]一卷　（清）□□輯

清抄本　一冊

370000－7589－0000755　3020

詩鈔不分卷　（清）□□輯　清抄本　一冊

370000－7589－0000756　3021

得意集不分卷　（清）□□輯　清抄本　一冊

370000－7589－0000757　3022

韻譜滙編五卷　（清）王佶纂　（清）段玉華（清）黃永寧參　（清）張重光校　清刻本　一冊

370000－7589－0000758　3023

半軸短籟集二卷補遺一卷　（清）楊成雯撰　清光緒二十三年(1897)抄本　一冊

370000－7589－0000759　3033

子書□□種　（□）□□輯　清刻本　三冊　存三種十二卷(孫子十三篇一卷,八十一難上,荀子六至十、十六至二十)

370000－7589－0000760　3034

中外時務經濟新論六卷　（英國）李提摩太著（清）仲英採輯　清光緒二十四年(1898)上海書局石印本　六冊

370000－7589－0000761　3035

格致書院課藝□□卷　（清）王韜編　清末石印本　一冊　存一卷(分類西學課藝一卷)

370000－7589－0000762　3036

格致書院課藝□□卷　（清）王韜編　清光緒十二年(1886)弢園鉛印本　二冊　存二冊(丙戌課藝一卷、壬辰課藝一卷)

370000－7589－0000763　3037

零丁碎帖拾入廬[文集]一卷　（清）□□抄　清抄本　一冊

370000－7589－0000764　3038

檀几叢書二集五十卷　（清）王晫　（清）張潮輯　清刻本　一冊　存七卷(四十四至五十)

370000－7589－0000765　3039

策論萃新不分卷　（清）□□輯　清書業德刻本　一冊

山東省濰坊市圖書館等二十二家收藏單位古籍普查登記目錄

370000－7589－0000766　3040

罐墅山人雜著十六種三百四十六卷　（清）王初桐撰　清刻本　一冊　存一種四卷(北遊日記四卷)

370000－7589－0000767　3041

曾文正公家訓摘鈔一卷　（清）曾國藩撰（清）蔣兆奎選　清光緒十七年(1891)蔣兆奎刻民國二十二年(1933)王愷如重印本　一冊

370000－7589－0000768　3042

天文圖說四卷　（英國）柯雅各撰　（美國）摩嘉立　（清）薛承恩譯　清光緒九年(1883)益智書會刻本　一冊

370000－7589－0000769　3043

楚辭十七卷　（漢）劉向編集　清刻本　一冊　存四卷(六至九)

370000－7589－0000770　3044

山東鄉試硃卷(光緒戊子科)一卷　（清）曹叔智撰　清刻本　一冊

370000－7589－0000771　3045

史鑑節要便讀六卷　（清）鮑東里編輯　清德盛堂刻本　一冊　存三卷(一至三)

370000－7589－0000772　3046

史記一百三十卷　（漢）司馬遷撰　（南朝宋）裴駰集解　（唐）司馬貞索隱　（唐）張守節正義　（明）徐孚遠　（明）陳子龍測議　清刻本　一冊　存五卷(六十九至七十三)

370000－7589－0000773　3047

十三經集字一卷　（清）李鴻藻等編　清刻本　一冊

370000－7589－0000774　3048

詩韻含英題解十卷　（清）甘蘭友輯　清刻本　一冊　存三卷(八至十)

370000－7589－0000775　3049

詩韻含英十八卷　（清）劉文蔚輯　清刻本　一冊　存四卷(五至八)

370000－7589－0000776　3050

蘭言詩鈔四卷　（清）李瑞輯　（清）穆騰額註

370000－7589－0000786　3062

恬齋詩集四卷　（清）孫景曾著　（清）孫明奎

釋　（清）殷毓校正　清光緒十九年(1893)成文堂刻本　一冊　存一卷(一)

370000－7589－0000777　3051

鵝幻彙編十二卷　（清）唐再豐著　清刻本　四冊　存七卷(三至七、十一至十二)

370000－7589－0000778　3054

甘時望秘竅全書□□卷　（明）甘霖纂著　明梁廷棟刻本　四冊　存二種三卷(考驗通書法竅秘訣上卷上、中卷下,選擇天星秘竅一卷)

370000－7589－0000779　3055

佩文詩韻五卷　（清）□□輯　清刻本　一冊

370000－7589－0000780　3056

增註四書人物類典串珠四十卷　（清）臧志仁編輯　清末鉛印本　二冊　存十六卷(二十五至四十)

370000－7589－0000781　3057

試帖詳釋六韻二卷八韻一卷　（清）張雲會纂釋　（清）張濬校字　（清）夏經　（清）段玉華　（清）黃永寧　（清）張煥合參　清刻本　一冊

370000－7589－0000782　3058

增註四書人物類典串珠四十卷　（清）臧志仁編輯　清末鉛印本　一冊　存六卷(二十五至三十)

370000－7589－0000783　3059

御批歷代通鑑輯覽一百二十卷　（清）傅恒等撰　清刻本　一冊　存一卷(三十一)

370000－7589－0000784　3060

博山趙氏詩集四卷　（清）趙執珪等撰　清刻本　一冊　存四種四卷(約齋遺詩一卷、綠槐軒詩一卷、鐵硯齋詩一卷、小隱園詩一卷)

370000－7589－0000785　3061

欽定科場條例六十卷首一卷　（清）禮部纂修　清刻本　一冊　存二卷(五十五至五十六)

（清）孫明晉　（清）孫明遠校　清道光十年(1830)知足堂刻本　二冊

370000－7589－0000787　3063

鑑略四字書一卷　（清）王仕雲著　清德盛堂刻本　一冊

370000－7589－0000788　3064

史鑑節要便讀六卷末一卷　（清）鮑東里編輯　清刻本　一冊　存四卷（四至六、末一卷）

370000－7589－0000789　3065

水芝館近言不分卷　（清）韓應恒纂著　清黃茹刻本　一冊

370000－7589－0000790　3066

瀛環志略十卷　（清）徐繼畬輯著　清末石印本　一冊　存三卷（八至十）

370000－7589－0000791　3067

閒窗隨筆史略不分卷　（清）杜延闓著　（清）杜元彭　（清）杜元喬校　清刻本　一冊

370000－7589－0000792　3068

萬國公法四卷　（美國）惠頓撰　（美國）丁韙良譯　清光緒二十四年(1898)天津維新書局石印本　一冊　存一卷（一）

370000－7589－0000793　3069

新譯萬國近世大事表一卷　（清）董瑞椿譯述　（清）徐繼高参校　清光緒二十八年(1902)石印本　一冊

370000－7589－0000794　3070

重訂古文釋義新編八卷　（清）余誠評註　（清）余芝参閱　清刻本　一冊　存一卷（三）

370000－7589－0000795　3071

七家試帖輯註七卷　（清）張熙宇輯評　（清）王植桂輯註　清刻本　一冊　存一卷（西漚試帖輯註上）

370000－7589－0000796　3072

二酉彙刪二十四卷　（清）王訓纂評　（清）王松年　（清）王士魯参校　清刻本　一冊　存二卷（一至二）

370000－7589－0000797　3073

[乾隆]東平州志二十卷首一卷補遺一卷　（清）沈維基修　清乾隆三十五年(1770)刻本　一冊　存二卷（十四至十五）

370000－7589－0000798　3074

[安邱王氏詩鈔]三種三卷　（清）王筠輯　（清）王鵬超校錄　清咸豐二年(1852)刻本　一冊　存三種三卷（念復堂詩鈔一卷、松亭詩鈔一卷、菊逸先生詩存一卷）

370000－7589－0000799　3075

[乾隆]夏津縣志十卷　（清）方學成纂修　清刻本　一冊　存一卷（十）

370000－7589－0000800　3076

西湖志四十八卷　（清）李衛監修　（清）傅王露總纂　清雍正刻本　一冊　存三卷（二十七至二十九）

370000－7589－0000801　3077

批註小題易讀不分卷　（清）史鑑輯　（清）齊克獻　（清）李毓坤等訂　清同治八年(1869)二酉堂刻本　一冊

370000－7589－0000802　3078

增註八銘塾鈔初集六卷論文一卷二集六卷闈試總論一卷　（清）吳懋政編次　（清）李文山註釋　（清）樊慶寅校訂　清成文信刻本　二冊　存三卷（增註八銘塾鈔初集大學一卷、中庸一卷、上論一卷）

370000－7589－0000803　3079

鄂宰四稿四卷　（清）王筠撰　清咸豐二年(1852)刻本　一冊　存二種二卷（夏小正一卷、弟子職正音一卷）

370000－7589－0000804　3080

濼源課藝初編四卷二編四卷三編四卷　（清）匡源等編　清刻本　三冊　存三卷（濼源課藝初編二、四,三編二）

370000－7589－0000805　3081

古諷籀齋目耕腔錄三十二卷　（清）泖畔閒鷗霞逸纂輯　清刻本　三冊　存九卷（一至六、二十五至二十七）

山東省濰坊市圖書館等二十二家收藏單位古籍普查登記目錄

370000 – 7589 – 0000806   3082

傅氏眼科審視瑤函六卷首一卷   （明）傅仁宇
纂輯   （明）林長生校補   （清）張秀徵訂正
（清）張文凱參閱   （清）傅維藩編集   清宣統
元年(1909)上海普通書局石印本   二冊   存
三卷(一、三,首一卷)

370000 – 7589 – 0000807   3083

西澗草堂集四卷   （清）閻循觀著   清乾隆三
十八年(1773)樹滋堂刻本   一冊

370000 – 7589 – 0000808   3084

重訂事類賦三十卷   （宋）吳淑撰註   清乾隆
二十九年(1764)劍光閣刻本   一冊   存四卷
(一至四)

370000 – 7589 – 0000809   3085

大清律例新增統纂集成四十卷   （清）姚潤纂
（清）胡仰山增輯   清刻本   一冊   存一卷
(二十三)

370000 – 7589 – 0000810   3086

增廣四書典腋二十卷   （清）松軒主人編   清
刻本   一冊   存二卷(八至九)

370000 – 7589 – 0000811   3087

分類尺牘備覽三十卷   （清）王虎榜輯   清刻
本   一冊   存三卷(八至十)

370000 – 7589 – 0000812   3088

春明時墨摘豔□□卷   （清）□□輯   清刻本
一冊   存一卷(二)

370000 – 7589 – 0000813   3089

類腋四部五十五卷   （清）姚培謙集   清刻本
一冊   存二卷(地部七至八)

370000 – 7589 – 0000814   3090

同治朝墨選純一不分卷   （清）張惟勤編次
清刻本   一冊

370000 – 7589 – 0000815   3091

新輯分類史事政治論十六卷   （清）王樹輯
清刻本   一冊   存一卷(十五)

370000 – 7589 – 0000816   3092

近九科同館賦鈔四卷   （清）孫欽昂編輯   清

刻本   一冊   存二卷(一至二)

370000 – 7589 – 0000817   3093

五洲時務新策二卷   （清）慎獨齋主人編   清
光緒二十八年(1902)有益堂刻本   一冊   存
一卷(上)

370000 – 7589 – 0000818   3095

明詩別裁集十二卷   （清）沈德潛   （清）周準
輯   清刻本   一冊   存二卷(七至八)

370000 – 7589 – 0000819   3096

得月樓賦乙編一卷   （清）張元灝選評   清刻
本   一冊

370000 – 7589 – 0000820   3097

二度梅六卷四十回   （清）惜陰堂主人撰   清
刻本   一冊   存二卷(三至四)

370000 – 7589 – 0000821   3098

四書典腋十八卷   （清）松軒主人編   清道光
十年(1830)刻本   一冊   存五卷(一至五)

370000 – 7589 – 0000822   3099

新編直指算法統宗十七卷   （明）程大位編集
清刻本   一冊   存六卷(七至十二)

370000 – 7589 – 0000823   3101

我法集註二卷   （清）紀昀著   （清）紀樹馨編
輯   （清）許鎔箋釋   清嘉慶八年(1803)三餘
堂刻本   一冊   存一卷(上)

370000 – 7589 – 0000824   3102

竹笑軒賦鈔初集一卷二集一卷   （清）孫清達
編次   清刻本   一冊   存一卷(竹笑軒賦鈔
初集一卷)

370000 – 7589 – 0000825   3103

韻蘭集賦鈔六卷   （清）陸雲槎輯選   （清）宋
淮三考典   清刻本   一冊   存一卷(一)

370000 – 7589 – 0000826   3104

讀通鑑論十六卷宋論十五卷   （清）王夫之撰
清刻本   一冊   存一卷(讀通鑑論八)

370000 – 7589 – 0000827   3105

評選直省闈藝大全(光緒癸卯恩科)□□卷
（清）久敬齋主人輯   清石印本   一冊   存一

卷(三)

370000－7589－0000828　3106

陳修園醫書廿一種　（清）陳念祖著　清光緒
十八年(1892)上海圖書集成印書局石印本
三冊　存四種二十四卷(金匱要略淺註四至
十、傷寒醫訣串解六卷、傷寒真方歌括六卷、
醫學從眾錄四至八)

370000－7589－0000829　3107

校正增廣驗方新編二十四卷咽喉秘集一卷
(清)鮑相璈編輯　（清）張紹棠增輯　清宣統
三年(1911)上海會文堂書局石印本　一冊
存四卷(十三至十六)

370000－7589－0000830　3108

陳修園先生醫書□□種　（清）陳念祖著　清
末石印本　七冊　存二十二種四十五卷(十
藥神書註解一卷,神授急救異痧奇方一卷,經
驗百病內外一卷,霍亂論二卷、首一卷,咽喉
脈證通論一卷,洞主仙師白喉治法忌表抉微
一卷,急救喉疹要法一卷,福幼編一卷,太乙
神鍼方一卷,救迷良方一卷,癧疾論三卷,秘
本眼科捷徑一卷,傷寒舌鑑一卷,傷寒醫訣串
解六卷,傷寒真方歌括六卷,張仲景傷寒論原
文淺註一至三,神農本草經百種錄三卷,增補
食物秘書一卷,平辨脈法歌括一卷,本經便讀
三卷,名醫別錄一卷,醫學從眾錄五至八)

370000－7589－0000831　3110

濟陰綱目十四卷　（明）武之望輯著　（清）汪
淇箋釋　（清）趙文奎訂正　（清）查望參閱
清末石印本　一冊　存二卷(十三至十四)

370000－7589－0000832　3111

傅氏眼科審視瑤函六卷首一卷　（明）傅仁宇
纂輯　（明）林長生校補　（清）張秀徵訂正
(清)張文凱參閱　（清）傅維藩編集　清宣統
元年(1909)上海普通書局石印本　一冊　存
一卷(二)

370000－7589－0000833　3113

四書典故快觀二卷　（清）春暉堂主人纂　清
刻本　一冊　存一卷（下）

370000－7589－0000834　3114

類類聯珠初編三十二卷二編十二卷　（清）李
堃編　（清）李椿林增補　清刻本　五冊　存
二十一卷(類類聯珠初編二十一至三十二,二
編一至五、九至十二)

370000－7589－0000835　3115

雲林別墅繪像妥註第六才子書六卷　（清）金
聖歎(金人瑞)批　（清）鄒聖脈妥註　清刻本
一冊　存一卷(一)

370000－7589－0000836　3116

質菴文集五卷　（清）李瀗著　（清）孫自務論
次　（清）王元默校正　清刻本　一冊　存一
卷(三)

370000－7589－0000837　3117

經餘必讀續編八卷　（清）雷琳　（清）錢樹棠
(清)錢樹立輯　清成文信刻本　二冊　存
四卷(一至四)

370000－7589－0000838　3118

草草草堂詩選二卷紀略一卷題辭一卷　（清）
黃純碬撰　（清）浦鐄校　清道光十八年
(1838)刻本　一冊

370000－7589－0000839　3119

無我相齋詩選四卷題詞一卷　（清）何鄰泉撰
清道光二十五年(1845)刻本　一冊

370000－7589－0000840　3120

黃山紀遊詞一卷　（清）曹霖撰　清刻本
一冊

370000－7589－0000841　3121

寫情集不分卷　（清）錢尚濠輯　（清）呂愸閱
清刻本　一冊

370000－7589－0000842　3122

陪尾山房詩鈔不分卷　（清）閻廷倬著　清刻
本　一冊

370000－7589－0000843　3123

詩學綱領不分卷　（清）□□撰　清抄本
一冊

370000－7589－0000844　3124

山東省濰坊市圖書館等二十二家收藏單位古籍普查登記目錄

張氏璞言不分卷　（清）張新修撰　清抄本
一冊

370000－7589－0000845　3128

時文草二卷　（清）馬秀儒撰　清咸豐五年
(1855)四川臬署刻本　一冊　存一卷(上)

370000－7589－0000846　3129

千字文釋義一卷　（南朝梁）周興嗣次韻
（清）汪嘯尹纂輯　（清）孫謙益參注　（清）
葉敬書本文　清益美堂刻本　一冊

370000－7589－0000847　3130

重訂質菴文集二卷　（清）李瀅著　清抄本
一冊

370000－7589－0000848　3131

渠風集畧七卷　（清）馬長淑校輯　清乾隆八
年(1743)輯慶堂刻本　一冊　存二卷(一至
二)

370000－7589－0000849　3132

清遠堂遺詩三卷　（清）劉燿椿　（清）劉翊長
　（清）劉家騏撰　清抄本　一冊

370000－7589－0000850　3133

御纂詩義折中二十卷　（清）傅恒等撰　清成
文堂刻本　五冊　存十六卷(一至十、十五至
二十)

370000－7589－0000851　3134

潛菴先生疏稿不分卷　（清）湯斌撰　（清）湯
溶　（清）湯之旭編　清刻本　一冊

370000－7589－0000852　3135

道脈敦流□□卷　（明）徐奮鵬重定　（明）徐
春茂　（明）徐春莌　（明）徐春盛編次　明天
啓元年至四年(1621－1624)金谿唐晟刻本
一冊　存三卷(學庸總論一、大學總論一
卷、大學大旨一卷)

370000－7589－0000853　3136

時病論八卷附論一卷　（清）雷豐著　（清）劉
國光鑒定　（清）程曦　（清）江誠訂　清末石
印本　一冊

370000－7589－0000854　3137

古文觀止十二卷　（清）吳乘權　（清）吳大職
錄　（清）吳興祚鑒定　清末上海啟新書局石
印本　一冊　存二卷(十一至十二)

370000－7589－0000855　3141

四書朱子本義滙參四十三卷首四卷　（清）王
步青輯　（清）王士瓐編　（清）王維甸
（清）王乃昀校　清敦復堂刻本　一冊　存二
卷(孟子集註本義滙參一、首一卷)

370000－7589－0000856　3142

徐氏三種三卷　（清）徐士業校　清同治六年
(1867)三益堂刻本　一冊　存一種一卷(三
字經訓詁一卷)

370000－7589－0000857　3143

廿一史約編八卷首一卷　（清）鄭元慶述　清
刻本　一冊　存一卷(二)

370000－7589－0000858　3144

文字蒙求四卷　（清）王筠撰　清道光二十六
年(1846)刻本　一冊

370000－7589－0000859　3145

文字蒙求四卷　（清）王筠撰　清道光二十六
年(1846)刻本　一冊

370000－7589－0000860　3146

初級蒙學歌　葉瀾　賈恩紱　張一鵬輯　清
光緒二十八年(1902)濟南雪菴學社刻本　一
冊　存四種四卷(天文學歌一卷、地文學歌一
卷、地質學歌一卷、格致學歌一卷)

370000－7589－0000861　3147

唐人試帖四卷　（清）毛奇齡論定　（清）王錫
　（清）田易參釋　清學聚堂刻本　一冊　存
二卷(一至二)

370000－7589－0000862　3148

唐七律選四卷　（清）毛奇齡論定　（清）王錫
　（清）周崧　（清）李庚星　（清）裘巖生輯
　（清）盛唐　（清）姜兆熊參訂　清康熙學聚
堂刻本　一冊　存二卷(三至四)

370000－7589－0000863　3150

欽定四書文五種四十一卷　（清）方苞編　清

山東省濰坊市安丘市博物館古籍普查登記目錄

刻本　二冊　存二種六卷(欽定正嘉四書文大學一卷、上論一卷、下論一卷,欽定清朝四書文下論三卷)

370000－7589－0000864　3152

新鐫校正指明算法大全二卷　(清)□□校正　清刻本　一冊

370000－7589－0000865　3153

新鐫校正指明算法大全二卷　(清)□□校正　清泰盛堂刻本　一冊

370000－7589－0000866　3154

八銘塾鈔後集不分卷　(清)吳懋政編次　清抄本　一冊

370000－7589－0000867　3155

唐詩抄本不分卷　(清)□□抄　清末抄本　一冊

370000－7589－0000868　3157

齊魯講學編四卷　(清)尹銘綬編　清末刻本　二冊　存二卷(二至三)

370000－7589－0000869　3158

小學各科教授法一卷　(清)山東單級教授養成所編　清末石印本　一冊

370000－7589－0000870　3162

孝經一卷　(唐)玄宗李隆基注　(唐)陸德明音義　清同治十一年(1872)山東書局刻本　一冊

370000－7589－0000871　3163

西澗草堂集四卷　(清)閻循觀著　清乾隆三十八年(1773)樹滋堂刻本　一冊

370000－7589－0000872　3164

西澗草堂集四卷詩集四卷　(清)閻循觀著　清乾隆三十八年(1773)樹滋堂刻本　一冊

370000－7589－0000873　3165

吹劍一唉二卷　(清)劉燿椿著　清抄本　二冊

370000－7589－0000874　3166

吹劍一唉二卷　(清)劉燿椿著　清抄本　二冊

370000－7589－0000875　3167

吹劍一唉二卷　(清)劉燿椿著　清抄本　一冊　存一卷(下)

370000－7589－0000876　3168

宋歐陽文忠公文抄摘抄不分卷　(宋)歐陽修撰　清抄本　一冊

370000－7589－0000877　3169

過庭錄一卷　(清)傅寔初著　清刻本　一冊

370000－7589－0000878　3170

孔門弟子傳略二卷　(明)夏洪基編輯　明崇禎刻本　一冊　存一卷(下)

370000－7589－0000879　3171

山海經十八卷　(晉)郭璞傳　(明)吳中珩校　清刻本　二冊

370000－7589－0000880　3176

孫立菴文集□卷　(清)孫自務著　(清)馬長淑評定　清儉德堂刻本　二冊

370000－7589－0000881　3177

孫立菴文集□卷　(清)孫自務著　(清)馬長淑評定　清儉德堂刻本　一冊　存一卷(下)

370000－7589－0000882　3178

異同韻辨六卷　(清)王籌輯　(清)王彥侗補　清光緒十三年(1887)槐音堂刻本　一冊　存一卷(四)

370000－7589－0000883　3179

管子二十四卷　(周)管仲撰　(唐)房玄齡注　清刻本　一冊　存四卷(五至八)

370000－7589－0000884　3180

吹劍一唉二卷　(清)劉燿椿著　清抄本　一冊　存一卷(上)

370000－7589－0000885　3181

嶗山記圖一卷　(清)紀潤著　清抄本　一冊

370000－7589－0000886　3182

太古園詩集一卷　(明)王侗著　(清)張謙宜評選　(清)宋雲會校定　清康熙刻本　一冊

370000－7589－0000887　3183

山東省濰坊市圖書館等二十二家收藏單位古籍普查登記目錄

山法全書十九卷首二卷　（清）葉泰集　（清）葉樵　（清）黃垍參　清刻本　二冊　存三卷（一、首二卷）

370000－7589－0000888　3184

式訓集十六卷　（清）張柏恒撰　清道光二十一年(1841)濰縣郭夢齡湖北刻本　一冊　存四卷（九至十二）

370000－7589－0000889　3185

歐陽文忠公五代史記七十四卷　（宋）歐陽修撰　明萬曆歐陽徽柔刻本　一冊　存五卷（二十六至三十）

370000－7589－0000890　3186

歐陽文忠公全集一百五十三卷附錄五卷　（宋）歐陽修撰　清刻本　一冊　存二卷（附錄一至二）

370000－7589－0000891　3187

地學二卷　（清）沈鎬撰　清刻本　佚名批註　一冊　存一卷（二）

370000－7589－0000892　3188

晉書一百三十卷　（唐）房玄齡等撰　明萬曆六年(1578)周若年、丁孟嘉刻本　佚名批校　一冊　存二卷（三十三至三十四）

《山東省濰坊市圖書館古籍普查登記目録》
書名筆畫字頭索引

《山東省濰坊市圖書館古籍普查登記目錄》
書名筆畫索引

《山東省濰坊市青州市圖書館古籍普查登記目錄》
書名筆畫字頭索引

《山東省濰坊市青州市圖書館古籍普查登記目錄》
書名筆畫索引

二畫

三畫

四畫

五畫

六畫

七畫

八畫

九畫

十畫

十一畫

十二畫

十三畫

十四畫

十五畫

《山東省濰坊市諸城市圖書館古籍普查登記目錄》
書名筆畫字頭索引

349

《山東省濰坊市諸城市圖書館古籍普查登記目録》
書名筆畫索引

351

五畫

353

十二畫

357

十三畫

十五畫

十六畫

二十二畫

二十四畫

二十三畫

《山東省濰坊學院圖書館古籍普查登記目錄》
書名筆畫字頭索引

《山東省濰坊學院圖書館古籍普查登記目録》
書名筆畫索引

《山東省濰坊工程職業學院圖書館古籍普查登記目録》
書名筆畫字頭索引

《山東省濰坊工程職業學院圖書館古籍普查登記目錄》
書名筆畫索引

《山東省濰坊市青州市博物館古籍普查登記目録》
書名筆畫字頭索引

《山東省濰坊市青州市博物館古籍普查登記目録》
書名筆畫索引

七畫

八畫

380

十畫

十一畫

十二畫

十三畫

十四畫

十五畫

十六畫

《山東省濰坊市高密市圖書館古籍普查登記目錄》
書名筆畫字頭索引

《山東省濰坊市高密市圖書館古籍普查登記目錄》書名筆畫索引

《山東省濰坊市昌邑市圖書館古籍普查登記目録》
書名筆畫字頭索引

《山東省濰坊市昌邑市圖書館古籍普查登記目録》
書名筆畫索引

九畫

十畫

十一畫

十二畫

十三畫

《山東省濰坊市昌樂第一中學圖書館古籍普查登記目録》
書名筆畫字頭索引

《山東省濰坊市昌樂第一中學圖書館古籍普查登記目錄》書名筆畫索引

《山東省濰坊市諸城第一中學圖書館
古籍普查登記目録》
書名筆畫字頭索引

五畫

《山東省濰坊市諸城第一中學圖書館古籍普查登記目錄》書名筆畫索引

五畫

《山東省濰坊市諸城市實驗中學圖書館古籍普查登記目録》書名筆畫字頭索引

《山東省濰坊市諸城市實驗中學圖書館古籍普查登記目錄》書名筆畫索引

《山東省濰坊市諸城市實驗初級中學圖書館古籍普查登記目錄》
書名筆畫字頭索引

《山東省濰坊市諸城市實驗初級中學圖書館古籍普查登記目錄》書名筆畫索引

《山東省濰坊市濰城區檔案館古籍普查登記目錄》
書名筆畫字頭索引

《山東省濰坊市濰城區檔案館古籍普查登記目錄》
書名筆畫索引

《山東省濰坊市諸城市檔案館古籍普查登記目録》
書名筆畫字頭索引

《山東省濰坊市諸城市檔案館古籍普查登記目録》
書名筆畫索引

《山東省濰坊市壽光市圖書館古籍普查登記目録》
書名筆畫字頭索引

《山東省濰坊市壽光市圖書館古籍普查登記目録》書名筆畫索引

十畫

十一畫

十二畫

十三畫

十四畫

十五畫

十六畫

十七畫

《山東省濰坊市坊子區圖書館古籍普查登記目録》
書名筆畫字頭索引

十九畫

《山東省濰坊市坊子區圖書館古籍普查登記目録》
書名筆畫索引

《山東省濰坊市臨朐縣圖書館古籍普查登記目録》
書名筆畫字頭索引

《山東省濰坊市臨朐縣圖書館古籍普查登記目錄》書名筆畫索引

《山東省濰坊市濰城區陳介祺故居陳列館古籍普查登記目錄》
書名筆畫字頭索引

《山東省濰坊市濰城區陳介祺故居陳列館古籍普查登記目錄》
書名筆畫索引

《山東省濰坊市博物館古籍普查登記目録》
書名筆畫字頭索引

《山東省濰坊市博物館古籍普查登記目錄》
書名筆畫索引

六畫

七畫

十一畫

十二畫

十三畫

十四畫

十五畫

十六畫

十七畫

《山東省濰坊市昌樂縣博物館古籍普查登記目録》
書名筆畫字頭索引

《山東省濰坊市昌樂縣博物館古籍普查登記目錄》
書名筆畫索引

五畫

六畫

七畫

八畫

十一畫

十二畫

十三畫

《山東省濰坊市壽光市博物館古籍普查登記目錄》
書名筆畫字頭索引

《山東省濰坊市壽光市博物館古籍普查登記目録》
書名筆畫索引

《山東省濰坊市安丘市博物館古籍普查登記目録》
書名筆畫字頭索引

《山東省濰坊市安丘市博物館古籍普查登記目錄》
書名筆畫索引

五畫

481

九畫

十畫

十二畫

489